Coleção

Filosofia e Direito

Direção

Jordi Ferrer

José Juan Moreso

Adrian Sgarbi

A
PROVA

MICHELE TARUFFO

A PROVA

Tradução
João Gabriel Couto

Marcial Pons

MADRI | BARCELONA | BUENOS AIRES | SÃO PAULO

Coleção
Filosofia e Direito

Direção
Jordi Ferrer
José Juan Moreso
Adrian Sgarbi

A prova
Michele Taruffo

Título original: *La prueba*

Tradução
João Gabriel Couto

Capa
Nacho Pons

Preparação e editoração eletrônica
Ida Gouveia / Oficina das Letras®

CIP-Brasil. Catalogação na Publicação
Sindicato Nacional dos Editores de Livros, RJ

T198p

Taruffo, Michele
A prova / Michele Taruffo ; tradução João Gabriel Couto. - 1. ed. - São Paulo : Marcial Pons, 2014.

Tradução de: La prueba
Apêndice
Inclui bibliografia
ISBN 978-85-66722-14-7

1. Livre convencimento. 2. Prova (Direito). 3. Função judicial. 4. Juízes - Decisões. 5. Sentenças (Direito processual). I. Título. II. Série.

14-08210 CDU: 347.95

Av. Brigadeiro Faria Lima, 1461, conj. 64/5, Torre Sul
Jardim Paulistano CEP 01452-002 São Paulo-SP
☎ (11) 3192.3733
www.marcialpons.com.br

Impresso no Brasil [10-2014]

SUMÁRIO

CAPÍTULO I

CAPÍTULO II

CAPÍTULO III

APÊNDICE II

APÊNDICE III

APÊNDICE IV

APÊNDICE V

CAPÍTULO I

PROVA E VERDADE NO PROCESSO CIVIL

A. FATOS E MEIOS DE PROVA

1. *Função dos meios de prova.* Em termos muito amplos, a função dos meios de prova no processo civil pode ser definida com bastante facilidade em todos os sistemas processuais.[1] De maneira mais ou menos clara, os meios de prova conectam-se aos fatos em litígio através de uma relação instrumental: «meio de prova» é qualquer elemento que possa ser utilizado para estabelecer a verdade dos fatos da causa. A ideia básica é que um litígio surge a partir de certos fatos e sobre esses se baseia; que esses fatos são disputados pelas partes; que tal disputa deve ser resolvida pelo tribunal; e que a solução da «controvérsia sobre os fatos» é alcançada quando o tribunal estabelece a verdade sobre os fatos que motivaram a disputa. Assim, o contexto do processo pode ser bem concebido como um tipo de espaço privilegiado para a «exigência da verdade», a «devoção à verdade» e o «desejo da verdade», que um proeminente filósofo indica como traços essenciais do pensamento e da cultura modernos.[2] Ademais, nos sistemas processuais modernos não se espera encontrar a «verdade» adivinhando, lançando a sorte, interpretando folhas de chá, duelando judicialmente ou por qualquer outro meio irracional e incontrolável (como os juízos de Deus ou outro tipo de ordálio medieval), mas com base em meios de prova, que devem ser apropriadamente oferecidos, admitidos e produzidos.[3]

---

[1] Para um panorama geral e referências bibliográficas, cfr. Taruffo, 1992a: 1ss. Ver também Ferrer Beltrán, 2002: 41-68; Comoglio, 2002: 7; Comoglio, Ferri e Taruffo, 1998: 603; Walter, 1979: 149; Fiss, 2003: 8; Twining, 1986: 62-80.

[2] Cfr. Williams, 2002: 1.

[3] Sobre a mudança do conhecimento «mágico» ao conhecimento «racional» em contextos judiciais, ver Gascón, 2002: 8.

Tal ideia provavelmente seja comum a todas as concepções modernas do processo civil, ainda que em diferentes graus de consciência e de racionalização. Por vezes, é expressa de maneira mais clara ou menos através de normas referentes à admissão das provas ou sua valoração.[4] Frequentemente, essa ideia é assumida de maneira implícita como premissa básica das regras sobre a prova. Com maior frequência, essa mesma idéia é o ponto de referência e a premissa (explícita ou implícita) das teorias acerca da prova no contexto das decisões judiciais sobre os fatos objeto do litígio.

Todavia, a concepção da prova como um recurso cujo objetivo é alcançar a verdade dos fatos em litígio pode parecer pouco clara, duvidosa e discutível sob determinados pontos de vista. Por vezes, dúvidas podem surgir devido a inconsistências existentes dentro das teorias do processo. Por exemplo, a prova pode ser definida como um meio para estabelecer a verdade dos fatos no processo civil; ao mesmo tempo, todavia, é dito que a justiça civil não está nada interessada em estabelecer a verdade dos fatos em litígio.[5]

2. *Definição de «fato»*. Por vezes, outras dúvidas podem surgir devido a dificuldades relacionadas com a definição de «fato» (ver *infra* § 5). Alguma incerteza decorre do já tradicional problema de distinguir as «questões de fato» das «questões de direito», uma distinção que pode ser traçada de várias maneiras e com consequências diversas.[6] Outras fontes de incerteza podem derivar, ainda, da inevitável, porém complexa, conexão entre fato e direito no contexto da tomada da decisão judicial, uma vez que o «fato em litígio» somente pode ser identificado de acordo com a norma jurídica usada como critério para decidir.[7] Problemas outros surgem porque os fatos podem ser definidos de formas distintas por normas jurídicas que são tomadas como fundamento para a decisão, nas quais um determinado «fato» é tomado como premissa

---

[4] Cfr., *e. g.*, a regra 102 das *Federal Rules of Evidence* dos Estados Unidos, que faz referência ao propósito de que *«truth may be ascertained»*. Cfr. GRAHAM, 2003: 2. Ver também o Código Processual Civil alemão, §286, de onde se extrai que as provas serão avaliadas discricionariamente pelo tribunal com a finalidade de estabelecer *«ob eine tatsächliche Behauptung für wahr oder für nicht wahr erachten sei»*. Cfr. WALTER, 1979: 88, 148; JAUERNIG, 1991: 174; MÜNCHENER: §286, n. 1, 2; ZPO-KOMM, 1987: §286, n. 1-10. Ver também, para uma perspectiva geral sobre os diversos sistemas, os ensaios agrupados em TRAVAUX DE L'ASSOCIATION HENRI CAPITANT, 1987: 529-775.

[5] Sobre esta inconsistência na teoria da prova nos sistemas de *common law*, cfr. TWINING, 1986: 71; 1990: 39-91. Algo parecido também ocorre na cultura jurídica dos sistemas de *civil law*; ver TARUFFO, 1992a: 5.

[6] Esta distinção é tradicional na teoria do direito. Ver, *e. g.*, CENTRE NATIONAL DE RECHERCHES DE LOGIQUE, 1961. Nos sistemas de *common law* esta distinção se conecta com os diferentes papéis do juiz e do jurado; ver WEINER, 1966: 1867; 1968: 1020.

[7] Esse é também um problema muito tradicional, bem conhecido em toda cultura jurídica; cfr. ENGISCH, 1960: 29, 37, 83; LARENZ, 1979: 266, HRUSCHKA, 1965. Dentre os mais recentes, ver TARUFFO, 1992a: 71, 82; JACKSON, J., 1983: 85; WHITE, 1983: 108; WILSON, 1990: 11; TROPER, 1983: 22; VARGA, 1991a: 61, bem como 1991b: 59.

para uma consequência jurídica: de acordo com uma conhecida teoria, *e.g.*, podemos distinguir entre formas positivas/negativas, descritivas/valorativas e simples/relativas de definir os fatos por meio de normas jurídicas.[8]

Por um lado, em consequência, há uma concepção por muitos compartilhada segundo a qual os elementos de prova constituem um meio para estabelecer a verdade dos fatos em litígio; por outro, todavia, essa concepção é contestada e criticada por vários pontos de vista. Não se pode discutir aqui todas essas questões por razões de espaço, e também porque muitos dos argumentos envolvidos são demasiadamente amplos para serem analisados apropriadamente em um texto dedicado somente ao tema da prova judicial. Não obstante, tal tema não pode ser examinado adequadamente sem que se analisem, ao menos em termos muito amplos, algumas premissas teóricas essenciais.

3. *Fatos institucionais e fatos brutos.* Algumas questões relativas ao problema da verdade judicial e da função dos meios de prova surgem porque os «fatos em litígio» ou os «fatos da causa» são necessariamente determinados com base em normas jurídicas que são aplicadas com o objetivo de solucionar o caso. Essa observação vincula-se à teoria que sustenta que os «fatos brutos» devem distinguir-se dos «fatos institucionais», e que os primeiros não existem nos domínios jurídicos, sendo somente os últimos relevantes no contexto da tomada de decisões judiciais.[9] De certa forma, esse enfoque é bastante trivial, uma vez que ninguém nega seriamente a natureza «carregada de contexto» de qualquer enunciado de fato em geral, assim como todos sabem que em contextos jurídicos os fatos são «carregados de direito». Por conseguinte, o direito define e seleciona os fatos que podem ser considerados «em litígio» em toda causa. De certa forma, então, os «fatos em litígio» são sempre «institucionais», uma vez que são definidos e determinados por meio da aplicação de uma norma jurídica. Entretanto, isso não implica dizer que «fatos brutos» nunca possam ser considerados no contexto judicial, ou que a verdade dos fatos em litígio não possa ser determinada. Por vezes, fatos brutos são importantes para a tomada da decisão, *e. g.* quando um fato é utilizado como elemento de prova circunstancial relativo a um fato em litígio. Dessa maneira, apenas os «fatos principais» (*material facts*) da causa podem ser propriamente definidos como institucionais, uma vez que são definidos como tais por uma norma jurídica; pelo contrário, meros «fatos probatórios» (*evidentiary facts*) não são necessariamente carregados de direito.[10]

---

[8] Ver Wróblewski, 1983a: 104; Taruffo, 1992a: 105, 115, 121.

[9] Cfr., *e. g.*, Taruffo, 1992a: 85, 89; Peczenik, 1989: 233; Jackson, B., 1985: 176; e, principalmente, MacCormick e Weinberger, 1986: 21, 49, 78, 97; MacCormick, 1992: 3.

[10] Acerca da distinção entre fatos «principais» ou «materiais» e fatos «secundários» ou «circunstanciais», ver uma discussão mais extensa em Taruffo, 1992a: 97.

Por outro lado, podemos falar com propriedade da veracidade ou da falsidade dos fatos em litígio, ainda que sejam institucionais e carregados de direito. O direito determina e seleciona os fatos que, desde um ponto de vista jurídico, são relevantes para o caso; porém, tais fatos também possuem outras dimensões além daquela jurídica. Os fatos possuem uma dimensão empírica: existem como base de um caso jurídico somente quando pode ser dito que existem no mundo empírico.[11] Um acidente de trânsito é um fato empírico antes e além de ser um caso de «dano». Um homem morre no mundo real além de ter sido «assassinado». Em consequência, se observarmos também a dimensão empírica e não somente, e apressadamente, a qualificação jurídica dos fatos principais do caso, facilmente perceberemos que a questão da veracidade ou da falsidade desses tem sentido. Qualquer tentativa de se livrar disso tudo para levar em conta somente os aspectos jurídicos dos fatos do caso é indevidamente unilateral e basicamente incorreta. Pelo contrário, do ponto de vista da prova e da decisão sobre os fatos, a dimensão empírica desses em litígio é, de longe, mais importante.[12]

4. *Fatos determinados valorativamente*. Um argumento similar pode se aplicar aos fatos que são determinados valorativamente por normas jurídicas.[13] Fatos são frequentemente definidos por normas que incluem termos valorativos, tais como «bom», «normal», «razoável», «justo», entre outros. Esses termos são frequentemente vagos, gerais e imprecisos. Do mesmo modo ocorre quando, por exemplo, «cláusulas gerais» ou «conceitos jurídicos indeterminados» são utilizados. Em tais condições pode ser muito difícil estabelecer qual fato é o «fato da causa»: por regra tal definição exige alguns juízos de valor.[14] Esses tipos de fatos são claramente «carregados de valor». Todavia, isso não implica afirmar que a verdade desses fatos seja um contrassenso ou que essa não possa ser estabelecida através de provas. Desde logo, não podemos falar propriamente de veracidade e de falsidade de um juízo de valor em si mesmo considerado (ao menos se a «Grande Divisão entre o ser e o dever ser» for considerada). Entretanto, os fatos determinados valorativamente não possuem apenas uma dimensão axiológica: na medida em que são «fatos», possuem igualmente uma dimensão empírica. O valor monetário de um ativo pode ser «grande» e um comportamento pode ser «normal» apenas se o ativo e o comportamento «existem» em um mundo de fatos empíricos. Em consequência, primeiro devem ser determinados como fatos «reais», e

---

11 Ver TARUFFO, 1992a: 74.

12 Um dos pais fundadores do institucionalismo, John R. Searle, enfatiza que a verdade é uma questão de correspondência com os fatos. Ver, SEARLE, 1998: 5, 12, 32.

13 Cfr. GASCÓN, 2002: 78; WRÓBLEWSKI, 1983a: 104; KLAMI, GRÄNS e SORVETTULA, 2000: 28; TARUFFO, 1992a: 105; 1985: 45.

14 Para uma análise ampla e interessante destes conceitos e os problemas que se estabelecem para a tomada de decisões judiciais, ver LUZZATI, 1990.

sua verdade empírica deve ser estabelecida por meio de provas; logo podem ser valorados segundo o *standard* axiológico apropriado. Um fato definido valorativamente pelo direito pode e deve ser provado como verdadeiro ou falso em sua dimensão empírica, antes que se possa dizer que existe como um fato carregado de valor.[15]

A conclusão que pode ser tirada das observações anteriores é que o conceito de «fato» é muito complexo e que os fatos geralmente são carregados de direito e de valor. Todavia, isso não exclui a possibilidade de considerar tais tipos de fatos peculiares como verdadeiros ou falsos na sua dimensão empírica. «Direito» e «fato», e «valor» e «fato» são termos de relações e de distinções analíticas, e não questões de confusão inextrincável. As proposições acerca da dimensão empírica de um fato podem e devem ser distinguidas das valorações e qualificações jurídicas sobre esse fato. As proposições fáticas podem ser verdadeiras ou falsas: portanto, são o objeto apropriado da prova judicial, esta concebida como o meio para estabelecer a verdade dos fatos em litígio.

5. *Fatos e enunciados fáticos*. Uma importante observação merece ser feita aqui sobre os «fatos» e sobre a maneira como esses se determinam. Em verdade, os fatos não se incorporam nos procedimentos judiciais na sua realidade empírica ou material: em geral esses já ocorreram e, assim, pertencem ao passado. Em consequência, salvo alguns elementos de prova circunstancial, os fatos não podem ser percebidos pelo juiz: esses devem ser reconstruídos pelo julgador com base na prova disponível. Fatos, então, são tomados em consideração de uma forma muito peculiar, isto é, na forma de enunciados acerca do que ocorreu faticamente. Quando se fala da verdade de um fato, na realidade fala-se da verdade de um enunciado acerca desse fato. Por conseguinte, o que se prova ou se demonstra no processo judicial é a veracidade ou falsidade dos enunciados acerca dos fatos em litígio.[16]

Por outro lado, tais enunciados não são dados *a priori*, tampouco são determinados objetivamente por alguém: enunciados fáticos são construções linguísticas definidas pelas partes e pelo juiz. Seus autores os estabelecem com base em diversos critérios, tais como regras de linguagem, fatores institucionais, categorias de pensamento, valores éticos e sociais, disposições jurídicas pertinentes, entre outros.[17] Desse ponto de vista, a construção dos enunciados fáticos é uma questão de escolha: formular um enunciado acerca de um fato

---

[15] Cfr. MacCormick, 1984a: 141; Taruffo, 1992a: 114.

[16] Para uma análise mais ampla deste ponto, ver Taruffo, 1992a: 91. Ver, também, De La Oliva Santos e Diéz-Picazo Giménez, 2000: 288.

[17] Ver Taruffo, 2002: 277.

significa eleger uma descrição desse fato entre um número infinito de suas possíveis descrições.[18]

B. MEIOS DE PROVA E TEORIAS DO PROCESSO

6. *Processo e verdade judicial.* O problema de definir a função da prova vincula-se diretamente às diversas concepções de processo e aos objetivos desse em sua vertente judicial.[19] A adoção de teorias que têm no estabelecimento da verdade dos fatos em litígio um dos principais propósitos do processo judicial, todavia, pode resolver tal problema. O conceito de «verdade judicial» pode ser discutido (ver *infra* § 7); todavia, as coisas são bastante claras quando a verdade dos fatos em disputa é assumida como uma meta do processo judicial e como um aspecto necessário à decisão judicial. Nesse caso, com efeito, pode-se dizer que os tribunais *deveriam* estabelecer a verdade dos fatos em litígio e que essa deveria ser determinada com base nos meios de prova relevantes e admissíveis. Em consequência, os elementos de prova deveriam ser concebidos como o meio que pode e deve ser usado para estabelecer a verdade dos fatos relevantes, ou seja, para alcançar uma das metas fundamentais da administração da justiça.

Essa forma de pensar vincula-se estritamente às teorias processuais civis segundo as quais a função fundamental do processo judicial é *aplicar a lei* aos casos concretos com base em critérios objetivos e no interesse geral da justiça.[20] Sob tal perspectiva, uma decisão jurídica e justa somente pode fundar-se em uma valoração apropriada, exata e veraz dos fatos relevantes do caso.[21] Uma decisão de acordo com a verdade é o resultado de um ato de conhecimento do tribunal, o qual deve fundar-se em premissas fáticas confiáveis: tais premissas são fornecidas pelos elementos de prova adequadamente apresentados perante o tribunal.

Tal teoria do processo não é, todavia, a única existente e tampouco goza da aceitação geral. Pelo contrário, uma teoria do processo bastante diferente tem sido, e segue sendo, muito difundida, tanto nos países de *common law*, quanto naqueles de *civil law*. Essa teoria sustenta que o objetivo principal do processo e, de modo geral, da administração da justiça, é resolver o conflito individual entre as partes.[22] A teoria do processo civil como «resolução de conflitos» tem suas origens na ideologia liberal tradicional da justiça civil e nas suas ideias

---

18 Ver Taruffo, 1992a: 71.

19 Cfr., principalmente, Damaška, 1986: 119, 160; 1997: 120.

20 Para análises de tais teorias, ver, *e. g.*, Taruffo, 2000: 177, 277; 1992a: 35; Damaška, 1986: 160; 1997: 121.

21 Para um desenvolvimento mais extenso deste ponto, cfr. Taruffo, 2002: 219. Consultar, também, Lagarde, 1994: 16; Lévi e Bruhl, 1964: 21; Kielmanovich, 1996: 16, 43; Hinostroza Mínguez, 2000: 20.

22 Para uma apresentação desta teoria, ver, em particular, Damaška, 1986: 97; 1997: 76, 120.

básicas de liberdade individual e de empresa. Sua principal premissa é a de que uma demanda civil não é mais que uma disputa entre particulares, e que tudo aquilo que necessitam é um juízo que resolva a controvérsia, eliminando o conflito e restaurando a paz entre os indivíduos envolvidos.[23] Se esse for o principal propósito do processo e da tomada de decisão no âmbito da justiça civil, não será realmente necessário estabelecer a verdade dos fatos em litígio, uma vez que em muitos casos os conflitos podem ser resolvidos (talvez mais facilmente) sem que se busque e descubra a verdade dos fatos subjacentes. A verdade dos fatos pode ser útil, mas não é uma meta do processo: trata-se mais de um subproduto ou efeito colateral de um processo cujo objetivo é resolver o conflito entre as partes e somente no interesse particular delas.[24] Assim, a forma pela qual o juiz resolve a controvérsia realmente não importa: poderia inclusive resolvê-la jogando uma moeda para o alto.[25] Por conseguinte, não há necessidade de definir a estrutura do procedimento judicial com a finalidade da busca da verdade, uma vez que não se espera que a verdade seja estabelecida em tais procedimentos.[26]

Esse enfoque parece prevalecer nos sistemas de *common law* e, particularmente, nas concepções estadunidenses dominantes da justiça civil, dado que é o princípio básico do sistema processual acusatório (*adversarial*).[27] Todavia, teorias similares são também populares em sistemas de *civil law*, uma vez que na cultura jurídica europeia privilegiam-se os interesses dos particulares e seu papel no processo civil, em detrimento do interesse geral da sociedade de ter uma administração da justiça baseada em critérios objetivos e verdadeiros no âmbito da tomada de decisão.[28] Em uma teoria como tal, a principal função das provas não é a de fornecer a base para o conhecimento verdadeiro dos fatos em litígio. Pelo contrário, a produção probatória é concebida como um meio que as partes podem usar na defesa de sua própria causa individual, ou simplesmente como uma maneira de cumprir um dever procedimental.

7. *Verdade e decisões corretas.* Essas duas teorias do processo são, por óbvio, idealizações simplificadas de concepções muito complexas, geralmente vagas e imprecisamente definidas em relação aos propósitos da justiça civil. Por conseguinte, não podem ser tomadas como descrições fiéis e realistas de sistemas processuais específicos. Devem ser referidas, de fato, como polos teóricos de um contínuo, no qual se podem classificar os sistemas processuais

---

23 Ver, principalmente, Damaška, 1986: 97, 104, 111, 119; Taruffo, 1992a: 16; Gilales, 1985: 243, 274.

24 Criticando agudamente tais aspectos da teoria, ver Fiss, 2003: 24, 30, 51, 55.

25 Ver Fiss, 2003: 52.

26 Cfr. Taruffo, 1992a: 17; Damaška, 1986: 119, 1975: 1104; Saltzburg, 1978: 11.

27 Ver, sobretudo, Kagan, 2001: 99. Consulte-se, também, Damaška, 1997: 76; Taruffo, 1992a: 20; 1973: 3, 44; Landsman, 1984; Saltzburg, 1978: 9; Jolowicz, 1987: 547.

28 Cfr., em geral, Taruffo, 1992a: 20.

que realmente existem segundo sua proximidade a um ou a outro extremo.[29] Não obstante, tal simplificação pode ser útil para identificar tendências divergentes e enfoques diferentes mesmo dentro do próprio sistema processual, no qual pode haver teorias contrastantes acerca dos objetivos fundamentais da justiça civil.[30]

Apesar do importante papel que tais teorias desempenham na conformação das estruturas dos sistemas processuais e na determinação de sua interpretação e funcionamento, deve ser ressaltado que a sua contraposição não é inevitável, tampouco impossível de se resolver. Tais teorias baseiam-se em valores diferentes e por vezes conflitantes, em distintas ideologias acerca do Estado, do poder e da sociedade como um todo.[31] Todavia, ao menos em um nível teórico geral, o conflito entre essas teorias pode ser superado sem perder seu significado positivo. Uma boa maneira de harmonizar as perspectivas divergentes gira em torno da suposição de que a melhor solução possível para uma controvérsia entre as partes é uma decisão adequada e correta; essa decisão não pode ser adequada e correta a menos que se baseie em um juízo verdadeiro acerca dos fatos do caso.[32] Não é por colocar fim ao conflito que qualquer solução dada a esse seja necessariamente uma boa solução. Dentro de qualquer sistema jurídico baseado no princípio fundamental do «Estado de direito», uma boa solução é obtida por uma decisão legítima (*i. e.*, apropriada e justa). Uma decisão, todavia, não é legítima se as normas que regulam o caso não são aplicadas adequadamente a esse caso específico; ou seja, se a norma não é aplicada adequadamente aos fatos aos quais deveria. Para que isso seja feito, deve-se determinar verdadeiramente os fatos do caso. Dito de maneira sucinta: nenhuma decisão correta e justa pode basear-se em fatos determinados erroneamente.[33] Em consequência, «*um procedimento no qual os tribunais nem sequer tentam chegar à verdade é, manifestamente, um procedimento injusto*», uma vez que «*na base do procedimento jaz o objetivo de obter a verdade*».[34]

Desse ponto de vista, a verdade dos fatos em litígio não é um objetivo em si mesmo, nem o propósito final de um processo civil. É mais uma condição necessária (ou um objetivo instrumental) de toda decisão justa e legítima e, em consequência, de qualquer resolução apropriada e correta da controvérsia entre as partes. Por conseguinte, a verdade não é um objetivo final autossuficiente,

---

29 Ver Damaška, 1986: 88.

30 Esta análise é feita principalmente por Damaška, 1986: 205, 214, 226.

31 Cfr., em geral, Damaška, 1986: 16, 18, 23, 29, 73, 80, *passim*.

32 Ver, sobretudo, Taruffo, 2002: 219; 1992a: 42; Zuckerman, 1999: 3; Atiyah e Summers, 1987: 157.

33 Ver, *e. g.*, Taruffo, 2002: 225; Saks e Kidd, 1980-1981: 125. Cfr., também, Frank, 1950: 95.

34 Cfr. Zuckerman, 1999: 4-5.

tampouco uma mera consequência colateral ou efeito secundário do processo civil: é apenas uma condição necessária para uma decisão precisa, legítima e justa.[35] Uma vez que o processo judicial tem por objeto render justiça, e não simplesmente resolver conflitos, ou – *rectius* – está orientado a resolver conflitos por meio de uma solução justa, não se pode deixar de lado a verdade, como condição de justiça, na decisão dos casos.[36]

C. PROVA E TEORIAS DA VERDADE

8. *A verdade judicial*. Mesmo depois de se ter situado o problema da verdade na base da decisão acerca dos fatos em litígio e caracterizado a verdade como condição necessária à justiça das decisões judiciais, ainda há alguns outros problemas que merecem atenção.

De fato, a própria ideia de «verdade judicial» pode parecer vaga, confusa e duvidosa. Um argumento de vagueza e de dúvida é inerente ao próprio conceito de «verdade judicial». Uma corrente bastante difundida sustenta que a «verdade judicial» deve se distinguir das verdades «ordinárias» ou «normais» que podem ser buscadas e alcançadas fora do contexto judicial. A verdade que pode ser alcançada nesse contexto é definida como «formal» ou «convencional» e é concebida, por várias razões, como uma verdade bastante diferente da verdade não judicial ou extrajudicial: porque os processos judiciais constituem um contexto muito especial; porque as partes e o juiz não podem se valer de qualquer meio possível para buscar a verdade (uma vez que devem se submeter a diversas regras relativas à admissibilidade e à produção da prova); e, também, porque hão de abandonar a busca pela verdade quando a necessidade de alcançar uma solução final para o litígio se sobrepuser à necessidade de coletar provas adicionais.[37]

---

[35] Para um panorama geral das teorias relacionadas com a verdade judicial como um propósito intermediário ou instrumental do processo judicial, ver Schöpflin, 1991: 36, 41, 43. A respeito da verdade judicial como um objetivo do processo judicial, consulte-se, também Jolowicz, 1983: 164; Frankel, 1975: 1041; Steffen, 1988: 801, 839. A ideia de que «a verdade é a base da justiça» já está presente em Bentham; a respeito, ver Postema, 1986: 348.

[36] Estes enunciados baseiam-se em uma «ideologia jurídica racionalista» das decisões judiciais que foi apresentada e desenvolvida por Wróblewski, 1983b: 51; 1983c: 153. Para uma análise da tradição racionalista na teoria anglo-americana da prova, ver Twining, 1986.

[37] Sobre o conceito de verdade judicial como verdade formal, ver Taruffo, 1992a: 4. Para uma discussão recente acerca deste tópico, ver Ferrer Beltrán, 2002: 68. Para a tese de que não se pode alcançar a verdade no contexto do processo civil devido à especificidade de tal contexto, ver, *e. g.*, Montero Aroca, 2002: 35, 2000: 24. Esse último autor propõe o conceito de «certeza» em substituição ao de «verdade». Todavia, parece que «certeza» é substancialmente equivalente à «verdade judicial relativa». Por conseguinte, a verdade que segundo Montero Aroca não se pode alcançar é a «verdade absoluta», mas isso é uma obviedade (ver *infra* § 10).

Esse enfoque é muito comum em diversas culturas processuais, mas parece carecer de fundamento racional. De fato, toda verdade está em algum sentido «carregada de contexto», mas isso não exclui a possibilidade de sustentar que, em um dado contexto, uma «verdade» possa ser alcançada. Um sistema processual pode ou não ser eficiente na busca da verdade sobre os fatos em litígio, todavia a existência de regras processuais não é – em si mesma – um obstáculo para a busca da verdade, e tampouco é um bom argumento para que se afirme que a verdade judicial é um tipo especial ou formal de verdade.[38]

Deve ser enfatizado, todavia, que normas jurídicas acerca do uso dos meios de prova e da busca da verdade no processo judicial estabelecem diversos limites em relação ao tempo, aos meios e aos procedimentos que podem ser utilizados para a busca dessa verdade.[39] Efetivamente, em sistemas processuais modernos, diversas são as regras que têm por objeto racionalizar o juízo sobre os fatos e prevenir erros e mal-entendidos na avaliação das provas. Algumas regras proíbem o uso de determinados meios de prova ou impedem a prova de determinados fatos (ver, *e. g.*, *infra*, § 23). Em todo caso, tais regras não impedem a busca da verdade: regulam as formas em que se podem provar os fatos e abarcam somente áreas limitadas do domínio da prova e do seu julgamento. Ademais, os princípios básicos do direito à prova e da sua livre-apreciação tornam-se cada vez mais importantes em todos os sistemas processuais modernos (ver *infra* § 38): esses princípios implicam que as normas jurídicas que restringem o uso dos meios de prova devam ser reduzidas a um patamar mínimo.

Reunidos todos esses elementos, pode-se advertir que a ideia de diferenças substanciais que caracterizam a verdade judicial não pode ser sustentada. Em grande medida, a verdade pode ser buscada e alcançada no contexto judicial substancialmente da mesma maneira que pode ser descoberta em tantas outras áreas da experiência cotidiana[40] e utilizando os mesmos meios que se aplicam em áreas de investigação não jurídicas, como, por exemplo, a história.[41] As normas jurídicas definem o contexto da verdade «judicial», mas – como já se expôs acima – todo tipo de verdade é de alguma forma «contextual». Ademais, os fatos em litígio de um caso geralmente são estabelecidos no contexto do processo judicial usando os mesmos meios (testemunhos, documentos, gravações, argumentos inferenciais) que pessoas comuns utilizam para descobrir a verdade em sua vida cotidiana.[42] Em suma: não há diferença epistêmica substancial entre a verdade judicial e a verdade não judicial.

---

38 Cfr., principalmente, Ferrer Beltrán, 2002? 63, 71.

39 Ver, *e. g.*, Weinstein, 1966: 229; Larenz, 1979: 293: Saltzburg, 1978: 12.

40 Cfr. Twining, 1990: 178, 192, 199; Taruffo, 1992a: 315, 319, 321.

41 Ver os ensaios reunidos em Twining e Hampsher Monk, 2003.

42 Cfr. Taruffo, 1992a: 322.

9. *As teorias irracionalistas.* Os problemas filosóficos e epistêmicos do conceito geral de verdade aproximam-se àqueles da verdade judicial, pela simples razão de que um e outro conceito não diferem substancialmente. Diversas premissas filosóficas rechaçam tanto a ideia de que seja possível alcançar a verdade dos fatos no contexto judicial quanto a própria noção geral de verdade. Por exemplo, pode acontecer de – se seguirmos as tendências irracionalistas que por vezes emergem na cultura filosófica europeia e, portanto, na sua cultura jurídica[43] – nem sequer podermos sustentar em termos racionais o problema da verdade, dentro ou fora do contexto judicial. A mesma conseqüência pode advir se partirmos do «desconstrutivismo niilista» que nas últimas décadas parece estar na moda em algumas áreas da cultura jurídica e filosófica angloamericana,[44] nas quais alguns filósofos – como Richard Rorty – creem que falar em verdade é «sem sentido».[45] O mesmo acontece, também, se adotarmos algumas das distintas teorias do conhecimento do «eu» ou do sujeito cognoscente que se inspiram no intuicionismo, solipsismo, idealismo extremo, ou na introspecção psicológica considerada como o único meio de interpretar a realidade. Esses enfoques excluem *a priori* qualquer possibilidade de discutir racionalmente a verdade em geral e, portanto, também qualquer possibilidade de pensar a verdade em contextos judiciais. Esses problemas remetem a outras questões filosóficas muito amplas que aqui não podem ser discutidas. Todavia, alguns aspectos desses problemas merecem ao menos uma consideração sumária, uma vez que repercutem de maneira direta na perspectiva acerca dos processos judiciais.

10. *Verdade absoluta e verdade relativa.* Uma dessas questões concerne à distinção entre verdade absoluta e verdade relativa. Esse é um problema filosófico importante, todavia aqui podemos superá-lo com poucas palavras.[46] De fato, a ideia de uma verdade absoluta pode ser uma hipótese abstrata em um contexto filosófico amplo; entretanto, não se pode sustentar racionalmente que uma verdade absoluta possa ou deva ser estabelecida em qualquer domínio do conhecimento humano, tampouco no contexto judicial. Mesmo ciências rígidas como as físicas e as matemáticas não pretendem ser capazes de

---

43 Ver Dreier, 1991: 120; Sheleff, 1975: 231. Para um panorama resumido, ver Larenz, 1979: 64. Especificamente sobre as correntes irracionalistas na teoria da prova alemã, ver Huber, 1983: 70, 98.

44 Cfr., *e. g.*, Chow, 1990: 221; Singer, 1984: 1; Kelman, 1984: 303; Peller, 1985: 1151.

45 Richard Rorty faz tal afirmação em vários de seus escritos que não podem ser citados detalhadamente aqui (ver, *e. g.*, os ensaios compilados em Rorty, 1998). Uma discussão das posições negativa de Rorty e outros filósofos estadunidenses acerca da verdade, e para agudas críticas de tais posições, ver, por exemplo, Haack, 1998: 2, 7, 18. Outras críticas severas têm sido formuladas por Williams (2002: 4, 59), que diz que a posição de Rorty – assim como a dos outros «negadores» da verdade – é um erro fundamental e que o pensamento de Rorty «podia ser descrito como um pensamento que paira no vazio».

46 Sobre este problema ver, em geral, Taruffo, 1992a: 152.

alcançar verdades absolutas; de fato, a ideia de uma verdade absoluta parece pertencer somente aos domínios da religião e da metafísica. Em verdade, em todo contexto do conhecimento científico e empírico, incluído o dos processos judiciais, a verdade é relativa.[47] Na melhor das hipóteses, a ideia geral de verdade pode ser concebida como uma espécie de «ideal regulador», ou seja, como um ponto de referência teórico que se deve seguir a fim de orientar a empresa do conhecimento na experiência real do mundo.

11. *A verdade como coerência.* Outra importante questão que surge na discussão acerca da ideia de verdade é muito mais desconcertante e ainda mais importante no contexto processual. Tal questão trata da básica distinção entre a «teoria da coerência» e a «teoria da correspondência» da verdade, que é uma questão de grande importância no âmbito da epistemologia geral.[48] Segundo a «teoria da coerência», a verdade de um enunciado de fato é somente a função da coerência de um enunciado específico em um contexto de vários enunciados. Uma vez que a veracidade ou a falsidade somente pode ser prevista a partir dos enunciados, o único nível possível para a verdade é o dos enunciados, ou seja, da linguagem e dos «relatos». De acordo com a «teoria da correspondência», a verdade resulta da correspondência do enunciado com um estado empírico dos fatos. Desse modo, uma descrição é verdadeira quando descreve um fato real, isto é, quando fornece uma imagem fiel de um elemento do mundo empírico. Cada uma dessas teorias é profundamente complexa e controvertida e constitui um conjunto filosófico de problemas amplos que não podem ser aqui discutidos. Não obstante, cumpre ressaltar que tais teorias têm sido utilizadas nas últimas décadas também no âmbito da cultura jurídica com o objetivo de enfrentar os problemas da prova e a da verdade judicial.

Os filósofos do direito por vezes usam a teoria da verdade como coerência em um nível muito amplo.[49] Por exemplo, a teoria da argumentação judicial que é desenvolvida principalmente por Neil MacCormick é baseada em um conceito de coerência utilizado também para abordar as relações entre fato e direito.[50] Em uma perspectiva um pouco diferente, uma teoria da coerência também é usada no domínio da análise semiótica do processo judicial, na qual se presta especial atenção aos «relatos» que narram as partes, as testemunhas

---

[47] A ideia de uma verdade absoluta é geralmente discutida por céticos com o fim de demonstrar que não se pode alcançar verdade alguma, nem em geral, nem em contextos judiciais. O «*humilde abandono de la verdad*», a qual se refere Montero Aroca pensando na verdade absoluta, em realidade não é uma tragédia, já que nenhuma verdade, seja judicial ou não, é absoluta. O argumento cético, todavia, não é confiável: ver Twining, 1990: 92.

[48] Ver, por exemplo, Quine, 1990: 77, 80, 84; Krajewski, 1977; Davidson, 1984: 37; Niniluoto, 1987: 134.

[49] Para uma apresentação e uma discussão crítica desta teoria, ver Gascón, 2002: 53. Ver, também, Den Boer, 1990: 349; Peczenik, 1990: 307; Lenoble, 1990: 138; Nerhot, 1990: 204; Alexy e Peczenik, 1990: 130.

[50] Ver, sobretudo, MacCormick, 1984: 235; Bankowski, 1990: 227.

e os advogados.[51] Uma vez que os discursos e os relatos judiciais são os únicos elementos tomados em consideração em tal enfoque, o processo é considerado como um diálogo ou como uma situação na qual as pessoas contam histórias que são fundamentalmente similares a um romance. Em consequência, o único critério que pode ser usado para conferir credibilidade a um enunciado específico é a sua coerência no contexto global do diálogo judicial ou dentro da específica «narração» contada por um sujeito no curso do processo. A teoria da verdade como coerência pode vincular-se à concepção «retórica» dos elementos de prova. Tal concepção considera os elementos de prova não como um recurso «heurístico» que supostamente usa o julgador com o fim de estabelecer a verdade dos fatos em litígio, mas como um recurso «persuasivo», cujo objetivo é simplesmente criar, na mente do juiz ou do jurado, uma crença acerca da credibilidade de um dos «relatos» prestados no curso do processo.[52] Nessa perspectiva, a coerência do «relato» desempenha um importante papel persuasivo e os meios de prova tendem a ser compreendidos como um suporte para um «relato» convincente. Tal enfoque é típico de autores que adotam o ponto de vista do advogado no contexto do processo,[53] uma vez que o propósito do advogado é somente influenciar na opinião do juiz ou do jurado a fim de obter uma decisão favorável. Em verdade, o advogado não é alguém que busca a verdade de maneira neutra e desinteressada: seu objetivo é buscar a vitória, pouco importando se a verdade é descoberta. Ademais, na perspectiva do advogado, é muito melhor que a verdade não seja descoberta se essa for contrária aos interesses do seu cliente.[54] Todavia, o ponto de vista do juiz e do jurado é substancialmente diferente: supõe-se que sejam neutros e «imparciais»,[55] uma vez que se espera que decidam o caso elegendo uma versão verdadeira dos fatos em litígio. Assim, requer-se que usem os meios de prova como um recurso heurístico e não como um argumento persuasivo.

De qualquer forma, uma concepção coerente ou persuasiva da verdade e da prova pode ser importante desde a perspectiva do advogado, da mesma forma que na dimensão linguística e narrativa, bem como em um enfoque psicológico das decisões judiciais,[56] na qual o mundo dos fenômenos empíricos reais supõe-se fora da perspectiva adotada para examinar o contexto judicial.[57] Todavia, cumpre ressaltar que narrativas coerentes e persuasivas

---

51 Cfr., principalmente, JACKSON BERNARD, 1988a: 1988b: 225; DANET, 1980: 445.

52 Ver, por exemplo, KLINCK, 1994: 127; HENINGER, 2000: 55; LAGARDE, 1994: 80; MONTERO AROCA, 2002: 37; 2000: 27; GIULIANI, 1988: 525; EBERLE, 1989; PERELMAN, 1963: 8.

53 Em realidade, a referência aos «relatos persuasivos» em detrimento aos «relatos verdadeiros» é frequente na literatura especializada no comportamento do advogado em juízo. Ver, *e. g.*, LUBET, 2000: 15; TIGAR, 2003: 5.

54 Cfr. TARUFFO, 1994: 272.

55 Ver TARUFFO, 1994: 279.

56 Cfr., por exemplo, PENNINGTON e HASTE, 1991: 19; BENNET e FELDMAN, 1981.

57 Para uma avaliação crítica deste enfoque, ver TWINING, 1990: 219.

podem ser falsas ou – como acontece com os romances – podem não pretender ser verdadeiras. Esse é o principal argumento para rejeitar qualquer teoria da verdade como simples coerência no contexto judicial.[58]

12. *Verdade como correspondência.* Por outro lado, é usual assumir a teoria da verdade judicial como correspondência como uma premissa para se afirmar que as decisões judiciais devam adequar-se à verdade a fim de serem justas e corretas.[59] Em tal perspectiva, os fatos devem ser estabelecidos precisamente, com base nos meios de prova relevantes e admissíveis, como condição necessária para a aplicação correta das normas jurídicas substantivas.[60] Assim, a questão não é (somente) dos relatos prestados e nem da linguagem ou da coerência narrativa. Uma decisão é verdadeira quando corresponde aos eventos que realmente ocorreram na situação empírica que está na base da controvérsia judicial. A função da prova é justamente oferecer ao julgador conhecimento fundado empírica e racionalmente acerca dos «fatos do caso», e não compilar histórias relatadas por algumas pessoas acerca desses fatos.[61] Esse enfoque não nega que a coerência narrativa dos enunciados e dos relatos possa ser em alguma medida relevante no contexto judicial: em verdade, a coerência pode funcionar em alguns casos como um critério para eleger uma dentre diferentes reconstruções do fato baseadas na mesma prova.[62] O que tal enfoque nega é que a coerência narrativa dos relatos judiciais tenha que ser considerada a única dimensão relevante em que se possa conceber a verdade judicial.

O conflito entre as duas teorias, ao se falar de verdade judicial, pode ser superado. Deve-se considerar a teoria da verdade como correspondência como seu conceito básico, de acordo com a «teoria semântica da verdade» proposta por TARSKI;[63] ainda, deve-se sustentar que a teoria da coerência defina apenas um dos possíveis critérios da verdade, não sendo, todavia, a melhor teoria acerca da verdade judicial. Com efeito, a teoria da coerência captura somente alguns aspectos significativos do problema judicial da verdade, enquanto a teoria da correspondência adapta-se muito melhor à concepção da decisão judicial baseada na justiça e na verdade. Por outro lado, cumpre ressaltar que alguns destacados filósofos modernos levam a sério a ideia da verdade como correspondência dos enunciados aos fatos, sustentando enfoques realistas do problema do conhecimento e da verdade.[64]

---

58 Cfr. PECZENIK, 1990: 161; NIINLUOTO, 1987: 135; TARUFFO, 1992a: 149, 323; 2002: 277, 305; COMOGLIO, 2004: 5.

59 Ver, *e. g.*, PECZENIK, 1990: 181; TARUFFO, 1992a: 143.

60 Ver *supra* § 3.

61 Cfr. TARUFFO, 1992a: 35, 63.

62 Ver TARUFFO, 1992a: 293.

63 Acerca da concepção semântica da verdade proposta por TARSKI e sua aplicação ao contexto das decisões judiciais, cfr. GASCÓN, 2002: 64. Ver, também, TARUFFO, 1992a: 145.

64 Ver, *e. g.*, SEARLE, 1998: 5, 12, 32; HAACK, 1998: 156.

13. *Incerteza e decisão*. O enunciado de fato formulado pelas partes, até a emissão da decisão final sobre o caso, possui o *status* epistêmico típico de «incerteza». Em verdade, tal enunciado não é nada mais do que a formulação de uma hipótese acerca de um fato: a parte que formula a hipótese afirma que essa é verdadeira, mas se esse enunciado é verdadeiro ou falso é uma questão que somente será respondida pelo julgador quando da sua decisão final. Durante o processo, o enunciado é duvidoso e incerto: pode ser verdadeiro ou falso.[65] Em um sentido, por conseguinte, a função da prova é aquela de ajudar o julgador a resolver esse problema, ao provê-lo com as informações necessárias para decidir racionalmente se os enunciados concernentes aos fatos materiais em litígio são verdadeiros ou falsos.

Sob a mesma perspectiva, pode-se afirmar que decidir sobre os fatos significa fazer uma escolha que supere a incerteza e resolva a dúvida acerca da veracidade ou falsidade sobre os enunciados acerca desses fatos. Em consequência, o problema das decisões fáticas pode ser interpretado como um problema de escolha acerca da veracidade ou falsidade dos enunciados sobre os fatos relevantes para o caso: quando o caso é complexo pode haver um intricado conjunto de enunciados hipoteticamente verdadeiros ou falsos. Assim, a tarefa básica do julgador é determinar, com base na prova produzida, a veracidade ou falsidade de cada enunciado de fato.[66]

D. PROVA E PROBABILIDADE

14. *Verdade e probabilidade*. Mesmo quando se adota a posição de que a verdade dos fatos em litígio pode ser estabelecida com base nos elementos de prova relevantes, o problema da verdade judicial está distante de ser satisfatoriamente resolvido. O problema epistêmico sobre «que tipo de verdade» pode ser obtido nos contextos judiciais é muito complexo: portanto, encontrar uma definição confiável da função da prova é também uma tarefa difícil.

O ponto de partida desse problema radica-se na premissa de que nenhuma verdade absoluta é alcançável em tais contextos e, assim, que o propósito possível da tomada de decisão é somente obter uma verdade relativa (ver *supra* § 10). Uma vez que a ideia de uma verdade relativa é vaga, uma definição muito comum de tal verdade é fundada em termos de «probabilidade». Um conceito muito amplo e vulgar de probabilidade é frequentemente utilizado para fazer referência a algum grau de conhecimento que supostamente há de se situar em algum ponto entre 0 (ou seja, em um nível em que não há qualquer conhecimento confiável) e 1 (indicando certeza ou verdade absoluta). Supõe-se que o «conhecimento intermediário» seja, em alguma medida, incerto,

---

65 Ver TARUFFO, 1992a: 217.

66 Cfr. TARUFFO, 1992a: 266.

porém confiável.[67] Não há dúvida, todavia, de que essa simples e vaga ideia não pode ser tomada como uma solução satisfatória ao problema de entender o que uma «verdade relativa» pode ser: essa simplesmente afirma que uma verdade desse tipo não é igual a 0, nem igual a 1. Por outro lado, o conceito de probabilidade é muito mais complexo e sofisticado:[68] é amplamente utilizado em vários âmbitos com o propósito de explicar e racionalizar diferentes tipos de conhecimentos incertos. Essa afirmativa é especialmente verdadeira acerca da teoria da probabilidade «quantitativa» ou «estatística», que oferece a possibilidade de estimar a frequência relativa de um evento em um dado contexto.

15. *A probabilidade quantitativa.* A teoria quantitativa da probabilidade tem sido usada tradicionalmente como uma moldura conceitual a fim de explicar a noção de verdade judicial e o papel e o peso das provas no contexto da tomada de decisões judiciais. Nas últimas décadas desenvolveu-se uma versão refinada dessa ideia de probabilidade, particularmente nos Estados Unidos, a partir do teorema de BAYES, *i. e.*, a partir da fórmula básica para o cálculo da variação da probabilidade matemática baseada em novas informações.[69] Pode-se dizer, inclusive, de uma espécie de «ortodoxia bayesiana» em referência à escola de pensamento que sustenta os conceitos de meios de prova e prova baseados no uso da probabilidade matemática e na aplicação do teorema de BAYES.[70] Uma tendência similar também está presente em alguns pontos da cultura jurídica europeia: teorias da prova baseadas na probabilidade quantitativa foram propostas na Alemanha e na Suécia.[71] A ideia da probabilidade quantitativa, em geral, é uma espécie de lugar comum usado com frequência na teoria da prova.

A ideia principal que permeia essas teorias baseia-se na possibilidade de determinar, por meio do cálculo das probabilidades matemáticas, o índice de probabilidade que se deve atribuir a um determinado enunciado fático. Quando um enunciado diz respeito a um fato em litígio, os elementos de prova

---

67 Esta tendência está presente em todas as culturas jurídicas ao menos desde o século XVII. Ver, em geral, EGGLESTON, 1978: 10; MUSIELAK e STADLER, 1984: 69.

68 Para uma análise probalística complexa acerca das inferências probatórias, ver SCHUM, 1994.

69 Um panorama das teorias acerca do teorema da probabilidade bayesiana aplicado aos problemas probatórios é esboçada nos ensaios apresentados no *Symposium on Probability and Inference in the Law of Evidence*, publicados na *Boston University Law Review*, n. 66, 1986. A maioria desses ensaios também foram publicados em TILLERS e GREEN, 1988. Ver, também, DAVID, 1991: 389; LEMPERT, 1977: 1021; KORNSTEIN, 1976: 121; SCHUM e MARTIN, 1982: 145; WIGMORE, 1983: t. I, 1011; FINKELSTEIN e FAIRLEY, 1970: 489; TRIBE, 1971: 1351.

70 Cfr., *e. g.*, EDWARDS, 1988: 337.

71 Entre a literatura especializada alemã, ver SCHREIBER, 1968; GREGER, 1978; HUBER, 1983: 102; BENDER e NACK, 1981: 181, 218; KOCH e RÜSSMANN, 1982: 287. Acerca da teoria sueca, ver os ensaios compilados em GÄRDENFORS, HANSSON e SAHLIN, 1983. Cfr., também, EKELÖF, 1962: 75.

oferecem os pontos de partida para o cálculo, que é desenvolvido segundo a fórmula de BAYES. O resultado é um número entre 0 e 1: considera-se que esse número expresse o grau de confiabilidade do enunciado fático com base nos elementos de prova considerados. Quando diversos elementos de prova precisam ser considerados e, portanto, devem-se realizar diversas inferências a fim de conectar as provas disponíveis ao fato em litígio, o modelo de cálculo revela-se extremamente complexo.[72] Entretanto, o cálculo sempre tem por objeto determinar o índice de probabilidade de um enunciado fático de acordo com os elementos de prova relevantes.

Tais cálculos são, geralmente, extremamente complicados e especialmente difíceis para aqueles que não estão muito familiarizados com a teoria matemática da probabilidade. Todavia, essa maneira de pensar tornou-se bastante popular em algumas áreas da teoria da prova, tanto na Europa, quanto nos Estados Unidos. A principal razão para a sua popularidade é que essa teoria dá a impressão de ser objetiva e fidedigna em um terreno onde o subjetivismo e a incerteza estão sempre presentes. Em geral, acredita-se que se algo é expresso por um número, pode ser tomado por certo, e que avaliações subjetivas tornam-se «menos subjetivas» e estão sob controle, expressando-se mediante uma quantidade numérica.[73] Não é de se estranhar, portanto, que muitos observem as concepções estatísticas da prova, sustentem teorias bayesianas e acreditem que o peso da prova deve ser expresso por números, ainda que poucos sejam realmente capazes de desenvolver os sofisticados cálculos necessários para incorporar um tratamento matemático da prova em contextos judiciais.

Infelizmente, todos esses esforços não produziram – ao menos até agora – resultados satisfatórios. De fato, essa forma de aproximar os problemas dos meios de prova e do valor da prova segue sendo duvidosa e controversa. Em verdade, diversas críticas têm sido lançadas contra a teoria da prova calcada na probabilidade quantitativa ou estatística. Diz-se, por exemplo, que em muitos casos essa não pode ser aplicada; que essa produz imagens pouco confiáveis de diversas situações probatórias; que seu instrumental matemático é por vezes incorreto, inútil e fictício, entre outras críticas.[74]

16. *Probabilidade lógica*. Por outro lado, as teorias bayesianas ou quantitativas da probabilidade não são as únicas teorias possíveis da inferência probatória. Uma concepção alternativa consiste em tomar em conta as teorias

---

72 Ver SCHUM e MARTIN, 1982; CALLEN, 1982: 12.

73 Essa é a síndrome de que «o que não pode ser contado não existe» definida por TRIBE, 1971: 1361.

74 Ver FROSINI, 2002: 98, 108; CALLEN, 1982; 1991a: 459; TRIBE, 1971: 1332; BRILMAYER, 1988: 150, 156, 160; SCHAFER, 1988: 191; WIGMORE, 1983: t. I, 1072. Para uma discussão acerca dos argumentos contrários à concepção bayesiana da prova, ver TARUFFO, 1992a: 174.

«lógicas» (ou «baconianas») da probabilidade, *i. e.*, os modelos lógicos de argumentação que podem ser usados como meios para racionalizar as inferências em situações nas quais a credibilidade de um enunciado de fato precisa ser testada com base em alguns elementos de prova.[75] Nessa perspectiva, a questão principal é determinar quais inferências sejam possíveis a partir dos elementos de prova relevantes, e como esses sustentam as inferências que conduzem a conclusões acerca de um fato controvertido. Inferências conectando provas e fatos não são desenvolvidas conforme os cálculos quantitativos de probabilidade, mas sobre as bases de padrões lógicos de argumentação. Os elementos de prova consideram-se como premissas a partir das quais é possível extrair inferências: as inferências seguem modelos lógicos; as distintas situações podem ser analisadas de acordo com padrões lógicos que representam características típicas de cada caso; a conclusão acerca de um fato é logicamente provável, como uma função dos argumentos jurídicos baseados nas provas disponíveis.[76] Esse tipo de argumentação, fundado no conceito lógico de inferência, tem sido desenvolvido como uma teoria geral e se aplica em diversos contextos, nos quais a ponderação dos elementos de prova é importante, como, por exemplo, nos trabalhos de inteligência.[77] Nas últimas décadas, uma perspectiva similar tem sido desenvolvida também no domínio da prova judicial, como uma moldura que oferece modelos racionais para a valoração da prova no processo judicial.[78]

Esse enfoque não usa graus numéricos de probabilidade e tampouco oferece medidas quantitativas exatas do peso da prova. Entretanto, a teoria da probabilidade lógica (ou da *«evidence and inference»*, como por vezes é rotulada) parece ser muito mais eficiente como uma interpretação analítica da prova judicial. Em verdade, oferece molduras para a análise de complexas situações probatórias, além de tipologias que correspondem aos diversos tipos de casos que ocorrem na prática judicial; ainda, atenta aos principais problemas de valoração da prova, *i. e.*, às inferências que conectam os elementos de prova relevantes aos fatos controversos.[79] Assim, o conceito de probabilidade lógica, e seus desenvolvimentos na teoria da *evidence and inference*, merece ser considerado como base teórica para se abordar de maneira apropriada o problema da prova judicial. As probabilidades estatísticas podem ser utilizadas como prova em alguns casos (ver *infra* § 78), mas a prova estatística não pode ser adotada como modelo geral da prova judicial. Diversamente, a teoria da *evidence and inference*, baseada na probabilidade lógica, pode conduzir a racionalizações confiáveis do uso das provas na tomada de decisões judiciais.

---

75 Em geral, acerca do conceito de probabilidade lógica, ver Hacking, 1975: 21, 43; Cohen, 1989: 4; Wigmore, 1983: t. I, 1072; Benenson, 1984; Taruffo, 1992a: 199.

76 Cfr., especialmente, Cohen, 1977: 49, 245, 265, *passim*.

77 Ver, por exemplo, Schum, 1987.

78 Cfr. Taruffo, 1992a: 201, 217; Cohen, 1977: 17, 265; Schum, 1987; 1988: 213, 235, 246.

79 Ver Taruffo, 1992a: 201, 217.

E. PROVA E RESULTADO PROBATÓRIO

17. *Distinção entre meios de prova e prova como resultado.* Acerca do problema da prova e da verdade judicial apresenta-se outra questão linguística que merece atenção, em especial com respeito às teorias e regramentos europeus da prova. Nos sistemas de *common law* esse tópico praticamente carece de sentido: a distinção fundamental entre *evidence* (elemento ou meio de prova) e *proof* (prova como resultado) torna clara a diferença entre os dados, as informações, as circunstâncias, os documentos, os enunciados e os conhecimentos que podem ser usados como premissa da decisão acerca dos fatos em litígio, por um lado, e as conclusões alcançadas ou os resultados obtidos através das inferências extraídas dos elementos de prova relevantes, por outro, que culminam em enunciados sobre a existência dos fatos em litígio e a veracidade desses enunciados. Essa polarização, entretanto, não é sempre suficientemente clara na terminologia usual europeia: *prova*, *preuve*, *prueba* e *Beweis* são usados para significar tanto *evidence*, quanto *proof*, *i. e.*, tanto para a base, quanto para o resultado, tanto para a premissa, quanto para a conclusão do raciocínio probatório. Por óbvio, a distinção teórica existe e por vezes é expressa na linguagem jurídica: os equivalentes de *evidence* usualmente denominam-se *mezzo di prova*, *moyen de preuve* ou *mesure d'instruction*, *medio* ou *fuente de prueba* e *Beweimittel*, e, em tais casos, *prova*, *preuve*, *prueba* e *Beweis* são mais propriamente usados como sinônimos de *proof*. Todavia, a linguagem probatória europeia continua sendo bastante vaga e as afirmativas formuladas nessa linguagem constantemente necessitam ser interpretadas fazendo referência ao contexto.[80]

A distinção entre *evidence* e *proof*, e seu correspondente nos sistemas de *civil law*, aborda uma diferença conceitual fundamental. A noção de *evidence* vincula-se somente indiretamente com a questão da verdade judicial. Os elementos de prova constituem dados cognitivos e informações, dos quais a verdade dos fatos em litígio pode derivar, se as inferências apropriadas desses forem extraídas e tais inferências conduzirem à verdade dos fatos controversos. Quando se alcança esse objetivo, porque há boas razões para crer que tal fato seja verdadeiro, então esse fato está «provado», uma vez que confirmado pelos elementos de prova. Em certo sentido, em qualquer contexto processual «meio de prova» é tudo aquilo que pode ser usado significativamente para apoiar a prova de um fato. Em sentido estrito, estamos frente a um «meio de prova» somente se esse é relevante e admissível (ver *infra* §§ 19, 20 e 23). Um elemento de prova que carece de relevância ou que é inadmissível em um caso específico não é elemento de prova em tal caso.

---

80 Para uma análise dos distintos significados dos termos probatórios, ver TARUFFO, 1992a: 413. Ver, também, MONTERO AROCA, 2002: 108.

18. *Conceitos de prova.* Nem todos os meios de prova relevantes e admissíveis produzem a «prova» dos fatos. Um fato é provado somente quando se extraem com êxito algumas inferências concernentes a sua existência a partir dos meios de prova disponíveis. Isso não ocorre sempre, uma vez que um elemento de prova apresentado pode não produzir qualquer resultado positivo. A prova é obtida somente quando uma inferência extraída dos elementos de prova suporta a verdade de um enunciado acerca de um fato em litígio. Em certo sentido, a prova do fato e a verdade de um enunciado acerca desse fato são sinônimos. Pode-se afirmar que um fato é verdadeiro somente quando provado com base nos elementos de prova, e se prova unicamente quando sua verdade nesses se funda.[81]

Os conceitos de meios de prova e prova podem ter diferentes significados em função das teorias da verdade judicial e da decisão judicial que as sustente. Por exemplo, partindo-se da ideia de que nenhuma verdade judicial pode ser alcançada (ver *supra* § 10), toda definição de meio de prova e prova vinculada ao conceito de verdade judicial carece de significado. Sob uma perspectiva distinta, aqueles que comungam da teoria bayesiana da prova dirão que «meio de prova» somente se define em termos de «probabilidades *a priori*», e que «prova» indica um resultado de um grau superior a 0,5, obtido por meio de inferências estatísticas. Por outro lado, a teoria da *evidence and inference* parece oferecer uma interessante moldura conceitual vinculando os meios de prova à verdade judicial em termos de conhecimento racional, probabilidade lógica e inferências argumentativas. Em tal contexto, os «meios de prova» constituem a base para as inferências lógicas cujo objetivo é dar suporte a conclusões acerca dos fatos em litígio; «prova», por sua vez, refere-se aos resultados positivos de tais inferências; e, por fim, a «verdade judicial» dos fatos significa que os enunciados acerca desses postos em litígio estão apoiados em inferências racionais baseadas em elementos de prova relevantes e admissíveis.

---

81 Cfr., sobretudo, Ferrer Beltrán, 2002: 77, 82, 89.

CAPÍTULO II
A SELEÇÃO DAS PROVAS

19. *Relevância e admissibilidade.* No processo civil, a primeira questão importante relativa à prova é aquela de estabelecer que elementos ou meios de prova devem ser admitidos no curso do processo. Em teoria, qualquer tipo de prova pode ser utilizado em qualquer tipo de processo, e a escolha de que prova embasará a decisão sobre os fatos em litígio recairá sobre o julgador por ocasião de seu pronunciamento final. Todavia, há diversas razões em favor de uma seleção preliminar dos meios de prova que podem ser apresentados no curso do processo. Por exemplo, às partes não se deve obrigar ou permitir que apresentem todo e qualquer tipo de prova que desejem, pois isso ocasionaria atrasos e complicações ao funcionamento do processo; ao juiz não se deve permitir ordenar de ofício a apresentação de qualquer prova que deseje, pois isso transformaria o processo em uma intolerável forma de inquisição. Não se podem incorporar provas ao processo indefinidamente, pois esse deve chegar ao fim o mais rápido possível, sempre que for possível obter uma decisão razoável e bem fundada acerca dos fatos. Outras razões para a seleção dos meios de prova admissíveis podem derivar da necessidade de se proteger valores gerais ou interesses individuais específicos merecedores de especial consideração. Todos os sistemas incluem regras e critérios que têm por objeto estabelecer uma seleção preliminar das provas que se podem apresentar. Em geral, tais regras e critérios aplicam-se à fase inicial do processo, uma vez que a sua função é evitar que as partes apresentem elementos de prova que não deveriam ser admitidos ou, ainda, que o juiz requeira a apresentação de elementos de prova inadmissíveis ou indignos de consideração. Ao juiz cabe a tarefa de aplicar tais regras e critérios com o objetivo de evitar a desordem e a indevida perda de tempo no curso do processo. Em todos os sistemas processuais, a seleção preliminar das provas é realizada de acordo com dois critérios básicos: a relevância dos elementos de prova e as normas que determinam quais provas são juridicamente admissíveis.

A. A RELEVÂNCIA DA PROVA

20. *Definição de relevância.* O conceito de relevância é especialmente importante como critério para a seleção dos elementos de prova admissíveis. Relevância é um critério lógico segundo o qual os únicos elementos de prova que devem ser admitidos e tomados em consideração pelo julgador são aqueles que possuem uma conexão lógica com os fatos em litígio, de modo que a conclusão acerca da verdade de tais fatos possa ser por esses elementos sustentada.[1] Esse critério é óbvio como meio de exclusão da apresentação de provas que não teriam qualquer utilidade para o estabelecimento da verdade dos fatos em litígio: aplica-se a todos os sistemas processuais, ainda que alguns não o estipulem *expressis verbis* como uma condição para a admissibilidade das provas.[2] Dado que a função da prova é suprir o julgador com informações úteis para o estabelecimento da verdade dos fatos em litígio, essa conexão lógica é cognitivamente instrumental: «elementos de prova relevantes» são todos aqueles que podem oferecer uma base cognitiva para que se estabeleça a verdade de um fato em litígio,[3] ou seja, uma informação sobre tal fato «superior a zero».[4]

21. *Relevância lógica.* Dado que a relevância do elemento de prova é uma condição cuja existência verifica-se ao início do procedimento, e unicamente com base nas alegações formuladas pelas partes, a questão da sua relevância ou não somente pode se resolver hipoteticamente.[5] O juiz deve assumir – como hipótese de trabalho – que aqueles elementos de prova apresentados lograrão o resultado esperado e antevisto pela parte que os apresenta ao definir a matéria, isto é, o fato que cada elemento de prova específico espera demons-

---

[1] Para um panorama geral das teorias modernas, ver WIGMORE, 1983: t. I, 1004. Cfr., também, GRAHAM, 1977-1989: vol. 13, 48.

[2] Para uma perspectiva geral relativa aos diferentes sistemas, ver TARUFFO, 1970: 97. Ver, também, NAGEL, 1967: 123.

[3] Ver WIGMORE, 1983: t. I, 1030; TARUFFO, 1970: 54. Entre os sistemas que incluem disposições expressas sobre a relevância, o sistema estadunidense é de especial interesse para a definição de «relevância»: a regra 401 das *Federal Rules of Evidence* diz o seguinte: *«Relevant evidence means evidence having any tendency to make the existence of any fact that is of consequence to the determination of the action more probable or less probable than it would be without the evidence»*. Ver SALTZBURG, MARTIN e CAPRA, 2002: 401-4; LEMPERT, GROSS e LIEBMAN, 2000: 204; MUELLER e KIRKPATRICK, 2003: 153; GRAHAM, 2003: 87; GIANNELLI, 2003: 106, 108; WRIGHT e GRAHAM, 1977-1989: vol. 22, 9; WEINSTEIN e BERGER, 1975, vol. 1, 401-6. Conceitos similares são utilizados mesmo quando não há legislação específica. Entre a bibliografia inglesa, destaca-se DENNIS, 1999: 44; CROSS e TAPPER, 1990: 51; na alemã, consulte-se, *e. g.*, MUSIELAK e STADLER, 1984: 9; ZPO-KOMM, 1987: § 284, n. 22; ARENS e LÜKE, 1992: 195; JAUERNIG, 1991: 180. Na doutrina austríaca, ver FASCHING, 1990: 444; 1959-1974: vol. 3, § 266, n. 1.

[4] Cfr. GRAHAM, 2002: 14.

[5] Ver, principalmente, TARUFFO, 1992a: 339.

trar.[6] Posteriormente, o juiz verifica se, partindo da suposição de um resultado positivo, o elemento de prova poderia suprir o julgador com informações úteis para estabelecer a verdade de um fato em litígio. Se a conclusão de tal raciocínio hipotético for afirmativa, então o elemento de prova será relevante. Se, pelo contrário, a apresentação de um elemento de prova parecer inútil para a determinação de qualquer fato em litígio, então esse elemento de prova não será relevante, não devendo ser admitido.[7] A justificação básica do critério da relevância é prática e é baseada em critérios de economia processual. Uma máxima tradicional assevera que *frustra probatur quod probatum non relevant*, enfatizando que nos processos judiciais não se deve perder tempo, dinheiro e energia na apresentação de elementos de prova inúteis.[8]

O conceito de relevância baseia-se em uma conexão lógica entre o enunciado que expressa o resultado positivo esperado do elemento de prova e o enunciado acerca da existência de um fato em litígio. Se «F» é o enunciado relativo a esse fato e «P» é o enunciado sobre o suposto resultado probatório, tal conexão pode se apresentar de três formas distintas: 1) «F» e «P» não possuem conexão direta nem indireta, porque versam sobre fatos diferentes e não relacionados. Nesse caso, «P» é claramente inútil para o conhecimento de «F». Por conseguinte, o elemento de prova considerado será irrelevante e, como tal, não deverá ser admitido. 2) «F» e «P» versam sobre o mesmo fato e têm a mesma referência empírica. Nesse caso, é claro que «P» oferecerá ao juiz informações relativas à verdade de «F»: assim o elemento de prova considerado será relevante para que se estabeleça o fato em litígio. A doutrina do *common law* em geral usa o termo *materiality* para indicar esse caso específico de relevância.[9] 3) «F» e «P» não versam sobre o mesmo fato, mas estão relacionados indiretamente, pois «P» concerne a um fato «F¹», a partir do qual se pode estabelecer uma inferência para sustentar uma conclusão acerca da

---

6 O juízo sobre a relevância não deveria vincular-se com nenhuma avaliação acerca do valor probatório do meio de prova considerado. A relevância de um elemento de prova estabelece-se em uma etapa preliminar, assumindo que a aquisição desse elemento obterá êxito em demonstrar o que se pretende. Seu valor probatório determinar-se-á ao final do processo, depois de sua aquisição real, no momento final da tomada de decisão sobre os fatos. Sobre a distinção entre relevância e valor probatório, ver Wigmore, 1983: t. I, 1030; Taruffo, 1970: 8, 79, 135.

7 A inadmissibilidade dos meios de prova irrelevantes deriva-se do princípio geral de relevância. Em alguns sistemas está expressamente previsto, como, por exemplo, na regra 402 das *Federal Rules of Evidence* dos Estados Unidos. Ver Saltzburg, Martin e Capra, 2002: vol. 1, 401-9; Lempert, Gross e Liebman, 2000: 204; Mueller e Kirkpatrick, 2003: 169; Graham, 2003: 105; Weinstein e Berger, 1975: vol. 1, 402-4. O Código Modelo para América Latina possui uma regra similar (art. 134), segundo a qual as «*pruebas manifestamiente inconducentes*» devem ser excluídas. Ver, também, o Código Processual Civil espanhol, art. 283; De la Oliva Santos e Díez-Picazo Giménez, 2000: 291; Montero Aroca, 2002: 118, 123.

8 Cfr. Taruffo, 1970: 9, 77, 96, 109; Comoglio, 1980: 198.

9 Ver Wigmore, 1983: t. I, 18; Graham, 2003: 89; Rothstein, Raeder e Crump, 2003: 60; Giannelli, 2003: 106. Sobre a falta de clareza no significado de *materiality*, ver Lempert e Saltzburg, 1982: 141; Wright e Graham, 1977-1989: vol. 22, 39.

verdade de «F». A conexão básica é, então, entre «F^1» (isto é, o resultado do elemento de prova considerado) e «F» (ou seja, o fato principal que deve ser provado). Essa inferência deveria mostrar que, considerando «F^1», obter-se-á uma conclusão sobre a verdade de «F». Quando existir tal possibilidade, o elemento de prova deverá ser considerado relevante.[10]

22. *O princípio da relevância.* A todos os sistemas processuais interessa coibir a apresentação de elementos de prova inúteis e redundantes; todos incluem disposições explícitas ou regras implícitas de acordo com as quais somente os elementos de prova relevantes devem ser admitidos, enquanto os que não o são devem ser excluídos num estágio preliminar do processo. Há, portanto, uma espécie de princípio geral de relevância em todos os sistemas probatórios. Todavia, observam-se algumas diferenças do ponto de vista da força que tal princípio possui em cada ordenamento. Em todos os sistemas o princípio possui uma função negativa, ou excludente, e opera como um critério segundo o qual alguns elementos de prova devem ser rechaçados: por exemplo, o art. 283 do Código Processual Civil espanhol confere ao tribunal o poder de excluir, de ofício, elementos de prova irrelevantes. Em alguns sistemas, ainda, o princípio possui um significado inclusivo, pois estabelece que todos os elementos de prova relevantes devem ser admitidos.[11]

A ideia de que o princípio da relevância possui um alcance menor é comum nos sistemas processuais europeus; nesses o princípio constitui o fundamento para a exclusão de elementos de prova irrelevantes, mas não pode ser aplicado como único critério para que se decida quais desses elementos devem ser admitidos. Em tais sistemas, o verdadeiro critério para a admissão dos elementos de prova é fornecido em maior medida por regras de admissibilidade jurídica, em oposição à relevância lógica. Pelo contrário, o maior alcance do princípio é claramente reconhecido nas *Federal Rules of Evidence* dos Estados Unidos, cuja *Rule* 402 estabelece o seguinte: «*Todos os elementos de prova são admissíveis, salvo se disponha o contrário...*». É claro que o princípio da relevância funciona aqui como o principal critério para se decidir que elementos de prova devem ser admitidos; isto é, como um critério inclusivo, enquanto disposições específicas que têm por objeto a exclusão de alguns elementos de prova devem ser consideradas como exceções ao princípio geral.[12] A diferença entre as versões negativa e inclusiva do princípio da relevância pode possuir, a par do seu significado teórico, também um efeito

---

[10] Sobre a moldura inferencial da relevância, ver, principalmente, Saltzburg, Martin e Capra, 2002: vol. 1, 401-5, 401-25; Mueller e Kikpatrick, 2003: 155; Wigmore, 1983: t. I, 1036, 1071.

[11] Ver, em geral, Taruffo, 1992a: 341.

[12] Cfr. Saltzburg, Martin e Capra, 2002: vol. I, 402-2; Mueller e Kirkpatrick, 2003: 169; Graham, 2003: 105; Giannelli, 2003: 114; Wright e Graham, 1977-1989: vol. 22, 180; Rothstein, Raeder e Crump, 2003: 61; Wigmore, 1983: t. I, 667; Weinstein e Berger, 1975:

prático: por exemplo, para se decidir se um elemento de prova não regulado pelo direito, mas relevante do ponto de vista lógico, deve ou não ser admitido. A versão inclusiva desse princípio deveria conduzir a uma resposta positiva a essa questão, enquanto a versão negativa poderia levar a uma conclusão diversa (ver *infra* § 36).

Seja qual for o caso, não há dúvida de que o princípio da relevância determina a primeira condição geral para a admissibilidade das provas. Somente em momento posterior é possível que se submetam os elementos de prova considerados relevantes – e, portanto, dignos de serem admitidos – a outros critérios, *i. e.*, a regras relativas à admissibilidade jurídica das provas.

B. ADMISSIBILIDADE DA PROVA

23. *Admissibilidade jurídica.* Para poderem ser admitidos, os meios de prova relevantes devem ser também juridicamente admissíveis. Isso significa que todo elemento de prova relevante deve ser considerado também sob o prisma dos critérios jurídicos de admissibilidade. Um elemento de prova relevante pode ser descartado por razões jurídicas, isto é, no caso de uma norma jurídica específica proibir sua admissão. Todos os sistemas processuais incluem normas relativas à admissibilidade da prova, mesmo que em geral reconheça-se que o âmbito da prova liga-se mais à lógica e à epistemologia do que propriamente à regulação jurídica.[13] As normas relativas à admissibilidade da prova variam de acordo com as diferentes concepções acerca da sua natureza e função nos contextos processuais. Podem variar, também, com base nos diferentes enfoques à proteção de valores ou interesses que podem colidir com o princípio fundamental segundo o qual a apresentação de todo elemento de prova relevante deve ser permitida.

Geralmente tais normas são construídas como regras de exclusão, uma vez que sua função principal é determinar quando um elemento de prova, ainda que relevante, não deve ser admitido. Todavia, essas regras podem assumir diferentes formas: por exemplo, podem determinar que alguns fatos não devem ser provados ou que alguns tipos de provas não devem ser utilizados. Seja qual for o caso, para que se ofereça uma descrição sintética de tais regras, pode ser útil seguir a descrição anglo-americana entre regras de exclusão, em sentido estrito, e privilégios.

Tais regras têm por objetivo impedir a admissão de certos elementos de prova. Seus argumentos particulares podem basear-se em fatores diversos.

---

vol. I, 402-4. A origem histórica deste princípio pode-se encontrar em Thayer, 1969: 266; ver Graham, 2002: 17.

13 Ver, principalmente, Twining, 1990: 188; Taruffo, 1992a: 319, 322. Bentham sustentou que nenhuma prova deve ser excluída, salvo para evitar demora, constrangimento e gasto excessivos; consulte-se Allen Christopher, 1997: 9.

Por vezes, tratam da particular posição das pessoas envolvidas e, por outras, tratam da matéria específica a ser provada. Em certas ocasiões, essas regras destinam-se a prevenir possíveis erros e mal-entendidos na valoração dos elementos de prova específicos e, em outras, seu propósito é evitar atividades processuais inúteis. Em alguns casos, ainda, as regras de exclusão são estritas e precisas, enquanto em outros são formuladas em termos mais vagos e gerais, de modo que sua real aplicação dependerá em boa medida da discricionariedade do tribunal.

24. *Exclusão de testemunhas*. Entre as regras de exclusão baseadas na qualidade das pessoas envolvidas estão, por exemplo, aquelas que estabelecem quem pode ser ouvido como testemunha. O sistema anglo-americano inclui apenas algumas regras a esse respeito, uma vez que o princípio básico é o de que qualquer pessoa pode ser ouvida como testemunha, incluindo as partes e qualquer outro interessado; somente aqueles que carecem da maturidade ou da inteligência requeridas não podem ser considerados como testemunhas em sentido próprio (ver *infra* § 46). Nesse sentido, uma norma interessante é a *Rule* 601 das *Federal Rules of Evidence* dos Estados Unidos, de acordo com a qual toda pessoa é competente para ser testemunha, salvo se certas regras estatais ou federais específicas dispuserem o contrário (ver *infra* § 46). Em alguns sistemas europeus também existem diversas regras que excluem tipos particulares de testemunhas. Por exemplo, em muitos casos as partes não podem ser ouvidas como testemunhas, uma vez que a ideia básica é a de que apenas aqueles que não são partes podem ser considerados testemunhas: esse é o caso da França, da Itália e, em certa medida, também da Alemanha (ver *infra* §§ 45 e 49). Por vezes tal ideia é estendida ao extremo de se afirmar que nem mesmo terceiros – que não são partes, mas que possivelmente viriam intervir no processo – podem ser considerados testemunhas em sentido próprio: esse é o caso do art. 246 do Código de Processo Civil italiano. Nesses sistemas as partes podem ser ouvidas, e suas respostas podem possuir um valor probatório, mas não é um testemunho no sentindo ordinário da expressão (ver *infra* §§ 51-53).

25. *Exclusão do testemunho indireto, «de relato» ou «de ouvir dizer»*. A questão mais importante na regulação anglo-americana de admissibilidade de prova testemunhal é a bem conhecida *hearsay rule*, que tem sido considerado a *«regra mais característica do direito probatório anglo-americano»*,[14] mas também *«um pilar do sistema de regras de exclusão próprio do passado»*.[15] O testemunho indireto é geralmente admitido, ainda que deva ser considerado

---

[14] Ver Lempert e Saltzburg, 1982: 494, citando Wigmore.

[15] Cfr. Zuckerman, 2003: 669.

como um elemento de prova que necessita de prudente valoração,[16] existindo normas específicas à prova indireta em alguns sistemas de *civil law*. Em outros sistemas de *civil law* espera-se que a testemunha faça suas declarações com base no seu conhecimento pessoal dos fatos, de modo que o testemunho indireto poderia teoricamente ser excluído.[17] Todavia, essa situação não acontece na prática, não sendo o problema especialmente relevante.

Não há dúvida, entretanto, de que nos sistemas de *common law* a *hearsay rule* detém um papel central, como podem confirmar as centenas de páginas a ela dedicadas em todos os manuais e monografias acerca da prova, especialmente nos Estados Unidos.

Segundo a *Rule* 801(c) das *Federal Rules of Evidence* dos Estados Unidos, um testemunho indireto é «*uma declaração, diversa daquela prestada pelo depoente no curso do processo, que se oferece como elemento de prova para demonstrar a verdade daquilo que se afirmou*».[18] Tal definição é apenas aparentemente clara. Em verdade, é o resultado de uma complexa e confusa história tanto na Inglaterra,[19] quanto nos Estados Unidos,[20] que dá margem a diversos problemas acerca de seu significado apropriado e do âmbito de aplicação preciso da regra.

A razão de ser básica da *hearsay rule* é que se evite o perigo de que os jurados cometam erros ao avaliar a veracidade das afirmações feitas por uma pessoa que não teve qualquer contato direto com o autor das afirmações em referência, sem ter ouvido este durante o interrogatório e o contrainterrogatório.[21] Pode-se dizer, por conseguinte, que a função primordial geralmente atribuída à *hearsay rule* é a de permitir ou propiciar que se alcance a verdade.[22] A regra é especialmente relevante à prova testemunhal, embora seu campo de aplicação também inclua condutas não verbais e documentos escritos.[23]

---

16 Ver, *e. g.*, o art. 257 do Código Processual Civil italiano, segundo o qual o juiz *pode* ordenar que a testemunha original seja interrogada; a regra permite, assim, implicitamente, o testemunho indireto ou de relato. Cfr. TARUFFO, 1988: 754; DONDI, 1997: 46; CARPI e TARUFFO, 2002: 777.

17 Ver o art. 199 do Código de Processo Civil francês. Na Alemanha não há um dispositivo similar, todavia assume-se que a testemunha seja uma pessoa falando dos fatos sob a perspectiva de sua percepção pessoal; consulte-se SCHLOSSER, 1983: 271; JAUERNIG, 1991: 192.

18 Uma definição similar, que suscita alguns problemas conceituais, usa-se na Inglaterra; ver DENNIS, 1999: 504; CROSS e TAPPER, 1990: 42, 540; CURZON, 1986: 227.

19 Ver CROSS e TAPPER, 1990: 510; DONDI, 1979: 101, 121.

20 Sobre a história da regra estadunidense, consulte-se LEMPERT, GROSS e LIEBMAN, 2000: 497; DONDI, 1979: 108.

21 Na vasta bibliografia sobre estes temas, cfr. DENNIS, 1999: 508, 511, 515, 518; CROSS e TAPPER, 1990: 513; SALTZBURG, MARTIN e CAPRA, 2002, vol. 4, 801-12; LEMPERT, GROSS e LIEBMAN, 2000: 497, 503; ROTHSTEIN, RAEDER e CRUMP, 2003: 368; GRAHAM, 2003: 371; GIANNELLI, 2003: 406; WEINSTEIN e BERGER, 1975: vol. 4, 800-8; FRIEDENTHAL e SINGER, 1985: 74; MUELLER e KIRKPATRICK, 2003: 699; LILLY, 1987: 180.

22 Ver, especialmente, FENNER, 2004: 4.

23 Sobre o alcance da *hearsay rule* para além da prova testemunhal, ver CROSS e TAPPER, 1990: 515, 529; FENNER, 2004: 10; GRAHAM, 2003: 387; 2002: 76; GIANNELLI, 2003: 415; ROTHSTEIN,

Com o passar do tempo, a regra cresceu e se desenvolveu um grande número de sub-regras que produziu volumosa doutrina e comentários. A regra básica, cujo objetivo era a exclusão da prova indireta em geral (e em particular dos testemunhos indiretos) foi considerada muito estrita ao reduzir indevidamente a oportunidade das partes de apresentarem elementos de prova relevantes perante o tribunal. Por conseguinte, introduziram-se muitas exceções, e a prova indireta tornou-se admissível em diversos casos, como, por exemplo, quando a testemunha original falecia, no caso de confissões, ou quando não se dispunha de provas diretas. Em verdade, são muitos os conflitos que surgem quando se estabelece uma exclusão estrita de qualquer prova indireta, tendo tais conflitos sido abordados pelos tribunais e pelas leis. O resultado foi um conjunto extremamente complexo formado pela regra básica de exclusão e por dúzias de exceções.[24]

Apesar das tendências a favor de uma reforma completa da *hearsay rule*, a regra básica de exclusão foi mantida pela *Rule* 802 das *Federal Rules of Evidence*,[25] a qual ainda dispõe a inadmissibilidade do testemunho indireto, com as exceções elencadas nas *Rules* 803, 804 e 807.[26] Tais normas não são mais do que a reafirmação de regras tradicionais da *common law* relativas à prova indireta, reordenadas em certa medida pelos redatores das *Federal Rules of Evidence*. O testemunho indireto ainda é excluído, ainda que não menos do que 23 tipos de declarações de relato sejam admissíveis, mesmo quando seja possível encontrar o autor original do relato para interrogá-lo: a prova testemunhal indireta pode ser admitida pelo tribunal em qualquer caso, desde que tenha por objetivo provar fatos principais se seu valor probatório for particularmente alto e se sua admissão parecer ser do interesse da justiça. Ademais, admitem-se diversos tipos de testemunhos indiretos quando o autor original das declarações não está disponível para ser ouvido como testemunha. Se tal conjunto de normas for considerado como um todo, o campo real de aplicação da regra de exclusão restará substancialmente reduzido por tantas e tão vastas exceções. Todavia, a tradição da *common law* ainda está presente: eliminaram-se muitas complexidades do velho sistema, mas muitas ainda sobrevivem.

RAEDER e CRUMP, 2003: 414.

24 Para uma análise detalhada das exceções à *hearsay rule*, ver, por exemplo, FENNER, 2004: 129, 279, 343; GIANNELLI, 2003: 451, 483, 491, 513; LEMPERT, GROSS e LIEBMAN, 2000: 534, 562; ROTHSTEIN, RAEDER e CRUMP, 2003: 94, 547, 577; GRAHAM, 2003: 436, 439, 443, 497; 2002: 103, 123, 182, 195, 203; MUELLER e KIRKPATRICK, 2003: 803, 898; LILLY, 1987: 213, 236, 244, 259, 263, 271, 285, 292, 296.

25 Ver SALTZBURG, MARTIN e CAPRA, 2002: vol. 4, 802-2.

26 Cfr. SALTZBURG, MARTIN e CAPRA, 2002: vol. 4, 803-4, 804-7, 807-3; DONDI, 1979: 224. Ver, também, *supra* nota 12.

26. *As provas indiretas na Inglaterra.* Na Inglaterra, a situação agora é bastante diferente: o testemunho indireto no âmbito do processo civil distinguiu-se do testemunho indireto no âmbito do processo penal, tendo sido regulado primeiro pelo *Civil Evidence Act* de 1968 e, mais recentemente, pelo *Civil Evidence Act*, em vigor desde 1995.[27] Essas reformas modificaram substancialmente o antigo sistema ao estabelecer a admissibilidade geral do testemunho indireto se o declarante original for competente para testemunhar e a parte contrária for devidamente notificada.[28] A reforma declara admissíveis os testemunhos indiretos de primeira mão e permite o uso de testemunhos indiretos de segunda mão quando a declaração estiver contida em uma gravação. A *Section* 4 do *Civil Evidence Act* de 1995, por sua vez, fornece também alguns critérios que o tribunal deve aplicar para avaliar a credibilidade das provas de relato.[29] Outras regras, ainda, protegem as partes de uma possível surpresa provocada pela apresentação de uma declaração de relato e conferem ao tribunal ampla discricionariedade na admissão de testemunhos indiretos.[30]

27. *Prova oral e escrita no common law.* Um intrincado problema relativo à admissibilidade da prova testemunhal deriva da existência, na maioria dos sistemas jurídicos, de normas que estabelecem que alguns contratos importantes devam ser relatados por escrito, como condição para a sua validade jurídica. Surge, então, o problema de determinar quais meios de prova podem ser utilizados para demonstrar que tais contratos foram validamente estipulados, bem como para determinar os termos precisos das transações envolvidas.

Nos sistemas de *common law* a solução tradicional era invocar a *best evidence rule* – referida normalmente só às provas documentais – de acordo com a qual o conteúdo de um documento deve ser demonstrado por meio de elementos de prova «primários». Por conseguinte, quando uma parte precisa provar que celebrou um contrato por escrito, o documento original deve ser apresentado.[31] Por esse motivo, essa regra é também chamada de «*original writing rule*».[32] Todavia, de acordo com a opinião dominante, a *best evidence rule* não é mais uma regra de exclusão estrita: define-se simplesmente como uma «regra de preferência» que tem por objeto fomentar o uso dos meios de

---

27 Cfr. Andrews, 2003: 725; Dennis, 1999: 504, 535, 569.

28 Ver a *Civil Evidence Act* de 1995, *sec.* 1 (2); Andrews, 2003: 725; Zuckerman, 2003: 669; Dennis, 1999: 571, 572.

29 Cfr. Andrews, 2003: 727; Dennis, 1999: 573.

30 Ver Zuckerman, 2003: 669; Andrews, 2003: 727; Cross e Tapper, 1990: 540; Curzon, 1986: 227, 229; Dondi, 1979: 228.

31 Cfr. Cross e Tapper, 1990: 680; Curzon, 1986: 91; Giannelli, 2003: 391; Lempert, Gross e Liebman, 2000: 1173; Rothstein, Raeder e Crump, 2003: 592; Mueller e Kirkpatrick, 2003: 1068, 1080.

32 Ver, *e. g.*, Graham, 2002: 260.

prova mais adequados a evitar abusos e fraudes.[33] Em realidade, o verdadeiro campo de aplicação da regra parece ser muito reduzido. Na Inglaterra essa foi abandonada[34] e em muitos casos admite-se o uso de meios de prova secundários em detrimento dos primários.[35]

No sistema estadunidense a situação é bastante similar. Como regra geral, deve-se apresentar o documento para demonstrar o conteúdo de uma transação, pois o documento é a sua «melhor prova».[36] Todavia, essa regra é frequentemente posta de lado: preferem-se os documentos, mas qualquer outro meio de prova é admitido sempre que exista um bom motivo que justifique a impossibilidade de se apresentar o documento original. A *Rule* 1004 das *Federal Rules of Evidence* indica os casos nos quais a regra básica não se aplica, definindo-os em termos bastante amplos.[37] Há, pois, somente algumas situações nas quais se exige que a parte realmente apresente o documento original, enquanto há diversos casos nos quais meios de prova secundários, incluindo a prova oral, podem ser utilizados para que se prove a forma e o conteúdo do documento original. Ademais, o conteúdo de um documento pode ser provado pelo testemunho, confissão oral ou escrita da parte contra a qual o documento podia ter sido apresentado.[38]

28. *A parol evidence rule*. Nos sistemas de *common law*, a principal questão em relação às provas escritas é estabelecer quando se deve usar um documento escrito ao invés de outros meios de prova. Nos Estados Unidos esse é o campo de aplicação do princípio tradicional chamado *parol evidence rule*. Essa regra não é nada clara e possui muitos aspectos que têm criado dificuldades, até por ser considerada mais uma regra substantiva do que propriamente um princípio probatório.[39] De fato, essa regra funciona no âmbito da prova, mas se refere a um regramento substantivo de certas transações que exigem que alguns atos ou acordos sejam feitos na forma escrita. Todavia, mesmo quando o ordenamento jurídico não o requer, as partes geralmente preferem elaborar seus contratos na forma escrita, da maneira mais completa e precisa possível. Em tais casos, a *parol evidence rule* estipula que as provas de acordos orais prévios ou contemporâneos são inadmissíveis com o obje-

---

[33] Ver, principalmente, LEMPERT e SALTZBURG, 1982: 1058, 1060; MUELLER e KIRKPATRICK, 2003: 1023.

[34] Cfr. ANDREWS, 2003: 726.

[35] Cfr. ANDREWS, 2003: 727.

[36] Ver a regra 1002 das *Federal Rules of Evidence*; SALTZBURG, MARTIN e CAPRA, 2002: vol. 5, 1002-2; GRAHAM, 2003: 573; 2002: 265.

[37] Cfr. SALTZBURG, MARTIN e CAPRA, 2002: vol. 5, 1004-2; LEMPERT, GROSS e LIEBMAN, 2000: 1178; GIANNELLI, 2003: 397; GRAHAM, 2003: 596; 2002: 274; MUELLER e KIRKPATRICK, 2003: 1092; WEINSTEIN e BERGER, 1975: vol. 5, 1004-7.

[38] Cfr. a regra 1007 das *Federal Rules of Evidence*; GRAHAM, 2003: 593; 2002: 281; MUELLER e KIRKPATRICK, 2003: 1109; WEINSTEIN e BERGER, 1975: vol. 5, 1007-3.

[39] Ver, em geral, LEMPERT, GROSS e LIEBMAN, 2000: 1183.

tivo de mudar, contradizer ou acrescentar qualquer informação aos termos do documento escrito.[40] A situação complica-se, entretanto, quando o documento é incompleto, uma vez que nesse caso a prova oral pode ser útil para preencher as lacunas existentes na prova documental, devendo, pois, ser admitida.[41] Ademais, a regra não se aplica às declarações «colaterais», embora seja difícil determinar quais declarações devam ser consideradas «colaterais». Fundamentalmente, todavia, a regra enfatiza a força probatória do documento: quando a prova escrita é o único meio de prova admissível, essa é também conclusiva quanto aos termos da transação consubstanciada no documento.

Um princípio similar, por vezes denominado da mesma forma, existe na Inglaterra. Os meios de prova «extrínsecos» são em geral inadmissíveis quando têm por objetivo adicionar, modificar ou refutar os termos de um documento judicial, de uma transação que deve ser feita na forma escrita porque assim o ordenamento jurídico requer, ou de um documento que representa um contrato válido e efetivo ou outra transação qualquer.[42] Tal regra possui diversas exceções: por exemplo, não se aplica quando os meios de prova extrínsecos pretendem constatar que o contrato é nulo ou ineficaz, com a finalidade de provar a real natureza da transação ou, ainda, de provar acordos colaterais ou alguma parte oral do contrato.[43] Quando se aplica, a regra geral exige a apresentação do documento original como a única prova admissível do contrato, e – excluindo qualquer outro meio de prova suplementar ou contrastante – apoia a força probatória conclusiva do documento.

29. *Prova oral e escrita no civil law.* Nos sistemas de *civil law*, o problema do possível conflito entre a prova oral e a escrita é considerado em diferentes perspectivas.[44] Na Alemanha, por exemplo, a prova documental é considerada especialmente confiável e alguns documentos possuem efeitos vinculantes (ver *infra* § 58), mas não se exclui qualquer meio de prova em nome da exclusividade das provas escritas.[45] Dessa forma, a prova testemunhal é admitida em qualquer caso, salvo algumas exceções.[46] Obviamente podem surgir conflitos entre diferentes meios de prova; em alguns desses o direito mostra uma preferência em favor da apresentação de documentos, mas

---

40 Cfr. Lempert, Gross e Liebman, 2000: 1073; Rothstein, Raeder e Crump, 2003: 597.

41 Ver Rothstein, Raeder e Crump, 2003: 598.

42 Cfr. Cross e Tapper, 1990: 696; Curzon, 1986: 98. Utiliza-se a expressão meio de prova «extrínseco» no lugar de «provas orais» (*parol evidence*), porque a regra refere-se a qualquer meio de prova não escrito e não somente ao testemunho oral (ver Cross e Tapper, 1990: 695).

43 Ver Cross e Tapper, 1990: 699.

44 Sobre a complexa história deste problema, consulte-se Lévy, 1963a: 52, 58, 64; Gilissen, 1963: 820; Villers, 1963: 352.

45 Ver, *e. g.*, Schlosser, 1983: 274.

46 Cfr. o Código Processual Civil alemão, §§ 90, 164, 314, 395 e 605. Também Gottwald, 1995: 117; Nagel, 1967: 283; Baumbach, Lauterbach, Albers e Hartmann, 2003: §§ 90, 164, 314, 595, 605.

esse problema concerne à valoração final das provas, não afetando a admissibilidade da prova oral. Um enfoque similar encontra-se no sistema espanhol, no qual se admite a prova testemunhal de maneira geral e somente se exige a prova documental em alguns casos desimportantes.[47]

A situação, todavia, é completamente diferente nos países que seguem o «modelo francês», como, por exemplo, a Itália e a Bélgica, além, é claro, da própria França. Nesses sistemas o tradicional princípio *lettres passent témoins* inspirou um conjunto de normas cujo objetivo é a exclusão da prova oral e, em particular, da prova testemunhal dos contratos, em diversos casos especialmente regulados pelo direito. Em tais casos, somente a prova documental é admitida. Uma análise detalhada de todas essas normas seria tarefa longa e relativamente pouco interessante. Todavia, ao menos as mais importantes dentre essas regras de exclusão merecem ser mencionadas.

Uma dessas regras proíbe o uso da prova oral dos contratos em função do seu valor econômico.[48] Quando esse limite é atualizado em referência ao valor real da moeda, como acontece na França,[49] a regra realmente impõe uma restrição relevante ao uso da prova oral. Outra regra proíbe o uso da prova oral para demonstrar que adições foram feitas ao texto do contrato.[50] Entretanto, as regras claramente mais importantes têm por objeto proibir o seu uso quando o regramento substantivo dos contratos estabelecer que esses somente serão válidos quando elaborados na forma escrita.[51] Outras regras similares exigem o uso de prova escrita inclusive para se provar a existência de alguns contratos que se sustentam validamente quando estipulados na forma oral, pois o documento é considerado a mais confiável prova da transação.[52]

---

47 Ver Montero Aroca, 2002: 283; Ramos Méndez, 1990: vol. 1, 598.

48 Ver, por exemplo, o art. 1.103 do Código Civil colombiano; Fábrega, 2000: 393. Na Itália, o limite não tem sido atualizado desde muitos anos e agora é excessivamente baixo. Dessa maneira, os tribunais usam sua faculdade discricionária para evitar a aplicação da regra e para admitir a prova testemunhal. Cfr. o art. 2.721.2 do Código Civil italiano; Taruffo, 1988: 744; Dondi, 1997: 52; Comoglio, Ferri e Taruffo, 1998: 634; Comoglio, 2004a: 429.

49 Cfr. o art. 1.341 do Código Civil francês, reformado em 1980. Ver Bredin, 1996: 91; Chamoux, 1981: 3008.

50 O sistema francês proíbe a prova oral de qualquer adição aos contratos (Código Civil francês, art. 1.341). O Código Civil italiano é mais flexível: as provas orais de adições aos contratos somente se excluem quando são anteriores ou contemporâneas ao contrato (art. 2.722), mas admitem-se para adições posteriores, com base na discrição do tribunal (art. 2.723). Ver Taruffo, 1988: 744; Comoglio, Ferri e Taruffo, 1998: 634; Dondi, 1997: 54; Comoglio, 2004a: 433.

51 Ver, novamente, o art. 1.341 Código Civil francês, bem como Ghestin e Goubeaux, 1977: 476. Ver, também, do Código Civil italiano, o art. 2.725 e, em especial, o art. 1.350 que exige que os contratos atinentes à propriedade real formulem-se por escrito. Consulte-se Taruffo, 1988: 745; Comoglio, Ferri e Taruffo, 1998: 635; Dondi, 1997: 55; Comoglio, 2004a: 437.

52 Cfr., por exemplo, os arts. 1.888 e 1.928 do Código Civil italiano, relativos aos contratos de seguro e o art. 1.967, referente às transações. Ver Comoglio, 2004a: 439.

Todavia, o campo de aplicação dessas regras de exclusão é reduzido, ao menos em certa medida, por exceções estabelecidas pelo direito em certas situações: por exemplo, quando uma das partes não teve a possibilidade de obter o documento ou quando o documento foi destruído sem qualquer culpa da parte.[53] Ademais, na França e na Itália a orientação dominante dos tribunais é a de interpretar as regras de exclusão de uma maneira claramente restritiva: por exemplo, não as aplicando quando se alega que, mais do que uma fonte de direitos e obrigações entre as partes, o contrato é um fato histórico, ou quando se tem de demonstrar a vontade real das partes.[54]

30. *Prevenção de erros*. Uma classe muito importante de regras de exclusão tem por objetivo prevenir erros e mal-entendidos que podem ocorrer quando o julgador estabelece o valor probatório de alguns meios de prova específicos. Diversas regras de exclusão anglo-americanas explicam-se por essa razão, principalmente se considerarmos que o típico julgador dos fatos é um júri; ainda quando os casos são decididos apenas por juízes profissionais, esses operam – por assim dizer – «à sombra do júri». Por exemplo, a tradicional *best evidence rule*, naquilo em que ainda se aplica, tem por escopo evitar problemas na prova dos contratos ao exigir a apresentação do documento original (ver *supra* § 27). Também a *hearsay rule* pretende excluir a apresentação de testemunhos cujo valor probatório possa ser incerto e não possa ser verificado por meio do contrainterrogatório da testemunha original (ver *supra* § 25).

De maneira mais geral e imprecisa, a *Rule* 403 das *Federal Rules of Evidence* dos Estados Unidos dispõe que os meios de prova logicamente relevantes podem ser excluídos quando seu valor probatório for superado pela possibilidade de se causar «prejuízo injustificado, confusão dos fatos em litígio ou indução do júri a erro», por exemplo, quando um elemento de prova pode causar problemas no momento da decisão acerca dos fatos em litígio.[55]

Em certo sentido, também algumas regras de exclusão existentes nos sistemas de *civil law* podem ser interpretadas como formas de prevenção de

---

[53] Cfr. o Código Civil francês, arts. 1.437 e 1.348; o Código Civil italiano, arts. 2.724 e 2.725. Ver Ghestin e Goubeaux, 1977: 484; Chamoux, 1981: 3008; Taruffo, 1988: 745; Dondi, 1997: 55, Comoglio, 2004a: 437; Verheyden e Jeanmart, 1991: 167, 174. Na França admite-se todo o tipo de meios de prova em matéria mercantil (art. 109 do Código Comercial francês); a respeito, ver Ghestin e Goubeaux, 1977: 483.

[54] Ver, *e. g.*, Ghestin e Goubeaux, 1977: 477, 481; Taruffo, 1988: 743, 757; Comoglio, Ferri e Taruffo, 1998: 635.

[55] Para uma ampla análise desta regra, ver Saltzburg, Martin e Capra, 2002: vol. 1, 403-8, 403-13, 403-36, 403-42, 403-78, 403-82, 403-94, 403-110, 403-176. Ver, também, Graham, 2003: 106; 2002: 21; Rothstein, Raeder e Crump, 2003: 69; Giannelli, 2003: 117, 118, 121, 122; Lempert, Gross e Liebman, 2000: 220; Mueller e Kirkpatrick, 2003: 171, 175; Wright e Graham, 1977-1989: vol. 22, 273, 286, 293; Weinstein e Berger, 1975: vol. 1, 403-15.

erros no julgamento dos fatos. Por exemplo, regras que requerem a prova escrita de um contrato (ver *supra* § 29) podem ser entendidas como meios de prevenção de problemas relativos à valoração da prova oral daquele contrato; regras que impedem que sejam ouvidas na condição de testemunhas partes reais ou potenciais (ver *infra* 51) podem ser interpretadas como regras que objetivem prevenir dificuldades na determinação do valor probatório apropriado a esse tipo de prova.

31. *Evitar perda de tempo e de dinheiro*. Diversas regras de exclusão têm por objetivo evitar a admissão de meios de prova que possam acarretar gasto ou demora excessivos. Há também regras cuja finalidade é a prevenção de atividades processuais inúteis. Um interessante exemplo desse tipo de norma é a já mencionada *Rule* 403 das *Federal Rules of Evidence* dos Estados Unidos, a qual dispõe que qualquer elemento de prova relevante pode ser excluído quando há o risco de «*demora excessiva, perda de tempo ou admissão desnecessária de provas cumulativas*».[56] A justificação «econômica» de tal regra é clara, mas a norma levanta o complexo e delicado problema de se sopesar, caso a caso, o valor probatório de um elemento de prova que pode ser excluído com o propósito de que se evitem inconvenientes processuais.

Todos os sistemas, todavia, incluem disposições que permitem aos tribunais excluir elementos de prova logicamente relevantes quando cumulativos ou redundantes – e, portanto, desnecessários – resultando em excessiva perda de tempo.[57] Por vezes, concedem-se aos tribunais poderes discricionários amplos e gerais para escolher os elementos de prova relevantes que, segundo eles, merecem ser admitidos.[58]

32. *Privilégios*. Privilégios probatórios estabelecem-se por regras ou princípios que atribuem a determinadas pessoas a liberdade de não aportarem alguns elementos de prova ou de não revelarem materiais ou informações que estão em seu poder, ou mesmo o direito de se excluir a possibilidade de que delas se obtenham informações conexas ao caso.[59] Em geral, os fundamentos que permeiam essas normas são extrínsecos ao processo, embora possam afetar ou influenciar o funcionamento e o resultado de procedimentos judi-

---

[56] Acerca dos critérios utilizados para aplicar esta regra, ver a nota anterior.

[57] Ver, por exemplo, o art. 209 do Código Processual Civil italiano que permite ao tribunal impedir a admissão de mais provas quando forem redundantes às já apresentadas. Ver Carpi e Taruffo, 2002: 663.

[58] Ver, por exemplo, os arts. 147 e 149 do Código Processual Civil francês. Esses dispositivos conferem ao tribunal um poder discricionário geral para decidir que meios de prova podem ser suficientes para decidir o caso e para eleger os que sejam mais simples e menos onerosos. Ademais, o juiz pode mudar de opinião no curso do processo.

[59] Para definições gerais de «*privilege*», consulte-se Giannelli, 2003: 537, 540; Rothstein, Raeder e Crump, 2003: 177; Graham, 2003: 171; Wright e Graham, 1977-1989: vol. 23, 667, 694; Mueller e Kirkpatrick, 2003: 285; Lilly, 1987: 381.

ciais, simplesmente porque impedem a descoberta e a apresentação de provas relevantes. Em verdade, seu efeito é «suprimir a verdade».[60] Os fundamentos mencionados podem ser de vários tipos; por exemplo, podem estar relacionados com a proteção de tipos especiais de comunicação, materiais, dados ou informações: em tais casos, os interesses protegidos são principalmente a privacidade de algumas pessoas ou o caráter secreto de alguma informação profissional ou governamental. O mecanismo do privilégio funciona ao se suprimir a obrigação de uma determinada pessoa de revelar ou facilitar a outros a descoberta de informações, dados ou materiais. A tal pessoa é permitido invocar o privilégio com o objetivo de não revelar a informação privilegiada ou evitar sua descoberta. Como regra geral, e sob as condições especificamente determinadas pela lei, a pessoa que tem o direito de invocar o privilégio pode também a esse renunciar.

33. *Proteção de segredos*. Os mais variados sistemas processuais regulam diversos privilégios probatórios que se definem de diferentes formas, conforme as distintas políticas relativas à proteção dos interesses envolvidos. De fato, a questão mais importante é saber quando e sob quais circunstâncias a proteção de interesses ou valores extrajudiciais deve prevalecer à busca da verdade e, por conseguinte, à exigência de que se apresentem efetivamente todos os elementos de prova relevantes. Em geral, o interesse protegido por um privilégio deve ser especialmente importante,[61] mas esse problema é abordado sob diferentes perspectivas. Na maioria dos sistemas de *civil law* as situações amparadas por privilégios são realmente reduzidas, embora exista certa tendência a ampliá-las.[62] A proteção dos segredos do Estado e do governo, dos segredos profissionais e da privacidade é geralmente garantida por normas que permitem às testemunhas não prestarem depoimento sobre questões privilegiadas.[63] Em certos casos, como, por exemplo, na Itália, na Espanha e na França, a matéria não é especificamente regulada nos respectivos códigos de processo civil. Na Alemanha, pelo contrário, o § 383 do Código Processual Civil estabelece o direito da testemunha de não ser interrogada em casos em que a proteção de certos segredos estiver envolvida, mormente em relação a segredos profissionais.[64] Por vezes, como na Alemanha, os segredos não

---

60 Ver GRAHAM, 2003: 171; 2002: 532.

61 Cfr. CROSS e TAPPER, 1990: 417; GRAHAM, 2003: 172, 2002: 532; LEMPERT, GROSS e LIEBMAN, 2000: 834.

62 Sobre a situação na Alemanha, ver MURRAY e STÜRNER, 2004: 303.

63 Ver, *e. g.*, o Código Processual Civil alemão, § 384, par. 3; o Código Processual Civil francês, art. 206; o Código Processual Civil italiano, art. 249; o Código Modelo da América Latina, art. 146.2. Por vezes, essas disposições remetem, explícita ou implicitamente, a outras disposições incluídas nos códigos de processos penais, nos códigos substantivos penais ou civis ou, também, em leis que protegem interesses específicos.

64 Sobre o Código Processual Civil alemão, § 383, ver MURRAY e STÜRNER, 2004: 298; BAUMBACH, LAUTERBACH, ALBERS e HARTMANN, 2003: § 1; JAUERNIG, 1991: 193; ARENS e LÜKE,

se protegem apenas ao se permitir a exclusão do testemunho, mas também ao se promoverem audiências fechadas (não públicas) para o interrogatório das testemunhas.[65] Esse é um mecanismo interessante dirigido à proteção dos segredos sem que se prejudique substancialmente a busca da verdade.

34. *Privilégios no common law*. Nos sistemas de *common law*, os privilégios possuem grande importância e estão em contínuo desenvolvimento. Uma parte substancial do direito probatório é, de fato, constituída por disposições relativas aos privilégios. No sistema inglês, o privilégio do profissional jurídico é muito importante,[66] mas diversos outros privilégios são igualmente regulados, como, por exemplo, aqueles relativos às comunicações confidenciais entre o sacerdote e o penitente, entre o médico e o paciente,[67] bem como aqueles rotulados como «imunidades de interesse público».[68] Ademais, qualquer prova pode ser excluída por relevantes razões de política pública.[69]

Os privilégios probatórios, entretanto, são ainda mais importantes no direito das provas dos Estados Unidos. Após o fracasso nas tentativas de se codificar a matéria no direito probatório federal, o princípio geral estabelecido pela *Rule* 501 das *Federal Rules of Evidence* permite uma definição muito ampla dos privilégios por meio da interpretação das regras tradicionais do *common law* e do desenvolvimento de regramentos estatais.[70] Tal regra permite tanto a extensão dos privilégios tradicionais, como a criação de novos. Privilégios tradicionais como os governamentais, os relativos às relações entre o advogado e o cliente, o médico e o paciente, o sacerdote e o penitente, e os cônjuges entre si, reforçaram-se e tiveram seu campo de aplicação ampliado.[71]

1992: 217. Consulte-se, também, Stürner, 1985: 453; Baumgärtel, 1989: 1. Especificamente em relação à proteção de segredos industriais e comerciais, ver Stadler, 1989: 6, 108, 158.

65 Ver o Código Processual Civil alemão, § 172, par. 2, o qual estabelece audiências não públicas quando o testemunho é necessário, mas envolve segredos profissionais, industriais ou tributários. Ver Baumgärtel, 1989: 989; Stadler, 1989: 158.

66 Para uma análise ampla, ver Andrews, 2003: 633. Consulte-se, também, Dennis, 1999: 306; Cross e Tapper, 1990: 428; Curzon, 1986: 153.

67 Ver Cross e Tapper, 1990: 447.

68 Cfr. Andrews, 2003: 693; Dennis, 1999: 279.

69 Ver Cross e Tapper, 1990: 456; Curzon, 1986: 147.

70 A *Rule* 501 diz que o privilégio «*... shall be governed by principles of the common law as they may be interpreted ... in light of reason and experience*», e remete a regras estatais. Sobre a história dessa norma e as tentativas frustradas de promulgar uma regulação federal dos privilégios, ver Saltzburg, Martin e Capra, 2002: vol. 2, 501-8; Giannelli, 2003: 537; Lempert, Gross e Liebman, 2000: 841; Mueller e Kirkpatrick, 2003: 301; Wright e Graham, 1977-1989: vol. 24, 137, 141; Graham, 2003: 171; Weinstein e Berger, 1975: vol. 2, 501-12.

71 Cfr. Saltzburg, Martin e Capra, 2002: vol. 2, 501-64, 501-68, 501-79, 501-83, 501-86; Graham, 2003: 175, 178; 2002: 546, 549, 552, 556; Lempert, Gross e Liebman, 2000: 843, 913, 928, 941; Giannelli, 2003: 573, 583, 595, 601; Rothstein, Raeder e Crump, 2003: 198, 211, 222, 229; Mueller e Kirkpatrick, 2003: 396, 407; Wright e Graham, 1977-1989: vol. 24, 5, 425; Lilly, 1987: 384.

Um exemplo significativo é o privilégio trabalho – produto, criado como um caso especial do privilégio advogado – cliente.[72] Esses privilégios são regulados por dúzias de regras e sub-regras que são examinados em centenas de páginas em manuais e tratados sobre o direito probatório. Ademais, ao amparo da *Rule* 501, muitos outros privilégios têm sido criados pelo direito dos estados e pela interpretação. Dentre esses, os mais importantes são os privilégios do jornalista, do contador e do assistente social, mas outros ainda protegem banqueiros, corretores financeiros, executivos, companhias de seguro, e muitos outros sujeitos cujas atividades merecem – de acordo com a opinião dominante – permanecer em sigilo.[73] Essas tendências deixam claro que os tribunais e parlamentos estatais são muito sensíveis ao problema dos privilégios quando a proteção de segredos profissionais está envolvida. Em consequência, parecem estar inclinados a acreditar que a proteção desses segredos deve prevalecer sobre a descoberta da verdade nos processos judiciais.

35. *Prova oral privilegiada.* Como regra geral, uma testemunha é obrigada a comparecer perante o tribunal para ser interrogada, salvo se tiver alguma razão válida para não comparecer ou não responder a algumas perguntas específicas.[74] Em todos os sistemas, todavia, o direito de recusar-se a prestar testemunho é disposto com o objetivo de se protegerem interesses e valores como aqueles que subjazem aos segredos e à privacidade individual. Nos sistemas de *common law* tal direito é a contrapartida dos privilégios probatórios: uma vez que a maioria dos privilégios relaciona-se com matérias que podem ser objeto de testemunho, a prova oral constitui o domínio no qual esses surgem e funcionam como proteção da liberdade individual da testemunha.

A situação é similar nos sistemas de *civil law*, nos quais a lei concede à testemunha o direito de não ser interrogada. Um exemplo significativo é o *Verweigerungsrecht* que outorga o § 383 do Código Processual Civil alemão: a testemunha pode não ser interrogada se invocar razões pessoais; isto é, quando a testemunha está vinculada a uma das partes por uma relação de parentesco ou matrimônio, quando a informação é concedida sob sigilo entre sacerdote e penitente, ou quando a testemunha pode fazer referência a sua condição profissional como razão para não revelar dados e informações cobertos por um privilégio profissional.[75] Segundo o § 384 do Código de

---

[72] Ver, *e. g.*, Saltzburg, Martin e Capra, 2002: vol. 2, 501-19, 501-93; Giannelli, 2003: 549; Rothstein, Raeder e Crump, 2003: 209; Lempert, Gross e Liebman, 2000: 913; Mueller e Kirkpatrick, 2003: 308; Graham, 2002: 537; Lilly, 1987: 446.

[73] Ver, especialmente, Saltzburg, Martin e Capra, 2002: vol. 2, 501-13; Wright e Graham, 1977-1989: vol. 23, 714, 749, 804, 817, 823.

[74] Cfr., *e. g.*, Murray e Stürner, 2004: 304; Musielak, 1991: 237; Arens e Lüke, 1992: 216; Jauernig, 1991: 193; Fasching, 1990: 507.

[75] Ver Murray e Stürner, 2004: 302, 304; Baumbach, Lauterbach, Albers e Hartmann, 2003: § 384, n. 1; Zpo-Komm, 1987: §§ 383-385, n. 1; Jauernig, 1991: 193; Arens e Lüke, 1992:

Processo Civil alemão, uma testemunha pode negar-se a responder questões específicas por seus conteúdos, quando esses dizem respeito a assuntos da relação particular entre a testemunha e uma das partes, quando podem ter consequências criminais ou de outra maneira negativas e quando podem prejudicar um segredo profissional.[76] Algo similar, embora com disposições menos detalhadas, também existe em outros sistemas de *civil law*, como, por exemplo, na França[77] e na Itália.[78]

36. *Admissão de provas «atípicas»*. Dado que todos os sistemas processuais incluem um «direito probatório», isto é, um conjunto de regras sobre a admissibilidade das provas, o problema que pode surgir é o de se saber se apenas podem ser admitidas as provas que estão especificamente reguladas por esse direito, ou, por outro lado, se todo e qualquer meio de prova pode ser admitido, desde que relevante para que se estabeleça a verdade dos fatos objeto do litígio, ainda que não esteja expressamente regulado pelo direito (são as chamadas provas «atípicas»). Em teoria, tal questão poderia ser facilmente respondida de acordo com o princípio da relevância (ver *supra* A): dado que todas as provas relevantes devem ser admitidas, salvo disposição expressa em contrário, e dado que todas as provas que não estão expressamente reguladas pelo direito, não são pelo direito expressamente excluídas, então devem ser admitidas. Todavia, a situação não é tão clara na prática, pois diversos sistemas não aplicam efetivamente a versão inclusiva do princípio da relevância. Por vezes, suscitam-se dúvidas inclusive acerca do princípio de admissibilidade de qualquer meio de prova relevante, dizendo-se que somente as provas especificamente contempladas pelo direito podem ser admitidas. Essa doutrina restritiva é sustentada por alguns doutrinadores na Europa, que partem da suposição de que o catálogo de elementos de prova contemplados pelo direito deve ser entendido como vinculante e exaustivo, de modo que não se deveria admitir qualquer prova «atípica».[79] Tal doutrina é baseada numa concepção estritamente legalista da prova, segundo a qual somente o direito pode determinar que algo é uma prova.

Essa doutrina merece ser rejeitada por diversas razões. Uma dessas é que se o direito regula alguns tipos de prova, isso não implica que somente

---

217; Schlosser, 1983: 271.

[76] Cfr. Murray e Stürner, 2004: 302; Baumbach, Lauterbach, Albers e Hartmann, 2003: § 384, n. 1; Zpo-Komm, 1987: §§ 383-385, n. 1.

[77] Ver o art. 206 do Código Processual Civil francês; também Vincent e Guinchard, 2003: 837.

[78] Ver o art. 249 do Código Processual Civil italiano; também Carpi e Taruffo, 2002: 758.

[79] Para um panorama geral das diversas opiniões expressas na literatura especializada, ver, para o caso da Espanha, Pico i Junoy, 1996: 174; para a Itália, Comoglio, 2004a: 41; Taruffo, 1992a: 319, 342, 384; Comoglio, Ferri e Taruffo, 1998: 613; 319, 342, 384; Ricci, 1990; Cavallone, 1991: 335, 468; para a Alemanha, Schneider, 1987: 20, 318; Arens e Lüke, 1992: 191; para o caso da Bélgica, Verheyden e Jeanmart, 1991: 24.

tais provas devam ser admitidas. Em realidade, o direito regula algumas características de certos tipos de provas, principalmente no que se refere a sua admissibilidade e seus métodos de apresentação, mas isso não implica afirmar que outras provas não reguladas devam ser consideradas inadmissíveis apenas por esse motivo. Se a prova é admissível com base em sua relevância (desde que não exista norma jurídica que a exclua), tal prova «atípica» deve ser admitida.[80] Outra razão é que em nenhum sistema processual é dito explicitamente que somente os meios de prova especificamente regulados possam ser admitidos; pelo contrário, alguns códigos de processo explicitamente admitem provas que não são reguladas pelo direito.[81] Ademais, é de se frisar que em diversos sistemas processuais a lista de provas reguladas é tão extensa, e inclui tipos tão vagos e gerais de provas, que qualquer meio de prova é virtualmente admitido. Esse é o caso da prova documental, que na Itália, na França e na Alemanha inclui qualquer tipo de escrito e, portanto, qualquer documento extrajudicial «atípico».[82] Também é o caso das provas materiais e circunstanciais, cujo campo de aplicação não pode ser determinado de antemão e, por conseguinte, pode incluir qualquer tipo de fato ou circunstância que possa ser logicamente relevante para se estabelecer a verdade dos fatos em litígio (ver *infra* 79-81).[83] Em termos mais amplos, outro forte e persuasivo argumento que sustenta a admissibilidade de elementos de prova «atípicos» é o de que o direito à prova (ver *infra* § 38) seria seriamente mutilado pela exclusão desses meios de prova, partindo do pressuposto de que sua apresentação não seja explicitamente proibida por qualquer disposição legal.[84]

Portanto, a única conclusão confiável é no sentido de que as provas «atípicas» são em geral admitidas quando relevantes.

C. O DIREITO DE APRESENTAR PROVAS RELEVANTES

37. *Prova e devido processo.* Nas últimas décadas, a prova tem sido objeto de reflexão no contexto das garantias fundamentais da justiça civil em muitos sistemas. A importância concedida aos problemas relativos à prova,

---

[80] Consulte-se Taruffo, 1992a: 344; Montero Aroca, 2002: 110; 2000: 47; Montón Redondo, 2000: 198.

[81] Ver, *e. g.*, o art. 189 do Código Processual Penal italiano, o art. 299.3 do Código Processual Civil espanhol, o art. 378 do Código Processual Civil argentino, o art. 289 do Código Processual Civil mexicano e o art. 332 do Código Processual Civil brasileiro. O Código Modelo da América Latina, em seu art. 136.2, admite meios de prova não proibidos, mas somente quando são similares a outros expressamente previstos.

[82] Ver Ghestin e Goubeaux, 1977: 515; Zpo-Komm, 1987: § 415, n. 1-4; Jauernig, 1991: 178; Schellhammer, 1982: 301.

[83] As provas circunstanciais definem-se como inerentemente atípicas em vários sistemas. Ver, por exemplo, Ghestin e Goubeaux, 1977: 531; Vincent e Guinchard, 2003: 916; Zöller, 2002: § 286, n. 9; Musielak, 1975: 243; Taruffo, 1992a: 377; 1973: 389.

[84] Ver Pico i Junoy, 1996: 178.

nesse contexto, deriva de uma análise cujo objetivo é esclarecer e desenvolver o significado e o campo de aplicação das disposições do devido processo, incluídas em quase todas as constituições modernas. Determinar o conteúdo efetivo de tais princípios constitucionais significa entender como os direitos fundamentais das partes devem ser implementados nos procedimentos judiciais. De acordo com a opinião dominante, o direito de apresentar todas as provas relevantes é parte essencial das garantias gerais da proteção judicial dos direitos e do direito de defesa, uma vez que a oportunidade de provar os fatos que sustentam as pretensões das partes é condição necessária para a efetividade de tais garantias. Um argumento claro que apoia esse princípio é o de que as garantias processuais das partes seriam meramente formais e vazias se a elas fossem proibidas apresentar todos os meios de prova relevantes para embasar suas versões dos fatos em litígio.[85] Por conseguinte, o direito de apresentar todas as provas relevantes ao seu alcance é um aspecto essencial do direito ao devido processo e deve ser reconhecido como pertencente às garantias fundamentais das partes.

38. *Aspectos do direito à prova.* Embora se aceite, em geral, que o direito das partes à prova deva ser reconhecido para que a cláusula do devido processo seja efetiva, a situação é bem menos clara quando a atenção passa da formulação desse princípio, muito amplo, à sua aplicação específica. De fato, até em sistemas nos quais o direito à prova é reconhecido como aspecto essencial das garantias constitucionais das partes, há relevantes dificuldades relativas à sua aplicação. Com o objetivo de se entender esse ponto, o significado do direito à prova merece ser esclarecido.

No contexto da admissão das provas, ter o direito de provar um fato significa estar a parte autorizada a apresentar todos os meios de prova relevantes e admissíveis para apoiar a sua versão dos fatos em litígio. Para a parte que alega um fato, ter tal direito significa ter a possibilidade de apresentar todas as provas positivas à sua disposição; para a parte contrária, supõe ter a oportunidade de apresentar todas as provas contrárias ou negativas relativas a tais fatos.[86] Do ponto de vista dos critérios relativos à admissão das provas, esse problema resolve-se se invocando o princípio da relevância (*supra* A): admitem-se todas as provas positivas e negativas ou contrárias relevantes. A nenhuma das partes se pode permitir apresentar provas irrelevantes, mas a todas elas deve-se franquear a apresentação de qualquer prova relevante.[87]

---

85 Para uma discussão extensa do tema, ver Pico I Junoy, 1996. Cfr., também, Perrot, 1983: 95; Habscheid, 1984: 381; Walter, 1979: 302; 1991: 1187; Taruffo, 1984: 74; Kielmanovich, 1996: 96; Fábrega, 2000: 43; Villamil Portilla, 1999: 61; Cambi, 2001; Verheyden e Jeanmart, 1991: 30.

86 Cfr. Pico I Junoy, 1996: 21; Taruffo, 1984: 74; Hinostroza Mínguez, 2000: 59; Villamil Portilla, 1999: 62.

87 Ver Pico I Junoy, 1996: 43; Taruffo, 1984: 74, 78; Walter, 1991: 1192.

Se a prova for admitida somente com base na relevância, então nenhum problema relativo ao devido processo surgirá. Pelo contrário, como temos visto (*supra* B), há diversas regras de exclusão, assim como privilégios, que impedem as partes de apresentar uma ampla variedade de elementos de prova. De um ponto de vista geral, tais regras estão em conflito com a realização completa do direito à prova, simplesmente porque são elaboradas com o propósito de evitar a apresentação de vários elementos de prova relevantes. Essa é uma questão complexa, uma vez que as regras de exclusão e as de estabelecimento de privilégios têm como argumento, por vezes, a proteção de valores e interesses judiciais ou extrajudiciais.

39. *Conflito de valores*. Esse conflito pode apresentar diferentes aspectos. Por exemplo, algumas das regras que excluem a apresentação de provas relevantes podem ter como objetivo evitar erros e mal-entendidos por parte do julgador (ver *supra* § 33). Em outros casos, é possível que a exclusão de provas possa ter o propósito de evitar prejuízo e perda de tempo (ver *supra* § 34). Nesses casos o conflito dá-se entre diferentes valores do processo: a busca pela verdade, por um lado, e a necessidade de se ter um processo imparcial, eficiente e preciso, por outro. Todavia, uma vez que o direito à prova possui perfil constitucional (ver *supra* § 38), deveríamos nos inclinar no sentido de concluir que a equação pende à admissão de todas as provas relevantes de que disponham as partes, já que outras razões processuais não deveriam afetar o seu direito fundamental à prova, e muito menos anulá-lo. Infelizmente, todavia, acontece, ou pode acontecer, de a parte não ter a oportunidade de apresentar provas relevantes, pelo fato do tribunal considerar que devam prevalecer motivos processuais diferentes ou opostos.[88]

Em muitos outros casos, como temos visto (ver *supra* § 36), sacrifica-se o direito a apresentar provas relevantes em favor da proteção de valores ou interesses extraprocessuais, como no caso dos privilégios profissionais ou comerciais. Esse tipo de conflito é mais complexo, pois um direito processual fundamental, como é o direito à prova, tem de ser ponderado com direitos ou interesses pertencentes a outras áreas do sistema jurídico. Ademais, por vezes esses direitos também são considerados «fundamentais», pois se dirigem à proteção de interesses individuais básicos ou de valores públicos importantes. Todavia, na perspectiva da aplicação efetiva dos direitos processuais fundamentais, as situações nas quais um direito de interesse extrajudicial deve prevalecer – afetando ou, inclusive, anulando o direito à prova – deveriam ser reduzidas a poucos casos especialmente relevantes: em geral, somente a proteção de outro direito constitucional ou fundamental mais importante justificaria – com a devida consideração pelo tribunal – o sacrifício do direito à prova. Sempre que possível, mecanismos específicos devem ser criados

---

88 Ver Pico i Junoy, 1996: 188; Walter, 1991: 1199; Taruffo, 1984: 81.

com o objetivo de que se protejam segredos relevantes sem que se eliminem os direitos processuais das partes e os principais valores ligados à busca da verdade.

CAPÍTULO III
TIPOS DE PROVAS

40. *Variedades e tipologias*. A prova é um fenômeno multifacetado, cuja natureza e definição variam de acordo com distintos fatores históricos, culturais e jurídicos. Os sistemas probatórios têm sofrido mudanças dramáticas desde a época dos romanos.[1] Diferentes conceitos culturais relativos ao conhecimento, verdade e função das decisões judiciais tiveram forte influência nas concepções de prova.[2] Em tal contexto, um fator adicional de complexidade e diferenciação é que são muitas as coisas que podem ser usadas como fontes de prova. Segundo a interpretação dominante do princípio da relevância, qualquer coisa que tenha algum significado ou certa utilidade para a busca da verdade dos fatos em litígio pode ser usada – ao menos como regra – como um elemento de prova (ver *supra* § 20). Não é surpresa, pois, que na longa história da prova muitas tenham sido as tentativas no sentido de pôr ordem em um terreno tão complexo e de descobrir maneiras de classificar suas ocorrências mais relevantes. Em certo sentido, a história da prova é a história de conceitos e distinções usados para definir e analisar os diferentes tipos possíveis de provas, tomando como base seus traços distintivos.[3] Atualmente, diversas são as tipologias utilizadas para esboçar uma imagem detalhada do amplo campo dos chamados «meios de prova».[4] Dessa maneira, não é necessário elaborar aqui uma classificação sistemática: além de ser uma tarefa interminável, essa resultaria pouco interessante. Todavia, algumas distinções básicas devem ser levadas em consideração.

---

[1] Ver os ensaios reunidos em La Preuve, Recueils de la Société Jean Bodin, 1963: vol. 17.

[2] Ver *supra* §§ 1-7. Cfr., também, Denti, 1971: 79.

[3] Ver, especialmente, Lévy, 1981: 27; 1963b: 148.

[4] Ver, por exemplo, Devis Echandía, 1970: vol. 1, 519, 549, que utiliza, sem pretensão de ser exaustivo, não menos que treze critérios de distinção diferentes. Ver, ainda, para tipologias diferentes, os ensaios reunidos em *La Preuve, Recueils de la Société Jean Bodin*, 1963: vols. 16-19.

41. *Provas diretas e indiretas*. Uma distinção muito importante, que para Jeremy Bentham era a única significativa,[5] é a que se dá entre provas diretas e indiretas (ou circunstanciais). Essa distinção está presente em todos os sistemas probatórios, ainda que se usem expressões diversas para apontar essa distinção: no *common law* fala-se em *direct* (ou *material*) e *circumstantial evidence*; na Áustria e na Alemanha, de *mittelbarer* e *unmittelbarer Beweis*; na França, em *preuve directe* e *indirecte*; na Itália, em *prova diretta* e *indiretta*; na Espanha, em *prueba directa* e *indirecta*, e assim por diante.[6] O elemento essencial dessa distinção é a conexão entre os fatos principais em litígio e o fato que constitui o objeto material imediato do elemento de prova. Quando os dois enunciados (ver *supra* § 17) tratam do mesmo fato, a prova é direta, uma vez que se relacionam diretamente com um fato relevante ou principal: o enunciado acerca desse fato é o objeto imediato da prova. Quando, pelo contrário, a prova trata de um enunciado relativo a um fato diferente, a partir do qual se pode extrair uma conclusão acerca de um fato principal, então a prova é indireta ou circunstancial. Nesse caso, em verdade, a prova oferece ao julgador informações que podem ser usadas somente como premissa de uma inferência que tenha como conclusão um fato principal do caso. Essa é uma distinção funcional: não se baseia em qualquer aspecto que possa ser considerado «inerente» à natureza das provas; depende, sim, da conexão entre as provas e os fatos em litígio. Por conseguinte, qualquer meio de prova pode ser indireto quando trata de fatos circunstanciais, não principais; é o caso da testemunha que fala das circunstâncias que circundam os fatos relevantes do caso. Todavia, algumas provas somente podem ser circunstanciais, pois se atêm exclusivamente a possíveis premissas de inferências relativas a fatos principais, como é o caso da *Indizienbeweis* ou das *présomptions de l'homme*.[7]

42. *Provas positivas e provas negativas*. Vale a pena mencionar, também, a distinção entre *provas positivas* e *provas negativas* (ou *contraprovas*). Essa distinção também é funcional, uma vez que baseada na relação entre a prova e o fato que deve ser provado. Uma prova positiva tem por objeto demonstrar a verdade de um enunciado fático; uma prova negativa ou contraprova, por sua vez, tende a demonstrar a falsidade de um enunciado fático, isto é, que o

---

5 Bentham usou uma tipologia baseada em oito distinções, mas ressaltou que a única diferença real é entre provas diretas e indiretas; ver Benham, 1823: vol. 1, 24, 32.

6 Ver, por exemplo, Cross e Tapper, 1990: 18; Curzon, 1986: 16; Lempert e Saltzburg, 1982: 142; Lilly, 1987: 43; Jauernig, 1991: 176; Schlosser, 1983: 265; Baumbach, Lauterbach, Albers e Hartmann, 2003: § 284, n. 15-16; Ghestin e Goubeaux, 1977: 448; Veryeyden e Jeanmart, 1991: 115; Taruffo, 1992a: 426; Comoglio, Ferri e Taruffo, 1998: 611; Falcón, 2003: vol. 1, 28; Kielmanovich, 1996: 24; Devis Echandía, 1970: 519; Ramos Méndez, 1990: vol. 1, 535. Na Alemanha e na Áustria existe uma distinção equivalente entre *unmittelbarer Beweis* e *Indizienbeweis*; ver Arens e Lüke, 1992: 193; Musielak, 1975: 243; Fasching, 1990: 430.

7 Para uma discussão mais ampla sobre este tema, ver Taruffo, 1992a: 430.

fato não aconteceu. Em alguns sistemas probatórios essa distinção é estabelecida especificamente, como, por exemplo, em termos de *positive* e *negative evidence*, nos Estados Unidos; de *Hauptbeweis* e *Gegenbeweis*, na Alemanha e na Áustria;[8] de *prova positiva* (ou *diretta*) e *prova negativa* (*contraria*), na Itália;[9] e de *prueba de cargo* ou *prueba de descargo* (ou *contraprueba*), na Espanha.[10]

43. *Outros tipos de prova*. Outra distinção usual baseia-se em traços extrínsecos dos elementos de prova considerados. Por exemplo, a «prova oral» é usualmente referida a qualquer tipo de provas que consistam em declarações prestadas oralmente por testemunhas, pelas partes ou por peritos (ver *infra* A). Por conseguinte, as provas escritas ou documentais abarcam qualquer meio de prova expresso em papéis escritos ou materiais equivalentes que contenham enunciados ou declarações acerca dos fatos em litígio (ver *infra* § 56). Finalmente, as provas circunstanciais compreendem qualquer coisa ou acontecimento que possa ser relevante, em geral como premissa de argumentos inferenciais, para que se chegue a conclusões acerca de um fato em litígio (ver *infra* §§ 95-96). Esse grupo de distinções é bastante superficial e incompleto, não sendo aplicáveis da mesma maneira em todos os sistemas probatórios, já que alguns elementos podem incluir-se em um ou outro tipo de provas, dependendo de como se definem em cada sistema específico. Todavia, essas distinções podem ser úteis para captar intuitivamente alguns traços importantes dos principais meios de prova.

A. A PROVA ORAL

44. *O âmbito das provas orais*. Na categoria das provas orais incluem-se, geralmente, diversos meios de prova. Todos eles têm em comum o fato de consistirem em declarações orais feitas – em geral, ainda que não necessariamente – em resposta a perguntas formuladas no curso de um interrogatório *ad hoc*; declarações essas feitas por uma pessoa que supostamente tem conhecimento de qualquer informação que possa ser útil para se estabelecer a verdade dos fatos em litígio. Todavia, das características específicas das pessoas que fazem tais declarações, de sua conexão pessoal com as partes ou com o objeto de sua declaração, derivam-se relevantes diferenças. Assim, é necessária uma distinção adicional dentro do âmbito geral das provas orais, considerando se essas são fornecidas por testemunhas, pelas partes ou por peritos. Vale a pena ressaltar, de qualquer forma, que tal distinção não possui o mesmo

---

8 Ver, por exemplo, Schlosser, 1983: 268; Baumbach, Lauterbach, Albers e Hartmann, 2003: § 284, n. 11-12; Jauernig, 1991: 176; Musielak, 1975: 242; Zpp-Komm, 1987: 794; Arens e Lüke, 1992: 193; Fasching, 1990: 427.

9 Cfr. Taruffo, 1992a: 432; Comoglio, Ferri e Taruffo, 1998: 611.

10 Ver Devis Echandía, 1970: 528; Ramos Méndez, 1990: vol. 1, 535.

significado em todos os sistemas processuais. As partes sempre podem ser interrogadas como testemunhas nos sistemas de *common law*, mas geralmente isso não ocorre nos sistemas de *civil law*, nos quais essas podem ser ouvidas de diversas formas, mas não propriamente como testemunhas (ver *infra* § 51). Os peritos são, em geral, interrogados oralmente nos sistemas de *common law*, onde são chamados de *expert witnesses*, pela simples razão de serem ouvidos como testemunhas; nos sistemas de *civil law*, por sua vez, eles usualmente fornecem ao tribunal um documento escrito ou, quando ouvidos, não o são propriamente como testemunhas (ver *infra* D, §§ 73-75). Todavia, a distinção entre testemunhas, partes e peritos pode ser útil para a ordem da apresentação que segue.

45. *Testemunhas*. Em todos os sistemas processuais, uma testemunha (ou *witness*, *Zeuge*, *témoin*, *testimone* ou *testigo*) é uma pessoa que supostamente conhece algo relevante sobre os fatos do caso e a quem se interroga, sob juramento, com o objetivo de permitir que expresse o que sabe sobre tais fatos.[11] De acordo com a tradição histórica, um importante aspecto distintivo da testemunha era que essa não podia ser parte no processo no qual estava sendo interrogada.[12] Esse princípio é ainda corrente na maioria dos sistemas de *civil law*, ainda que existam algumas tendências a atenuar a distinção entre quem é parte e quem não é no contexto das provas orais (ver *infra* § 52). Nos sistemas de *common law*, pelo contrário, uma parte pode ser interrogada como testemunha em apoio as suas próprias causas (ver *infra* § 51).

Por sua vez, para que seja fonte útil de declarações confiáveis, uma testemunha deve ser competente e digna de crédito.[13] Esse parece um requisito muito óbvio para uma pessoa que se supõe dizer a verdade, que normalmente jura dizer a verdade e que emite declarações que podem ser usadas como prova para descobrir a verdade sobre os fatos em litígio. Portanto, supõe-se que as testemunhas sejam confiáveis, ainda que todos os sistemas possuam mecanismos cujo propósito é verificar a competência e a credibilidade das testemunhas, bem como identificar testemunhos não fidedignos.

---

11 Para referências a vários sistemas probatórios, ver os ensaios em Safal, 1995. Ver, também, Kielmanovich, 1996: 127.

12 Acerca da história da prova testemunhal, ver Lévy, 1963a: 49; Gilissen, 1963: 800; Kielmanovich, 1996: 119.

13 Ver, por exemplo, a regra 601 das *Federal Rules of Evidence* estadunidenses; Graham, 2003: 182; 2002: 28; Lempert, Gross e Liebman, 2000: 132; Giannelli, 2003: 211; Mueller e Kirkpatrick, 2003: 419; Saltzburg, Martin e Capra, 2002: vol. 3, 601-3; Weinstein e Berger, 1975: vol. 3, 601-10. O mesmo princípio existe em outros sistemas; cfr., por exemplo, Murray e Stürner, 2004: 273; Jauernig, 1991: 192; Schlosser, 1983: 271; o art. 205 do Código Processual Civil francês; Mazeaud, Mazeaud e Chabas, 2000: vol. 1, 1, 617; Bredin, 1995: 82.

46. *Características das testemunhas.* Um primeiro tipo de mecanismo cujo propósito é verificar a credibilidade dos testemunhos diz respeito à pessoa da testemunha. Um critério importante é a idade: em geral crianças (usualmente, pessoas menores de 14 anos, ou até menores de 18 anos) podem ser ouvidas como testemunhas quando necessário, mas não juram dizer a verdade; o tribunal, nesses casos, deve conduzir cuidadosamente o interrogatório, e o testemunho pode ser interrompido ou excluído quando suscetível de produzir uma situação embaraçosa. Ademais, o testemunho das crianças deve ser apreciado com especial zelo.[14]

Outro critério importante refere-se à capacidade mental da testemunha. O testemunho de uma pessoa deficiente mental não é necessariamente inadmissível enquanto tal, mas a falta de capacidade mental suscita sérios problemas relativos à averiguação da credibilidade desse testemunho.[15] Sob qualquer circunstância, a pessoa que é ouvida como testemunha deveria ser capaz de observar, registrar, recordar e reconstruir fatos, assim como de entender a obrigação de dizer a verdade.[16]

47. *Interesse das testemunhas.* Outro critério importante funda-se no interesse pessoal que a testemunha pode ter no desenvolvimento ou no resultado final da causa. Em verdade, os sistemas mais modernos não consideram o interesse da testemunha na causa como uma razão para a exclusão do seu testemunho. Em geral, uma testemunha interessada pode ser interrogada e o seu interesse será levado em consideração como um fator relevante na valoração da sua credibilidade.[17] Somente em um caso – isto é, na Itália – uma

---

[14] Em geral, acerca do testemunho infantil nos diferentes sistemas, ver Zuckerman, 2003: 667; Dennis, 1999: 419, 423; Cross e Tapper, 1990: 206; Curzon, 1986: 31; Giannelli, 2003: 214; Muller e Kirkpatrick, 2003: 423; Graham, 2003: 33; Schlosser, 1983: 271; Jauernig, 1991: 192; Vincent e Guinchard, 2003: 836; Bredin, 1995: 83; Taruffo, 1988: 740; Comoglio, 2004: 452; Código Modelo para América Latina, art. 145; Falcón, 2003: 2, 266; Kielmanovich, 1996: 147. Ver, também, o Código Processual Civil espanhol, art. 365.2; De la Oliva Santos e Díez-Picazo Giménez, 2000: 318; Montero Aroca, 2000: 290; Gómez Colomer, 2000: 254; o Código Processual Civil brasileiro, art. 405, § 1.

[15] Ver, por exemplo, Graham, 2003: 186; 2002: 31; Saltzburg, Martin e Capra, 2002: vol. 3, 601-15; Mueller e Kirkpatrick, 2003: 421; Giannelli, 2003: 213; Weinstein e Berger, 1975: vol. 3, 601-23; Andrews, 2003: 730; Zuckerman, 2003: 667; Dennis, 1999: 424; Cross e Tapper, 1990: 209; Bredin, 1995: 83; Schlosser, 1983: 271; Jauernig, 1991: 192; Arens e Lüke, 1992: 216; De la Oliva Santos e Díez-Picazo Giménez, 2000: 318; Montero Aroca, 2000: 289; Gómez Colomer, 2000: 253; Falcón, 2003: vol. 2, 256, 322; Código Modelo para América Latina, art. 145; Código Processual Civil brasileiro, art. 405, § 1.

[16] Sobre a psicologia da prova testemunhal e os problemas relacionados com a forma com que se recordam os fatos, ver *infra* capítulo V, n. 2.

[17] Ver, por exemplo, Graham, 2003: 218; Weinstein e Berger, 1975: vol. 3, 601-17; Giannelli, 2003: 214; Mueller e Kirkpatrick, 2003: 469; Cross e Tapper, 1990: 203; Vincent e Guinchard, 2003: 774; Jauernig, 1991: 192; Arens e Lüke, 1992: 216; Kielmanovich, 1996: 253; Falcón, 2003: vol. 2, 258.

testemunha com interesse na causa, e que sob esse fundamento possa nessa intervir, não é competente para testemunhar, devendo-se, pois, excluir o seu testemunho.[18]

48. *Testemunhas incompetentes*. Salvo o caso particular da Itália, em geral qualquer pessoa é competente para testemunhar. Na Espanha e na Inglaterra, por exemplo, é dito que a competência para testemunhar é universal.[19] De maneira similar, nos Estados Unidos é dito que uma testemunha é competente desde que possua «*uma mínima habilidade de observar, registrar, recordar e recontar, bem como a compreensão do dever de falar a verdade*».[20] Há somente algumas situações nas quais a testemunha é qualificada como incompetente e, portanto, está impedida de ser interrogada. As mais importantes dessas situações referem-se a algumas consequências das condenações criminais[21] e ao envolvimento anterior da testemunha na causa na qualidade de juiz, de jurado ou de funcionário do tribunal.[22]

49. *Impugnação de testemunhas*. Ainda que uma testemunha seja competente, sua credibilidade pode ser impugnada. Além do seu interesse na causa, há muitas circunstâncias e fatores relativos à pessoa da testemunha – incluindo sua conexão pessoal ou laboral com as partes, suas condições físicas e mentais, suas ideias pré-concebidas, caráter e comportamento, bem como quaisquer outras circunstâncias relevantes – que o julgador pode e deve levar em conta ao avaliar a sua credibilidade, decidindo acerca da confiabilidade de seu testemunho. Dada a importância desse aspecto das provas testemunhais, todos os sistemas permitem às partes contestar a credibilidade de uma testemunha, a partir de qualquer das circunstâncias que podem afetar sua credibilidade, mostrando as razões da impugnação e provando tais circunstâncias. Na maioria dos sistemas de *civil law* é possível fazê-lo, mas não há regulação específica sobre a matéria. Na Espanha, todavia, a *tacha de los testigos* está presente

---

18 Ver o art. 246 do Código Processual Civil italiano; também Taruffo, 1988: 736; Comoglio, Ferri e Taruffo, 1998: 633; Comoglio, 2004a: 442.

19 Ver o Código Processual Civil espanhol, art. 361; Montero Aroca, 2000: 289; Zuckerman, 2003: 667; Dennis, 1999: 399. Todavia, em alguns sistemas, regras dispondo sobre a incompetência de alguns sujeitos ainda estão presentes: ver, por exemplo, o Código Processual Civil brasileiro, art. 405, § 2.º, impedindo o testemunho de algumas pessoas, incluindo o cônjuge da parte e seus parentes.

20 Ver, por exemplo, Graham, 2003: 184; também Dennis, 1999: 406.

21 Cfr., por exemplo, Mueller e Kirkpatrick, 2003: 491; Weinstein e Berger, 1975: vol. 3, 601-16; Cross e Tapper, 1990: 202, 315; Vincent e Guinchard, 2003: 837.

22 Ver as regras 605 e 606 das *Federal Rules of Evidence*; Graham, 2003: 196; 2002: 39, 40; Saltzburg, Martin e Capra, 2002: vol. 3, 605-2, 606-3, 606-13; Mueller e Kirkpatrick, 2003: 434, 441; Weinstein e Berger, 1975: vol. 3, 601-35, 605-3, 606-13. Cfr., também, Schlosser, 1983: 271; Baumbach, Lauterbach, Albers e Hartmann, 2003: § 373, n. 10-23.

no Código Processual vigente, como parte de uma tradição histórica.[23] Nos sistemas de *common law*, a impugnação de uma testemunha parece ser muito mais importante e, por exemplo, nos Estados Unidos, é especificamente regulada pelas regras 607-610 das *Federal Rules of Evidence*.[24] Se a impugnação de uma testemunha logra êxito – não importa de que forma – a consequência é que a credibilidade da testemunha fica prejudicada e, portanto, seu valor probatório é reduzido talvez a zero.

50. *Testemunhos escritos*. Em todos os sistemas jurídicos, o testemunho é uma espécie de *Idealtypus* das provas orais. Todavia, a recente evolução de alguns sistemas inclui a tendência a se admitir a apresentação de testemunhos por escrito. Essa tendência pode ser explicada a partir da intenção de economizar tempo e dinheiro na apresentação de testemunhos: quando a testemunha está facilmente disponível para um interrogatório oral, o testemunho será colhido oralmente; porém, em muitos casos, pode ser vantajoso apresentá-lo por escrito.

Nos sistemas de *common law*, os testemunhos escritos são utilizados com maior frequência na etapa preliminar ao juízo, durante a fase de *discovery*. Na Inglaterra, diversas disposições têm sido aprovadas nas últimas décadas, introduzindo mudanças relevantes no domínio do testemunho escrito. Atualmente, é comum admitirem-se as declarações escritas das testemunhas, limitando-se, em geral, o seu interrogatório oral em juízo a um contrainterrogatório sobre o conteúdo de suas declarações realizadas na fase preliminar.[25] O intercâmbio de declarações por escrito nessa fase converteu-se, por si, na forma habitual de se apresentar testemunhos no sistema inglês.[26]

Nos Estados Unidos, o *discovery* é mais complexo e de maior alcance, incluindo também um interrogatório oral preliminar das possíveis testemunhas. O *discovery* inclui depoimentos obtidos por meio de perguntas e respostas escritas e interrogatórios escritos das partes.[27] Esses depoimentos

---

23 Ver o Código Processual Civil espanhol, arts. 376 e 377; Montero Aroca, 2000: 293; De la Oliva Santos e Díez-Picazo Giménez, 2000: 327; Gómez Colomer, 2000: 256. O sistema tradicional francês de *reproche*, que foi bastante comum na Europa, foi abolido pelo códigos processuais mais modernos. O Código Processual Civil brasileiro, art. 405, § 3.º, regula alguns tipos de testemunhas «suspeitas», incluídos aqueles que possam ter algum interesse pessoal na causa.

24 Ver Graham, 2003: 203, 222, 233, 252; Lempert, Gross e Liebman, 2003: 381; Saltzburg, Martin e Capra, 2002: 607-3, 609-6, 610-2; Giannelli, 2003: 249; Weinstein e Berger, 1975: vol. 3, 696-7, 609-46, 610-2; Mueller e Kirkpatrick, 2003: 464. Para regras similares na Inglaterra, ver Dennis, 1999: 9.

25 Ver Zuckerman, 2003: 600, 601; Dennis, 1999: 370.

26 Ver Zuckerman, 2003: 603; Dennis, 1999: 370; Cross e Tapper, 1990: 261; Curzon, 1986: 41.

27 Ver as regras 30 e 33 das *Federal Rules of Civil Procedure*. Ver, também, Wright e Miller, 1969-1986: vol. 8, 361, 481; James, Hazard e Leubsdorf, 1992: 240, 242; Friedenthal, Kane

e interrogatórios por escrito podem ser utilizados em juízo ou em qualquer outra situação e para qualquer propósito.[28] Todavia, depoimentos escritos são normalmente usados para que se obtenham informações rotineiras e a confirmação de documentos, e não como um substituto real do interrogatório oral de testemunhas.[29]

A tendência à admissão de certas formas de testemunhos escritos surge também em alguns sistemas de *civil law*, tais como os da França, da Alemanha e da Espanha. Em 1976, o Código Processual Civil francês introduziu uma importante reforma da prova testemunhal ao admitir que o testemunho pudesse ser recebido pelo tribunal através de dois procedimentos diferentes, porém equivalentes (ver o art. 199): o interrogatório oral das testemunhas, chamado *enquête*, e a apresentação de *attestation*, isto é, declarações escritas feitas por uma testemunha acerca dos fatos em litígio.[30] Uma *attestation* pode ser apresentada por uma das partes ou requerida de ofício pelo tribunal. Deve ser outorgada por uma testemunha competente, que conheça os fatos diretamente; no documento deve se identificar e incluir informações úteis sobre o declarante, além de ser por ele firmado. Todavia, o tribunal pode, mesmo assim, decidir que a testemunha seja interrogada oralmente.[31]

Na Alemanha, a *Zivilprozessordung*, § 377, 3, estabelece a possibilidade de se prestar testemunho por escrito, após a reforma aprovada em 1990. O tribunal, a seu critério, e considerando a matéria a ser provada e a pessoa da testemunha, pode ordenar que o testemunho seja dado por meio de respostas escritas. Todavia, sempre é possível ordenar um interrogatório oral.[32] Na Espanha, os testemunhos escritos, chamados *informes*, são admitidos e especificamente regulados pelos arts. 265.1, 380 e 381 da *Ley de Enjuiciamiento Civil*.[33] Em outros países de *civil law* não há disposições expressas admitindo os testemunhos por escrito. Não obstante, deve-se considerar que esses documentos escritos acerca dos fatos em litígio podem apresentar-se como documentos «atípicos», segundo o ponto de vista dominante, que admite tais tipos de meios de prova (ver *supra* § 36). Esses documentos, todavia, não serão levados em consideração pelo julgador como equivalentes reais de um teste-

---

e Miller, 1985: 395, 398, 399; Cover, Fiss e Resnik, 1988: 826.

[28] Ver a regra 32.a) das *Federal Rules of Civil Procedure*; Wright e Miller, 1969-1986: vol. 8, 449; James, Hazard e Leubsdorf, 1992: 240.

[29] Cfr. James, Hazard e Leubsdorf, 1992: 241; Friedenthal, Kane e Miller, 1985: 399.

[30] Ver Mazeaud, Mazeaud e Chabas, 2000: t. I, vol. 1, 618; Vincent e Guinchard, 2003: 831; Cadiet, 2000: 529; Blanc, 1974: 54, 56.

[31] Ver o Código Processual Civil francês, arts. 201-203; Mazeaud, Mazeaud e Chabas, 2000: t. I, vol. 1, 618; Vincent e Guinchard, 2003: 832; Cadiet, 2000: 530.

[32] Ver Murray e Stürner, 2004: 273; Gottwald, 1995: 109; Baumbach, Lauterbach, Albers e Hartmann, 2003: § 377, n. 6-13; e, em especial, Koukouselis, 1990: 58, 177.

[33] Cfr. De la Oliva Santos e Díez-Picazo Giménez, 2000: 325; Montero Aroca, 2000: 311, 313.

munho em sentido estrito, ainda que possam ter valor probatório no contexto das provas apresentadas.

51. *As partes como fontes de prova*. Em geral, as partes são os indivíduos que melhor conhecem os fatos em litígio. Todavia, as partes são também os maiores interessados em manipular, distorcer e ocultar a verdade. Por conseguinte, ainda que o conhecimento das partes possa ser útil para descobrir a verdade desses fatos, tal conhecimento deve ser manejado muito cautelosamente pelo julgador. Por muitos séculos, a máxima tradicional *nemo testis in causa propria* impediu o interrogatório das partes na condição de testemunhas: essa era uma maneira de resolver restritivamente, e *a priori*, o problema das partes serem ou não consideradas testemunhas confiáveis.[34] Não obstante, as partes eram usadas como fonte de prova de outras maneiras, isto é, como autores de confissões civis ou juramentos judiciais (ver *infra* §§ 54-55). Por outro lado, introduziram-se e são habituais outras formas de interrogatório das partes, ainda que não possam ser consideradas equivalentes a um testemunho em sentido estrito. Ademais, em alguns sistemas abandonou-se a tradicional proibição de interrogar as partes como testemunhas.

Esse é o caso, atualmente, dos sistemas de *common law*, como consequência de importantes mudanças que ocorreram no curso do século XIX, quando antigas regras relativas à desqualificação das partes como testemunhas perderam vigência. Na Inglaterra, isso ocorreu com algumas leis promulgadas entre 1846 e 1869 e, especialmente, em 1851 com o *Lord Brougham's Act.*[35] Essas leis reformaram as velhas regras e introduziram novas disposições admitindo o interrogatório das partes como testemunhas nas causas civis.[36]

Algo similar ocorreu na mesma época nos Estados Unidos. O *Field Code* de 1849 foi a primeira de várias leis que modificaram o antigo sistema.[37] O resultado dessa transformação é que a regra atual de que «toda pessoa é competente para ser testemunha» inclui também as partes. Portanto, as partes são interrogadas de acordo com a regulação acerca do interrogatório de testemunhas.[38]

---

[34] Sobre a história do problema, ver, em geral, Cappelletti, 1962: vol. 2, 421, 485, 540, 701, 770.

[35] *Evidence Act* de 1851, 14 e 15 Vict., c. 99. Sobre a história da reforma inglesa, consulte-se Allen Christopher, 1997: 98, 100, 104, 110. Ver, também, Cappelletti, 1962: vol. 2, 441; Cross e Tapper, 1990: 203.

[36] Esta mudança foi um dos aspectos de uma transformação mais profunda em relação à estrutura do juízo. Ver Cappelletti, 1962: vol. 2, 441.

[37] Sobre o *Field Code*, ver *Laws* N.Y. 1848, cap. 379; também, ver Cappelletti, 1962: vol. 2, 457; Friedman, 1985: 402.

[38] A única exceção que sobrevive é a estabelecida pelas chamadas «leis do homem morto» (*dead man's statutes*), que estabelecem que, em um negócio contratual, uma das partes não pode testemunhar a respeito se a outra tiver morrido; ver Giannelli, 2003: 217; Graham, 2003: 191; Friedenthal e Singer, 1985: 189; Lilly, 1987: 87.

52. *O interrogatório das partes no civil law: o modelo austro-alemão.* Nos sistemas de *civil law*, o problema de interrogar as partes como testemunha é, como sempre foi, muito mais complicado. Os procedimentos europeus conheceram por muito tempo algumas formas de *interrogatio* das partes, mas sua evolução foi lenta e complexa.[39]

Na Áustria introduziu-se uma novidade importante no século XIX, quando o velho interrogatório das partes pelo juiz, que somente tinha por objeto esclarecer os argumentos e alegações dos fatos, transformou-se em um meio de obter um real testemunho das partes.[40] O resultado final dessa evolução foi alcançado na *Zivilprozessordnung* austríaca de 1895, ainda vigente, que prevê três tipos de interrogatório das partes: a) O tribunal pode interrogar as partes com o propósito de obter esclarecimentos relativos aos argumentos e alegações dos fatos. As respostas não são provas em sentido estrito, ainda que possam ajudar o tribunal na apreciação do valor de outros elementos de prova;[41] b) A chamada *Parteivernehmung* é um interrogatório das partes cujo objetivo é obter seu testemunho. Pode ser necessária para integrar os demais meios de prova e precisa ser requisitada previamente pelo tribunal com referência a fatos específicos.[42] A *Parteivernehmung* pode ser realizada: b1) sem juramento, ou b2) sob juramento da parte em questão, a critério do tribunal.[43] Em ambos os casos, as respostas dadas pela parte constituem elementos de prova e o seu valor probatório é avaliado discricionariamente pelo julgador.

Um instrumento similar existe na Alemanha; todavia, esse é resultado de uma evolução histórica diferente e peculiar.[44] Em 1933, uma importante reforma da *Zivilprozessordnung* de 1877 aboliu o juramento das partes e introduziu a *Parteivernehmung* como um meio de obter elementos de prova sobre os fatos em litígio.[45] Tal interrogatório deve ser distinguido de outro interrogatório das partes que tem como único propósito esclarecer as suas alegações, chamado de *Anhörung der Partei*: esse é ordenado pelo juiz – que pode intimar as partes para que compareçam pessoalmente – somente com o objetivo de,

---

39 Ver, em geral, Cappelletti, 1962: vol. 2, 486, 540, 550.

40 Ver Cappelletti, 1962: vol. 2, 491.

41 Cfr. o Código Processual Civil austríaco, §§ 182-184; ver Cappelletti, 1962: vol. 2, 508; Holzhammer, 1976: 272.

42 Ver o Código Processual Civil austríaco, §§ 371-375. Ver Fasching, 1990: 528; 1959-1974: vol. 3, §§ 371 e 375; Holzhammer, 1976: 272. Segundo Cappelletti, 1962: vol. 2, 512, o papel subsidiário da *Parteivernehmung* austríaca é a diferença mais relevante em relação ao testemunho das partes nos Estados Unidos.

43 Ver o Código Processual Civil austríaco, §§ 376-378; Fasching, 1959-1974: vol. 3, §§ 376 e 378; 1990: 531; Holzhammer, 1976: 273; Cappelletti, 1962: vol. 2, 516. O tribunal pode ordenar que o interrogatório seja feito sob juramento quando os resultados do interrogatório livre não sejam suficientes para estabelecer a verdade dos fatos.

44 Ver a detalhada reconstrução feita por Cappelletti, 1962: vol. 2, 540. Ver, também, Münks, 1991: 49, 79, 127.

45 Ver Cappelletti, 1962: vol. 2, 607; Münks, 1991: 157, 175.

como já foi dito, esclarecer as alegações e os fatos em litígio. Nesse caso, as respostas dadas pelas partes não são meios de provas em sentido estrito.[46]

O interrogatório das partes tem uma regulamentação complexa no Código Processual Civil alemão,[47] no qual o § 445 dispõe que a parte que possui o ônus de provar um fato pode promover e provocar o interrogatório da outra parte sobre esse mesmo fato, ainda que o juiz possa rejeitar tal solicitação.[48] Ainda, o § 448 confere ao tribunal o poder de ordenar de ofício o interrogatório de uma ou de ambas as partes quando o resultado dos outros elementos de prova não for suficiente para estabelecer a veracidade ou falsidade dos fatos em litígio.[49] Quando o resultado do interrogatório livre das partes não é suficiente para decidir sobre os fatos, o tribunal pode ordenar que uma ou ambas as partes prestem juramento sobre suas respostas: o tribunal decide discricionariamente qual parte prestará juramento e sobre quais fatos (§ 452).[50] Em qualquer caso, as respostas dadas pelas partes na *Parteivernehmung* são valoradas discricionariamente pelo tribunal, de acordo com o princípio da livre apreciação da prova (§ 453).[51] A *Parteivernehmung* é um instrumento peculiar para interrogar as partes, devendo ser considerado como um tipo particular de testemunho das partes.[52] Em verdade, as partes são interrogadas da mesma maneira que as testemunhas (ver o § 451), e o valor probatório das suas respostas também é apreciado da mesma maneira. Há, então, uma convergência significativa entre o interrogatório das partes nos sistemas de *common law* e o instrumento equivalente no modelo austro-alemão. O Código Processual Civil espanhol introduziu recentemente um instrumento semelhante, abandonando as formas tradicionais de confissão e juramento, e adotando uma nova forma de interrogatório das partes. Nessa nova classe de prova, as partes podem se contrainterrogar, recaindo sobre o tribunal a avaliação discricionária do valor probatório atribuído às suas respostas.[53]

---

46 O Código Processual Civil alemão, § 139, estabelece este tipo de interrogatório. Ver Schlosser, 1983: 281; Jauernig, 1991: 203; Baumbach, Lauterbach, Albers e Hartmann, 2003: §§ 139 e 141; Zpo-Komm, 1987: § 139.

47 Cfr., em geral, Müller, 1991.

48 Ver Murray e Stürner, 2004: 291; Baumbach, Lauterbach, Albers e Hartmann, 2003: § 445, n. 8; Zpo-Komm, 1987: § 445, n. 3; Arens e Lüke, 1992: 229; Jauernig, 1991: 202; Schlosser, 1983: 280; Münks, 1991: 180.

49 Ver Murray e Stürner, 2004: 292; Baumbach, Lauterbach, Albers e Hartmann, 2003: § 448, n. 1-14; Zpo-Komm, 1987: § 448; Arens e Lüke, 1992: 229; Jauernig, 1991: 203; Schlosser, 1983: 280; Münks, 1991: 188.

50 Ver Murray e Stürner, 2004: 293; Baumbach, Lauterbach, Albers e Hartmann, 2003: § 452; Zpo-Komm, 1987: § 452; Arens e Lüke, 1992: 229; Jauernig, 1991: 204; Münks, 1991: 194.

51 Ver Baumbach, Lauterbach, Albers e Hartmann, 2003: § 453; Zpo-Komm, 1987: § 453; Arens e Lüke, 1992: 229; Jauernig, 1991: 204.

52 Ver, principalmente, Cappelletti, 1962: vol. 2, 643; Müller, 1991: 20.

53 Ver o Código Processual Civil espanhol, arts. 301-316; De la Oliva Santos e Díez-Picazo Giménez, 2000: 313; Montero Aroca, 2000: 167; Ferrer Barriendos, 2000: 114, 121, 145,

53. *O interrogatório das partes no civil law: o modelo francês.* Os sistemas processuais que seguem o modelo francês mantêm um enfoque diferente sobre o papel das partes como fonte de prova, dispondo de várias formas de declarações probatórias que elas podem realizar, cada qual com um grau diferente de valor probatório.

O mínimo valor probatório é aquele das respostas fornecidas pelas partes quando interrogadas pelo juiz no curso da *comparution personnelle* na França ou do *interrogatorio libero* (ou *non formale*) na Itália. Na França, de acordo com o art. 184 do Código Processual Civil, o tribunal pode ordenar a *comparution personnelle* das partes com o objetivo de interrogá-las sobre qualquer aspecto relevante da causa.[54] O juiz interroga as partes separada ou conjuntamente e os advogados podem requerer ao juiz que lhes formule perguntas específicas.[55] Finalmente, as respostas dadas pelas partes são valoradas pelo tribunal discricionariamente.[56] A característica principal da *comparution personnelle* é que essa pode ter uma função probatória, ao prover o tribunal com respostas que poderiam ter valor probatório. Todavia, não é somente um mecanismo probatório, uma vez que sua função principal é ajudar o tribunal a esclarecer as pretensões e os argumentos das partes.

Algo similar ocorre na Itália com o *interrogatorio libero.* O art. 117 do Código Processual Civil originalmente conferiu ao tribunal o poder discricionário de ordenar as partes a comparecerem pessoalmente perante este com o propósito de serem interrogadas; a seguir, em 1973, esse interrogatório tornou-se obrigatório nas causas trabalhistas e, posteriormente, em 1990, uma nova reforma o estabeleceu como obrigatório em todas as causas cíveis.[57] Uma última reforma, introduzida em 2005, conferiu ao juiz a faculdade de interrogar as partes somente se assim por elas requerido de mútuo acordo (ver art. 183 do Código Processual Civil). Os propósitos desse tipo de interrogatório são diversos: a) pode-se usar com o fim de permitir que as partes esclareçam o objeto da causa e permitir que o tribunal compreenda melhor suas posições; b) para se fomentar um acordo voluntário da causa; e c) pode-se usar para obter

---

165.

54 Este é, por ora, o único recurso que pode ser usado na França para interrogar as partes; ver Vincent e Guinchard, 2003: 827; Cadiet, 2000: 523; Blanc, 1974: 45; Cappelletti, 1962: vol. 2, 779.

55 Ver os arts. 189, 182 e 193 do Código Processual Civil francês; Vincent e Guinchard, 2003: 768.

56 O art. 198 do Código Processual Civil dispõe que o tribunal pode extrair qualquer conclusão jurídica de tais respostas, o que significa que podem ter pleno valor probatório. O tribunal também pode atribuir valor probatório ao comportamento de uma parte que não tenha comparecido perante o tribunal ou que não tenha respondido às perguntas do juiz. Ver Vincent e Guinchard, 2003: 830; Cadiet, 2000: 525.

57 Cfr., em geral, Taruffo, 1993: 57; Carpi e Taruffo, 2002: 364, 561; Comoglio, Ferri e Taruffo, 1998: 588; Comoglio, 2004: 520.

das partes respostas que possam fornecer ao juiz elementos de prova relativos aos fatos em litígio.[58] Nesse último caso, as declarações das partes acerca dos fatos em litígio têm um valor probatório muito baixo: segundo o art. 229 do Código Processual Civil italiano, essas não podem ser tomadas como uma confissão e, de acordo com o art. 116, § 2, consideram-se somente como *argomenti di prova*, isto é, como elementos de prova classificados no nível mais baixo possível na escala de valores probatórios.[59] Dessa forma, a valoração realizada pelo tribunal das respostas dadas pelas partes é discricionária, mas limitada pela lei. Por conseguinte, está claro que o *interrogatorio libero* não é um meio para se obter o testemunho das partes, podendo só eventualmente constituir prova adicional sobre os fatos em litígio.

54. *A confissão*. Alguns sistemas de *civil law* estão, todavia, sob a influência da tradição histórica europeia relativamente a algumas declarações peculiares que as partes podem fazer sobre os fatos em litígio. Um exemplo importante é a confissão, isto é, a admissão – por uma das partes – da verdade acerca de um enunciado de fato que lhe é juridicamente desfavorável. Na França, na Espanha, na Itália e em outros sistemas de *civil law*, a confissão é considerada um tipo especial de prova e está regulada detalhadamente pela lei, por vezes com disposições processuais muito específicas.

Uma confissão pode ser feita de diversas maneiras. Na França, essa pode ser realizada no curso da *comparution personnelle* das partes (ver *supra* § 53).[60] Na Itália e na Espanha pode ser feita no curso do processo, seja de maneira espontânea ou mediante mecanismos processuais específicos que têm por objeto requerer à parte que responda a um conjunto de questões formulado pela outra parte, que solicita a confissão.[61] Essa parte submete as questões ao tribunal e, então, esse interroga a outra com base nessas perguntas. Se a parte as responde admitindo a verdade dos fatos que lhe são desfavoráveis, a confissão é alcançada; se a parte nega a veracidade desses fatos, nenhuma prova é produzida; se a parte não comparece ou se recusa a responder, o tribunal pode considerar sua conduta no contexto das provas e pode concluir que os fatos envolvidos são verdadeiros.[62] Se a parte admite os fatos desfavoráveis, mas

---

58 Ver Taruffo, 1993: 57; Comoglio, 2004a: 523; Vaccarella, 1972: 353.

59 Ver Taruffo, 1992a: 453; Carpi e Taruffo, 2002: 363; Comoglio, Ferri e Taruffo, 1998: 655; Comoglio, 2004a: 524; Ricci, 1988: 1036.

60 Ver, por exemplo, Terré, 2003: 521; Cadiet, 2000: 525.

61 Cfr. os arts. 228-232 do Código Processual Civil italiano; também Carpi e Taruffo, 2002: 703; Silvestri, 1988: 429; Comoglio, Ferri e Taruffo, 1998: 641; Comoglio, 2004a: 511; os arts. 579-595 do Código Processual Civil espanhol. Para regramentos similares na Argentina e Peru, ver Falcón, 2003: vol. 2, 176; Kielmanovich, 1996: 382; Hinostroza Mínguez, 2000: 139. Consulte-se, também, o Código Processual Civil brasileiro, art. 349.

62 Ver, por exemplo, o art. 232 do Código Processual Civil italiano; também Silvestri, 1988: 430; Comoglio, Ferri e Taruffo, 1998: 641; Comoglio, 2004a: 513; Carpi e Taruffo, 2002: 703, 711; Falcón, 2003: vol. 2, 197; o art. 343, § 2.º, do Código Processual Civil brasileiro.

acrescenta algumas circunstâncias favoráveis, suas declarações não podem ser «divididas», devendo ser valoradas em seu conjunto.[63] Por vezes, essa valoração é deixada à discricionariedade do tribunal, não sendo regulada pela lei;[64] por outras, o problema resolve-se com a aplicação direta da lei.[65]

É possível, também, produzir uma confissão fora do processo, sempre que uma parte admitir a verdade de fatos que lhe são desfavoráveis. Tal declaração pode ser considerada um elemento de prova; todavia, por certo, necessita ser comprovada no processo no qual é oferecida como tal.[66]

Como regra, uma confissão tem um valor jurídico estabelecido pela lei: a declaração feita pela parte em questão será considerada como verdadeira. Por conseguinte, essa não pode ser confrontada por elementos de prova contrários e não pode ser valorada discricionariamente pelo tribunal,[67] salvo casos específicos expressamente regulados.[68] O argumento aduzido comumente para justificar o efeito vinculante da confissão é uma espécie de máxima do senso comum, segundo a qual ninguém admitiria a verdade de um fato desfavorável, a menos que tal fato fosse verdadeiro. Todavia, essa é claramente uma justificação muito frágil: o mesmo argumento seria mais racional se usado para propor um padrão para a avaliação discricionária do valor probatório da confissão de uma das partes, e não como fundamento para justificar seu efeito vinculante. Em verdade, a confissão como declaração probatória vinculante

---

[63] Ver o art. 1.356 do Código Civil francês; também Mazeaud, Mazeaud e Chabas, 2000: t. I, vol. 1, 612; Ghestin e Goubeaux, 1977: 535; o art. 2.734 do Código Civil italiano; Silvestri, 1988: 429; Comoglio, Ferri e Taruffo, 1998: 644; Comoglio, 2004a: 515; Kielmanovich, 1996: 383; Falcón, 2003: vol. 2, 178; o Código Processual Civil brasileiro, art. 354.

[64] Ver Mazeaud, Mazeaud e Chabas, 2000: t. I, vol. 1, 612; Ghestin e Goubeaux, 1977: 535; Verheyden e Jeanmart, 1991: 316, 341, 357.

[65] O art. 2.734 do Código Civil italiano dispõe que a declaração em seu conjunto é vinculante se a outra parte não nega as circunstâncias aduzidas; porém, se forem negadas pela parte contrária, a declaração em seu conjunto será valorada discricionariamente pelo tribunal.

[66] Ver, por exemplo, o art. 2.735 do Código Civil italiano e o art. 1.239 do Código Civil espanhol. Ver, também, Comoglio, 2004a; Ramos Méndez, 1990: vol. 1, 583; Ghestin e Goubeaux, 1977: 537; Verheyden e Jeanmart, 1991: 332.

[67] Cfr. o Código Civil francês, art. 1.356; Mazeaud, Mazeaud e Chabas, 2000: t. I, vol. 1, 610; Terré, 2003: 522; Lagarde, 1994: 191, 197; Kielmanovich, 1996: 432; o Código Civil italiano, art. 2.733; Comoglio, Ferri e Taruffo, 1998: 642; Comoglio, 2004a: 499; Falcón, 2003: vol. 2, 217.

[68] Ver, por exemplo, o art. 2.733 do Código Civil italiano; Comoglio, Ferri e Taruffo, 1998: 643. Uma confissão prestada fora do tribunal não constitui prova na França (ver Mazeaud, Mazeaud e Chabas, 2000: t. I, vol. 1, 613; Ghestin e Goubeaux, 1977: 538), tampouco na Bélgica (ver Verheyden e Jeanmart, 1991: 336). Na Itália, por outro lado, constitui-se em uma prova vinculante quando dirigida à parte contrária; todavia, é sujeita à valoração discricionária do tribunal quando dirigida a um terceiro ou quando faz parte de um testamento. Consulte-se o art. 2.735 do Código Civil italiano; Silvestri, 1988: 430; Comoglio, 2004a: 499. Para o caso da Argentina, ver Falcón, 2003: vol. 2, 219.

é uma relíquia do passado que segue existindo simplesmente pela inércia de alguns legisladores europeus.

55. *O juramento das partes*. Outra relíquia histórica que ainda sobrevive em alguns sistemas processuais é o juramento que uma das partes pode prestar acerca da veracidade de um fato. Em verdade, por muito tempo, vários tipos de juramento tiveram um papel importante no direito probatório europeu.[69] Não é surpresa alguma, portanto, que alguns países ainda não tenham se livrado deles.

Também nesse domínio, o modelo foi o Código Civil francês, imitado por tantos outros códigos. A ideia básica é a de que uma parte pode pronunciar de forma solene e sob juramento uma declaração acerca de um fato principal em litígio. Tal declaração deve ser considerada como um elemento de prova vinculante, em virtude de sua solenidade e das consequências que advêm do fato de jurar o falso. Não se pode supor que alguém invoque Deus em apoio a uma declaração falsa; ademais, em geral, aplicam-se sanções criminais nos casos de perjúrio.[70]

O juramento pode ser decisivo ou suplementar.[71] O juramento decisivo é provocado por uma das partes, que exorta a outra a jurar a verdade de um fato que lhe é favorável. Esse deve ser um fato principal, de modo que o caso decida-se total ou parcialmente somente com base no juramento.[72] Se a parte comparece ao tribunal e presta juramento, o caso deve ser resolvido em seu favor: a declaração jurada não pode ser confrontada de modo algum e o juiz está obrigado a considerar o fato como verdadeiro.[73]

Se a parte que foi instada a prestar o juramento não comparece ou se recusa a prestá-lo, o juiz deve considerar os fatos como provados contra

---

[69] Para a história do juramento judicial, ver LÉVY, 1963a: 43, 66; VILLERS, 1963: 355; GILISSEN, 1963: 781; FALCÓN, 2003: vol. 2, 163.

[70] Ver, por exemplo, MAZEAUD, MAZEAUD e CHABAS, 2000: t. I, vol. 1, 614; TERRÉ, 2003: 525; GHESTIN e GOUBEAUX, 1977: 538; VERHEYDEN e JEANMART, 1991: 367; COMOGLIO, FERRI e TARUFFO, 1998: 646; COMOGLIO, 2004a: 527; NICOLETTI, 1982.

[71] O Código Processual Civil espanhol, em seu art. 580, adota um tipo diferente de distinção ao falar em *juramento decisorio* ou *indecisorio*. Não obstante, esses tipos de juramento têm por objeto confirmar a confissão de uma das partes.

[72] Ver o art. 1.357 do Código Civil francês; VINCENT e GUINCHARD, 2003: 857; CADIET, 2000: 3; GHESTIN e GOUBEAUX, 1977: 539; o Código Civil italiano, art. 2.736; COMOGLIO, 2004a: 534.

[73] Cfr. o Código Civil francês, art. 1.365; CADIET, 2000: 3; MAZEAUD, MAZEAUD e CHABAS, 2000: t. I, vol. 1, 615; TERRÉ, 2003: 525; GHESTIN e GOUBEAUX, 1977: 542; VERHEYDEN e JEANMART, 1991: 384; o Código Civil italiano, art. 2.738; COMOGLIO, FERRI e TARUFFO, 1998: 651; COMOGLIO, 2004a: 533, 542; NICOLETTI, 1982: 75, 118. Mesmo que a parte cometa perjúrio, e assim restar estabelecido em um processo penal, o juramento não se invalida: a única consequência é que a outra parte tem o direito a reclamar os danos sofridos em virtude do perjúrio (ver, por exemplo, COMOGLIO, 2004a: 542).

essa parte.[74] Há alguns limites à admissibilidade do juramento judicial: os fatos devem «pertencer» à parte, o que significa que essa deve ter realizado ou conhecido diretamente os fatos; o juramento não pode ser utilizado para provar o contrário do que está certificado por um documento público, ou para provar um fato ilegal. Ademais, não se pode admitir o juramento quando as partes não podem dispor do direito substancial envolvido.[75]

O juramento suplementar pode ser usado quando certo grau de prova acerca dos fatos em litígio existe (a chamada *semiplena probatio*), mas não é suficiente para prová-los de maneira completa.[76] O juiz decidirá qual das partes será convidada a prestar juramento. Por vezes, o resultado do juramento é vinculante, enquanto por outras, o tribunal irá valorá-lo de maneira discricionária.

Um subtipo de juramento suplementar é usado com o propósito de se fixar o valor de algo ou o montante de uma soma em dinheiro, quando não há outros meios de prova para se demonstrar tal valor. Quando o tribunal decide-se por esse tipo de juramento, também é ele que decidirá qual parte será convidada a prestá-lo. O próprio tribunal pode fixar um limite máximo para o valor econômico em questão, de modo que o juramento será vinculante somente até esse limite.[77]

Em alguns sistemas processuais, a sobrevida dos juramentos tem sido agudamente criticada: como prova legal, entra em conflito com o princípio da livre apreciação da prova; é um resíduo de um formalismo ultrapassado e fora de moda no direito probatório; é uma espécie de mecanismo ordálico de resolver disputas, o que não oferece nenhuma garantia de veracidade nas sociedades modernas e laicas. Não obstante, os juramentos sobrevivem, por inércia e também porque podem resultar úteis em alguns casos marginais, nos quais não há qualquer outra prova disponível. Cabe questionar, todavia, se tais casos não seriam melhor decididos com base no ônus da prova, e não a partir de declarações juradas duvidosas e pouco confiáveis.

---

74 Ver, por exemplo, o Código Processual Civil italiano, art. 239; Comoglio, 2004a: 548; Carpi e Taruffo, 2002: 725; o Código Civil francês, art. 1.361; Mazeaud, Mazeaud e Chabas, 2000: t. I, vol. 1, 621; Terré, 2003: 528; Vincent e Guinchard, 2003: 858.

75 Ver Mazeaud, Mazeaud e Chabas, 2000: t. I, vol. 1, 615; Terré, 2003: 526; Ghestin e Goubeaux, 1977: 540; Verheyden e Jeanmart, 1991: 373; Comoglio, 2004a: 539.

76 Ver o Código Civil francês, art. 1.366; assim como Vincent e Guinchard, 2003: 857; Mazeaud, Mazeaud e Chabas, 2000: t. I, vol. 1, 621; Terré, 2003: 528; Ghestin e Goubeaux, 1977: 542; Verheyden e Jeanmart, 1991: 391; o Código Civil italiano, art. 2.736, n. 2; Comoglio, 2004a: 551; Carpi e Taruffo, 2002: 729.

77 Ver o Código Civil francês, art. 1.369; Terré, 2003: 529; Ghestin e Goubeaux, 1977: 543; Verheyden e Jeanmart, 1991: 395; o Código Civil italiano, art. 2.736, n. 2; o Código Processual Civil italiano, art. 241; Comoglio, 2004a: 551; Carpi e Taruffo, 2002: 732.

B. A PROVA DOCUMENTAL

56. *Provas escritas*. Desde a Idade Média, as provas escritas têm sido usadas como o principal meio para se conferir certeza às transações jurídicas.[78] As exigências do comércio e dos negócios financeiros, bem como a necessidade de se contar com provas confiáveis dos contratos e de muitos outros tipos de negócios produziram um largo uso dos documentos na vida cotidiana e também nos processos judiciais. A prática criou diversos tipos de documentos de acordo com essas necessidades, observando as características institucionais e a evolução de cada sistema. A crescente importância dessa prática foi reconhecida no direito material e processual. Em consequência, em todos os sistemas jurídicos há várias regras relativas à forma escrita de negócios jurídicos e à apresentação de provas escritas nos processos judiciais. Todavia, a regulação material da forma dos contratos não é considerada na matéria aqui examinada, e o mesmo pode ser dito das diversas teorias acerca das funções materiais dos documentos.

Ainda que no contexto processual as coisas sejam um pouco mais simples, pode resultar útil fazer algumas observações acerca do conceito de documento ou prova documental. Esses conceitos são, em certa medida, variáveis. Em alguns sistemas, mantém-se uma definição muito ampla, segundo a qual um documento é «qualquer coisa que represente um fato», independentemente da natureza da «coisa» que tenha essa função.[79] Assim, esse conceito inclui documentos escritos, documentos não escritos (tais como os registros de computador) e qualquer outra coisa que tenha a capacidade de representar um fato, como fotos, vídeos, fitas-cassete, entre outras.[80] Pelo contrário, em alguns sistemas, o conceito de documento é muito menos inclusivo e equivale ao conceito tradicional de documento escrito. Assim, um documento define-se como qualquer escrito que represente um fato ou que contenha uma declaração acerca de um fato; qualquer outra coisa, ainda que represente um fato, não é um documento em sentido próprio.[81] Por outro lado, a tendência que parece prevalecer nos sistemas de *common law*, e em particular nos Estados

---

[78] Sobre a história das provas escritas, ver, em geral, Lévy, 1963a: 51; Gilissen, 1963: 812; Villers, 1963: 350; Kielmanovich, 1996: 275.

[79] Essa definição ampla é bastante comum, *e. g.*, na Itália. Ver, por exemplo, Comoglio, Ferri e Taruffo, 1998: 657; Comoglio, 2004a: 244; Patti, 1991: 2; Denti, 1988: 713; De Santis, 1988: 17.

[80] Ver a nota anterior. Na Inglaterra, por vezes se usa uma definição igualmente extensa (ver Cross e Tapper, 1990: 679; mas, para uma definição mais restrita, consulte-se Dennis, 1999: 371). Na Espanha existem definições amplas e reduzidas das provas documentais; para um panorama geral, ver Montero Aroca, 2000; sobre as definições de «documento» exclusivamente como *escritura*, cfr. De la Oliva Santos e Díez-Picazo Giménez, 2000: 332.

[81] Ver, por exemplo, Murray e Stürner, 2004: 275; Musielak, 1991: 241; Musielak e Stadler, 1984: 61; Schlosser, 1983: 274; Jauernig, 1991: 198; Arens e Lüke, 1992: 225. Para uma definição mais ampla, ver Schreiber, 1982: 19.

Unidos, é que sejam consideradas as provas documentais não como um tipo especial de provas, mas como um caso do conceito mais amplo de prova real ou demonstrativa.

Essas diferenças são o resultado de tradições e enfoques teóricos distintos que aqui não podem ser discutidos. Em todo o caso, com o objetivo de ordenar a apresentação que segue, as provas escritas serão tratadas como um tipo especial de prova, enquanto os documentos não escritos serão examinados separadamente. Cumpre ressaltar, todavia, que um documento escrito pode ser utilizado de duas maneiras distintas: a) quando é usado como uma maneira de expressar alguns enunciados tem função representativa em relação a seus conteúdos. Em tal caso, o documento cumpre uma função similar à da prova testemunhal, uma vez que expressa o pensamento de alguém a respeito de algo; b) quando é usado como um objeto material, isto é, uma coisa carregando uma inscrição, é um meio de prova real em sentido próprio, pois é o documento, a própria coisa material, que se usa como prova, não as declarações nele contidas.[82]

57. *Documentos públicos ou oficiais e privados.* A regulação das provas escritas segue padrões diferentes nos sistemas de *civil law* e nos de *common law*. Os primeiros ocupam-se das provas escritas, sobretudo para determinar o grau de valor probatório que é típico de cada classe de documento, com disposições detalhadas, geralmente encartadas nas partes dos códigos materiais dedicadas à regulação dos contratos e de outros tipos de negócios. Os últimos não consideram especificamente o valor probatório dos documentos, pois, como acontece com qualquer outro tipo de prova, as provas escritas submetem-se à valoração discricionária do julgador. Esses sistemas ocupamse principalmente com alguns casos nos quais a prova escrita é requerida pelo ordenamento jurídico.

Nos sistemas de *civil law*, a questão principal é a distinção entre documentos ou escrituras públicas ou oficiais e escritos privados. Em verdade, essa distinção é a base para as disposições acerca do papel das provas escritas no contexto judicial. Um documento público ou oficial é um documento escrito redigido por um funcionário público (principalmente por um notário) ou por outra pessoa investida na função oficial de redigir escrituras. O documento deve ser redigido no cumprimento dessa função e de acordo com os procedimentos específicos regulados pelo ordenamento jurídico.[83]

---

[82] Sobre tal distinção, ver Dennis, 1999: 372; Cross e Tapper, 1990: 44; Musielak e Stadler, 1984: 61; De Santis, 1988: 32.

[83] As disposições que regulam os documentos públicos ou oficiais são similares na maioria dos sistemas. Ver, por exemplo, o Código Processual Civil alemão, § 415; Murray e Stürner, 2004: 276; Baumbach, Lauterbach, Albers e Hartmann, 2003: § 415, n. 1-2; Zpo-Komm, 1987: § 415; Musielak, 1991: 241; Jauernig, 1991: 199; Schlosser, 1983: 275; Arens e Lüke, 1992:

Por vezes, distinções adicionais são feitas no âmbito dos documentos públicos. Por exemplo, na Alemanha distinguem-se os chamados *Tatbestandurkunden* dos *Zeugnisurkunden*, a depender do seu conteúdo incluir um negócio jurídico ou um testemunho.[84] Todavia, a definição jurídica de um documento público ou oficial é muito genérica e frequentemente utilizada seja qual for o seu conteúdo, uma vez que se baseia, sobretudo, na função oficial do autor do documento e na sua adequação às regras que regem a elaboração dos documentos públicos.

58. *O valor probatório dos documentos públicos.* Os sistemas que incluem uma regulação do valor probatório dos documentos públicos tendem, em geral, a considerá-los como provas legais. Como regra, um documento público ou oficial – sempre que tenha sido elaborado pelo sujeito competente, de acordo com os procedimentos devidos – tem efeito vinculante sobre todos e, em particular, sobre o tribunal. Todavia, esse valor probatório muito especial e forte não abarca todo o seu conteúdo, e tampouco todos os aspectos do documento. Esse valor probatório é usualmente atribuído às declarações do autor da escritura, aos fatos ocorridos na sua presença (que assim os declara haver percebido pessoalmente), ao fato de que alguém haja realizado alguma declaração em sua presença, às assinaturas dessas pessoas e à data do documento.[85] Em geral, o valor probatório formal do documento cobre «o que o documento diz», isto é, as declarações feitas por seu autor. Esse valor não abarca a verdade de nenhum outro enunciado, feito pelas partes ou

---

227; Teske, 1990: 115; o Código Processual Civil austríaco, §§ 292 e 293; Fasching, 1990: 495; 1959-1974: vol. 3, 293; o Código Civil francês, art. 1.317; Mazeaud, Mazeaud e Chabas, 2000: t. I, vol. 1, 598; Terré, 2003: 484; Ghestin e Goubeaux, 1977: 493; Teske, 1990: 9, 11; o Código Processual Civil espanhol, art. 317; De la Oliva Santos e Díez-Picazo Giménez, 2000: 335; Montero Aroca, 2002: 204; Ramos Méndez, 1990: vol. 1, 560; Muñoz Sabaté, 1967: 239; Silva Melero, 1963-1964: vol. 1, 261; o Código Civil italiano, art. 2.699; Patti, 1991: 8; Comoglio, Ferri e Taruffo, 1998: 658; Comoglio, 2004a: 301; o Código Civil belga, art. 1.317; Verheyden e Jeanmart, 1991: 210; Kielmanovich, 1996: 286; Hinostroza Mínguez, 2000: 206, Falcón, 2003: vol. 1, 879.

84 Ver Arens e Lüke, 1992: 227; Jauernig, 1991: 201; Schlosser, 1983: 275. Para uma distinção similar entre *wirkenden Urkunden* e *bezeugenden Urkunden*, cfr. Murray e Stürner, 2004: 277.

85 Ver o Código Processual Civil alemão, §§ 415, 417 e 418; Murray e Stürner, 2004: 276; Baumbach, Lauterbach, Albers e Hartmann, 2003: § 415, n. 3-6, §§ 417 e 418; Zpo-Komm, 1987: §§ 415, 417 e 418; Musielak, 1991: 242; Teske, 1990: 126; Arens e Lüke, 1992: 226; Jauernig, 1991: 201; o Código Processual Civil austríaco, §§ 292, 294, 310 e 312; Fasching, 1990: 497; o Código Civil francês, art. 1.319; Mazeaud, Mazeaud e Chabas, 2000: t. I, vol. 1, 595; Terré, 2003: 487; Ghestin e Goubeaux, 1977: 496; Lagarde, 1994: 174; Teske, 1990: 18; o Código Civil belga, arts. 1.319 e 1.320; Verheyden e Jeanmart, 1991: 221; o Código Civil espanhol, arts. 1.218 e 1.219; Montero Aroca, 2000: 231; Ramos Méndez, 1990: vol. 1, 566; Muñoz Sabaté, 1967: 239; Silva Melero, 1963-1964: vol. 1, 261; o Código Civil italiano, art. 2.700; Patti, 1991: 8; Comoglio, Ferri e Taruffo, 1998: 600; Comoglio, 2004a: 305; o Código Civil argentino, arts. 993 e 994; Kielmanovich, 1996: 290; Falcón, 2003: vol. 1, 880.

por qualquer outra pessoa, que se registre no documento. Por óbvio, somente escrituras autênticas regularmente redigidas podem ter esse valor probatório vinculante. Se faltar algum dos requisitos legais, o documento ainda pode ser usado como um escrito privado se possuir as características requeridas para esse tipo de documento.[86]

59. *Documentos privados*. Qualquer documento que por alguma razão não seja uma escritura pública ou oficial é um documento privado. Esse conceito inclui uma grande quantidade e uma variedade ilimitada de escritos, tais como: documentos públicos inválidos, contratos, contas, recibos, correspondência privada, testamentos, entre outros. Por vezes, esses escritos são assinados pelas partes ou por uma delas, mas podem ser assinados por terceiros ou, ainda, não serem assinados. Todavia, somente em casos especiais documentos apócrifos são admitidos como prova, uma vez que a assinatura identifica o autor das declarações escritas no documento.[87]

Dentro dessa ampla e indeterminada classe, alguns tipos de documentos privados são objeto de específica consideração pela lei. Esse é o caso dos documentos privados que incluem declarações acerca de um negócio contratual referente a ambas as partes ou somente àquela que assinou o documento. Esse tipo de documento privado é o tipo de prova mais comum para se demonstrarem negócios jurídicos. Tal tipo de documento não possui forma especial ou predeterminada: pode ser redigido em sua totalidade pelo autor que o assina, ou por qualquer outra pessoa, sem que isso seja importante.[88] Em geral, a característica distintiva dos documentos privados é a assinatura da parte, ou das partes, que figuram como os autores do negócio consignado no documento.

60. *O valor probatório dos documentos privados*. O valor probatório dos documentos privados pode ser regulado pela lei, principalmente quando assinados. Em alguns casos, a regra estabelece que a pessoa que assinou o documento é legalmente considerada a autora das declarações que dele constam. Essa conexão entre as declarações e o seu autor é, em geral, coberta

---

86 Ver, por exemplo, o art. 1.318 do Código Civil francês; MAZEAUD, MAZEAUD e CHABAS, 2000: t. I, vol. 1, 593; TERRÉ, 2003: 485; GHESTIN e GOUBEAUX, 1977: 498; o Código Civil belga, art. 1.318; VERHEYDEN e JEANMART, 1991: 227; o Código Civil italiano, art. 2.701; COMOGLIO: 2004a: 318; PATTI, 1991: 9.

87 Ver, em geral, DENTI, 1971: 715.

88 Sobre a concepção geral de documento privado, ver, por exemplo, MURRAY e STÜRNER, 2004: 276; TESKE, 1990: 25; MAZEAUD, MAZEAUD e CHABAS, 2000: t. I, vol. 1, 596; TERRÉ, 2003: 489; GHESTIN e GOUBEAUX, 1977: 499; DE LA OLIVA SANTOS e DÍEZ-PICAZO GIMÉNEZ, 2000: 337; MONTERO AROCA, 2000: 208; RAMOS MÉNDEZ, 1990: vol. 1, 567; MUÑOZ SABATÉ, 1967: 340; SILVA MELERO, 1963-1964: vol. 1, 262; COMOGLIO, FERRI e TARUFFO, 1998: 665; COMOGLIO, 2004a: 320; PATTI, 1991: 9; VERHEYDEN e JEANMART, 1991: 230; HINOSTROZA MÍNGUEZ, 2000: 208; FALCÓN, 2003: vol. 1, 859.

por uma regra de prova legal: por conseguinte, considera-se a autoria certa, vinculante e irrefutável. Não obstante, esse valor probatório especial somente abarca a conexão entre o signatário e as declarações incluídas no documento; não garante, porém, a sua veracidade.[89] Por vezes, o valor probatório de um documento privado assinado é considerado equivalente ao de um documento público entre as partes que o firmaram.[90] Tal valor probatório de um documento privado somente existe quando a autenticidade da assinatura é garantida pela aplicação de mecanismos especiais estipulados pelo ordenamento jurídico precisamente para esse fim (ver *infra* §§ 66 e 67).

61. *Outros tipos de provas escritas.* Os documentos oficiais e escritos privados não são os únicos meios de prova escritos que se usam na prática cotidiana do processo civil. Também se empregam muitos outros tipos de provas escritas quando relevantes para demonstrar os fatos em litígio. Na maioria dos casos, esses documentos são considerados provas «atípicas» e se admitem como tais, tomando em conta a sua relevância (ver *supra* § 22). Nos sistemas de *common law*, essa é a regra para qualquer tipo de prova escrita não regulada. Alguns sistemas de *civil law*, como, por exemplo, o alemão, possuem o mesmo enfoque e não incluem disposições especiais relativas a documentos atípicos. Outros sistemas de *civil law*, diferentemente, incluem disposições relativas a tipos específicos de provas escritas que não são documentos públicos nem privados.

62. *Telegramas.* Disposições especiais podem determinar o valor probatório de um telegrama. Por exemplo, de acordo com o Código Civil italiano, art. 2.705, o telegrama possui o mesmo valor probatório de um escrito privado assinado por qualquer pessoa, desde que o autor assine o formulário original e o mande entregar. Presume-se que o formulário entregue seja idêntico ao original, segundo o art. 2.706 daquele diploma. Essas regras ajudam a resolver alguns problemas relacionados ao uso do telegrama como meio de prova, porém sempre se admite prova em contrário, cujo propósito é refutar o que se presume.[91] Tais regras aplicam-se por analogia a tipos similares de provas escritas, como o *telex* e o *fac-símile.*[92]

---

89 Ver o Código Processual Civil alemão, § 416; Baumbach, Lauterbach, Albers e Hartmann, 2003: § 416; ZPO-Komm, 1987: § 416, n. 1; Arens e Lüke, 1992: 228; Jauernig, 1991: 201; Teske, 1990: 129; o Código Processual Civil austríaco, § 294; Fasching, 1990: 498; o Código Civil italiano, art. 2.702; Comoglio, Ferri e Taruffo, 1998: 667; Comoglio, 2004a: 322; Patti, 1991: 10.

90 Ver, por exemplo, o art. 1.322 do Código Civil francês; Ghestin e Goubeaux, 1977: 508; Teske, 1990: 30.

91 Ver Comoglio, Ferri e Taruffo, 1998: 674; Comoglio, 2004a: 345; Patti, 1991: 11. Cfr., também, Verheyden e Jeanmart, 1991: 408; Falcón, 2003: vol. 1, 863.

92 Cfr. Comoglio, Ferri e Taruffo, 1998: 674; Patti, 1991; De Santis, 1988: 84; Falcón, 2003: vol. 1, 866.

63. *Registros de uso doméstico.* A lei pode determinar, ainda, o valor probatório de documentos escritos que geralmente não são assinados por seus autores. Esse é o caso de papéis e registros de uso doméstico, que podem ser usados como prova contrária ao seu autor quando contêm, por exemplo, o reconhecimento de um pagamento recebido.[93] É o caso, também, das declarações marginais não assinadas incluídas pelo credor em um documento, quando essas desobrigam o devedor do pagamento.[94]

64. *Livros e registros de empresas.* Outra classe importante de documentos não assinados que podem ter valor probatório inclui os livros e registros das empresas. Esses documentos podem ser usados como prova contrária à empresa, porém a parte que os alega deve fazer referência a seu conteúdo completo. Esses documentos também são provas de negócios realizados entre empresas, quando redigidos e mantidos de acordo com disposições legais específicas.[95]

65. *Cópias.* Por vezes, disposições especiais têm por objeto determinar o valor probatório de cópias de documentos escritos, quando essas são apresentadas no lugar dos originais. O princípio geral estabelece que quando uma cópia de um documento público ou oficial é feita nas formas exigidas pela lei, essa tem o mesmo valor probatório que o documento original.[96] O mesmo princípio aplica-se também às cópias de documentos privados quando são feitas de acordo com as formas exigidas pela lei ou quando a conformidade com o original certifica-se oficialmente ou não é impugnada.[97] As mesmas regras aplicam-se, em geral, às fotocópias de documentos públicos ou privados. Quando as cópias são feitas em desconformidade com as formas

---

93 Ver o art. 1.331 do Código Civil francês; também MAZEAUD, MAZEAUD e CHABAS, 2000: t. I, vol. 1, 610; TERRÉ, 2003: 509; GHESTIN e GOUBEAUX, 1977: 519; TESKE, 1990: 40; o Código Civil italiano, art. 2.707; COMOGLIO, 2004a: 348.

94 Ver o Código Civil francês, art. 1.332; TERRÉ, 2003: 510; GHESTIN e GOUBEAUX, 1977: 520; TESKE, 1990: 41; o Código Civil italiano, art. 2.798; COMOGLIO, 2004a: 350.

95 Ver os arts. 1.329 e 1.330 do Código Civil francês; MAZEAUD, MAZEAUD e CHABAS, 2000: t. I, vol. 1, 609; TERRÉ, 2003: 510; GHESTIN e GOUBEAUX, 1977: 518; TESKE, 1990: 39; o Código Civil italiano, arts. 2.709 e 2.710; COMOGLIO, 2004a: 351; FALCÓN, 2003: vol. 1, 868; VERHEYDEN e JEANMART, 1991: 298; KIELMANOVICH, 1996: 297.

96 Cfr. O art. 2.714 do Código Civil italiano; também COMOGLIO, FERRI e TARUFFO, 1998: 671; COMOGLIO, 2004a: 375; o Código Processual Civil alemão. § 435; BAUMBACH, LAUTERBACH, ALBERS e HARTMANN, 2003: § 435, n. 1-4; ZPO-KOMM, 1987: § 435, n. 1-2. O sistema francês é mais complexo pois distingue se o documento original realmente existe ou não. No primeiro caso, a cópia somente prova os conteúdos do original (art. 1.334 do Código Civil francês); no último caso, a cópia tem o mesmo valor probatório que o original quando for elaborada em certas condições (essencialmente na presença ou com o consentimento de ambas as partes) ou quando for muito antiga. De outro modo, a cópia tem valor probatório limitado (art. 1.335 do mesmo Código Civil). Ver TERRÉ, 2003: 504.

97 Cfr., por exemplo, as arts. 2.715 2.719 do Código Civil italiano; também COMOGLIO, 2004a: 376.

previstas, essas não podem ter o mesmo valor probatório dos originais, sendo, pois, valoradas discricionariamente pelo tribunal.[98]

Nos sistemas de *common law*, as cópias dos documentos escritos também são importantes, mas sob uma perspectiva diferente. O problema não é determinar quando uma cópia tem o mesmo valor probatório que o original, mas quando uma cópia pode ser apresentada no lugar do original. Como regra, quando a parte precisa provar os conteúdos de um documento, ela deve apresentar provas diretas deste, isto é, o documento original. Em alguns casos, porém, é possível apresentar uma cópia, ao invés do original, com o propósito de demonstrar os conteúdos deste.[99]

66. *A autenticidade dos documentos no common law*. O uso e o valor probatório dos documentos baseiam-se na suposição de que esses sejam genuínos e autênticos. É óbvio que somente quando um documento preenche essas condições pode ser usado como meio de prova de um fato ou de um negócio jurídico. Assim, o problema reside em garantir e verificar a autenticidade e a confiabilidade dos documentos escritos.

Nos sistemas de *common law*, admitem-se as provas documentais como qualquer outro meio de prova e seu valor probatório não é determinado pela lei. Não obstante, o problema pode ser determinar se um documento é confiável: uma vez apresentado para provar seus próprios conteúdos, o documento deve ser genuíno. Dito com mais propriedade: a parte em questão deve mostrar que o documento é verdadeiramente o que aparenta ser. Nos Estados Unidos essa é uma questão de autenticação, e se refere aos documentos do mesmo modo que a qualquer outra coisa usada como meio de prova.[100] Não obstante, diversas

---

98 Uma limitação especial é a que se estipula no art. 2.717 do Código Civil italiano, segundo o qual tais cópias somente podem ter um valor probatório limitado.

99 Na Inglaterra, este é o caso quando a outra parte não apresenta o original, quando esse foi perdido, quando não é possível apresentá-lo, quando o documento é público ou quando são registros bancários. Ver Cross e Tapper, 1990: 684. No sistema federal dos Estados Unidos, as cópias em geral são admitidas ao amparo da regra 1003 das *Federal Rules of Evidence*, ao menos que se impugne a autenticidade do original ou quando o seu uso seja injusto (ver Graham, 2003: 584; 2002: 264; Saltzburg, Martin e Capra, 2002: vol. 5, 1003-2; Giannelli, 2003: 396; Friedenthal e Singer, 1985: 255). Também se admitem outras provas «distintas do original» sob a regra 1004, quando o original se perdeu ou é impossível de conseguir, ou ainda quando está na posse da outra parte ou tem é relacionado com matérias colaterais (ver Graham, 2003: 586; 2002: 274; Saltzburg, Martin e Capra, 2002: vol. 5, 1004-2; Giannelli, 2003: 397; Friedenthal e Singer, 1985: 256; Mueller e Kirkpatrick, 2003: 1092). Sobre as cópias de registros públicos, ver a regra 1005 das *Federal Rules of Evidence*; Graham, 2003: 590; Giannelli, 2003: 399; Mueller e Kirkpatrick, 2003: 1100.

100 Ver a regra 901 (a) das *Federal Rules of Evidence*; Graham, 2003: 551; 2002: 223; Saltzburg, Martin e Capra, 2002: vol. 5, 901-5; Giannelli, 2003: 375; Lilly; 1987: 514; Rothstein, Raeder e Crump, 2003: 587; Friedenthal e Singer, 1985: 240; Lempert, Gross e Liebman, 2000: 1151; Mueller e Kirkpatrick, 2003: 995; Weinstein e Berger, 1975: vol. 5, 901-15.

regras sobre a autenticação referem-se exclusiva ou principalmente aos documentos escritos. Quando a relevância de um documento depende da certeza da sua autoria, o documento deve apoiar-se em provas que demonstrem a autenticidade de sua autoria em um nível superior ao requerido na vida ordinária.[101] De acordo com a *Rule 901* das *Federal Rules of Evidence*, existem várias classes de autenticação, algumas das quais utilizadas principalmente para a autenticação de documentos. Esse é o caso, por exemplo, de um testemunho relacionado com a redação e a assinatura de um documento por parte de uma determinada pessoa, da opinião de uma testemunha não especialista familiarizada com a caligrafia do autor presumido, da comparação (talvez realizada por um perito) entre o documento e outros escritos inquestionáveis e, em geral, da apreciação das características distintivas de um documento feita pelo tribunal.[102] A prova da custódia é geralmente suficiente para a autenticação dos registros públicos e também para autenticar informações armazenadas em computadores.[103] Todavia, os métodos listados na *Rule 901* são somente ilustrativos, podendo se utilizar outros meios efetivos com o mesmo propósito. Com o objetivo de reduzir a carga da autenticação, a *Rule 902* lista não menos de dez casos de documentos «autoautenticados», isto é, documentos que razoavelmente se presumem autênticos e que não requerem prova complementar.[104] Entre esses casos, há aqueles de documentos públicos nacionais e estrangeiros e as cópias certificadas de registros públicos e documentos comerciais. A presunção de autenticidade de tais documentos baseia-se na relativamente baixa probabilidade de falsificação ou erro, porém tal presunção não pode ser absoluta. A genuinidade de um documento autoautenticado pode ser sempre contestada pela outra parte, devendo ser apreciada pelo julgador.

Um sistema similar, porém muito menos complicado, é adotado na Inglaterra. Para os documentos públicos, a regra é que basta a apresentação das cópias pertinentes como meio de prova.[105] No caso dos documentos privados, deve-se provar que esses foram elaborados adequadamente. A adequada elaboração desse documento pode ser provada por meio de prova testemunhal da redação do documento, pela opinião de uma testemunha familiarizada com a caligrafia do autor ou pela comparação com outros manuscritos incontro-

---

[101] Ver ROTHSTEIN, RAEDER e CRUMP, 2003: 588; MUELLER e KIRKPATRICK, 2003: 1000.

[102] Cfr. GRAHAM, 2003: 531; 2002: 225, 229, 231, 233; GIANNELLI, 2003: 377; FRIEDENTHAL e SINGER, 1985: 241; SALTZBURG, MARTIN e CAPRA, 2002: vol. 5, 901-9, 901-17, 901-26; SALTZBURG e REDDEN, 1977: 640; WEINSTEIN e BERGER, 1975: vol. 5, 901-20, 901-23, 901-29, 901-46.

[103] Ver a regra 901 (b)(7); GRAHAM, 2003: 545; 2002: 238; SALTZBURG, MARTIN e CAPRA, 2002: vol. 5, 901-15; GIANNELLI, 2003: 379; MUELLER e KIRKPATRICK, 2003: 1003, 1015; WEINSTEIN e BERGER, 1975: vol. 5, 901-92.

[104] Ver GRAHAM, 2003: 552; 2002: 243; FRIEDENTHAL e SINGER, 1985: 248; SALTZBURG, MARTIN e CAPRA, 2002: vol. 5, 902-6; LEMPERT, GROSS e LIEBMAN, 2000: 1162; GIANNELLI, 2003: 380; MUELLER e KIRKPATRICK, 2003: 1027; WEINSTEIN e BERGER, 1975: vol. 5, 902-8.

[105] Cfr., por exemplo, o *Civil Evidence Act* de 1995, sec. 8(b); DENNIS, 1999: 372, 377; CROSS e TAPPER, 1990: 690.

versos.[106] Quando necessário atestar, como, por exemplo, em testamentos, esse pode ser realizado por testemunhas. Somente quando as testemunhas não estão disponíveis permite-se usar outras provas do escrito. Algumas presunções foram criadas com o objetivo de aliviar, em alguns casos, a carga de provar a adequada elaboração de um documento escrito; não obstante, a genuinidade de um documento tem que ser provada na maioria dos casos e sempre tem que ser apreciada pelo tribunal.[107]

67. *A autenticidade dos documentos no civil law*. Nos sistemas de *civil law*, a genuinidade e a autenticidade de documentos públicos ou oficiais são geralmente presumidas e podem ser inferidas da sua aparência.[108] Todavia, dispõe-se de diversos instrumentos para o caso de o documento ser duvidoso ou de resultar impugnada sua autenticidade. Os sistemas alemão e austríaco possuem uma abordagem simples: quando existem dúvidas em relação ao documento, o juiz pode, mesmo de ofício, requerer explicações acerca da sua autenticidade ao funcionário ou a quem o tenha redigido ou elaborado.[109] Se essa explicação não for suficiente para dirimir a dúvida, a parte que apresentou o documento tem o ônus de provar que esse é genuíno. Em qualquer caso, a presunção de autenticidade de um documento pode ser superada pela apresentação de provas em contrário pela parte que alega a sua falsidade. Por conseguinte, o problema da confiabilidade do documento resolve-se como qualquer outra questão disputada pelas partes, com base nos elementos de prova por elas apresentados e mediante a apreciação discricionária do tribunal.[110]

A situação é muito mais complicada nos sistemas de *civil law* que seguem o modelo francês. Em tais sistemas, a autenticidade dos documentos públicos e oficiais somente pode ser impugnada através de meios muito formais e mediante procedimentos especiais. A objeção à autenticidade de um documento público é chamada *inscription de faux* na França, *querela di falso* na Itália e *cotejo* na Espanha. Pode ser iniciada como um processo autônomo ou dentro do processo no qual o documento foi apresentado como prova. No primeiro caso, o processo tem por objetivo específico estabelecer por meio de uma sentença final ordinária se o documento é verdadeiro ou falso.[111] No último caso, uma espécie de subprocesso instala-se dentro do processo prin-

---

[106] Ver Dennis, 1999: 378; Cross e Tapper, 1990: 690; Curzón, 1986: 96.

[107] Cfr. Dennis, 1999: 378; Cross e Tapper, 1990: 694; Curzón, 1986: 98.

[108] Ver, por exemplo, o Código Processual Civil alemão, § 437; Baumbach, Lauterbach, Albers e Hartmann, 2003: § 437; Zpo-Komm, 1987: § 437; o Código Processual Civil austríaco, § 310, cap. 1; Fasching, 1990: 497.

[109] Ver o Código Processual Civil alemão, § 437, cap. 2, e o Código Processual Civil austríaco, § 310. Também as referências da nota anterior.

[110] Ver, por exemplo, Murray e Stürner, 2004: 279.

[111] Ver os arts. 303 e 314 do Código Processual Civil francês; Mazeaud, Mazeaud e Chabas, 2000: t. I, vol. 1, 595, 607; Terré, 2003: 487; Vincent e Guinchard, 2003: 806; Cadiet, 2000: 509; o art. 221 do Código Processual Civil italiano; Comoglio, Ferri e Taruffo, 1998: 661;

cipal sobre o mérito da causa. A lei regula detalhadamente esse subprocesso e estabelece a forma da pretensão, o papel e os poderes do tribunal, bem como o papel do promotor público.[112] Dessa forma, o problema da autenticidade de um documento é tratado e decidido como uma pretensão que é objeto de uma causa autônoma e específica.

O problema da autenticidade dos documentos privados é tratado como uma questão distinta e se resolve fundamentalmente com base no comportamento das partes. Quando um escrito privado é apresentado contra seu suposto autor, esse pode decidir o que fazer. Caso reconheça que sua assinatura no documento é autêntica, então esse possuirá o valor probatório reconhecido pelo ordenamento jurídico (ver *supra* § 59). Se a parte silencia, o documento considera-se reconhecido e, portanto, autêntico.[113] Por conseguinte, se a parte em questão quiser evitar tal efeito, deve negar expressamente a autenticidade da assinatura que se lhe atribui.[114] Em tal caso, o documento tem que ser verificado por meio de um procedimento especial em que a parte que o apresentou tem a oportunidade de demonstrar que a assinatura da outra é genuína.[115] Com o propósito de verificá-lo, uma comparação pode ser feita com outros escritos incontroversos, podendo o tribunal requisitar a sua apresentação. Com base em tal comparação e nas demais provas disponíveis, o tribunal decidirá se a assinatura impugnada é genuína.[116]

Comoglio, 2004a: 310; Carpi e Taruffo, 2002: 692. Ver também Kielmanovich, 1996: 320; Hinostroza Mínguez, 2000: 216.

[112] Cfr. O Código Processual Civil francês, arts. 303-305 e 306-309; o Código Processual Civil italiano, arts. 221-225; o Código Processual Civil espanhol, arts. 340, 341, 349 e 350; o Código Modelo Latinoamericano, art. 162.

[113] Ver o Código Processual Civil alemão, § 439; Murray e Stürner, 2004: 279; Baumbach, Lauterbach, Albers e Hartmann, 2003: § 439; Zpo-Komm, 1987: § 439; o Código Processual Civil italiano, art. 215; Comoglio, Ferri e Taruffo, 1998: 669; Comoglio, 2004a: 334; o Código Processual Civil espanhol, art. 326.1; De la Oliva Santos e Díez-Picazo Giménez, 2000: 337.

[114] Ver novamente o Código Processual Civil alemão, § 439, e as referências da nota anterior. Ver, também, o Código Processual Civil austríaco, § 314; Fasching, 1990: 497; o Código Processual Civil francês, art. 287; Vincent e Guinchard, 2003: 799; Cadiet, 2000: 507; o Código Processual Civil italiano, art. 214; Comoglio, 2004a: 335; Carpi e Taruffo, 2002: 679; o Código Modelo Latinoamericano, art. 161; Kielmanovich, 1996: 299, 318.

[115] Por vezes é possível requerer a verificação de um documento em um processo autônomo iniciado por uma das partes que pretende usá-lo posteriormente. Ver o Código Processual Civil francês, art. 296; Vincent e Guinchard, 2003: 802; Cadiet, 2000: 509; o Código Processual Civil italiano, art. 216, § 2.º; Comoglio, Ferri e Taruffo, 1998: 670; Comoglio, 2004a: 335; Carpi e Taruffo, 2002: 687; a *Ley de Enjuiciamiento Civil* espanhola, art. 326.2; Montero Aroca, 2002: 230.

[116] Cfr. O Código Processual Civil alemão, §§ 441 e 442; Murray e Stürner, 2004: 279; Baumbach, Lauterbach, Albers e Hartmann, 2003: §§ 441 e 442; o Código Processual Civil francês, art. 288; Vincent e Guinchard, 2003: 744; o Código Processual Civil italiano, art. 218; Comoglio, 2004a: 340; Carpi e Taruffo, 2002: 690.

Em alguns sistemas é previsto outro mecanismo para garantir a autenticidade da assinatura dos documentos privados: a autenticação oficial da assinatura, que pode ser feita no mesmo momento em que o documento é assinado. Um notário público ou algum outro funcionário autorizado declara que o documento fora firmado na sua presença e por certa pessoa. Esse método tem por objeto assegurar a autenticidade da assinatura, de modo que o valor probatório do documento privado será certo quando o documento for apresentado como meio de prova. Todavia, a declaração oficial sobre a assinatura pode ser impugnada através dos mesmos meios previstos para se desafiarem os documentos públicos.[117]

C. A PROVA INFORMÁTICA

68. *Os computadores como fontes de prova.* Os avanços da informática e da telemática, bem como o uso cotidiano dos computadores em um número crescente de domínios, têm extensos efeitos na experiência jurídica e na sua prática. Alguns desses efeitos relacionam-se às provas no processo civil: cada vez com mais frequência negócios são realizados ou documentados por computadores, e os registros informáticos e as cópias impressas são comumente usados como meios de prova.[118] Assim, dada a natureza singular dos dados armazenados nos computadores, e as importantes diferenças existentes entre tais dados e documentos escritos,[119] a questão é definir se esse tipo peculiar de dados e documentos pode ser admitido como prova judicial, assim como a definição da forma de coleta e apresentação e a determinação do seu valor probatório.

Em alguns casos, não se suscitam problemas relevantes. Quando um computador é usado meramente como um processador de textos, no lugar de uma máquina de escrever, ou quando se usa a cópia impressa como um texto que é pessoalmente assinado pelas partes, o resultado final é um documento ordinário que pode ser apresentado como qualquer outro tipo de prova escrita. Frise-se: quando um computador é usado apenas para reproduzir um documento ou um texto, o resultado é uma cópia que pode ser usada como qualquer outra (ver *supra* § 65).

Problemas importantes surgem, todavia, quando os dados e arquivos informáticos são usados no lugar dos documentos escritos ordinários. Em verdade, a prática atual em todo o mundo é usarem-se os registros computa-

---

[117] Ver, por exemplo, o Código Civil italiano, art. 2.703 e o Código Modelo Latinoamericano, art. 162.1.

[118] Ver GAHTAN, 1999: 1, 137. Para um panorama geral ver, também, HUET e MAISL, 1989: 50, 656, e os ensaios compilados em TRAVAUX DE L'ASSOCIATION HENRI CAPITANT, 1988: 137-236. Cfr., também, VON SPONECK, 1991: 269; FALCÓN, 2003: vol. 1, 894.

[119] Ver GAHTAN, 1999: 7.

dorizados como único suporte em muitas transações. Quando tais negócios precisam ser provados em um processo judicial, podem ser suscitadas diversas questões: os dados podem estar armazenados em locais diferentes, vários *softwares* e bases de dados podem ser utilizados, as informações relevantes podem estar protegidas ou ocultas, dentre outras.[120] Ademais, mesmo quando a prova eletrônica é impressa, os documentos resultantes não são «escritos» na sua tradicional acepção, e, na maioria dos casos, esses não são assinados pelo seu autor. Portanto, o perigo de falsificação, erros e uso indevido ou abuso são especialmente frequentes e relevantes e, em certa medida, ainda desconhecidos. Os vários sistemas jurídicos empenham-se em reagir a essa situação na tentativa de oferecer uma regulação adequada do novo domínio das «provas informáticas».

69. *As provas informáticas no common law.* Nos sistemas de *common law*, o problema das provas informáticas foi abordado principalmente da perspectiva da *hearsay rule* (ver *supra* § 25), que regulamenta o testemunho indireto, uma vez que admitir as provas informáticas significaria admitir o uso de uma fonte de prova que não está sob o controle direto do julgador. Após anos de debates deixou-se de lado a *hearsay rule*, passando-se a considerar admissíveis as provas informáticas. Nos Estados Unidos, essa é uma construção essencialmente dos tribunais: foi criada uma nova exceção à *hearsay rule* ao admitirem-se as provas informáticas, ainda que sua fonte original não possa ser conhecida. Dessa maneira, interpreta-se a *Rule 803(6)*, das *Federal Rules of Evidence*, incluindo as provas eletrônicas entre os «registros» admitidos por via de exceção à *hearsay rule*, bem como a *Rule 803(8)* desse mesmo regramento, que deve incluir os documentos eletrônicos no conceito geral de «registro público».[121] O problema de verificar a confiabilidade das provas informáticas resolve-se, então, exigindo-se a prova de diversas condições, ao menos quando a autenticidade ou confiabilidade dessas for contestada: o equipamento do computador deve ser padrão, o processo precisa ser executado de maneira correta e apropriada e o programa deve ser implementado adequadamente. Em síntese: deve-se provar que todo o maquinário que produziu o documento funcionou correta e apropriadamente.[122]

Na Inglaterra adotou-se uma solução similar através do *Civil Evidence Act* de 1968, que fazia referência a uma ampla definição de «documento», a qual incluía também os arquivos informáticos. A seção 5 ocupava-se espe-

---

[120] Ver, principalmente, GAHTAN, 1999: 31, 39.

[121] Cfr. GRAHAM, 2003: 455, 469; 2002: 241; SALTZBURG, MARTIN e CAPRA, 2002: vol. 4, 803-135; LEMPERT, GROSS e LIEBMAN, 2000: 606, 608; MUELLER e KIRKPATRICK, 2003: 851, 861.

[122] Ver a nova regra 901(b)(9) das *Federal Rules of Evidence*, que se ocupa da autenticação dos registros informáticos; cfr. GRAHAM, 2003: 549; 2002: 241; SALTZBURG, MARTIN e CAPRA, 2002: vol. 5, 901-21; MUELLER e KIRKPATRICK, 2003: 1022; GAHTAN, 1999: 159; WEINSTEIN e BERGER, 1975: vol. 5, 901-106.

cificamente da admissibilidade de documentos produzidos por computador e exigia o cumprimento de várias condições específicas. Posteriormente, todavia, tais disposições foram deixadas de lado,[123] e os documentos informáticos passaram a ser tratados como outro tipo de documento, presumindo-se a sua autenticidade, salvo demonstração em contrário.[124] Mais recentemente, os legisladores ingleses tiveram que se ocupar da regulação dos documentos eletrônicos para acatar a Diretiva n. 93/1999 da União Europeia. Dessa forma, o problema da assinatura eletrônica dos documentos gerados por computador foi regulado pelo *Electronic Communications Act 2000*[125] e pela *Electronic Signatures Regulation 2002.*

Assim, pode-se dizer que ambos os sistemas estabeleceram a admissibilidade das provas informáticas, abandonando regras tradicionais de exclusão; ainda que a credibilidade de tais provas seja verificada exigindo-se que se cumpram condições especiais com relação ao funcionamento e ao uso dos computadores.

70. *Provas informáticas no civil law*. Nos sistemas de *civil law* o problema das provas informáticas é mais complicado devido às regras acerca da forma dos contratos e às características dos documentos escritos. Em muitos negócios, as provas tradicionais são constituídas por documentos escritos públicos ou privados assinados pelas partes ou por seu autor (ver *supra* B). As provas informáticas não se adaptam nesse modelo de prova documental, simplesmente porque os registros computadorizados não são escritos, na acepção tradicional do termo, e porque em muitos o registro não está assinado. Ademais, os meios ordinários usados para verificar a autenticidade dos documentos não se aplicam às provas informáticas (ver *supra* § 67).

Quanto ao fato de que os dados armazenados em um computador não são «escritos» na sua acepção tradicional, a resposta dominante sublinha as analogias possíveis entre provas informáticas e provas documentais, reconhecendo que documentos podem ser criados também por novas tecnologias.[126] Esse ponto é importante porque permite abordar o problema dos contratos que exigem a forma escrita para a validade do negócio, ou ao menos uma prova escrita desse.[127]

---

[123] Ver Dennis, 1999: 385.

[124] Ver *Civil Evidence Act 1995*, sec. (13), que utiliza uma definição ampla de «*document*», incluindo também os documentos gerados por computador; Dennis, 1999: 386.

[125] A seção 7 dessa lei estabelece a validade e a admissibilidade de registros eletrônicos.

[126] Ver, por exemplo, Verde, 1990: 718. Ver, também, Montero Aroca, 2000: 367; Falcón, 2003: vol. 1, 898.

[127] Von Sponeck, 1997: 270, por exemplo, ressalta estas analogias que, entretanto, são questionadas por outros autores; ver, dentre eles, Redeker, 1984: 2394.

Após a diretiva n. 93 emitida pela União Europeia em 13 de dezembro de 1999, diversos países europeus promulgaram leis especificamente relacionadas com as provas informáticas. Por exemplo, na França, a lei 2000-230, promulgada em 13 de março de 2000, baseia-se no princípio da plena equivalência entre as provas informáticas e as provas escritas, sempre que o autor da declaração possa ser identificado facilmente e que o documento eletrônico tenha sido criado e conservado devidamente.[128] Na Itália tem-se promulgado diversas leis nos últimos anos: atualmente, as provas informáticas estão reguladas por uma lei de 15 de fevereiro de 2002. Também nesse caso, a nova regulação segue o princípio básico da equivalência entre as provas informáticas e as provas escritas, com disposições detalhadas acerca das técnicas a serem adotadas para a criação de documentos eletrônicos.[129] Essa solução pode ser satisfatória quando não forem requeridos tipos especiais de provas documentais, uma vez que os documentos informáticos são considerados, em essência, equivalentes aos escritos privados. Todavia, isso não funciona quando o ordenamento jurídico exige documentos especiais, como escrituras oficiais ou públicas.[130]

Outro problema não menos importante diz respeito à assinatura dos documentos. Nos documentos ordinários é comum a exigência de uma assinatura com o propósito de identificar o autor das declarações neles assentadas, estabelecendo-se mecanismos especiais para verificar esse aspecto (ver *supra* § 59). Dessa maneira, dado que os registros informáticos não são assinados, esses não poderiam ser utilizados como prova de transações contratuais. Uma solução prática a essa dificuldade foi dada com a introdução da assinatura eletrônica que, formulada conforme métodos técnicos e jurídicos específicos, é equivalente à sua forma manuscrita.[131] Todavia, permanece sem resposta o problema da admissibilidade como meio de prova dos documentos eletrônicos não assinados.

71. *O valor probatório das provas informáticas*. Quando se admitem os registros informáticos como meios de prova, seu valor probatório precisa ser determinado. Em geral, esse é determinado discricionariamente pelo

---

[128] Outra legislação, a 2001-272, promulgada em 30 de março de 2001, modificou o art. 1.316 do Código Civil francês para incluir a assinatura eletrônica e para admitir o uso dos registros eletrônicos como meios de prova. Ver Leclerq, 2000: 100; Terré, 2003: 501; Mazeau, Mazeaud e Chabas, 2000: t. I, vol. 1, 557, 559, 597.

[129] Ver, principalmente, Graziosi, 2003: 61. Ver, também, Comoglio, 2004a: 384, 395.

[130] Ver, *e. g.*, Verde, 1990: 722.

[131] Ver, por exemplo, a lei italiana acima mencionada, que inclui uma regulação detalhada da «assinatura eletrônica». Ver Graziosi, 2003: 64; Comoglio, 2004a: 392, 395. Ver, também, a lei francesa citada *supra* na nota 128 e o as *Electronic Signatures Regulations 2002* da Inglaterra. Para o caso da Espanha, consulte-se Montón Redondo, 2000: 197 e Montero Aroca, 2002: 371, 375.

julgador[132] e, cumpre ressaltar, um registro informático nunca terá a força vinculante de alguns documentos especiais regulados pela lei.[133] Todavia, em alguns sistemas, um documento escrito tem valor probatório somente quando reúne certas características específicas reguladas pela lei. Dado que é possível que os documentos informáticos não possuam essas características, surge novamente o problema do seu valor probatório. Uma opinião bastante comum é a de que os registros informáticos devam ter o valor probatório limitado atribuído às provas circunstanciais, pois somente estaremos diante de uma prova documental com pleno valor probatório quando o documento corresponder às exigências jurídicas.[134] Algumas vezes se considera que o registro informático é o *commencement* de uma prova escrita que pode justificar a admissão de prova testemunhal;[135] em outras, admite-se o registro informático quando a prova escrita for requerida, porém a parte que devia tê-la produzido não tiver a possibilidade de possuí-lo.[136] Resta claro, entretanto, que essas são apenas algumas situações excepcionais em que se pode utilizar um simples registro informático como meio de prova quando a lei exige a apresentação da prova escrita. Por outro lado, quando um documento informático está assinado pelos meios especiais legalmente estabelecidos resulta equivalente a um documento privado com a firma certificada.[137] Em suma, dizer que o valor probatório das provas informáticas é deixado à valoração discricionária do julgador pode parecer uma forma de evadir-se do problema, e não solucioná-lo.

D. A PROVA PERICIAL

72. *A função da prova pericial.* Juízes e jurados não são oniscientes, e isso é um problema em todos os sistemas probatórios. Essa limitação tem consequências muito diferentes, mas a principal parece ser a de que o julgador pode não possuir o conhecimento técnico ou científico necessário para estabelecer ou avaliar alguns fatos em litígio. Por outro lado, cada vez mais a matéria relacionada ao processo civil envolve questões complexas, cuja solução transcende a cultura comum ou do homem médio, que é o tipo de cultura não jurídica própria de um juiz ou jurado.[138] Quando a cultura do julgador não é adequada para compreender as características técnicas ou científicas específicas dos fatos em litígio é necessário complementá-la. Por conseguinte, todos

---

132 Ver Terré, 2003: 515; Leclerq, 2000: 101; Graziosi, 2003: 63; Comoglio, 2004a: 397; Falcón, 2003: vol. 1, 908.

133 Ver, *e. g.*, Von Sponeck, 1991: 270; Huet e Maisl, 1989: 664, 668.

134 Ver Huet e Maisl, 1989: 664, 670, 690; Redeker, 1984: 2394; Verheyden e Jeanmart, 1991: 407.

135 Ver, por exemplo, Leclerq, 2000: 103.

136 Cfr. Huet e Maisl, 1989: 664.

137 Ver, por exemplo, Graziosi, 2003: 69; Comoglio, 2004a: 397, 399.

138 Segundo Lempert, Gross e Liebman, 2000: 1011, nos tribunais da Califórnia os peritos participaram em 95% dos julgamentos no período 1990-1991.

os sistemas processuais precisam utilizar algumas formas de prova pericial. Isso significa recorrer-se a peritos em várias áreas para oferecer ao julgador toda a informação técnica e científica necessária para decidir o caso.

73. *A prova pericial no common law*. Nos sistemas de *common law*, o mecanismo típico para a apresentação de provas periciais baseia-se na condição de testemunha do perito: daí a noção de «testemunha especialista» (*expert witness*). Em outras palavras, como princípio básico, as provas periciais têm que se apresentar aplicando-se os mesmos mecanismos processuais utilizados para as provas testemunhais. O perito é, pois, interrogado como testemunha, ainda que se trate de uma testemunha muito especial.[139] Na condição de testemunha, nos Estados Unidos o perito é apresentado por uma das partes.[140] Ambas as partes apresentam suas próprias «testemunhas especialistas» com o propósito de oferecer ao tribunal o conhecimento especial necessário para se decidir sobre os fatos da causa. Dessa maneira, as partes decidem se apresentam ou não suas próprias testemunhas, escolhem seus peritos, preparam-nos para o julgamento e os pagam.[141] Cria-se, assim, a figura do perito como «mercenário», a postos para servir à parte que primeiro o convocar.[142]

A necessidade de apresentar testemunhas especialistas é, em geral, definida em termos muito amplos, incluindo, por exemplo, a oportunidade «de entender as provas» e «determinar um fato litigioso».[143] Nos Estados Unidos, o tribunal pode apontar peritos de ofício, escolhendo-os dentre aqueles indicados pelas partes ou selecionando-os de maneira autônoma;[144] poder que, na prática, quase nunca é exercido.[145]

---

[139] Ver a regra 702 das *Federal Rules of Evidence* estadunidenses; GRAHAM, 2003: 314; 2002: 292; SALTZBURG, MARTIN e CAPRA, 2002: vol. 3, 702-7; GIANNELLI, 2003: 295; LEMPERT, GROSS e LIEBMAN, 2000: 1019; ROTHSTEIN, RAEDER e CRUMP, 2003: 312; LILLY, 1987: 483; MUELLER e KIRKPATRICK, 2003: 615; FRECKELTON, 1987: 3, 203. Sobre o sistema inglês, ver ZUCKERMAN, 2003: 616; DENNIS, 1999: 657; CROSS e TAPPER, 1990: 497, 501; CURZON, 1986: 211.

[140] Sobre a apresentação da testemunha perito, consulte-se MALONE e ZWIER, 2000: 85, 143; LUBET, 1998: 51, 79, 95, 111.

[141] Ver MALONE e ZWIER, 2000: 5, 43; LUBET, 1998: 31.

[142] Ver FAIGMAN, KAYE, SAKS, SANDERS e CHENG'S, 2002b: vol. 1, 100. Na Inglaterra, todavia, diz-se que a testemunha perito tem um dever absoluto de assistir o tribunal a alcançar uma decisão justa, e esse dever tem prioridade sobre qualquer outro que se possa ter com o cliente. Ver DENNIS, 1999: 665.

[143] Regra 702 (*supra* nota 137); GRAHAM, 2003: 314; LILLY, 1987: 484; SMITH e WYNNE, 1989: 4.

[144] Cfr. a regra 706; GRAHAM, 2003: 363; 2002: 706; SALTZBURG, MARTIN e CAPRA, 2002: vol. 3, 706-3; GIANNELLI, 2003: 311; MUELLER e KIRKPATRICK, 2003: 648. Na Inglaterra, atualmente, a prática da nomeação conjunta de peritos pelas partes é especialmente favorecida; ver *Civil Procedure Rules*, 35.7; ZUCKERMAN, 2003: 623.

[145] Ver CECIL e WILLGING, 1993: 3, para uma ampla análise da prática estadunidense. Consulte-se, também, LEMPERT, GROSS e LIEBMAN, 2000: 1056; SALTZBURG, MARTIN e CAPRA, 2002: vol. 3, 706-3.

Na Inglaterra, o sistema era muito parecido, mas a prática de os advogados designarem seus próprios peritos foi abandonada, introduzindo-se uma reforma completa em 1999: atualmente, as partes não podem utilizar provas periciais sem a autorização do tribunal e esse possui amplos poderes de controle sobre tais provas. O tribunal determina o número de peritos, as matérias sobre as quais se admitirão as provas periciais e as formas em que essas deverão ser apresentadas. Uma novidade particularmente interessante é a do «perito compartilhado», ainda que pareça apropriado apenas para casos mais simples.[146]

A definição das pessoas que podem ser apresentados como peritos é bastante vaga: o perito é qualificado «*pelo conhecimento, destreza, experiência, treino ou educação*»,[147] ainda que em muitos casos qualificações específicas sejam importantes. O tribunal pode verificar cuidadosamente a qualificação profissional do perito, com o propósito de garantir sua capacidade de oferecer ao tribunal informações técnicas e científicas confiáveis (ver *infra* § 76).

Segundo a *Rule 702* das *Federal Rules of Evidence*, a prova pericial pode se apresentar «*na forma de uma opinião ou de outro modo*». Portanto, o perito pode expressar sua própria opinião acerca dos fatos em litígio, ou pode ser questionado a enunciar alguns conhecimentos ou princípios gerais a partir dos quais o julgador extrairá inferências relevantes sobre os fatos em litígio.[148] O perito expressará sua opinião com base em seu conhecimento pessoal dos fatos relevantes ou, ainda, respondendo a questões hipotéticas lançadas pelo tribunal ou pelas partes.[149] Desse ponto de vista, o traço distintivo mais importante da prova pericial é que ao perito permite-se expressar sua opinião acerca dos fatos em litígio: trata-se de exceção à regra geral de acordo com a qual uma testemunha não pode expressar sua opinião pessoal acerca dos fatos.[150] Todavia, a opinião do perito deve basear-se em fatos que precisam ser provados, além de se sustentar em dados e informações técnicas e científicas confiáveis (ver *infra* § 76). Nas últimas décadas, esse sistema tradicional de apresentação das provas no *common law* tem recebido críticas severas, principalmente nos Estados Unidos. Ainda que diversos aspectos do sistema

---

146 Ver as *Civil Procedure Rules*, 35.4(1); ZUCKERMAN, 2003: 616, 619, 620; ANDREWS, 2003: 739, 743, 744, 754; BLOM e COOPER, 2002: 341. Sobre como era o sistema antes da reforma e os problemas que suscitava, ver ANDREWS, 2003: 704; CROSS e TAPPER, 1990: 496.

147 Ver a regra 702; GRAHAM, 2003: 335; 2002: 294; SALTZBURG, MARTIN e CAPRA, 2002: vol. 3, 702-10; LEMPERT, GROSS e LIEBMAN, 2000: 1025; ROTHSTEIN, RAEDER e CRUMP, 2003: 313; WEINSTEIN e BERGER, 1975, vol. 3, 702-4; MUELLER e KIRKPATRICK, 2003: 616. Sobre critérios similares aplicados na Inglaterra, consulte-se ZUCKERMAN, 2003: 619; DENNIS, 1999: 661.

148 Ver a regra 703 das *Federal Rules of Evidence*; GRAHAM, 2003: 346; 2002: 295; WEINSTEIN e BERGER, 1975, vol. 3, 702-14; MUELLER e KIRKPATRICK, 2003: 612; ZUCKERMAN, 2003: 621.

149 Ver SALTZBURG, MARTIN e CAPRA, 2002: vol. 3, 702-15; LEMPERT e SALTZBURG, 2000: 935; ROTHSTEIN, RAEDER e CRUMP, 2003: 54, 59; GRAHAM, 2002: 296.

150 Ver ZUCKERMAN, 2003: 617; DENNIS, 1999: 657; CROSS e TAPPER, 1990: 493.

sejam criticados, dois desses o são especialmente: a) o fato dos peritos serem escolhidos pelas partes, que tendem a selecionar o perito – e pagá-lo – sempre que esse expresse uma opinião a seu favor; b) o fato de que em muitos casos os peritos não são os mais qualificados: nomeados em um «mercado de peritos» de acordo com a sua disponibilidade de favorecer uma parte ou a outra, de modo que o «conhecimento» que oferecem ao tribunal é parcial, não neutro, não independente e, frequentemente, pouco confiável.[151] Todavia, esse sistema está tão arraigado na prática jurídica estadunidense – tanto por advogados, quanto por juízes – que não é possível prever mudança alguma. De qualquer maneira, a *Rule 702* das *Federal Rules of Evidence* foi emendada no ano 2000 com o propósito de se codificarem os critérios de admissibilidade de provas científicas propostos anteriormente. Dessa maneira, para admitir provas periciais o tribunal deve determinar que o perito baseie-se em fatos ou dados suficientes, que utilize métodos e princípios confiáveis e que esses se apliquem corretamente aos fatos da causa.[152]

Em certa medida, a situação era similar na Inglaterra, com peritos que «tendiam a atuar mais como defensores da parte contratante do que testemunhas independentes cujo dever era auxiliar o tribunal na determinação da verdade».[153] Todavia, em 1999, reformou-se o sistema drasticamente; agora, o perito tem uma obrigação fundamental de proceder com veracidade, imparcialidade e transparência perante o tribunal.[154]

74. *A prova pericial no civil law*. Nos sistemas de *civil law*, o perito não é uma testemunha, e a prova pericial não tem nada em comum com a prova testemunhal. A figura do perito é claramente distinta da figura da testemunha. A testemunha oferece ao tribunal seu conhecimento pessoal de específicos fatos relevantes, enquanto o perito municia o tribunal com dados ou informações técnicas ou científicas gerais de que esse necessita para apreciar os fatos em litígio.[155] Todavia, o perito pode também expressar suas opiniões e avaliações de fatos específicos, bem como tomar conhecimento pessoal de alguns fatos, ou, ainda, determinar alguns fatos relevantes.[156] Não obstante, a

---

[151] Ver, principalmente, Graham, 2002: 336; Lempert, Gross e Liebman, 2000: 1054; Faigman, Kaye, Saks, Sanders e Cheng's, 2002b: vol. 1, 93, 103; Gross, 1991: 1123.

[152] Cfr. Saltzburg, Martin e Capra, 2002: vol. 3, 702-48; Graham, 2003: 341; Rothstein, Raeder e Crump, 2003: 353.

[153] Ver Zuckerman, 2003: 616.

[154] Ver as *Civil Procedure Rules*, 35.3; Andrews, 2003: 748; Zuckerman, 2003: 629.

[155] Ver, por exemplo, Murray e Stürner, 2004: 280; Musielak e Stadler, 1984: 56; Arens e Lüke, 1992: 221; Jauernig, 1991: 196; Schlosser, 1983: 273; Baumbach, Lauterbach, Albers e Hartmann, 2003: § 402, n. 1-5; o art. 335 do Código Processual Civil espanhol; De la Oliva Santos e Díez-Picazo Giménez, 2000: 351; Montero Aroca, 2002: 241; Kielmanovich, 1996: 439; Hinostroza Mínguez, 2000: 227; Falcón, 2003: vol. 2, 4.

[156] A situação é diversa quando o perito inteirou-se de algum fato da causa por sua experiência profissional. Nesse caso, também no *civil law*, o perito pode ser ouvido como testemunha;

função principal do perito é oferecer ao tribunal conhecimento especializado a ser utilizado no seu veredicto acerca dos fatos em litígio.[157]

Assim sendo, o princípio mais importante é o da neutralidade do perito. O perito é um assistente do tribunal cuja função consiste justamente em supri-lo com a informação especializada de que necessita, em termos objetivos, independentes e imparciais. Por conseguinte, ao tribunal cabe a escolha do perito, e disposições específicas têm por objeto garantir sua neutralidade e credibilidade.[158] A tarefa do perito pode incluir várias atividades: pode suprir o tribunal com princípios ou informações abstratos, ou ainda com uma avaliação de fatos específicos da causa. O perito pode, inclusive, cooperar com o tribunal para determinar alguns fatos quando a esse não é possível determiná-los isoladamente.[159]

75. *Apresentação das provas periciais*. Nos sistemas de *civil law* há certos princípios comuns relativos à apresentação das provas periciais, porém existem algumas diferenças nos mecanismos processuais utilizados para tanto. Na Alemanha, a regra básica é que as provas periciais apresentam-se de acordo com as disposições relativas à apresentação das provas testemunhais.[160] Todavia, o tribunal pode escolher entre interrogar o perito oralmente ou requerer-lhe um laudo escrito, que ele elaborará de acordo com o requerido pelo tribunal.[161] O tribunal conduz a atividade dos peritos, oferecendo-lhes as

---

ver o Código Processual Civil alemão, § 414; Murray e Stürner, 2004: 282; Baumbach, Lauterbach, Albers e Hartmann, 2003: § 414, n. 2; Zpo-Komm, 1987: § 414; Schlosser, 1983: 274; Arens e Lüke, 1992: 216; Jauernig, 1991: 197. O Código Processual Civil espanhol, em seu art. 370.4 admite a testemunha perito; ver De la Oliva Santos e Díez-Picazo Giménez, 2000: 354; Montero Aroca, 2002: 263. No caso da Argentina, ver Falcón, 2003: vol. 2, 17. Esse tipo especial de testemunho pode existir ainda quando não especificamente previsto; ver Denti, 1983: 310.

[157] Cfr. Jauernig, 1991: 196; Arens e Lüke, 1992: 221; Fasching: 1990: 516; 1959-1974: vol. 3, 466; Montero Aroca, 2000: 242, 251; Font Serra, 2000: 70; Ramos Méndez, 1990: vol. 1, 625; Silva Melero, 1963-1964: vol. 1, 273; Kielmanovich, 1996: 448; Falcón, 2003: vol. 2, 20.

[158] Ver, por exemplo, o Código Processual Civil italiano, arts. 61 e 191-193; Comoglio, Ferri e Taruffo, 1998: 679; Comoglio, 2004a: 639; Carpi e Taruffo, 2002: 186, 628; Vellani, 1988: 526; o Código Processual Civil francês, art. 232; Vincent e Guinchard, 2003: 790; o Código Processual Civil alemão, §§ 404 e 406; Murray e Stürner, 2004: 281; Baumbach, Lauterbach, Albers e Hartmann, 2003: §§ 404 e 406; Zpo-Komm, 1987: § 404, n. 1-9; § 406, n. 1-13; o Código Processual Civil austríaco, §§ 183 e 351; Fasching, 1990: 517; o Código Processual Civil espanhol, arts. 125-128; Montero Aroca, 2000: 247, 249; para o caso da Argentina, consulte-se Falcón, 2003: vol. 2, 46.

[159] Ver Murray e Stürner, 2004: 282; Arens e Lüke, 1992: 221; Fasching, 1990: 519; Font Serra, 2000: 90; Montero Aroca, 2002: 243.

[160] Ver o Código Processual Civil alemão, § 402; Baumbach, Lauterbach, Albers e Hartmann, 2003: § 402, n. 1-2; Zpo-Komm, 1987: § 402, n. 1; Arens e Lüke, 1992: 222.

[161] Ver o Código Processual Civil alemão, §§ 404.a) e 411; Murray e Stürner, 2004: 280, 282, 287; Baumbach, Lauterbach, Albers e Hartmann, 2003: §§ 404.a) e 411.

diretrizes necessárias.[162] O perito pode retirar-se do caso pelas mesmas razões que justificam a retirada do juiz, bem como negar-se a atuar pelas mesmas razões que justificam a negativa de uma testemunha; finalmente, pode ser desclassificado pelas partes.[163] Se o perito aceita a nomeação, ele tem a obrigação de realizar sua tarefa com rapidez e pessoalmente, sob a direção do tribunal.[164]

Em outros sistemas de *civil law* não há qualquer similaridade entre o perito e a testemunha. O perito é simplesmente um assistente do tribunal e sua função é regulada somente nesse sentido. Por conseguinte, os mecanismos processuais relativos à apresentação das provas periciais não têm qualquer conexão com a prova testemunhal. Um modelo desse tipo de sistema é o Código Processual Civil francês, que inclui uma regulação ampla e muito articulada das provas periciais.[165] A regra geral, disposta no art. 232 daquele diploma, estabelece que o tribunal pode nomear qualquer pessoa com o propósito de ajudar a resolver problemas relacionados com os fatos em litígio.[166] Essa pessoa pode ser impugnada pelas mesmas razões que pode o juiz, bem como pode retirar-se pelo mesmo fundamento.[167] O perito, por sua vez, é obrigado a desempenhar sua tarefa pessoalmente e com objetividade e imparcialidade,[168] sob a direção e o controle do juiz.[169] O perito pode emitir sua opinião sobre qualquer matéria sempre que requerido e pode coletar toda informação e obter qualquer documento de que possa precisar.[170] O Código Processual Civil francês distingue e regula detalhadamente várias formas de provas periciais: a) o tribunal pode requerer ao perito que faça as chamadas *constatations*, isto é, que determine e verifique algo.[171] Nesse caso, o perito descreverá somente a

---

162 Ver o Código Processual Civil alemão, §§ 404.a); Murray e Stürner, 2004: 283.

163 Cfr. o Código Processual Civil alemão, §§ 406 e 408; Baumbach, Lauterbach, Albers e Hartmann, 2003: § 406, n. 3-27; § 408.

164 Ver o Código Processual Civil alemão, §§ 407.a); Murray e Stürner, 2004: 284.

165 Arts. 232-284. Sobre a reforma das provas periciais na França, ver Blanc, 1974: 75.

166 Na Itália, o perito deve ser nomeado dentre os que figuram em listas especiais organizadas por matéria, mas o tribunal também pode fazer de maneira diversa. Ver o Código Processual Civil italiano, art. 61; Vellani, 1988: 530; Comoglio, Ferri e Taruffo, 1998: 680; Comoglio, 2004a: 656; Carpi e Taruffo, 2002: 186. O sistema francês é similar; cfr. Bourgeois, Julien e Zavaro, 1999: 37, 93.

167 Ver o Código Processual Civil francês, art. 234; Vincent e Guinchard, 2003: 843. Para disposições similares, cfr. o Código Processual Civil italiano, arts. 63 e 192; Vellani, 1988: 530; Comoglio, 2004a: 658; Carpi e Taruffo, 2002: 195, 631.

168 Ver o Código Processual Civil francês, arts. 233 e 237; Bourgeois, Julien e Zavaro, 1999: 164, 51; Vincent e Guinchard, 2003: 844. Sobre o sistema italiano, ver Comoglio, 2004a: 659.

169 Ver o Código Processual Civil francês, arts. 236, 239, 241 e 245.

170 Cfr. os arts. 238 e 242-244 do Código Processual Civil francês. Segundo o Código Processual Civil italiano, art. 194, o perito pode receber autorização para coletar informações das partes e de terceiros, bem como para fazer experimentos.

171 Ver os arts. 232 e 249; Vincent e Guinchard, 2003: 846; Cadiet, 2000: 531. Uma regulação similar pode ser vista no Código Processual Civil italiano, arts. 62 e 194. Segundo o art. 260

situação fática, sem expressar qualquer opinião;[172] b) quando há um problema técnico, mas não se requer uma pesquisa complexa, o juiz pode requerer ao perito uma *consultation*, isto é, uma opinião dada oralmente ou por escrito;[173] c) quando não há outros meios disponíveis, o tribunal pode pedir ao perito que elabore um laudo pericial. Nesse caso, o perito é formalmente nomeado, prazos são fixados e o juiz determina as questões que o perito deverá responder. O perito pode realizar todas as investigações e experimentos de que necessitar, atuando sozinho ou com o juiz: esse resolverá qualquer problema que surgir durante as atividades do perito.[174] As partes também têm o direito de participar nas atividades através de seus próprios peritos, e suas observações devem ser consideradas pelo perito judicial.[175] O resultado da *expertise* é um relato que contém a opinião do perito e as respostas às questões formuladas pelo tribunal, podendo ser emitido oralmente ou por escrito.[176]

A recente *Ley de Enjuiciamiento Civil* espanhola, por outro lado, adotou um sistema interessante. Dispõe sobre duas formas principais de provas periciais: uma ordinária, apresentada pelas partes, e outra na qual um perito é nomeado pelo tribunal, possivelmente seguindo as sugestões das próprias partes.[177]

76. *Características gerais das provas periciais.* Ainda que os mecanismos processuais para a apresentação das provas periciais sejam em certa medida diferentes, há certos princípios gerais que são comuns a todos os sistemas, pois tratam fundamentalmente dos mesmos problemas. Um ponto comum é o campo de aplicação das provas periciais, que tende a ser muito amplo, incluindo, por exemplo, conhecimento e informações gerais, regras e princípios científicos e técnicos, valoração de fatos, pesquisas e experimentos, inspeções e descobrimento de fatos, entre outros. Por conseguinte, a relação entre o tribunal e o perito pode mudar de um caso a outro; a tendência geral é, todavia, que a prova pericial seja flexível e versátil, uma vez que a necessidade

---

desse Código, o juiz pode ordenar que o perito realize inspeções corporais.

[172] Ver o Código Processual Civil francês, art. 249.2.

[173] Cfr. o art. 256 do Código Processual Civil francês; Vincent e Guinchard, 2003: 848. Um mecanismo similar é estabelecido pelo Código italiano em seus arts. 62, 194 e 197, de acordo com os quais, o juiz pode ordenar que perito esteja presente nas audiências, bem como quando o tribunal reúne-se a portas fechadas para deliberar sobre o caso; ver Vellani, 1988: 531.

[174] Ver Comoglio, 2004a: 672; Vincent e Guinchard, 2003: 845.

[175] Cfr. Comoglio, 2004a: 669.

[176] Ver, por exemplo, o Código Processual Civil francês, arts. 160, 161, 264-273, 276, 278, 279, 282 e 283, para a regulação detalhada de todos estes aspectos. Cfr. Bourgeois, Julien e Zavaro, 1999: 115, 135; Vincent e Guinchard, 2003: 848, 855; Cadiet, 2000: 540.

[177] Cfr. o Código Processual Civil espanhol, arts. 335 e 339; De la Oliva Santos e Díez-Picazo Giménez, 2000: 358, 361; Montero Aroca, 2002: 269, 273; Font Serra, 2000: 71, 75, 79, 81, 83.

de conhecimento científico e técnico pode surgir em uma grande variedade de situações.

Outra orientação geral é que as garantias do devido processo legal, também no contexto das provas periciais, devem ser asseguradas. Isso é óbvio nos sistemas de *common law*, uma vez que os peritos são interrogados como testemunhas pelos advogados das partes. Pode parecer menos óbvio, todavia, nos sistemas de *civil law*, pois o perito é uma espécie de funcionário do tribunal, não possuindo, geralmente, qualquer obrigação especial para com as partes. Todavia, a tendência atual aponta no sentido de se assegurar às partes uma oportunidade efetiva de participar nas atividades do perito.[178] Outro princípio comum é o da não vinculação do julgador ao resultado das provas periciais, por mais persuasivas que sejam: com efeito, a prova pericial é sempre apreciada discricionariamente pelo tribunal. O tribunal verifica a plausibilidade e a credibilidade do laudo pericial e faz uma valoração livre dos dados e informações nele contidos.[179] Todavia, isso faz sentido apenas em teoria; na prática, geralmente juízes e jurados não possuem o treinamento técnico e científico que seria necessário para verificar de maneira efetiva o trabalho do perito.[180] Por isso, a livre apreciação das provas periciais por parte do tribunal pode não ser mais do que ficção, uma vez que esse pode estar condicionado por uma «deferência epistêmica» ao perito.[181] Dessa forma, pode o conteúdo final do julgamento ser definido, de fato, pelo perito.[182]

77. *As provas científicas.* Todos esses problemas são amplificados quando a atenção é centrada especificamente na prova científica. Tradicionalmente, o uso de dados e informações científicas para decidir sobre os fatos em litígio não representava um problema especialmente relevante, dado que tais dados e informações eram oriundas de especialistas. Por esse ponto de vista, a situação não mudou, porém o fenômeno das provas científicas está passando por uma espécie de explosão nas últimas décadas, que suscita diversos novos problemas e aumenta a importância dos antigos. Em verdade, a frequência com que se recorre à ciência para a realização da prova dos fatos de um caso está crescendo em todos os sistemas processuais e, em alguns casos, os procedimentos ordinários parecem ser inadequados para acompanhar esse desen-

---

178 Ver, principalmente, Denti, 1983: 297; Comoglio, 2004a: 669; Vincent e Guinchard, 2003: 853; Cadiet, 2000: 534.

179 Consulte-se, principalmente, Marburger, 1986. Ver, também, Murray e Stürner, 2004: 289; Arens e Lüke, 1992: 224; Jauernig, 1991: 198; Fasching, 1990: 521; Vellani, 1988: 537; Comoglio, 2004a: 681; Vincent e Guinchard, 2003: 845; Cadiet, 2000: 532; Montero Aroca, 2002: 278; Ramos Méndez, 1990: vol. 1, 634.

180 Para uma análise ampla do problema, ver Brewer, 1998: 1535.

181 Cfr. Brewer, 1998: 1550, 1559, 1162.

182 Ver, por exemplo, sobre a experiência alemã, Murray e Stürner, 2004: 290.

volvimento.[183] Em consequência, nas últimas décadas desenvolveu-se uma ampla bibliografia sobre a matéria, especialmente nos Estados Unidos.[184]

Dentre os muitos problemas relativos à prova científica, um dos mais complexos é a determinação de «qual ciência» merece ser admitida e utilizada nos processos judiciais. Ainda que seja um problema complexo, que aqui não pode ser examinado em todas as suas peculiaridades, cumpre ressaltar brevemente alguns de seus aspectos mais relevantes.[185]

Um desses aspectos é o de que a tradicional ideia da ciência como fonte de prova judicial mudou. Tradicionalmente, de fato, o uso probatório da ciência consistia essencialmente em provas periciais nos campos da medicina, química, engenharia e, às vezes, física e matemática. Em suma, apenas um número limitado de ciências «rígidas» era relevante. Todo o resto, salvo algumas matérias «técnicas», como mecânica e construção, era relegado ao senso comum ou à cultura média do julgador. O panorama das ciências que podem oferecer provas judiciais é, atualmente, completamente diferente. De uma parte, as tradicionais ciências rígidas tornaram-se cada vez mais sofisticadas e especializadas: falamos agora de genética, bioquímica, epidemiologia, toxicologia, entre outras. Por outro lado, as chamadas ciências «flexíveis» ou «sociais», como a psicologia, a psiquiatria, economia, sociologia, são agora consideradas como possíveis fontes de prova no processo civil.[186] Isso significa que a amplitude das provas periciais é agora muito maior do que foi no passado: novos peritos estão no mercado e o problema de se verificar a credibilidade das provas periciais tornou-se muito mais complicado. Por conseguinte, os domínios que são cobertos por algum tipo de ciência são atualmente muito mais amplos do que no passado, e as áreas nas quais o julgador pode decidir de maneira apropriada com fundamento somente na sua própria cultura ou no senso comum tornaram-se relativamente mais reduzidas.[187]

Outro aspecto muito importante diz respeito à qualidade e à credibilidade dos dados e informações científicos apresentados como meio de prova. A distinção básica trava-se entre «boa» ciência e «má» ciência, ou *junk science*.[188]

---

183 Ver, por exemplo, Schwarzer e Cecil, 2000: 41.

184 Cfr., em geral, Faigman, Kaye, Saks, Sanders e Cheng`s, 2002a; 2002b; Giannelli e Imwinkelried, 1993. Para uma primeira abordagem aos problemas relacionados com o uso das provas científicas, ver Saks e van Duizend, 1983.

185 Ver um panorama geral em Goodstein, 2000: 68.

186 Ver Treadway, Johnson, Krafka e Cecil, 2000: 2,3; Faigman, Kaye, Saks, Sanders e Cheng`s, 2002a: vol. 1, 331; vol. 2, 1, 73, 103, 144; vol. 3, 55, 111; 2002b: vol. 2, 1, 171, 308, 423; Giannelli e Imwinkelried, 1993: 427; Monahan e Walker, 1990: 83, 279; Taruffo, 1996: 230. Sobre a admissibilidade das provas científicas «soft», ver, também, Lederman, 2000: 232.

187 Ver Taruffo, 2002: 121, para uma análise mais ampla destes temas. Consulte-se, também, os ensaios compilados em Comandé e Ponzanelli, 2004.

188 Ver, sobretudo, Huber, 1991; 1990: 276; Foster e Huber, 1999: 17.

O problema surge porque, na experiência prática do uso de provas científicas, há centenas de casos de erros, mal-entendidos, uso de dados falsos ou pouco confiáveis se passando por cientificamente corretos. Por outro lado, o domínio das ciências inclui também uma quantidade de métodos ou técnicas que, na verdade, carecem de validade científica e, portanto, não devem ser considerados fontes de prova confiáveis. A lista de tais «ciências não científicas» ou «pseudociências» é bem longa e inclui também métodos comumente aceitos, como a grafologia, a análise de impressões digitais e o uso de máquinas da verdade.[189] Mesmo testes científicos que foram considerados absolutamente confiáveis, como, por exemplo, o teste de DNA, estão agora sob cuidadoso escrutínio, podendo sua validade ser impugnada.[190]

Nas últimas décadas, esse conjunto de problemas sofreu uma grande explosão, sobretudo nos Estados Unidos, como efeito de vários casos nos quais se sublinhou com agudeza o problema da credibilidade das provas científicas, a partir do famoso *Agent Orange Case*[191] até milhares de *asbestos cases* e dúzias de *Bendectin cases.*[192] Esses e outros processos, mormente na área dos chamados *mass toxic torts*, deixaram claro que o uso de provas científicas é um aspecto do processo civil extremamente complexo e delicado: os dados científicos podem ser pouco confiáveis ou insuficientes para respaldar uma conclusão sobre os fatos em litígio, as provas periciais podem ser equivocadas ou confusas, o perito pode não ser neutro e não ter credibilidade,[193] jurados e juízes podem ser enganados na avaliação da prova científica, os testes científicos podem ser realizados de maneira imprópria, e assim sucessivamente.

Em uma situação tão complexa, a decisão proferida no *Daubert case*, em 1993, pela Suprema Corte dos Estados Unidos marcou um momento decisivo.[194] No caso *Daubert*, a Corte levou a cabo uma tentativa muito interessante de estabelecer alguns critérios que o juiz deveria aplicar, como um «filtro» que faz uma seleção preliminar das provas científicas com o objetivo de admitir somente aquelas baseadas em ciência «válida». Tais critérios são: a) a verificabilidade e a possibilidade de ser falsa a teoria ou a técnica aplicada;

---

[189] Em verdade, são várias as «ciências forenses» que não podem ser consideradas verdadeiras ciências de acordo com os *standards* geralmente aceitos. Ver Faigman, 1999: 70, 86; Faigman, Kaye, Saks, Sanders e Cheng`s, 2002b: vol. 1, 49, 95; vol. 2, 580; vol. 3, 113, 555; 2002a: 346, 400; Giannelli e Imwinkelried, 1993: vol. 1, 363, 737.

[190] Ver, por exemplo, Kaye e Sensabaugh, 2000: 488; Committee on DNA Technology in Forensic Science, 1992: 22, 44, 74; Faigman, Kaye, Saks, Sanders e Cheng`s, 2002b: vol. 3, 697; 2002a: vol. 2, 207; Taruffo, 1996: 225.

[191] Ver, entre a extensa bibliografia relativa a este caso, Schuck, 1986.

[192] Igualmente sobre estes casos há extensa bibliografia. Ver, por exemplo, Sanders, 1998; Taruffo, 1996: 223, 225, 233.

[193] Em tais casos, com o propósito de garantir a neutralidade e a imparcialidade dos peritos, propõe-se o uso de comissões neutras de peritos; consulte-se, por exemplo, Hooper, Cecil e Willging, 2001.

[194] Ver *Daubert vs. Merrell Dow Pharmaceuticals, Inc.*, 113, S.Ct. 2786 (1993).

b) o conhecimento da *ratio* de erro real ou potencial; c) a publicação de dados em revistas científicas com *peer-review*; d) a aceitação geral de tais dados por parte da comunidade científica relevante. Ademais, a Corte enfatizou que as provas científicas somente deveriam ser admitidas quando «ajustadas» aos fatos em litígio, isto é, quando as provas forem especificamente relevantes para a decisão sobre esses fatos. Esses critérios impostos pela Suprema Corte no caso *Daubert* foram discutidos, criticados e interpretados em centenas de ensaios.[195] Todavia, o entendimento adotado no caso *Daubert* foi confirmado por outras decisões da Suprema Corte,[196] dando origem, finalmente, à emenda anteriormente mencionada à *Rule 702* das *Federal Rules of Evidence*.

Não vale a pena analisar aqui os detalhes dessa discussão, ainda que seja extremamente interessante para o problema geral do uso da ciência como meio de prova em contextos judiciais. Todavia, cumpre ressaltar que os problemas enfrentados no caso *Daubert* são extremamente importantes, correntemente, em todos os sistemas processuais. Os critérios específicos formulados nesse caso podem ser criticados de diversas maneiras, porém não há dúvida de que representem uma significativa tentativa de encarar seriamente a questão relativa à validade, à credibilidade e ao uso correto da ciência como fonte de prova. Em verdade, «o caso *Daubert* exorta os cientistas a fazerem boa ciência e espera deles que sejam, em primeiro lugar, cientistas e, em segundo, peritos (e advogados)».[197] Enquanto na perspectiva do caso *Daubert* o problema foi abordado em termos da admissibilidade das provas periciais, uma vez que no sistema americano o problema é fundamentalmente da seleção das provas que podem ou não ser apresentadas, nos outros sistemas processuais a questão da prova científica possui ainda outro aspecto: como foi mencionado, um dos problemas mais relevantes que permeiam as provas periciais é a valoração, por parte do juiz, dos resultados do trabalho do perito. Em verdade, nos sistemas de *civil law*, esse é o verdadeiro momento em que a validade científica das provas técnicas é avaliada pelo juiz. Desse ponto de vista, dizer que a valoração do perito e das provas científicas é deixada à discricionariedade do juiz parece uma solução muito pobre. Ante problemas como os que caracterizam atualmente o uso da ciência como meio de prova,

---

[195] É impossível oferecer, aqui, uma bibliografia completa com relação ao caso *Daubert* e os problemas que esse suscitou. Para uma análise desses problemas, assim como referências adicionais, ver, por exemplo, Foster e Huber, 1999: 23, 37, 69, 111, 163; Sanders, 1998: 153, 194, 210; Taruffo, 1996: 237.

[196] Cfr. Graham, 2003: 331; 2000: 317; Rothstein, Raeder e Crump, 2003: 345, 350; Faigman, Kaye, Saks, Sanders e Cheng's, 2002b: vol. 1, 38; 2002a: vol. 1, 69. Para uma perspectiva diferente do caso *Daubert*, ver, entre outros, Candill e Larue, 2003; Gatowski, 2001: 433.

[197] Ver Faigman, Kaye, Saks, Sanders e Cheng's, 2002b: vol. 1, 53. Em verdade, o caso *Daubert* influenciou na prática dos tribunais federais, já que os juízes são agora mais cuidadosos ao verificar a admissibilidade das provas periciais. Cfr. Treadway, Johnson, Krafka e Cecil, 2000: 4.

com todos os perigos do uso indevido de métodos científicos e da *junk science*, não é suficiente confiar somente na «livre valoração» do tribunal para garantir que a boa ciência seja utilizada validamente e interpretada corretamente como base para a decisão dos fatos em litígio. O que se requer para que as provas científicas válidas ofereçam fundamentos racionais à decisão sobre os fatos é uma análise judicial profunda e clara sobre elas, de acordo com modelos confiáveis de avaliação.

78. *As provas estatísticas*. No âmbito das provas científicas, um tema peculiar é o do uso de estatísticas como elementos de prova. Em verdade, as provas estatísticas têm adquirido cada vez mais importância nas últimas décadas, encontrando-se uma extensa bibliografia que discute os principais problemas envolvidos no valor probatório dos dados estatísticos.[198] Tais dados são usados principalmente em processos de discriminação[199] e *mass torts*,[200] mas as provas estatísticas podem ser úteis em uma ampla gama de casos. Todavia, surgem problemas relevantes relativamente ao uso apropriado das estatísticas como meio de prova. Alguns desses problemas relacionam-se ao fato de que a utilização apropriada das estatísticas é uma tarefa muito complexa e delicada, na qual erros e mal-entendidos são muito frequentes.[201] Outra questão é se as chamadas «estatísticas puras» podem ser usadas para provar a existência de um fato específico. Apesar de alguns argumentos aduzidos a favor do uso probatório das estatísticas puras,[202] a opinião amplamente dominante é no sentido de que estatísticas não podem oferecer um suporte probatório válido a um enunciado sobre um fato específico, posto que somente podem determinar a frequência relativa de classes de eventos.[203] É claro que isso não significa que estatísticas não possam ou não devam ser usadas como prova: significa que, em geral, essas não são suficientes *per se* para que se estabeleça a probabilidade da ocorrência de um fato específico. Por outro lado, se o «fato» a ser provado é somente a frequência relativa de duas classes de eventos, estatísticas podem ser a prova adequada de tal fato. Se, todavia, o objetivo for demonstrar uma

---

198 Ver, *e. g.*, Frosini, 2002 *passim*; Kaye e Freedman, 2000b: 83; Rubinfeld, 2000: 179; Giannelli e Imwinkelried, 1999: vol. 1, 655; Faigman, Kaye, Saks, Sanders e Cheng`s, 2002b: vol. 1, 150; 2002a: vol. 1, 155; Gastwirth, 2000; Fienberg, 1989; Finkelstein e Levin, 1990; Finkelstein, 1978; Wehmhoefer, 1985.

199 Ver, por exemplo, Saltzburg, Martin e Capra, 2002: vol. 3, 702-237; Gastwirth, 2000: 227; Faigman, Kaye, Saks, Sanders e Cheng`s, 2002b: vol. 1, 153; Rubinfeld, 2000: 182; Paetzold e Willborn, 1994; Kaye e Aickin, 1986.

200 Ver, *e. g.*, Frosini, 2002: 37; Taruffo, 1992a: 126; Giussani, 1989: 1033.

201 Cfr., em geral, Frosini, 2002: 17, 55, 65, 86, 98, 129. Ver, também, Faigman, Kaye, Saks, Sanders e Cheng`s, 2002b: vol. 1, 159, 182, 198.

202 Ver, entre outros, Shaviro, 1989: 530; Koehler e Shaviro, 1990: 247. Para uma discussão recente acerca do problema e argumentos a favor do uso probatório direto das estatísticas, ver Schauer, 2003: 94.

203 Para uma análise deste problema, ver Frosini, 2002: 11, 65, 73, 79. Ver, também, Giannelli e Imwinkelried, 1999: vol. 1, 731; Taruffo, 1992a: 198.

conexão causal específica entre dois eventos, as coisas complicar-se-ão muito mais. Esse é o caso das estatísticas epidemiológicas que são usadas como prova nos casos de *mass torts*: se o fato a ser provado é somente uma «correlação» entre classes de eventos – como quando o fato principal é o aumento do grau de risco – estatísticas epidemiológicas podem ser provas suficientes; em alguns outros casos também pode haver prova suficiente para se estabelecer uma conexão de «causalidade geral» entre duas classes de eventos. Todavia, quase nunca logram demonstrar a causalidade individual em um caso específico.[204] Portanto, pode-se afirmar que não há bons argumentos contra o uso de provas estatísticas quando essas são diretamente relevantes aos fatos em litígio; porém deve-se ressaltar que fazer o uso correto de tais provas pode ser extremamente difícil e arriscado. Estabelecer a relevância dos dados estatísticos em um caso particular e determinar o valor probatório de tais dados para se provar um fato específico requer cautela e um treinamento especial no uso do cálculo próprio.

E. PROVAS REAIS E CIRCUNSTANCIAIS

79. *Provas reais ou demonstrativas*. Sob o rótulo de provas «reais» ou «demonstrativas» agrupam-se muitos tipos de provas. O traço comum dessa diversidade de elementos probatórios é que se trata de eventos, comportamentos, situações, objetos ou ocorrências que são ou podem ser diretamente percebidos pelo julgador.[205] Em alguns sistemas, a característica mais relevante é que aquilo que se percebe tem uma função probatória, como é posto em evidência pelo uso de palavras como «real» (isto é, algo que existe empiricamente) e «demonstrativo» (isto é, aquilo que pode mostrar algo relevante). Em outros sistemas, confere-se especial ênfase à percepção do julgador. Assim, por exemplo, o termo *Augenscheinsbeweis* na Alemanha e na Áustria, o termo *ispezione* na Itália, a expressão *vérifications personnelles du juge* na França e o termo *reconocimiento* na Espanha, definem claramente a natureza desse tipo de prova, baseada na percepção direta do juiz.

Cumpre ressaltar, todavia, que a definição geral de «prova real» é interpretada de forma muito ampla. O que é percebido pelo juiz pode ser qualquer objeto sujeito à percepção direta: um objeto material móvel (um automóvel, uma pintura), um terreno ou um edifício, um estado material de fato, um comportamento e inclusive, o corpo de uma pessoa.[206]

---

[204] Para um panorama geral sobre estes problemas, ver, por exemplo, GREEN e FREEDMAN GORDIS, 2000: 374, 381; LOUE, 2000: 263; FAIGMAN, KAYE, SAKS, SANDERS e CHENG`S, 2002b: vol. 1, 286, 299, 307, 321; GIANNELLI e IMWINKELRIED, 1999: vol. 1, 703.

[205] Ver, em geral, RYCHLAK, 1995. Ver, também, GRAHAM, 2002: 406; MUELLER e KIRKPATRICK, 2003: 1049; LEMPERT e SALTZBURG, 1982: 1043; DENNIS, 1999: 379; CROSS e TAPPER, 1990: 45.

[206] Ver MURRAY e STÜRNER, 2004: 270; MUSIELAK, 1991: 234; JAUERNIG, 1991: 190; ARENS e LÜKE, 1992: 213; FASCHING, 1990: 524; CROSS e TAPPER, 1990: 45; FRIEDENTHAL e SINGER, 1985:

Dois tipos de provas reais merecem especial atenção em razão das suas características distintivas. Um desses tipos inclui todas as coisas que têm tipicamente natureza «demonstrativa» e cuja função própria é mostrar, demonstrar, expressar ou representar um fato. Essa função é característica das gravações em fitas de áudio e vídeo, dos filmes, dos raios-X, das fotografias e de qualquer outra classe de reprodução feita através de qualquer meio técnico.[207]

O mesmo aplica-se aos dados computadorizados[208] e aos objetos como mapas, diagramas e duplicatas.[209] O caráter especial desse material é claro: são objetos materiais que desempenham a função de reproduzir ou representar uma coisa ou um fato. Conhecendo-as, o julgador obtém informações relacionadas ao fato relevante em litígio. Portanto, um problema importante é o da verificação da autenticidade e da credibilidade dessas «coisas demonstrativas», isto é, sua conformidade à realidade que registram e representam. Em geral, esse controle pode ser feito através de qualquer meio disponível: é possível se recorrer a peritos e, por vezes, o próprio ordenamento prevê mecanismos de autenticação.[210]

As provas reais apresentam-se de diferentes formas nos distintos sistemas, em função da natureza específica de cada elemento de prova. Nos sistemas de *common law*, tais provas são apresentadas em juízo para que sejam observadas pelo julgador. O critério geral de relevância acerca dos fatos em litígio é o princípio básico que rege a sua admissão. Todavia, sua exibição pode ser rejeitada pelo tribunal se houver perigo de prejuízo indevido por ser escandalosa,

---

226; GRAHAM, 2003: 93; WRIGHT e GRAHAM, 1977-1989: vol. 22, 127, 236; RYCHLAK, 1995: 6, 8. Por vezes, há disposições especiais relativas à inspeção do corpo de uma pessoa: ver, por exemplo, o art. 260 do Código Processual Civil italiano, que exige um cuidado especial para a proteção dos direitos da pessoa; COMOGLIO, FERRI e TARUFFO, 1998: 679; CARPI e TARUFFO, 2002: 785. Cfr., também, o Código Processual Civil espanhol, art. 353; ORDOÑO ARTES, 2000: 205; MONTERO AROCA, 2002: 325, 329.

207 Cfr. RYCHLAK, 1995: 149, 182, 191, 231, 277; GIANNELLI, 2003: 361; WRIGHT e GRAHAM, 1977-1989: vol. 22, 122; LEMPERT, GROSS e LIEBMAN, 2000: 1146, 1202, 1211; GRAHAM, 2003: 95; 2002: 415; MUELLER e KIRKPATRICK, 2003: 1052; CROSS e TAPPER, 1990: 48; BAUMBACH, LAUTERBACH, ALBERS e HARTMANN, 2003: § 371, n. 10; JAUERNIG, 1991: 191; SCHLOSSER, 1983: 277; FASCHING, 1990: 525; MONTERO AROCA, 2002: 353. O art. 2.712 do Código Civil italiano considera a reprodução técnica e mecânica como um tipo de prova documental; ver COMOGLIO, FERRI e TARUFFO, 1998: 672; COMOGLIO, 2004a: 361.

208 Ver RYCHLAK, 1995: 333; LEMPERT, GROSS e LIEBMAN, 2000: 1200; CROSS e TAPPER, 1990: 48; MONTÓN REDONDO, 2000: 191.

209 Ver RYCHLAK, 1995: 245; GRAHAM, 2003: 95.

210 Nos Estados Unidos, estes mecanismos estão determinados pela regra 901 das *Federal Rules of Evidence* e também podem ser utilizados na autenticação dos meios de prova demonstrativos. Ver GRAHAM, 2003: 531; SALTZBURG, MARTIN e CAPRA, 2002: vol. 5, 901-9, 901-33, 901-42, 901-53; LEMPERT, GROSS e LIEBMAN, 2000: 1151; WEINSTEIN e BERGER, 1975: vol. 5, 901-61.

desnecessária, cumulativa, repulsiva ou indecente.[211] O tribunal também pode permitir demonstrações no curso do processo[212] e, quando necessário, pode ordenar a inspeção de uma propriedade, de um objeto ou de uma pessoa.[213]

Nos sistemas de *civil law*, há alguns princípios comuns que regem a admissão das provas reais. Em geral, a admissão depende do critério discricionário do juiz, que decide quando é realmente necessário conhecer um elemento de prova real.[214] A percepção que o julgador tem do elemento de prova pode ser de qualquer tipo: visual, tátil, gustativa, auditiva, olfativa, e assim sucessivamente. Se necessário, o juiz pode nomear um perito para que o auxilie, sendo-lhe facultado, inclusive, delegar-lhe a função da inspeção.[215] O tribunal dirige o procedimento pelo qual se observa o elemento de prova real, podendo dispor de todos os meios necessários para a inspeção de lugares ou de objetos. O tribunal tem a faculdade, ainda, de requerer demonstrações, experimentos, fotos ou gravações de qualquer coisa ou lugar.[216] O critério geral que guia a discricionariedade do tribunal é o da relevância da prova e o da utilidade das diversas atividades para o conhecimento dos fatos em litígio.

Em geral, o valor das provas reais ou demonstrativas é determinado pelo julgador de acordo com a sua apreciação discricionária. Essa é a regra para as exibições e para o resultado das inspeções realizadas pessoalmente pelo juiz ou através de um perito. Também a credibilidade dos resultados das demonstrações e experimentos e a autenticidade das reproduções e gravações

---

[211] Ver a regra 403 das *Federal Rules of Evidence*; GRAHAM, 2003: 108; GIANNELLI, 2003: 363.

[212] Cfr. GRAHAM, 2003: 101; LEMPERT e SALTZBURG, 1982: 1087; FRIEDENTHAL e SINGER, 1985: 234.

[213] Ver GRAHAM, 2003: 103; LEMPERT e SALTZBURG, 1982: 1084; FRIEDENTHAL e SINGER, 1985: 239; CROSS e TAPPER, 1990: 47.

[214] Ver BAUMBACH, LAUTERBACH, ALBERS e HARTMANN, 2003: § 371, n. 3; JAUERNIG, 1991: 191; FASCHING, 1990: 526. Consulte-se, também, o Código Processual Civil francês, art. 179; VINCENT e GUINCHARD, 2003: 764; o Código Processual Civil italiano, art. 258; COMOGLIO, FERRI e TARUFFO, 1998: 678; COMOGLIO, 2004a: 630; CARPI e TARUFFO, 2002: 781. Segundo o art. 118 do Código Processual Civil italiano, a inspeção de uma propriedade somente pode ser ordenada quando essa seja necessária para conhecer os fatos litigiosos. Cfr. CARPI e TARUFFO, 2002: 365.

[215] Cfr. o Código Processual Civil alemão, § 372; MURRAY e STÜRNER, 2004: 271; BAUMBACH, LAUTERBACH, ALBERS e HARTMANN, 2003: § 372; ARENS e LÜKE, 1992: 215; MUSIELAK, 1991: 234; SCHLOSSER, 1983: 277; o Código Processual Civil francês, art. 181; VINCENT e GUINCHARD, 2003: 765; o Código Processual Civil italiano, arts. 259 e 260; COMOGLIO, 2004a: 619; CARPI e TARUFFO, 2002: 783, 785; HINOSTROZA MÍNGUEZ, 2000: 249; DE LA OLIVA SANTO e DÍEZ-PICAZO GIMÉNEZ, 2000: 366; MONTERO AROCA, 2002: 342.

[216] Consulte-se, novamente, o Código Processual Civil alemão, § 372. Desde 2002, os tribunais alemães podem ordenar que terceiros ponham a disposição lugares ou objetos para inspeção; ver MURRAY e STÜRNER, 2004: 270. Sobre a prática da inspeção de coisas e lugares, ver o Código Processual Civil francês, arts. 179, 180 e 182; VINCENT e GUINCHARD, 2003: 765; o Código Processual Civil italiano, arts. 259, 261 e 262; CARPI e TARUFFO, 2002: 783, 786; o Código Processual Civil espanhol, art. 169; MONTERO AROCA, 2002: 783; o Código Modelo Latinoamericano, arts. 175 e 176.

são geralmente apreciadas discricionariamente pelo tribunal. Quando necessário, o tribunal considerará a opinião de um especialista ou algum outro meio de prova para a confirmação. Todavia, há algumas exceções a esse princípio geral: por exemplo, o Código Civil italiano, no seu art. 2.712, estabelece que as reproduções e gravações de fatos ou coisas fornecem uma prova plena de tais fatos ou coisas quando a sua correspondência com a realidade não for contestada pela parte contrária.[217]

80. *As provas circunstanciais.* Quando inferências acerca da verdade de um enunciado relativo a um fato principal são traçadas supondo outro fato como premissa, este último é considerado um meio de prova indireto daquele fato principal. Essa classe de provas é geralmente chamada de *circumstancial* nos sistemas que adotam a língua inglesa, *Indizienbeweis* nos de língua alemã, *présomption de l'homme* na França, *presunzione semplice* na Itália e *presuncion* na Espanha. Não obstante, as provas desse tipo têm algumas características comuns a todos os sistemas processuais.

Uma dessas características é a de ser impossível identificar *a priori* as circunstâncias que podem ser usadas como prova através de inferências dos fatos em litígio. Algumas tentativas de classificação das possíveis fontes de provas circunstanciais foram feitas,[218] porém não lograram abarcar a infinita variedade de fatos que podem ser utilizados como premissas de inferências cognitivas sobre outros fatos. Isso não obsta que, por vezes, individualize-se alguma circunstância específica: um exemplo interessante é a conduta das partes, que pode ser interpretada como uma circunstância com algum valor probatório.[219]

Todo fato, na acepção mais ampla da palavra, pode ser considerado como elemento de prova circunstancial. O único critério relevante para se considerar o valor probatório de uma circunstância é o da sua utilidade; a partir dela, o juiz deve poder obter conclusões inferenciais sobre a verdade ou falsidade de um fato em litígio.[220] De certo modo, então, um fato converte-se em prova circunstancial simplesmente porque o juiz o considera como tal. Qualquer fato pode ser qualificado como um elemento de prova circunstancial exclusivamente com base na sua relevância para a determinação de um fato

---

[217] Ver Comoglio, 2004a: 361.

[218] Cfr., por exemplo, a distinção entre meios de prova prospectivos, concomitantes e retrospectivos (*prospectant, concomitant, retrospectant*) proposta por Wigmore, 1983: t. 1, 1144, 1703, 1744.

[219] Ver Mansfield, 1991: 695. O Código Processual Civil italiano, em seu art. 116, § 2°, regula expressamente a possibilidade de que o juiz extraia inferências do comportamento judicial das partes. Consulte-se Comoglio, 2004: 129; Carpi e Taruffo, 2002: 363. Para uma regra similar na Argentina, ver Falcón, 2003: vol. 2, 469.

[220] Ver, em geral, Taruffo, 1992a: 381, 444. Ver, também, Hinostroza Mínguez, 2000: 249; Falcón, 2003: vol. 2, 458.

em litígio. Essa é a razão pela qual nenhuma disposição legal pode definir apropriadamente o que constitui uma prova circunstancial.

A estrutura fundamental das provas circunstanciais está estabelecida pela conexão inferencial por meio da qual o julgador vincula uma circunstância (o *factum probans*) a um fato litigioso (o *factum probandum*).[221] O *factum probandum* é descrito por um enunciado acerca do fato principal (ver *supra* § 5) e o *factum probans* descreve uma circunstância que o julgador conhece por tê-la percebido diretamente (como um elemento de prova real: ver *supra* § 79) ou porque se demonstrou essa circunstância através de prova específica. O traço mais importante da estrutura lógica básica das provas circunstanciais é a inferência que o julgador traça ao conectar o *factum probans* ao *factum probandum*. A partir do *factum probans* é possível se extrair uma quantidade teoricamente ilimitada de inferências: a questão é saber se esse fato pode ser ou não a premissa de uma inferência que conduza a uma conclusão relativa ao *factum probandum* especificamente. Se essa inferência for possível, a circunstância será verdadeiramente *probans*, pois sustentará uma conclusão sobre a veracidade de um enunciado acerca de um fato em litígio; se não for, essa circunstância carece de qualquer valor probatório, não podendo ser considerada propriamente um elemento de prova. Portanto, no núcleo desse raciocínio estão os critérios de acordo com os quais o julgador pode realizar as inferências que vinculam esses dois fatos. Os critérios usuais são generalizações fornecidas – e justificadas – pelo senso comum, a experiência ou a cultura média da época e do lugar nos quais se toma a decisão. Essas noções são chamadas de *Erfahrungssätze* ou máximas de experiência. Esse conceito foi definido e discutido principalmente na doutrina especializada alemã e italiana, com o propósito de identificar algumas regras gerais ou quase-regras derivadas da experiência e propor seu o uso como premissa de inferências dedutivas ou quase-dedutivas que vinculem o *factum probans* ao *factum probandum*.[222] Todavia, esse tipo de racionalização da experiência comum é criticado e debatido na doutrina jurídica moderna; ademais, muitos especialistas não compartilham da concepção dedutiva das inferências no contexto das provas circunstanciais.[223] De qualquer modo, não há dúvida de que o julgador tenha que se basear no seu conhecimento prévio e no senso comum para poder estabelecer uma conexão significativa entre o *factum probans* e o *factum probandum*. Por vezes, quando delas dispuser, o julgador poderá recorrer a leis e generalizações científicas, quando suas inferências serão gerais

---

[221] Ver, por exemplo, DENNIS, 1999: 7; CROSS e TAPPER, 1990: 20; COMOGLIO, 2004a: 470; MONTERO AROCA, 2002: 128; FALCÓN, 2003: vol. 2, 458.

[222] Para a primeira e mais influente análise desse conceito, ver STEIN, 1893. Da bibliografia alemã moderna, consulte-se, por exemplo, KOCH e RÜSSMAN, 1982: 285; MUSIELAK, 1975: 113. Ver, também, MONTERO AROCA, 2000: 56; FALCÓN, 2003: vol. 2, 457.

[223] Ver, por exemplo, TARUFFO, 2002: 140; 1992a: 194, 246. Ver, também, VAN ZANDT, 1991: 775, 777.

ou quase-gerais; na maioria dos casos, entretanto, as inferências baseiam-se em generalizações aproximadas, noções vagas e máximas extraídas do senso comum e da cultura média.[224] Por conseguinte, a força racional das inferências e o valor probatório das provas circunstanciais estão ligados diretamente ao valor cognitivo e à credibilidade dos *standards* que o julgador emprega como critério para extrair inferências. A verdade do enunciado acerca do *factum probandum* é mais ou menos apoiada, e esse enunciado aparenta ser mais ou menos crível, razoável ou provável, de acordo com a credibilidade de tais *standards.*[225] De qualquer modo, quando se obtém a inferência de maneira racional, essa representa o fundamento lógico das provas circunstanciais e converte um fato «bruto» em uma circunstância com valor probatório.

Por vezes, há somente um elemento de prova circunstancial a partir do qual se pode extrair uma conclusão cognitiva sobre um fato litigioso. Na maioria dos casos, entretanto, a prova lastreada em meios circunstanciais é composta por várias inferências extraídas de distintas circunstâncias que convergem de maneira consistente à mesma conclusão.[226] A estrutura desse raciocínio pode ser muito complexa, especialmente porque o enunciado sobre o *factum probandum* pode ser justamente o último elo de uma corrente – ou o centro de uma teia – de várias inferências.[227] Os nomes de «provas em cascata» ou «provas concatenadas» também são utilizados para se fazer referência a causas complexas, nas quais se empregam sofisticadas estruturas lógicas para se poder desenvolver o raciocínio acerca das provas circunstanciais.[228]

81. *O valor das provas circunstanciais.* Como regra geral, o valor das provas circunstanciais é determinado pelo julgador de acordo com sua avaliação discricionária. Não obstante, essa valoração discricionária pode ser incerta e perigosa por várias razões: a inferência pode ser duvidosa, o valor probatório das circunstâncias relevantes pode ser baixo, as diversas circunstâncias podem conduzir a conclusões inconsistentes ou contraditórias e o seu valor probatório pode ser superestimado ou subestimado pelo julgador. Por isso, a tentativa de se evitar ao menos os erros mais frequentes na valoração das provas circunstanciais, conduz à construção de modelos racionais que se espera sejam utilizados pelo julgador como guias no processo de decisão. A maioria das análises lógicas do conceito de relevância (ver *supra* §§ 20-22) ou da livre apreciação da prova (ver *infra* § 95) foi desenvolvida especialmente em relação aos problemas das provas circunstanciais. O objetivo dessas análises

---

[224] Ver, novamente, Taruffo (nota anterior).

[225] Para uma análise mais ampla desses temas, ver Taruffo, 1992a: 233, 426, 443.

[226] Ver, por exemplo, Cross e Tapper, 1990: 21.

[227] Para uma análise mais ampla dessas situações, ver, por exemplo, Taruffo, 1992a: 241, 248, 256.

[228] Ver Taruffo, 1992a: 248; Schum e Martin, 1982: 105; Anderson e Twining, 1991: 58, 89, 94.

é a construção de um conjunto de critérios racionais que logrem reduzir os perigos do uso indevido ou mal-entendidos nas decisões judiciais baseadas em provas circunstanciais.[229]

Às vezes, todavia, disposições legais são criadas com o objetivo de se superarem essas dificuldades. Tais disposições limitam a discricionariedade do juiz e o obrigam a cumprir com determinados critérios legais na apreciação das provas circunstanciais. Em alguns casos, o uso de tal tipo de prova é limitado às situações nas quais se admite prova testemunhal, em sistemas nos quais a prova testemunhal é excluída em muitos casos (ver *supra* § 57).[230] Outra solução é a admissão do uso das provas circunstanciais somente quando as inferências acerca do *factum probandum* forem sérias, precisas e convergentes.[231] Tais disposições pretendem impor *standards* racionais na determinação do valor das provas circunstanciais. Na prática, porém, tais *standards* são vagos e confusos, não sendo aplicados pelos tribunais, em geral, de maneira direta e consistente.[232] Em verdade, as provas circunstanciais não se ajustam facilmente a regras analíticas e a restrições formais, motivo pelo qual as garantias necessárias de equidade e credibilidade devem fundar-se, com maior razão, na racionalidade das inferências extraídas pelo julgador. Dessa maneira, quando confiável, as provas circunstanciais poderão ter o mesmo valor probatório que qualquer outro tipo de provas.

---

229 Para debates mais amplos e panoramas críticos, ver, *e. g.*, Taruffo, 1992a: 166, 199, 217; Wigmore, 1983: t. I, 1004.

230 Ver, por exemplo, o Código Civil francês, art. 1.353; o Código Civil italiano, art. 2.729, § 2.º; e o Código Civil espanhol, art. 1.253.

231 Ver os dispositivos citados na nota anterior. Na Itália, todavia, uma inferência circunstancial pode ser suficiente para embasar o julgamento. Ver, por exemplo, Comoglio, 2004a: 478. O Código Processual Civil espanhol, em seu art. 386.1, não exige a coincidência de várias inferências, porém diz-se que a presunção deve se basear em uma conexão precisa e direta entre o *factum probans* e o *factum probandum* estabelecida de acordo com as *«reglas del criterio humano»*.

232 Ver, por exemplo, Taruffo, 1992a: 443; Comoglio, 2004a: 470, 478, 484, 490.

CAPÍTULO IV

CARACTERÍSTICAS PROCESSUAIS DA PRODUÇÃO DA PROVA

82. *Sistemas centrados nas partes e sistemas centrados no juiz.* De certo modo, o núcleo do processo civil é a produção das provas. Em verdade, descrever um processo de primeira instância equivale, em boa medida, a descrever como as provas são oferecidas, requeridas, admitidas e produzidas. Por conseguinte, a produção das provas é influenciada por toda a estrutura, a organização e o funcionamento do processo civil. Por outro lado, a estrutura do processo é em boa medida determinada pelos princípios, disposições e mecanismos processuais especificamente relacionados com a produção da prova. Em verdade, uma causa civil pode ser fácil e simples quando não houver necessidade da prova; pelo contrário, será difícil e complexa quando diversos fatos em litígio precisarem ser determinados e muitas provas tiverem que ser produzidas. Tais conexões entre a estrutura do processo civil e a produção da prova, entretanto, não podem ser analisadas minuciosamente nestas páginas. Portanto, referências às características gerais do processo civil limitar-se-ão a alguns pontos imprescindíveis. A produção da prova pode ser discutida, assim, como uma espécie de subprocesso inserido no contexto mais amplo do processo civil.

Uma maneira comum de se abordarem as características gerais da produção das provas é distinguindo sistemas que podem ser rotulados de duas maneiras: «centrados nas partes», visto que nesses a produção das provas depende principal ou exclusivamente da atividade das partes; e sistemas que podem ser qualificados como «centrados no juiz», já que nesses a produção das provas depende, em sua maior parte ou por completo, do papel ativo desempenhado pelo juiz. Uma forma tradicional de se estabelecer tal distinção consiste em falar de sistemas *adversarial* e *inquisitorial* nos países de *common law*, e de *Dispositionsmaxime* e *Verhandlungsmaxime* na Alemanha, ou de *principio dispositivo* e de *principio inquisitorio* na Itália. Distinções similares encontram-se também na maioria dos demais sistemas de *civil law*. Essa maneira de se encarar o problema é bastante comum,[1] porém a densidade científica e a validade de tais distinções são controversas. Por um lado, tais definições são extremamente vagas e multifacetadas, já que fazem referência a modelos muito gerais do processo civil. Expressam, por sua vez, ideias muito amplas e abstratas sobre o papel das partes e do juiz no processo civil; na melhor das hipóteses, podem corresponder a tendências globais da justiça civil que podem vincular-se com a organização do poder e com os propósitos mais básicos da sua administração.[2] Por outro, vale a pena ressaltar que os termos daquelas distinções são frequentemente utilizados como meios controversos e retóricos para apoiar ou rejeitar ideologias específicas do processo civil. Por exemplo, emprega-se o termo *adversarial* para apoiar a ideia de um processo que se deixa por completo à direção das partes, em contraste com as tendências do sistema *inquisitorial*.[3] Assim, *adversarial* é usado como sinônimo de liberdade, iniciativa individual, democracia, igualdade, justa competição e julgamento imparcial, enquanto que *inquisitorial* é compreendido como sinônimo de autoritarismo, privação da liberdade, paternalismo, parcialidade e intervenção do poder público na vida privada.[4] Em verdade, utilizam-se esses rótulos, na maioria dos casos, sem que haja uma correspondência efetiva com a realidade dos sistemas processuais. Portanto, deveríamos abandoná-los, especialmente ao discutir problemas acerca da prova. De fato, nunca existiu qualquer sistema realmente inquisitorial de processo civil – isto é, um sistema no qual as partes não cumprem qualquer papel e tudo é relegado ao juiz – e tampouco existe em lugar algum atualmente. Com o propósito de esclarecer, basta advertir que em todos os sistemas processuais modernos reconhecem-se e se garantem os direitos das partes (ver, com referência à apresentação das provas, *supra* § 37).

Com o objetivo de enfrentar esses problemas, pode-se empregar uma distinção mais correta e menos carregada de ideologia: a distinção entre sistemas probatórios «centrados nas partes» e «centrados no juiz». Tal distinção, todavia, apenas identifica os polos de uma escala na qual se podem situar os

---

1 Seria impossível aqui oferecer uma bibliografia completa. As citações serão referidas nas notas seguintes. Para uma visão geral do tema, ver, entre outros, Parra, 2004; Brüggemann, 1968: 100, 164; Normand, 1965; Cappelletti, 1962: vol. 1, 303; Cavallone, 1991: 3, 289.

2 Ver, principalmente, Damaška, 1986: 3, 16, 71, 88, 97, 147, 181.

3 Isto acontece especialmente nos Estados Unidos; ver, por exemplo, Landsman, 1984: 5, 36; Saltzburg, 1978: 9.

4 A respeito da cultura jurídica estadunidense, ver, principalmente, Kagan, 2001: 99. Ver, também, Damaška, 1986: 5; 2002: 25, 30; Langbein, 1985: 824; Taruffo, 1979: 259. Esta forma ideológica de distinguir diferentes modelos do processo civil encontra-se também na Europa; ver, por exemplo, Montero Aroca, 2002: 79; 2004: 570.

sistemas probatórios reais.[5] De fato, nenhum sistema é puramente «centrado nas partes» ou «centrado no juiz»: os sistemas reais podem pender mais para um ou para outro lado, dependendo de como se definam e se combinem entre si os papéis das partes e do juiz.

83. *O papel do juiz.* Cumpre ressaltar, todavia, que as diferenças mais importantes entre os graus da escala mencionada concernem ao papel do juiz na compilação das provas. Em verdade, um princípio básico do processo civil em todos os sistemas modernos – também reconhecido em disposições constitucionais – é o de que as partes têm a faculdade e o direito de apresentar todo meio de prova relevante e admissível que estiver ao seu alcance (ver *supra* §§ 37 e 38). Assim, todos os sistemas probatórios modernos estão centrados nas partes, uma vez que cada parte tem liberdade ilimitada de apresentar todos os meios de prova admissíveis e relevantes para a demonstração dos fatos objeto do litígio. Por conseguinte, as reais diferenças concernem somente ao alcance do poder que o juiz possui para a produção das provas de ofício. Dessa forma, há diferenças quanto à abrangência desse poder: enquanto alguns sistemas apoiam-se exclusivamente nas partes para a compilação e produção das provas, outros conferem ao juiz poderes ativos mais ou menos extensos para dispor de provas não oferecidas pelas partes. Cumpre ressaltar, entretanto, que em muitos casos os juízes não fazem uso efetivo dos poderes de que são dotados, resultando em sistemas muito menos centrados no juiz do que aparentam ser se consideradas exclusivamente as regras dispostas em seus códigos.

Em relação ao oferecimento das provas, um princípio geral aplicado a todos os sistemas é o de que as partes suportam o ônus e têm o direito de apresentar qualquer elemento de prova relevante e admissível (ver *supra* §§ 37 e 38 e *infra* § 100). Um tema mais interessante, todavia, diz respeito ao poder do juiz de buscar, de ofício, elementos de prova adicionais. Em todos os sistemas centrados nas partes, entretanto, esse tema carece de sentido. Se o processo civil é concebido como mera *Sache der Partein* ou como uma atividade livre entre indivíduos privados, a consequência óbvia é a de que o juiz não possui qualquer papel ativo a desempenhar na produção da prova. O julgador decidirá sobre os fatos unicamente com base nas provas oferecidas pelas partes. Essa é a ideia básica que subjaz ao conceito tradicional de *adversarial system* nos países de *common law*.[6] Essa é também a ideia fundamental que permeia os sistemas processuais de *civil law* do século XIX[7] e também alguns dos sistemas atuais.[8]

---

5 Ver JOLOWICZ, 2003; HAZARD, TAIT e FLETCHER, 1999: 34.

6 Ver, *e. g.*, KAGAN, 2001: 99; LANDSMAN, 1984: 36; TARUFFO, 1979: 19; CLEARY, STRONG, BROUN e MOSTELLER, 1988: 2; JAMES, HAZARD e LEUBSDORF, 1992: 4.

7 Cfr., em geral, NORMAND, 1965: 397; BRÜGGEMANN, 1968: 42; TARUFFO, 1980: 128, 143.

8 Ver, por exemplo, MONTERO AROCA, 2002: 77; 2000: 29.

Todavia, essa ideia tradicional estava fadada a perder boa parte da sua força nos sistemas processuais modernos. As razões históricas e teóricas para essa mudança são muito complexas. As razões mais importantes foram: o surgimento de concepções do processo civil como instrumento «público» para a proteção de direitos e o papel do juiz como a *longa manus* do Estado que provê tal proteção; a tendência em favor da busca da verdade no processo civil e a falta de confiança na iniciativa das partes; a necessidade crescente de direção e de controle por parte do juiz sobre o procedimento e a exigência de suplementar as iniciativas probatórias das partes quando essas se mostrarem insuficientes para provar os fatos em litígio. A combinação desses fatores e sua influência sobre a regulação relativa à produção das provas determinaram o surgimento de uma tendência generalizada em favor de que o juiz tenha um papel ativo na busca de provas adicionais às oferecidas pelas partes.[9] Cumpre ressaltar que o conceito de processo civil como instrumento público oferecido pelo Estado para a proteção dos direitos dos cidadãos não está vinculado à existência, em alguns países, de regimes autoritários; e de forma alguma dito conceito pode ser interpretado como um produto de tais regimes. Alguns autores sustentam a teoria de que o papel ativo do juiz, sobretudo na compilação das provas, é *per se* autoritário, conferindo natureza autoritária ao processo civil;[10] tal assertiva, porém, carece de fundamento. Historicamente não há qualquer conexão significativa entre a ideia de um papel ativo do juiz e a natureza autoritária de regimes políticos, visto que tal ideia também surgiu em muitos países não autoritários. O mesmo é válido atualmente, uma vez que existem juízes ativos na maioria dos sistemas processuais modernos, em muitos países nos quais não há regimes políticos autoritários.[11] Ademais, a base racional do papel ativo do juiz na produção probatória reside no propósito de se estabelecer a verdade dos fatos em litígio,[12] um propósito que em si mesmo não possui caráter autoritário algum, ao fundar-se – pelo contrário – na exigência de possibilitar ao julgador que tome decisões justas (ver *supra* § 7).

A tendência em favor do papel ativo do juiz na coleta da prova possui características diferentes dependendo da distinta evolução histórica dos diversos sistemas processuais. Nos sistemas de *common law* a tradicional concepção *adversarial* do processo civil ainda é presente, mesmo que a ideia de se relegar a produção das provas unicamente às partes tenha sido criticada.[13] Todavia, a crescente necessidade de um controle racional do processo pelo

---

9 Para uma ampla análise, ver Schöpflin, 1991: 24, 46, 81, 121. Consulte-se, também, Parra, 2004: 9, 15, 67; Brüggemann, 1968: 61, 91, 116, 127, 164, 345; Normand, 1965: 386, 393, 400; Jacob, 1985: 230; Jolowicz, 1975: 188.

10 Ver, por exemplo, Montero Aroca, 2002: 78; 2004: 553; Cipriani, 1997: 27.

11 Para um exame crítico destas concepções, ver Taruffo, 2006b: 451.

12 Consulte-se, por exemplo, Parra, 2004: 15, 17.

13 Ver, por exemplo, Frankel, 1975: 1041; Frank, 1950: 80; Taruffo, 1979: 6.

juiz, bem como a tendência a se favorecer a obtenção de decisões precisas e correspondentes à verdade, influenciou a visão global do papel da corte, conduzindo à concepção de um «papel diretivo» do juiz no processo civil.[14] Nesta guinada em direção a uma nova figura do juiz americano, um importante aspecto foi precisamente a passagem de um papel completamente passivo na coleta das provas a um relativamente ativo.[15] Essa mudança foi codificada pelas *Federal Rules of Evidence*, que conferem ao juiz o poder de convocar testemunhas, interrogar de ofício as testemunhas das partes e nomear peritos judiciais neutros.[16] Essas regras, todavia, foram criticadas severamente[17] e são aplicadas com pouca frequência, pois é comum sustentar-se que o juiz não deveria ser realmente ativo na busca de provas em um processo do tipo *adversarial*.[18] Todavia, tais regras podem ser interpretadas como um sinal de uma mudança significativa na concepção geral do papel do juiz na busca da verdade: com efeito, o sistema estadunidense parece estar no caminho de uma transformação global, da qual os traços mais significativos são uma maior atenção à busca da verdade e uma crença mais fraca nas vantagens de um sistema de provas *adversarial*.[19] Não obstante, o problema de se determinar se um sistema de provas *adversarial* é ou não eficiente na busca da verdade dos fatos em litígio parece estar ainda em aberto. Por um lado, os defensores de tal sistema afirmam sua superioridade «lógica» como um método para a busca da verdade, embora estejam inclinados a admitir que «*uma preocupação com a verdade material pode ser não só inútil, mas também perigosa para a sociedade*».[20] Por outro, os autores que concebem o processo civil como orientado à busca da verdade criticam o sistema *adversarial* justamente por sua ineficiência como método para se chegar a uma decisão que corresponda à verdade.[21] Diz-se, também, que tais sistemas ocultam a verdade ao invés de revelá-la[22] e que «*podem exaltar a esperteza e a vitória sobre a ética e*

---

14 Sobre este papel relativamente novo dos juízes estadunidenses, ver, especialmente, RESNICK, 1982: 414; MILLER ARTHUR, 1984: 14; PECKHAM, 1981: 770; CHAYES, 1976: 1284.

15 Esta mudança foi anunciada por uma parte importante da doutrina jurídica estadunidense. Ver, por exemplo, FRANK, 1950: 93; FRANKEL, 1975: 1053; WRIGHT e MILLER, 1969-1986: vol. 8, 695; WEINSTEIN e BERGER, 1975: vol. 3, 614-3; TARUFFO, 1979: 22.

16 Ver as *Rules 624* e *706* das *Federal Rules of Evidence*; GRAHAM, 2003: 222, 253; WEINSTEIN e BERGER, 1975: vol. 3, 614-5, 706-7; LILLY, 1987: 9; GIANNELLI, 2003: 18, 19; MUELLER e KIRKPATRICK, 2003: 599, 648; SALTZBURG, MARTIN e CAPRA, 2002: vol. 3, 614-2, 614-8, 706-3.

17 Ver, por exemplo, SALTZBURG, 1978: 11.

18 Ver, por exemplo, WEINSTEIN e BERGER, 1975: vol. 3, 614-4, 614-9; SALTZBURG, MARTIN e CAPRA, 2002: vol. 3, 614-2, 706-3.

19 Ver a interessante análise feita por DAMAŠKA, 1997: 94, 99, 101; 1986: 116, que ressalta que as restrições aos poderes probatórios ativos do juiz são muito mais fortes no processo penal do que no processo civil.

20 Ver LANDSMAN, 1984: 37. Ver, também, WALPIN, 2003: 175; FREEDMAN, 1975: 1063.

21 Cfr., por exemplo, JOLOWICZ, 1996: 200, 209; 2003: 2, 3; WEIGEND, 2003: 157, 158; JACKSON J., 1988: 475, 484; HAZARD, TAIT e FLETCHER, 1999: 36.

22 Ver SWARD, 1989: 317.

a verdade».[23] A história confirma, em verdade, que a competição bilateral entre as partes é «*um instrumento deficiente para a busca da verdade*», dado que o «*processo acusatório confia a responsabilidade de reunir e apresentar as provas, sobre as quais a correta resolução do caso depende, às partes, cujo interesse principal está na vitória, e não na verdade*».[24] Por conseguinte, a dinâmica acusatória incentiva «*a distorção e a supressão de provas (...), a preparação de testemunhas e a ocultação de provas desfavoráveis*»[25] por parte de advogados que desenvolvem uma «*destreza profissional para vencer a verdade*».[26] Dessa maneira, a superioridade do sistema *adversarial* como meio para a busca da verdade está distante de ser demonstrada, a menos que nos inclinemos a assumir que «*o combate promove a verdade*».[27]

84. *O papel do juiz nos sistemas de civil law*. A experiência histórica dos sistemas europeus tem sido muito mais complexa, devido principalmente a importantes desenvolvimentos ocorridos desde o final do século XIX até o presente. Por essa razão, a definição do papel dos juízes na produção da prova é bastante diversificada.

Em alguns sistemas o juiz é investido com um poder geral ou quase-geral de ordenar de ofício a apresentação de qualquer elemento de prova relevante. Tal poder é considerado adicional ou suplementar às provas oferecidas pelas partes. Somente quando as partes não apresentam provas suficientes para demonstrar os fatos em litígio pode o tribunal ordenar a produção de qualquer outra prova que possa ser útil para tomar uma decisão que corresponda à verdade desses fatos. O exemplo mais significativo desse sistema é o previsto no Código Processual Civil francês promulgado em 1976. O art. 10 desse código estabelece um princípio geral que se aplica a qualquer procedimento civil, segundo o qual o juiz pode ordenar de ofício a produção de qualquer elemento de prova admissível legalmente. O art. 144, por sua vez, especifica que o juiz pode utilizar esse poder a qualquer momento, sempre que acreditar que as partes não ofereceram provas suficientes para resolver o caso; todavia, o art. 146 estabelece que esse poder não deve ser utilizado com o propósito de preencher as lacunas das defesas apresentadas pelas partes.[28]

O art. 782 do Código Processual Civil colombiano estipula um poder geral similar do juiz para ordenar, de ofício, a produção de qualquer prova relevante.[29] Outro bom exemplo de poderes quase-gerais do juiz encontra-

---

23 Ver Gerber, 1987: 4.

24 Ver Langbein, 2003: 332.

25 *Idem, ibidem*.

26 *Idem, ibidem*: 334.

27 Essa hipótese, todavia, é «altamente problemática»; ver Langbein, 2003: 338.

28 Ver, em geral, Vincet e Guinchard, 2003: 541; Cadiet, 2000: 484.

29 Ver Fábrega, 2000: 129, 125; Parra, 2004: 93.

se no sistema alemão. Para melhor compreender esse sistema, dois importantes princípios gerais devem ser considerados. Um desses princípios está disposto no § 138 do Código Processual Civil alemão, segundo o qual as partes obrigam-se a fornecer ao juiz suas alegações acerca do fato de maneira completa e veraz.[30] O outro princípio é enunciado pelo § 139, segundo o qual o juiz tem a tarefa de realizar a chamada *materielle Prozessleitung*, isto é, um saneamento do processo, no qual as controvérsias acerca dos fatos devem ser clara e cabalmente determinadas e as provas relevantes devem ser identificadas pelas partes e pelo juiz.[31] Nesse contexto normativo que confere um papel nitidamente ativo ao juiz, diversas regras relativas seu ao poder em ordenar a produção de provas são estabelecidas.[32] Por exemplo, o § 142 estipula que o juiz pode ordenar a qualquer parte ou a um terceiro a apresentação de provas documentais.[33] Na realidade, o único elemento de prova cuja produção de ofício não pode ser ordenada pelo juiz alemão é o testemunho de terceiros, embora tal limitação seja criticada ao argumento de ser inconsistente e carecedora de qualquer justificação sistemática.[34] O sistema alemão orienta-se, pois, claramente no sentido de conferir ao juiz um papel ativo no esclarecimento das controvérsias acerca dos fatos, ao estimular as partes a apresentarem provas relevantes adicionais e ao pesquisar e requerer, de ofício, elementos de prova relevantes por elas não apresentados. Um sistema similar é adotado na Áustria, no qual se pode encontrar um sistema puro centrado no juiz em alguns procedimentos especiais e no qual, como regra geral, o juiz também pode requerer de ofício a produção de qualquer elemento de prova relevante. Sua única limitação é não poder ordenar a exibição de documentos ou o interrogatório de uma testemunha se ambas as partes expressamente se opuserem.[35]

Enquanto nesses importantes sistemas europeus a tendência é clara no sentido de investir o órgão jurisdicional de um papel central e ativo na administração das provas e na busca da verdade, em outros sistemas do *civil law* a situação é bastante diferente, sendo atribuído ao órgão jurisdicional papel relativamente menos ativo. Um exemplo significativo dessa situação intermediária é oferecido pela Itália. O Código Processual Civil promulgado em 1942

---

[30] Ver, principalmente, Stürner, 1976; Murray e Stürner, 2004: 263. Ver, também, Brüggemann, 1968: 122, 345; Jauernig, 1991: 81, 85.

[31] Cfr. Murray e Stürner, 2004: 264; Baumbach, Lauterbach, Albers e Hartmann, 2003: § 139, n. 1-19; Zpo-Komm, 1987: § 139, n. 1-46; Schöpflin, 1991: 162; Musielak, 1991: 61; Jauernig, 1991: 79; Arens e Lüke, 1992: 146.

[32] Ver Murray e Stürner, 2004: 264. Para a discussão detalhada dos diversos tópicos específicos, ver Schöpflin, 1991: 192, 204, 234, 258; Brüggemann, 1968: 355, 363, 373, 390.

[33] Ver Murray e Stürner, 2004: 263; Baumbach, Lauterbach, Albers e Hartmann, 2003: § 142; Zpo-Komm, 1987: § 142.

[34] Cfr. Schöpflin, 1991: 296, 299; Nagel, 1967: 44; Musielak e Stadler, 1984: 6.

[35] Ver Fasching, 1990: 473.

orientava-se no sentido de alargar o papel do juiz na produção probatória, porém tal tendência não foi levada ao extremo de conferir ao juiz a faculdade de requerer, de ofício, a apresentação de qualquer elemento de prova relevante.[36] Uma solução intermediária foi adotada, segundo a qual o juiz pode interrogar as partes e requerer inspeções, provas periciais, juramentos suplementares, testes e reproduções, solicitar informações a funcionários públicos;[37] ainda, de acordo com uma reforma recente, pode solicitar o testemunho de terceiros, quando a esses as partes fizerem referência como potenciais conhecedores da verdade dos fatos em litígio.[38] O juiz não pode, por outro lado, requerer, de ofício, a exibição de documentos, uma confissão ou um juramento decisório e tampouco pode convocar testemunhas que não tenham sido indicadas pelas partes. O juiz não possui, pois, qualquer poder para requerer alguns dos elementos de prova mais importantes. A situação é diferente, entretanto, em alguns procedimentos cíveis especiais, nos quais o juiz possui um poder quase-geral para buscar e requerer, de ofício, a produção de elementos de prova não oferecidos pelas partes. Esse é o caso, principalmente, do processo trabalhista, no qual o juiz pode requerer, de ofício, a produção de qualquer elemento de prova relevante, exceto o juramento decisório, mesmo superando os limites impostos pelo Código Civil.[39] É também o caso de alguns procedimentos sumários nos quais o juiz pode buscar qualquer informação necessária ao deslinde do caso.[40]

Outro exemplo interessante é o do Código Processual Civil espanhol: como regra geral, o juiz é impedido de buscar provas adicionais, porém, quando as provas das partes já tiverem sido produzidas, e justamente antes de proferir a decisão sobre o caso, o juiz pode considerar que as provas são insuficientes. Em tais circunstâncias, o juiz pode lançar mão de uma *diligencia final* (o novo nome para a tradicional *diligencia para mejor proveer*), que nada mais é do que um requerimento relativo à exibição de qualquer documento relevante, a confissão da parte ou o interrogatório de testemunhas.[41] Outros

---

[36] A tese de que o Código Processual Civil italiano foi inspirado na ideologia fascista (ver Montero Aroca, 2002: 79; 2004: 570) carece por completo de fundamentos históricos. Em geral, o código não era autoritário na sua estrutura e tampouco na definição dos poderes do juiz. Em relação ao papel do órgão jurisdicional na compilação das provas era, em essência, moderado. Ver Taruffo, 1980: 262, 263.

[37] Ver os arts. 61, 117, 118, 213 e 261 do Código Processual Civil italiano e o art. 2.736, n. 2 do Código Civil italiano.

[38] Ver o Código Processual Civil italiano, art. 281, promulgado em 1998; Carpi e Taruffo, 2002: 863.

[39] Ver o Código Processual Civil italiano, art. 421; Carpi e Taruffo, 2002: 1304; Luiso, 1992: 190; Tarzia, 1999: 150.

[40] Ver, por exemplo, o Código Processual Civil italiano, art. 738; Carpi e Taruffo, 2002: 2196; Capponi, 1990: 911; Taruffo, 1992a: 462.

[41] Ver o art. 435.2 do Código Processual Civil espanhol; Montero Aroca, 2002: 385; 2000: 35; De la Oliva Santos e Díez-Picazo Giménez, 2000: 338.

sistemas de *civil law* orientam-se, igualmente, no sentido de conferir ao órgão jurisdicional poderes limitados à produção de provas de ofício.[42]

85. *O oferecimento e a admissão das provas no civil law.* São diversos os mecanismos processuais para o oferecimento e a admissão das provas usados nos sistemas de *civil law*. Em geral, esses mecanismos são bastante simples: o sistema básico consiste em que as partes busquem e encontrem por si mesmas – fora do processo e especialmente antes que esse tenha seu início – as provas que possam utilizar, e então solicitem a admissão daquelas que considerem relevantes e admissíveis. Normalmente, faz-se essa solicitação com as primeiras alegações ou em uma etapa inicial do processo, porém podem ser admitidas solicitações posteriores quando necessário, por exemplo, quando forem alegados novos fatos ou forem descobertas novas provas. As solicitações das partes são admitidas ou rechaçadas de acordo com os critérios de relevância e admissibilidade (ver *supra* cap. II). As provas reais ou documentais deverão ser produzidas em juízo.

Na Alemanha, o princípio geral é de que as partes solicitem a admissão das provas relevantes. Qualquer parte tem a oportunidade de impugnar a admissibilidade ou a relevância das provas apresentadas pela parte adversa. A parte que solicita a admissão de um elemento de prova precisa demonstrar que esse merece ser admitido, além de especificar os fatos que espera provar e o objeto da prova.[43] A decisão do órgão jurisdicional está regulada detalhadamente por disposições específicas segundo as quais esse deve levar em conta todas as situações possíveis e identificar especificamente os elementos de prova admitidos.[44] Algo bastante similar é disposto nos §§ 226, 243 e 277 do Código Processual Civil austríaco.[45]

Dentre as disposições presentes em outros sistemas de *civil law*, as do Código Processual Civil francês parecem particularmente interessantes. Em geral, as partes possuem o dever de oferecer as provas e cooperar em sua produção (arts. 9 e 10). O juiz pode requerer a apresentação de qualquer prova a qualquer momento do processo (art. 144), além de deter o poder de escolher aquela que pode decidir o caso, dando preferência a meios de prova simples e menos onerosos (art. 147). Ademais, a qualquer momento pode o juiz estender ou reduzir a lista de elementos de prova admitidos (arts. 148 e 149). Todas

---

42 Para o caso da Argentina, ver Kielmanovich, 1996: 91. Todavia, o juiz argentino tem a faculdade de convocar testemunhas de ofício (ver *ibidem*, 1996: 184).

43 Ver Murray e Stürner, 2004: 262; Musielak, 1991: 230; Jauernig, 1991: 187; Arens e Lüke, 1992: 210.

44 Ver o Código Processual Civil alemão, §§ 358, 350, 360; Murray e Stürner, 2004: 265; Baumbach, Lauterbach, Albers e Hartmann, 2003: §§ 359, 360; Zpo-Komm, 1987: §§ 358, 359, 360; Engel, 1992: 141; Musielak, 1991: 231; Jauernig, 1991: 188; Arens e Lüke, 1992: 210.

45 Ver Fasching, 1990: 473, 474; 1959-1974: vol. 3, §§ 275, 277; Holzhammer, 1976: 253.

essas questões resolvem-se por meio de ordens que não podem ser questionadas pelas partes. Dentro da sistemática do Código francês, dá-se especial atenção ao papel do juiz ao decidir acerca da admissão das provas e a quando e por quais meios essas serão apresentadas.[46]

Outros sistemas de *civil law* possuem disposições menos sofisticadas. Por exemplo, o Código Processual Civil italiano estabelece que as partes devem fazer seus requerimentos de prova em suas primeiras alegações, indicando os fatos controversos e os meios de prova.[47] Todavia, algumas reformas promulgadas em 1990 e 1995 permitem às partes adiar seus requerimentos a uma audiência específica dedicada somente à decisão do órgão jurisdicional acerca da admissão da prova. Na Espanha, as partes oferecem suas provas ao final de uma audiência, chamada *audiencia previa*, que conclui a fase preliminar do processo, decidindo sobre a sua admissão nessa mesma audiência.[48]

86. *A «descoberta» das provas no common law*. Nos sistemas de *common law*, os mecanismos processuais para o oferecimento e a admissão das provas são diferentes devido à distinta estrutura do procedimento de primeira instância. A característica peculiar mais importante de tais sistemas é a distinção entre as fases *pre-trial* (preliminar ao juízo) e *trial*, e especificamente a *discovery* (descoberta) das provas, que é o núcleo da fase preliminar. Tanto na Inglaterra, quanto nos Estados Unidos, a petição inicial e a defesa devem identificar a ação proposta.[49] Essas alegações podem incluir uma descrição dos fatos que sustentam suas pretensões, porém – especialmente sob o sistema de *notice pleading* introduzido pelas *Federal Rules of Civil Procedure* estadunidenses – não é necessário que se faça uma definição pormenorizada desses fatos.[50] Em caso algum, todavia, as alegações iniciais incluem a oferta ou o requerimento de provas das partes. De fato, as provas são «descobertas» pelas partes na

---

46 Sobre o sistema francês, consulte-se Vincent e Guinchard, 2003: 540, 808, 816, 822; Cadiet, 2000: 508, 518, 521; Blanc, 1974: 15.

47 Ver o Código Processual Civil italiano, arts. 163, 167, 183; Comoglio, Ferri e Taruffo, 1998: 250, 557; Carpi e Taruffo, 2002: 503, 524, 563, 574.

48 Ver o art. 414 do Código Processual Civil espanhol; Montero Aroca, 2002: 139; Gómez Colomer, 2000: 272; De la Oliva Santos e Díez-Picazo Giménez, 2000: 274.

49 O tema da função das alegações e sua história é extremamente complexo e não pode ser aqui analisado. Sobre o sistema inglês, ver, principalmente, Zuckerman (2003: 125, 216), que descreve a situação depois das *Rules of Civil Procedure* de 1999. Sobre a regulação anterior na Inglaterra, ver, em geral, Jacob, 1987: 87; Dennis, 1999: 17; Grivart de Kerstrat, 1981: 47. Sobre o sistema estadunidense, ver, principalmente, James, Hazard e Leubsdorf, 1992: 137; Friedenthal, Kane e Miller, 1985: 237; Wright e Miller, 1969-1986: vol. 4, 153; vol. 5, 9.

50 Ver, principalmente, James, Hazard e Leubsdorf, 1992: 145; Friedenthal, Kane e Miller, 1985: 252; Wright e Miller, 1969-1986: vol. 5, 63; Giannelli, 2003: 23. Não obstante, pode-se exigir uma descrição específica dos fatos nos estados que seguem o sistema de *fact pleading* ou de *code pleading* (cfr. Hazard, Tait e Fletcher, 1999: 619). Também na jurisdição federal, todavia, uma descrição específica dos fatos é frequentemente posta em prática; ver Hazard, Tait e Fletcher, 1999: 620; Marcus, 1986: 433.

fase preliminar (*pre-trial*) e, portanto, não podem ser identificadas nas alegações iniciais. A *discovery* desempenha, precisamente, a função de permitir às partes conhecer quais elementos de prova estão na posse ou sob o controle da outra parte. Por conseguinte, cada parte tem a obrigação de revelar às outras os elementos de prova que detém.[51] Cumprida tal obrigação apropriadamente, todas as partes lograrão um conhecimento adequado de todos os meios de prova disponíveis para a apresentação em juízo. Se, por ventura, alguma prova não for voluntariamente revelada, uma parte pode obter junto ao juiz uma ordem dirigida à outra parte para que o faça.[52]

Na Inglaterra, a *discovery* limita-se essencialmente a documentos e a provas tangíveis e, por sua vez, não se admite em relação às provas testemunhais e privilegiadas.[53] Nos Estados Unidos, a *pre-trial discovery* é muito mais abrangente e inclui a possibilidade de «descobrir» todos os meios de prova relevantes acerca da matéria controversa.[54] Por conseguinte, todas as partes podem – ao menos virtualmente – conhecer previamente todos os elementos de prova que podem ser apresentados por qualquer outra parte em juízo. Cada uma das partes pode inspecionar cada prova real ou documental, obter informações acerca dos peritos, interrogar as outras partes, as possíveis testemunhas e peritos, além de obter declarações escritas.[55] A única limitação diz respeito às provas afetadas por privilégios, essas insuscetíveis de serem «descobertas».[56] Em seu desenvolvimento recente, a *discovery* converteu-se em um mecanismo que funciona também para a definição dos fatos do caso, uma vez que, em geral, tais fatos não são previamente enunciados em detalhes nas alegações das partes: os fatos alegados são revelados pela descoberta da sua prova, de modo que vão se definindo, passo a passo, durante o desenvolvimento da própria *discovery*.[57] A *discovery* é, pois, um mecanismo jurídico por meio do qual os fatos são identificados e as provas são reveladas e verificadas antecipadamente por todas as partes. Tomando por base essa revelação e o «descobrimento» formal ou informal das provas,[58] as partes selecionam

---

51 Ver a *Rule 26(a)* das *Federal Rules of Civil Procedure*; James, Hazard e Leubsdorf, 1992: 231. Para o sistema inglês, consulte-se Andrews, 2003: 595; Zuckerman, 2003: 462; *Civil Procedure Rules*, 31.2 e 31.3.

52 Ver a *Rule 31.5* das *Civil Procedure Rules* da Inglaterra; Zuckerman, 2003: 466.

53 Cfr., em geral, Zuckerman, 2003: 467; Jacob, 1987: 93; Dennis, 1999: 52; Grivart de Kerstrat, 1981: 210, 279.

54 Ver a *Rule 26(b)(1)* das *Federal Rules of Civil Procedure*. Ver, em geral, Hazard e Taruffo, 1993: 114; James, Hazard e Leubsdorf, 1992: 231; Friedenthal, Kane e Miller, 1985: 381; Haydock e Herr, 1983: 87, 183, 231.

55 Cfr. a regulação detalhada dos distintos mecanismos de *discovery* nas *Federal Rules of Civil Procedure*, 27-36.

56 Ver a *Rule 26(b)(1)*; Hazard, Tait e Fletcher, 1999: 902.

57 Cfr. Haydock e Herr, 1983: 9, 17; James, Hazard e Leubsdorf, 1992: 248.

58 A *discovery* informal é usualmente realizada pelos advogados estadunidenses sem o recurso aos mecanismos juridicamente estabelecidos, muitas vezes antes mesmo de iniciar o processo.

os meios de prova que consideram realmente relevantes e que apresentarão em juízo. Quando o caso chega a juízo, as provas são admitidas (ou não) de acordo com os critérios gerais de relevância e admissibilidade: esses critérios aplicam-se aqui estritamente, enquanto na fase preliminar da *discovery* são admitidos mais amplamente. Os meios de prova irrelevantes ou inadmissíveis podem ser excluídos no curso ou ao final da fase preliminar, especialmente na denominada *pre-trial conference*.[59] Em geral, todavia, cada elemento de prova é admitido ou excluído quando apresentado em juízo, mediante uma decisão imediata do juiz, levando-se em consideração também as objeções levantadas pelas outras partes.[60]

87. *A produção das provas*. As provas que são admitidas precisam ser produzidas perante o juiz. As características processuais da produção das provas dependem, em boa medida, da estrutura geral do processo. Por essa razão, utilizam-se distintos procedimentos nos sistemas de *common law* e na maioria dos sistemas de *civil law*.

O modelo típico do *common law* caracteriza-se pela existência de um juízo concentrado no qual se apresentam todas as provas, em uma ou em algumas audiências, em uma sequência ininterrupta. Na história dos sistemas de *common law* tal providência foi necessária pela presença do júri como julgador dos fatos; porém, ainda que o julgamento pelo júri seja o modelo básico, os julgamentos sem a sua presença têm se tornado cada vez mais frequentes.[61] O «*modelo de juízo concentrado*» é bastante popular também em diversos sistemas de *civil law*, pois garante a apresentação célere e concentrada de todos os meios de prova relevantes em uma ou em algumas audiências. Por exemplo, o sistema alemão é centrado no chamado *Hapttermin*, no qual todas as provas são produzidas,[62] modelo que também é seguido em outros países.[63] Um sistema similar é adotado pelo Código Processual Civil espanhol, em seu art. 290, segundo o qual todas as provas relevantes devem ser apresentadas em uma única audiência.[64]

Ver Hazard, Tait e Fletcher, 1999: 905.

59 Ver Wright e Miller, 1969-1986: vol. 6, 588; Giannelli, 2003: 25.

60 Cfr. James, Hazard e Leubsdorf, 1992: 365; Friedenthal, Kane e Miller, 1985: 457.

61 Sobre o processo inglês, ver Zuckerman, 2003: 647; Andrews, 2003: 773; Jacob, 1987: 148. Sobre o processo nos Estados Unidos, ver, em geral, Hazard e Taruffo, 1995: 128; James, Hazard e Leubsdorf, 1992: 313; Friedenthal, Kane e Miller, 1985: 454.

62 Ver o Código Processual Civil alemão, §§ 278 e 368; Murray e Stürner, 2004: 249; Münchener, 2000-2002: §§ 273 e 278; Baumbach, Lauterbach, Albers e Hartmann, 2003: §§ 278 e 368; Musielak, 1991: 55; Jauernig, 1991: 68; Arens e Lüke, 1992: 138, 147.

63 Na Itália, um juízo concentrado na produção das provas é previsto para os processos trabalhistas; ver o Código Processual Civil, art. 420; Carpi e Taruffo, 2002: 1287; Tarzia, 1999: 113; Luiso, 1992: 164, 199.

64 Ver, *e. g.*, Montero Aroca, 2002: 145.

Esse modelo parece eficaz para garantir a aplicação dos princípios gerais acerca da produção da prova nos processos civis modernos. Na realidade, tais princípios são tradicionais nos sistemas de *common law*, enquanto que na tradição europeia são o resultado de um longo e complexo desenvolvimento histórico relativo à mudança da tradição de complicados procedimentos escritos ao moderno modelo de juízos orais e concentrados.[65]

88. *A produção da prova oral*. Um dos princípios mais importantes relativos à produção da prova é o princípio da oralidade. Tal princípio requer que a prova seja produzida através do interrogatório oral das partes, das testemunhas e dos peritos. A produção escrita admite-se somente em casos excepcionais ou em procedimentos especiais.[66] A implementação do princípio da oralidade implica também outro princípio: o do contato imediato do julgador com a prova que é produzida. Esse contato direto é garantido por meio da produção oral da prova e é habitualmente considerado condição necessária para a adequada valoração das provas, tendo em vista uma decisão verdadeira e confiável sobre os fatos.[67] Outro princípio correlato é aquele que exige a produção concentrada das provas em uma ou em algumas audiências, característica inerente à prática oral da prova, e condição necessária à celeridade dos procedimentos.[68]

Os princípios sintetizados sob o rótulo da «oralidade» possuem forte influência sobre os sistemas modernos de *civil law* e têm sido a inspiração de diversas reformas ocorridas no curso do século XX. Dentre as reformas processuais recentes, um exemplo interessante é o do Código Processual Civil espanhol, no qual os princípios da oralidade, da concentração e do contato imediato do juiz com as provas foram implementados.[69] Tais princípios, todavia, não são aplicados de maneira geral e completa. De fato, cumpre ressaltar que alguns sistemas de *civil law* não adotam o «*modelo de juízo concentrado*» para a produção da prova e tampouco aplicam os princípios da oralidade, concentração e do contato imediato do juiz. Assim, por exemplo, o procedimento ordinário italiano para a produção da prova baseia-se em uma sequência fragmentada de audiências que podem ser distribuídas em um longo período de tempo, com demora prolongada entre as distintas audiências (uma espécie de processo «à prestação»). Dessa maneira, não há concentração alguma na produção da prova. O contato imediato do julgador

---

65 Ver, em geral, CAPPELLETTI, 1971.

66 Da extensa bibliografia acerca desse tema, ver, principalmente, CAPPELLETTI, 1971; ARENS, 1971; MUSIELAK, 1991: 62; JAUERNIG, 1991: 87; ARENS e LÜKE, 1992: 18.

67 Ver, por exemplo, MURRAY e STÜRNER, 2004: 184, 273; PANTLE, 1990: 15, 25, 108; KOUKOUSELIS, 1990: 8, 58, 172; MUSIELAK, 1991: 64; JAUERNIG, 1991: 89; FASCHING, 1990: 478; CAPPELLETTI, 1971: 89.

68 Cfr. BAUR, 1966; CAPPELLETTI, 1971: 89.

69 Ver, *e. g.*, MONTERO AROCA, 2002: 145, 147.

com as provas apresentadas é garantido pela identidade pessoal do juiz, porém os benefícios desse contato imediato debilitam-se pelo longo tempo que é geralmente necessário para que se ponha fim à produção probatória. Ademais, em alguns casos em que o órgão jurisdicional é composto por um colegiado de juízes, apresentam-se as provas apenas a um deles. Por conseguinte, os outros membros do colegiado não têm qualquer contato com as provas e simplesmente dependerão de um registro escrito da sua produção.[70] Na França, por sua vez, aplica-se um sistema similar de produção não concentrada das provas em várias audiências, com uma aplicação limitada do princípio da oralidade e do contato imediato do juiz.[71]

89. *A participação das partes.* Outro princípio geral e fundamental aplicado em todos os sistemas probatórios modernos é o da «*participação das partes*» na produção da prova. Esse princípio é geralmente concebido como um aspecto essencial da garantia do devido processo legal na jurisdição civil.[72] O princípio é inerente àqueles sistemas, como os de *common law*, onde a produção da prova é essencialmente desempenhada pelas partes (ver *infra* § 90). É menos óbvio, entretanto, em alguns sistemas de *civil law*, nos quais a produção da prova é desempenhada principalmente pelo juiz (ver também *infra* § 90). Nesses sistemas, a participação das partes na produção probatória é geralmente assegurada por meio de disposições legais específicas e/ou normas constitucionais.[73]

90. *Técnicas de interrogatório oral.* As provas orais são produzidas por meio de um interrogatório das pessoas que podem fornecer ao tribunal seu conhecimento acerca dos fatos relevantes. Todavia, mecanismos processuais diversos podem ser utilizados para o interrogatório das partes, das testemunhas e dos peritos. Nesse âmbito, há uma distinção geral entre os sistemas de *common law* e os sistemas de *civil law*, ainda que em alguns casos tal distinção tenha sido superada.

a) Os sistemas de *common law* utilizam sua técnica tradicional de interrogatórios realizados pelos advogados das partes. O papel do juiz é o de um árbitro passivo, cuja função consiste unicamente em resolver os problemas e

---

70 Ver os arts. 188 e 202-262 do Código Processual Civil italiano; também Carpi e Taruffo, 2002: 620, 648-789.

71 Ver, em geral, Vincent e Guinchard, 2003: 822.

72 Cfr., por exemplo, Comoglio, 1989: 6, 26; Cappelletti e Tallon, 1973: 741.

73 Ver o Código Processual Civil alemão, § 357; Murray e Stürner, 2004: 308; Baumbach, Lauterbach, Albers e Hartmann, 2003: § 357, n. 1-2; Zpo-Komm, 1987: § 357, n. 1; Musielak, 1991: 233; Jauernig, 1991: 190; Arens e Lüke, 1992: 213; Schlosser, 1983: 266; o Código Processual Civil austríaco, § 281; Fasching, 1990: 914; o Código Processual Civil francês, arts. 16 e 160-162; Vincent e Guinchard, 2003: 821; o Código Processual Civil italiano, art. 206; Carpi e Taruffo, 2002: 656; Taruffo, 1992a: 401; Tarzia, 1984: 635; o Código Processual Civil espanhol, art. 289.1; Montero Aroca, 2002: 52.

conflitos que possam surgir no curso do interrogatório. Tal técnica, usada para qualquer tipo de prova oral, inclui diversas fases. A primeira fase é a *direct examination* ou *examination in chief* e é realizada pelo advogado da parte que convocou a testemunha. Esse interrogatório tem o propósito principal de obter da testemunha respostas que, espera-se, sejam favoráveis à versão dos fatos sustentada pela parte.[74] O interrogatório direto é um mecanismo sofisticado que segue diretrizes táticas complexas, dando a devida atenção ao aspecto psicológico da pessoa interrogada.[75] É regulado por disposições especiais[76] e seu objetivo geral é apresentar uma «história» consistente e crível dos fatos em litígio que deve ser construída com base nas respostas da testemunha.[77] Por sua vez, utilizam-se táticas especiais para interrogar testemunhas «hostis» ou «adversas».[78]

Quando finalizado o interrogatório direto de uma testemunha, o advogado da parte contrária pode realizar um interrogatório cruzado (*cross-examination*) da testemunha. Parece que os sistemas de *common law* ainda partilham da famosa máxima de Wigmore, segundo a qual o interrogatório cruzado ou contrainterrogatório é *«o melhor instrumento jurídico jamais inventado para a descoberta da verdade»*.[79] De qualquer forma, os objetivos do interrogatório cruzado são ao menos dois: o primeiro é obter da testemunha algumas respostas que podem ser favoráveis à parte que o realiza;[80] o segundo, e provavelmente mais importante, é provocar o impedimento da testemunha adversa

---

74 Ver Mauet e Wolfson, 2001: 43, 79, 129, 169, 245; Giannelli, 2003: 235; Mauet, 1992: 71; Dombroff, 1985: 1; Spellmann, 1968; Bodin, 1976: 331. Por vezes, permite-se um testemunho narrativo, porém se prefere o método tradicional de perguntas e respostas. Ver Mueller e Kirkpatrick, 2003: 567.

75 Ver, por exemplo, Tigar, 2003: 47, 79, 107, 125.

76 Cfr., especialmente, a *Rule* 611(c) das *Federal Rules of Evidence*, que proíbe as chamadas «perguntas capciosas», cujo propósito é influenciar a testemunha insinuando a sua resposta; ver Saltzburg, Martin e Capra, 2002: vol. 3, 611-12; Mauet, 1992: 80; Graham, 2003: 201; 2002: 48; Lubet, 2000: 34; Mauet e Wolfson, 2001: 67; Mueller e Kirkpatrick, 2003: 574; Weinstein e Berger, 1975: vol. 3, 611-54; Saltzburg e Redden, 1977: 367, 374; Dombroff, 1985: 35. Sobre uma regra similar na Inglaterra, ver Jacob, 1987: 163. Outra regra proíbe as perguntas dirigidas a provocar a expressão de opiniões ou conclusões pessoais da testemunha; essas opiniões ou conclusões, porém, podem ser admitidas se fundadas racionalmente na percepção da testemunha e se forem úteis para a compreensão do testemunho ou para a determinação de um fato em litígio. Ver a *Rule* 701 das *Federal Rules of Evidence*; Saltzburg, Martin e Capra, 2002: vol. 3, 701-3; Graham, 2003: 227; 2002: 287; Lubet, 2000: 36; Mauet e Wolfson, 2001: 58; Weinstein e Berger, 1975: vol. 3, 701-1; Saltzburg e Redden, 1977: 408; Dombroff, 1985: 39. Por outro lado, admitem-se, em geral, as opiniões do perito (ver a *Rule* 702; Graham, 2003: 230; Saltzburg e Redden, 1977: 413; Dombroff, 1985: 122).

77 Ver, em geral, as referências assinaladas *supra* na nota 74 e, especificamente, Mauet, 1992: 74, 111, 139, 141; Hays, 1976: 365; Cross e Tapper, 1990: 269.

78 Ver, *e. g.*, Saltzburg, Martin e Capra, 2002: vol. 3, 611-13; Mauet, 1992: 146; Mueller e Kirkpatrick, 2003: 577; Graham, 2002: 51; Cross e Tapper, 1990: 295.

79 Cfr. Wigmore, 1983: vol. 5, 29.

80 Ver Mauet, 1992: 146; Cross e Tapper, 1990: 303.

demonstrando que não é confiável e que carece de credibilidade, por ter um interesse pessoal na causa ou qualquer outra razão, levantar dúvidas acerca da sua personalidade, bem como desacreditar seu testemunho por qualquer outro motivo.[81] O contrainterrogatório é também uma técnica muito sofisticada. Uma preparação cuidadosa do caso é requerida com o propósito de se realizar o interrogatório cruzado de maneira adequada e vantajosa e, em especial, para se ter êxito no descrédito da testemunha adversa.[82] Cumpre ressaltar que há uma importante diferença entre o contrainterrogatório na Inglaterra e nos Estados Unidos. Na Inglaterra, o contrainterrogatório pode versar sobre qualquer assunto relevante do caso e, portanto, também sobre fatos não abordados no curso do interrogatório direto.[83] Nos Estados Unidos, por outro lado, a testemunha pode ser contrainterrogada somente sobre os fatos abordados no curso do interrogatório direto.[84]

Quando finalizado o contrainterrogatório, a parte adversa pode realizar um reinterrogatório direto (*re-direct examination*) da mesma testemunha com o objetivo de contrabalançar os efeitos negativos produzidos por um contrainterrogatório exitoso.[85]

No contexto desse complexo instrumental regido pelas partes, o juiz tende a desempenhar o papel de árbitro. Todavia, mesmo quando a produção das provas é centrada nas partes, o juiz possui uma função relevante a cumprir. Sua tarefa principal é operar para que o interrogatório realize-se dentro dos limites da equidade, além de resolver qualquer problema que surja no seu curso. A *Rule 611(a)* das *Federal Rules of Evidence* dispõe que «*o juiz exercerá um controle racional sobre o modo e a ordem de interrogatório das testemunhas e da produção das provas de forma que: (1) o interrogatório e a produção da prova sejam efetivos para a determinação da verdade; (2) se evite o dispêndio de tempo desnecessário; e (3) se proteja as testemunhas do assédio ou da exposição indevidos*».[86] Ademais, o juiz deve decidir sobre as objeções

---

81 A lista de possíveis razões para o impedimento de uma testemunha e o descrédito de seu testemunho é bastante ampla. Ver Mauet e Wolfson, 2001: 365, 381; Tigar, 2003: 199, 237; Lubet, 2000: 76, 117; Graham, 2002: 434; Mauet, 1992: 225, 234; Dombroff, 1985: 170; Bodin, 1976: 433, 475; Gallagher, 1976: 537.

82 O resultado ideal de um contra-interrogatório é aquele em que o testemunho adverso «*é praticamente aniquilado*»; ver Jacob, 1987: 164. É comum encontrar definições semelhantes na doutrina estadunidense; ver, *e. g.*, Bodin, 1976: 433; Dombroff, 1985: 170.

83 Ver Jacob, 1987; Curzon, 1986: 47.

84 Ver a *Rule* 611(b) das *Federal Rules of Evidence*; Saltzburg, Martin e Capra, 2002: vol. 3, 611-3; Graham, 2002: 429; 2003: 206; Mueller e Kirkpatrick, 2003: 581; Giannelli, 2003: 238; Weinstein e Berger, 1975: vol. 3, 611-24; Saltzburg e Redden, 1977: 366.

85 Cfr. Cross e Tapper, 1990: 311; Jacob, 1987: 164; Mauet, 1992: 150; Lubet, 2000: 161; Dombroff, 1985: 103.

86 Ver Graham, 2002: 47; 2003: 200; Saltzburg e Redden, 1977: 363; Mueller e Kirkpatrick, 2003: 570; Lempert, Gross e Liebman, 2000: 140; Weinstein e Berger, 1975: vol. 3, 611-3. Sobre regra similar na Inglaterra, ver Jacob, 1987: 167.

levantadas pelas partes durante o interrogatório.[87] O juiz pode, ainda, interferir no interrogatório realizado pelos advogados das partes, formulando questões diretamente à testemunha, geralmente com o objetivo de obter explicações adicionais acerca de suas respostas.[88] Pode, também, convocar testemunhas de ofício (ver *supra* § 83); nesse caso, serão interrogadas e contrainterrogadas da maneira habitual.

b) Na maioria dos sistemas de *civil law*, o equilíbrio entre os papéis das partes e do juiz na produção da prova oral é justamente o oposto, exercendo o juiz um papel dominante. O interrogatório das testemunhas, das partes e dos peritos, como princípio geral, inclui-se entre as funções do juiz. Diversas disposições incluídas nos mais variados códigos processuais assinalam expressamente que o interrogatório é realizado pelo juiz.[89] Normalmente, o juiz interroga a testemunha com base nas afirmações de fato carreadas pelas partes ao solicitarem a admissão de um testemunho e admitidas pelo juiz.[90] Por vezes se permite à testemunha narrar livremente o que sabe sobre os fatos.[91] O juiz, por sua vez, pode dirigir à testemunha perguntas com o propósito de obter explicações necessárias à compreensão do significado preciso do testemunho ou das afirmações feitas pelas partes ou pelos peritos.[92] Pode o juiz, ainda, interrogar a testemunha acerca de suas possíveis relações com as partes ou com o objeto da causa. Finalmente, o juiz tem a faculdade de repetir o interrogatório quando julgar necessário, além de requerer um interrogatório suplementar ou uma acareação entre as testemunhas que tenham dado respostas conflitantes.[93]

O papel das partes nesse tipo de interrogatório é obviamente menor. Por vezes se permite aos advogados das partes que formulem perguntas direta-

---

[87] Para uma análise detalhada de tais objeções, ver Mauet, 1992: 341.

[88] Cfr. a *Rule* 614(b); Saltzburg, Martin e Capra, 2002: vol. 3, 614-10; Mueller e Kirkpatrick, 2003: 599; Weinstein e Berger, 1975: vol. 3, 614-19; Graham, 2003: 222. Com relação ao sistema inglês, ver Jacob, 1987: 167.

[89] Ver, por exemplo, o Código Processual Civil alemão, §§ 375, 394-396, 402 e 451; Murray e Stürner, 2004: 273, 294; Baumbach, Lauterbach, Albers e Hartmann, 2003: §§ 375, 394-396, 402 e 451; Zpo-Komm, 1987: §§ 375, 394-397, 402 e 451; o art. 208 do Código Processual Civil francês; Vincent e Guinchard, 2003: 838; o Código Processual Civil italiano, arts. 230 e 253; Carpi e Taruffo, 2002: 706, 768; Comoglio, 2004a: 464; Taruffo, 1988: 752; o art. 442 do Código Processual Civil argentino; Kielmanovich, 1996: 222.

[90] Cfr., por exemplo, os arts. 230 e 253 do Código Processual Civil italiano. Pelo contrário, o Código Processual Civil francês, em seu art. 213, permite ao juiz interrogar a testemunha sobre qualquer matéria relevante e admissível, inclusive sobre fatos não determinados previamente. Ver Vincent e Guinchard, 2003: 839.

[91] Ver, por exemplo, o Código Processual Civil alemão, § 396, 1; Murray e Stürner, 2004: 295.

[92] Ver, por exemplo, o Código Processual Civil alemão, § 396, 2; o art. 253 do Código Processual Civil italiano; o art. 151.2 do Código Modelo Latino-americano.

[93] Ver, por exemplo, o Código Processual Civil alemão, §§ 392, 394.2, 395, 398; o Código Processual Civil francês, arts. 210 e 215; o Código Processual Civil italiano, arts. 252, 254 e 257.

mente à pessoa submetida ao interrogatório,[94] porém, normalmente, somente se pode requerer ao juiz que se façam as perguntas, cabendo a ele a decisão final sobre a admissão ou não dessas questões.[95]

Está claro, portanto, que a produção da prova oral nos sistemas de *civil law* é um mecanismo oficial e burocrático centrado no juiz.[96] Ele possui todo e qualquer poder necessário para interrogar as testemunhas com o propósito de obter a verdade acerca dos fatos em litígio.[97] Todavia, esse papel do juiz concerne somente ao modo pelo qual a testemunha é interrogada, enquanto a definição dos fatos objeto da prova oral corresponde, em ampla medida, às partes.

Não obstante, deve ser enfatizado que alguns sistemas de *civil law* recentemente abandonaram a tradicional técnica do interrogatório realizado pelo juiz e adotaram algumas formas de interrogatório direto e contrainterrogatório realizadas pelas partes. Os principais exemplos são aqueles da Espanha,[98] da Argentina[99] e do Japão.[100]

Frente a esses dois modelos básicos de produção da prova oral, poder-se-ia indagar sobre qual deles pode ser mais efetivo para a obtenção de testemunhos confiáveis e precisos sobre os fatos em litígio. Esse é um problema complexo que não possui soluções claras. Por um lado, os defensores do método centrado nas partes afirmam – acompanhando Wigmore – que tal modelo é especialmente eficiente para a busca da verdade, pois o enfrentamento dos motivados advogados das partes é o melhor meio para induzir uma testemunha a dizer tudo o que sabe e para verificar a sua credibilidade.[101] Todavia, não parece que a competição entre as partes interessadas seja um meio racional de busca da verdade.[102] Além disso, os abusos, aparentemente frequentes, na prática estadunidense do contrainterrogatório tornam difícil crer que esse seja um meio adequado de induzir a testemunha contrainterrogada a dizer a verdade. O método centrado nas partes, mais geralmente, parece estar vinculado com

---

94 Ver, por exemplo, o Código Processual Civil alemão, § 397; MURRAY e STÜRNER, 2004: 296.

95 Cfr., *e. g.*, o art. 253.2 do Código Processual Civil italiano; o Código Processual Civil francês, art. 214; o Código Processual Civil espanhol, art. 652.

96 Ver DAMAŠKA, 1986: 161.

97 Ver DAMAŠKA, 1986: 162.

98 Cfr. o Código Processual Civil espanhol, arts. 368 e 370.1; MONTERO AROCA, 2002: 304. GÓMEZ COLOMER (2000: 266) ressalta, todavia, que o Código espanhol não estabelece expressamente o contrainterrogatório. O juiz possui, de qualquer maneira, o poder de formular mais perguntas à testemunha. Ver o art. 372.2 e MONTERO AROCA, 2002: 307.

99 Ver KIELMANOVICH, 1996: 225.

100 Ver o art. 202 do Código Processual Civil japonês; ver, também, TANIGUCHI (1997: 774), o qual ressalta que esta regra prevê um papel ativo do juiz, embora as partes ainda interroguem as testemunhas, como disposto em 1948 por influência estadunidense.

101 Para uma avaliação crítica deste enfoque, ver DAMAŠKA, 1997: 99, 123.

102 Ver, principalmente, DAMAŠKA, 1997: 101, 123; LANGBEIN, 1985: 338.

os modelos de processo civil orientados exclusivamente à resolução dos conflitos a qualquer custo, nos quais vencer a disputa é muito mais importante do que descobrir a verdade.[103] Por outro lado, também poder-se-ia questionar sobre se um interrogatório realizado por um juiz pode ser mais efetivo para a obtenção de informações completas e precisas da testemunha acerca dos fatos em litígio. Na realidade, o juiz pode não estar especialmente interessado na busca da verdade, uma vez que pode interpretar seu papel no processo de uma maneira formalística e burocrática,[104] ou porque talvez prefira não intervir no modo pelo qual as partes dirigem a causa, tampouco investigar os fatos além dos limites por elas definidos. Assim, o interrogatório de uma testemunha pode ser penetrante ou superficial, dependendo da inclinação pessoal do juiz em cada caso. Não há provas claras e convincentes acerca da prática dos juízes nos sistemas de *civil law*, porém parece que em muitos casos – talvez com exceção da Alemanha – os juízes não são especialmente ativos na busca da verdade fazendo uso efetivo dos seus poderes no interrogatório das testemunhas. Quando um juiz não é especialmente ativo ao interrogar uma testemunha, como ocorre com bastante frequência, o resultado provável do testemunho é provavelmente inexato e dificilmente útil para a descoberta da verdade dos fatos.

91. *A produção das provas reais e documentais.* Os problemas relativos à produção das provas reais e documentais são bastante diversos. Geralmente as coisas e os documentos são apresentados ou exibidos perante o juiz, porém os aspectos processuais dessa apresentação ou exibição podem ser distintos.

Nos sistemas de *civil law*, esses aspectos são simples. Quando uma parte deseja aportar um documento, basta apresentá-lo perante o juiz.[105] Por vezes, basta juntá-lo aos autos do processo.[106] Em outras situações o documento precisa ser entregue diretamente à outra parte, além de se integrar às provas da causa.[107] Segundo o art. 265.1 do Código Processual Civil espanhol, por exemplo, as partes estão obrigadas a apresentar os documentos relevantes juntamente com as suas primeiras alegações, portanto, na petição inicial ou na contestação.[108]

Nos sistemas de *common law*, o procedimento para a apresentação de um meio de prova real ou documental é um pouco mais complexo. Essa caracte-

---

103 Ver Damaška, 1997: 101, 123.

104 Ver, especialmente, Damaška, 1986: 162.

105 Ver, por exemplo, o Código Processual Civil alemão, § 420; Baumbach, Lauterbach, Albers e Hartmann, 2003: § 420, n. 1-3; Zpo-Komm, 1987: § 420.

106 Ver, *e. g.*, os arts. 165 e 166 do Código Processual Civil italiano; Carpi e Taruffo, 2002: 519, 524.

107 Este é o caso da *communication des pièces* na França. Ver os arts. 132-137 do Código Processual Civil francês; Vincent e Guinchard, 2003: 793; Cadiet, 2000: 505.

108 Ver Montero Aroca, 2002: 209.

rística é especialmente clara no processo federal estadunidense, cuja principal norma a respeito é a *Rule 901* das *Federal Rules of Civil Procedure*. Segundo essa regra, um meio de prova real ou documental pode ser admitido somente quando «autenticado» ou «identificado», isto é, quando houver alguma «*prova suficiente para respaldar a conclusão de que as coisas são como o defensor sustenta que sejam*». São vários os mecanismos que são utilizados para satisfazer essa condição de admissibilidade dos elementos de prova no processo.[109]

O problema de se apresentar uma prova real ou de se exibir um documento torna-se muito mais complexo quando uma parte tem o ônus de produzir uma coisa ou documento, porém esses se encontram em poder da outra parte ou de um terceiro estranho ao processo. Nos sistemas de *common law*, esse problema geralmente surge na fase preliminar da *discovery* (ver *supra* § 86), quando uma parte precisa inspecionar um documento que não está em seu poder, não sendo esse disponibilizado espontaneamente pela outra parte. Em tal caso, nos Estados Unidos, a parte prejudicada pode obter do órgão jurisdicional uma *subpoena*, isto é, uma ordem dirigida à parte que se negou a disponibilizá-lo ou ao terceiro para que exiba o documento ou permita a sua inspeção. O descumprimento da *subpoena* é punido como uma desobediência ao tribunal (*contempt of court*) ou, ainda, como um caso de «abuso».[110] No sistema inglês existe algo semelhante, no qual a parte interessada pode obter uma ordem de «descoberta» dos documentos e o seu descumprimento é sancionado pelo juiz.[111]

Nos sistemas de *civil law* o problema surge também quando uma das partes precisa apresentar um documento que não está em seu poder. Vários mecanismos são utilizados para provocar uma ordem do juiz compelindo a outra parte ou um terceiro a exibir o documento.

No Código Processual Civil alemão, uma regulação detalhada da ordem de exibição é disposta nos §§ 421-436. A parte interessada formula um requerimento detalhado: se o documento for relevante e o requerimento estiver bem fundamentado, o juiz ordenará à outra que o exiba; se a parte não cumprir a ordem, o juiz poderá considerar os fatos provados em seu prejuízo.[112] Um procedimento similar aplica-se quando o documento está em poder de um

---

[109] A *Rule 901* inclui uma lista exemplificativa destes mecanismos. Ver Graham, 2003: 399; Lempert, Gross e Liebman, 2000: 1151; Lempert e Saltzburg, 1982: 55, 146, 1045; Mueller e Kirkpatrick, 2003: 1000; Saltzburg e Redden, 1977: 641; Mauet, 1992: 153.

[110] Ver, em geral, Friedenthal, Kane e Miller, 1985: 405; James, Hazard e Leubsdorf, 1992: 244; Dondi, 1985: 175.

[111] Ver Jacob, 1987: 94; Dondi, 1985: 143.

[112] Cfr. Murray e Stürner, 2004: 278.

terceiro estranho ao processo ou de um funcionário público.[113] Uma reforma promulgada em 2002 introduziu uma versão revisada do § 142, segundo a qual o juiz está investido de um poder geral para ordenar a exibição de documentos relevantes na posse de uma das partes ou de um terceiro, quando referidos por alguma das partes.[114] O descumprimento por parte de um terceiro é sancionado como uma espécie de desobediência (*contempt*);[115] todavia, de acordo com uma opinião bastante difundida, a ordem pode ser executada de forma direta.[116] Um sistema equivalente é empregado na Áustria, onde se estabelece expressamente que uma ordem dirigida a um terceiro pode ser executada de forma direta.[117]

A regulação francesa sobre essa matéria também tem por objeto garantir a exibição dos documentos relevantes. Se uma das partes não entregar um documento à outra parte, uma ordem do juiz poderá forçá-la a entregá-lo àquela que o necessita. Essa ordem é sancionada por uma *astreinte*, ou seja, uma condenação a pagar à outra parte uma quantia em dinheiro, fixada pelo juiz, por dia de atraso ou descumprimento.[118] Se o documento estiver em poder de um terceiro, uma ordem de exibição será igualmente emitida pelo juiz: essa ordem identificará o documento e indicará a forma de sua apresentação. Essa ordem pode ser diretamente executada quando necessário, além do seu descumprimento também poder ser sancionado por uma *astreinte*. O terceiro, por sua vez, pode objetar a ordem quando tiver uma razão jurídica para não a cumprir.[119] O sistema italiano, de certa forma, segue o modelo francês, porém prevê sanções bastante brandas para o caso do descumprimento de uma ordem de exibição. Quando uma das partes não cumpre a ordem, a opinião dominante afirma que o juiz pode considerar esse comportamento como prova circunstancial prejudicial a essa parte; com relação ao descumprimento por terceiro, é prevista a aplicação de uma multa com valor irrisório.[120] O terceiro também pode objetar a ordem se possuir uma razão jurídica para fazê-lo.[121]

---

113 Ver, em geral, Baumbach, Lauterbach, Albers e Hartmann, 2003: §§ 421-436; Zpo-Komm, 1987: §§ 421-436; Jauernig, 1991: 199; Arens e Lüke, 1992: 226.

114 Ver, por exemplo, Gherlein, 2001: 114; Rimmelspacher, 2002: 101.

115 Cfr. Murray e Stürner, 2004: 278.

116 Ver Dondi, 1985: 119; Schellhammer, 1982: 397.

117 Ver o Código Processual Civil austríaco, §§ 303-309; Fasching, 1990: 501.

118 Ver os arts. 133 e 134 do Código Processual Civil francês; Vincent e Guinchard, 2003: 794; Dondi, 1985: 91.

119 Ver os arts. 138-141 do Código Processual Civil francês; Vincent e Guinchard, 2003: 797.

120 Estas sanções não estão previstas diretamente para a recusa da exibição de um documento; aplicam-se por interpretação analógica da regra (prevista no art. 118 do Código Processual Civil) que regula o descumprimento de uma ordem de inspeção; ver, principalmente, Dondi, 1985: 60; Comoglio, 2004a: 589; Comoglio, Ferri e Taruffo, 1998: 677.

121 Ver os arts. 210 e 211 do Código Processual Civil italiano; Carpi e Taruffo, 2002: 665, 673; Comoglio, 2004a: 585.

Teoricamente todos os sistemas orientam-se no sentido de garantir uma possibilidade razoável de que realmente se apresentem os documentos relevantes, apesar da resistência da parte ou do terceiro que os detenham. Todavia, há diferenças significativas em relação à probabilidade real de que uma ordem do juiz seja cumprida por aqueles a quem se dirige. Isso depende fundamentalmente das sanções previstas para o seu descumprimento: quando as sanções são sérias, como ocorre em muitos sistemas, a probabilidade de que se cumpra a ordem e, por conseguinte, apresente-se realmente o documento, é razoavelmente alta; quando, como ocorre na Itália, por exemplo, as sanções para o descumprimento são excessivamente brandas e fundamentalmente inexistentes, a probabilidade de que realmente se apresente um documento relevante é, por sua vez, baixa.

CAPÍTULO V
A TOMADA DA DECISÃO FINAL

92. *Decidir sobre os fatos*. Como já se disse (ver *supra* capítulo I), a principal função da prova é oferecer ao julgador informação confiável acerca da verdade dos fatos em litígio. Na realidade, ao começo de um procedimento, os «fatos» apresentam-se na forma de enunciados de fato caracterizados pelo *status* epistêmico da incerteza (ver *supra* § 13). De certa forma, portanto, decidir sobre os fatos significa resolver tal incerteza e determinar, a partir dos meios de prova apresentados, se tais enunciados provaram-se verdadeiros ou falsos. Uma vez produzidas todas as provas relevantes e admissíveis, chega o momento de proferir essa decisão. O julgador precisa adotar a prova produzida como o ponto de partida de um raciocínio que deve conduzi-lo a uma conclusão que resolva a incerteza sobre os fatos do caso, estabelecendo quais se provaram verdadeiros.

Passar-se de meios de prova à demonstração dos fatos pode ser simples ou complexo, de acordo com as características específicas de cada caso e com a qualidade e a quantidade das provas apresentadas, bem como com o número e a natureza dos fatos a serem determinados. Quando os fatos são relativamente simples, produzindo-se provas suficientes para cada um deles – que exponham realmente a veracidade ou a falsidade dos respectivos enunciados – então o caso é fácil e proferir a decisão pode ser uma simples operação racional. Todavia, ainda que casos simples possam existir, a prática judicial de qualquer sistema processual moderno mostra que muitos casos são complexos: de fato, a maior parte dos «casos difíceis» (*hard cases*) o são justamente porque as questões de fato são difíceis de resolver, sendo as provas disponíveis complexas e incertas.

Em uma perspectiva comparativa, outro fator de complexidade importante deriva do fato de existirem tipos diferentes de «julgadores dos fatos». Uma decisão sobre os fatos pode seguir distintos padrões dependendo de se tratar o julgador de um júri ou de um juiz, ou de haver apenas um juiz ou um tribunal ou, ainda, juízes profissionais especializados ou tribunais mistos com juízes profissionais e leigos. Essas variações não podem ser aqui examinadas em detalhes, pois concernem à organização dos tribunais e à estrutura global dos processos civis. Por outro lado, os problemas fundamentais relativos à tomada da decisão final sobre os fatos podem ser esboçados sem serem consideradas variações específicas entre sistemas, fazendo-se referência ao modelo simplificado (embora frequentemente real) de um tribunal composto por um único juiz profissional. Devem-se considerar, todavia, outros fatores de complexidade, por influenciarem diretamente a estrutura da decisão sobre os fatos e o papel das provas, mesmo nessa situação simplificada. Esses fatores podem ser examinados considerando-se três tópicos principais: a) a valoração das provas; b) o reconhecimento judicial dos fatos; e c) a tomada de decisões sobre o caso em situações nas quais os fatos principais não tenham sido provados.

A. A VALORAÇÃO DA PROVA

93. *A determinação dos valores probatórios.* A valoração das provas tem por objeto estabelecer a conexão final entre os meios de prova apresentados e a veracidade ou a falsidade dos enunciados relativos aos fatos em litígio. Procura-se estabelecer se e em que grau as provas disponíveis ao julgador sustentam uma conclusão sobre o *status* epistêmico final desses enunciados. Essa definição centra-se no resultado da valoração realizada pelo julgador: um enunciado de fato é provado quando, com base nos elementos de prova, considera-se verdadeiro. Assim, um enunciado de fato é verdadeiro quando devidamente demonstrado por meio das provas produzidas perante o tribunal (ver *supra* capítulo I, *passim*). Do mesmo modo, um enunciado de fato é falso quando se prova inexistente tal fato. Quando um fato não é provado em razão de não haver meios de prova que o sustentem ou quando, apesar da sua existência, esses forem insuficientes para embasar uma conclusão relativa à verdade do enunciado a que se referem, tal enunciado também será considerado falso. Com efeito, quando se trata de alcançar uma decisão final positiva ou negativa acerca da veracidade dos enunciados fáticos, a prova de sua falsidade e a ausência de provas suficientes de sua veracidade são situações equivalentes.

Com o propósito de se esclarecer algumas características do raciocínio que o julgador precisa desempenhar, há uma distinção básica entre abordagens «psicológicas», «racionais» e «jurídicas» da valoração da prova que merece ser ressaltada.[1] A análise psicológica da valoração das provas pertence ao domínio da psicologia e tem por propósito a descrição da dinâmica mental

---

[1] Ver, por exemplo, Twining, 1990: 153-177; Wróblewski, 1971: 410; Taruffo, 1992a: 14.

do julgador. Com efeito, a psicologia pode ser útil para a compreensão de algumas características da prática e da realidade da tomada da decisão sobre os fatos; há algumas pesquisas importantes disponíveis nesse campo.[2] Todavia, a análise psicológica da valoração das provas não se ocupa das características da tomada da decisão que são mais importantes em uma perspectiva racional e jurídica (como a adotada no capítulo I).

Contudo, a escolha de uma perspectiva racional e jurídica para a abordagem da valoração da prova não é algo óbvio. Por exemplo, as correntes irracionais aos problemas da prova e da verdade (ver *supra* § 9) não compartilham dessa perspectiva. Da mesma forma, as teorias que sustentam não ser a prova mais que do um instrumento retórico utilizado pelos advogados com o propósito de persuadir o tribunal a decidir o caso em favor dos seus clientes adotam premissas diferentes e peculiares ao tratar da valoração da prova. Todavia, tais enfoques não possuem contribuições significativas à análise da tomada de decisões sobre os fatos (ver *supra* § 10), podendo, pois, ser postos de lado neste momento.

94. *Prova legal*. Por muitos séculos na história dos sistemas de *civil law*, utilizou-se uma técnica peculiar para resolver os problemas relativos à valoração da prova: o sistema da chamada «prova legal». Esse sistema baseava-se na aplicação de regras – em alguns casos por iniciativa dos legisladores, porém em muitos outros estipuladas por juristas teóricos – que estabeleciam *a priori*, e em termos gerais, o valor probatório de diversos – e por vezes de todos – meios de prova. Esse sistema já estava bem consolidado no século XII, refinando-se e estendendo-se nos séculos seguintes, em especial através da ciência jurídica europeia dos séculos XVI e XVII. Baseava-se, por sua vez, em longas e complexas listas de regras detalhadas que estabeleciam o peso de cada elemento de prova específico. Em consequência, ao juiz restava pouca ou nenhuma discricionariedade na valoração das provas, incumbindo-lhe a tarefa de somar os valores das provas positivas e negativas relativas a cada fato mediante uma espécie de cálculo algébrico.[3] A decisão era determinada por essa operação: uma soma que resultava em um valor positivo mais alto deter-

---

[2] Muito do que se diz acerca da psicologia da tomada de decisões fáticas baseia-se meramente no senso comum ou em algum tipo de «psicologia barata» desprovida de qualquer valor científico. Contudo, há contribuições valiosas. Ver, por exemplo, SIMON, 1998: 1; BERTI, 2001: 71, fazendo referência específica à psicologia da tomada de decisões dos membros do júri; CATELLANI, 1992: 124, 133, 137. Ver, também, RUMIATI, 1990: 218. Algumas investigações úteis abordam problemas psicológicos acerca de meios de prova específicos, especialmente o testemunho. Ver, entre outros, MILLER e BURGOON, 1982: 171-194; MAZZONI, 2003: 15, *passim*; ARNTZEN, 1993; TRANKELL, 1971; WELLS, 1985: 43; SCHAFFER, 1985: 124; FALCÓN, 2003: vol. 1, 293.

[3] Para uma descrição mais completa do sistema da prova legal na Europa, ver LÉVY, 1981: 35; 1963b: 149; GILISSEN, 1963: 767; WALTER, 1979: 29, 47, 76; SALVIOLI, 1927: 413, 460, 468; TARUFFO, 1992a: 361.

minava a «verdade» do enunciado de fato, enquanto uma soma que resultava em um valor negativo mais alto determinava a sua falsidade. A concepção da prova legal baseava-se em diversas premissas culturais, entre elas o pensamento filosófico escolástico e, posteriormente, o racionalismo humanístico com suas tentativas de oferecer uma estrutura lógica e matemática formal à valoração das provas. De certa forma, esse sistema era «racional»: de fato, substituía as antigas formas probatórias irracionais baseadas em ordálios e em juízos divinos.[4] Ademais, ajudava a reduzir ou até a erradicar as valorações discricionárias e, frequentemente, pouco confiáveis realizadas pelos julgadores, simplificando, assim, o problema da tomada de decisões em situações complexas e incertas.[5] A combinação desses fatores pode explicar como tal sistema pôde dominar o direito probatório europeu até o final do século XVIII.

Essa longa e inspiradora história, todavia, caracterizou exclusivamente os sistemas probatórios europeus. Não há nada similar na história dos sistemas inglês e estadunidense, provavelmente porque em tais sistemas o julgador típico era o júri e qualquer tipo de prova legal teria sido não condizente e incompatível com a tomada de decisão por parte do jurado.

95. *A livre apreciação da prova.* O sistema da prova legal entrou em colapso por duas razões principais. A primeira foi a cultura filosófica do Iluminismo, que se livrou dos antigos conceitos de racionalidade para abrir caminho a novos métodos de raciocínio. A outra se relaciona às profundas mudanças institucionais na estrutura do poder judiciário, bem como no *status* e no papel do juiz. O sistema da prova legal fundava-se em uma falta de confiança generalizada nos juízes, já que eles geralmente eram – especialmente nos tribunais de primeira instância, onde os fatos eram estabelecidos – ignorantes, corruptíveis e corruptos, resultando, por isso, perigoso deixar as decisões a sua discrição. Por essa razão, o novo juiz, criado após a Revolução Francesa e as reformas de Napoleão, é um funcionário do Estado treinado profissionalmente e um julgador neutro e responsável: portanto, já não é necessário evitar que o juiz tenha ampla discricionariedade na sua decisão sobre os fatos. A combinação de tais fatores conduz a um novo princípio geral relativo à valoração das provas, *i. e.*, o «*princípio da livre apreciação*».[6] O método de uma valoração baseada em um cálculo de valores numéricos predefinidos é abandonado, sendo substituído por uma concepção completamente diferente da valoração das provas.

---

[4] Ver Taruffo, 1992a: 362; Montero Aroca, 2002: 421; 2000: 54; Lévy, 1963a: 37; Gilissen, 1963: 760.

[5] Ver Taruffo, 1992a: 363, 366; Montero Aroca, 2002: 422; 2000: 55; Lombardo, 1992: 613; Salvioli, 1927: 468, 471; Ghestin e Goubeaux, 1977: 449, 490.

[6] Este princípio possui muitos aspectos interessantes que não podem ser aqui analisados. Para uma análise mais ampla, ver, especialmente, Walter, 1979: 75, 132; Nobili, 1974: 122, 145, 180; Sicard, 1960: 19; Klami, Gräns e Sorvettula, 2000: 114.

O julgador não está mais vinculado a regras abstratas: deve determinar o valor probatório de cada meio de prova específico mediante uma apreciação livre e discricionária. Tal apreciação deve ser realizada caso a caso, de acordo com *standards* flexíveis e critérios racionais. A ideia básica é a de que esse tipo de julgamento conduza o julgador a descobrir a verdade empírica dos fatos em litígio, com base unicamente no apoio cognitivo e racional oferecido pelos elementos de prova disponíveis.

O princípio da livre apreciação das provas rapidamente converteu-se, dessa forma, na regra fundamental que governa a decisão sobre os fatos. Atualmente, encontra-se praticamente em todos os códigos processuais dos países de *civil law*. No § 286 do Código Processual Civil alemão,[7] bem como no § 272 do Código Processual Civil austríaco,[8] estipula-se uma *freie Beweiswürdigung*. Na Itália, o *prudente apprezzamento* do juiz está disposto no art. 116 do Código Processual Civil, existindo regras similares também em outros sistemas de *civil law*.[9] Algumas vezes, o princípio é estabelecido em disposições relativas a meios de prova específicos, como, por exemplo, a referência a *reglas de la sana crítica* como *standards* para a valoração de vários tipos de provas incluídos nos arts. 316.2, 348 e 376 do Código Processual Civil espanhol, porém com a pretensão de operar como um critério geral.[10] Outras vezes, o princípio não está estabelecido em qualquer regra explícita, porém é comumente reconhecido, como ocorre na França com o *standard* da *intime conviction*, típico do processo penal, mas também aplicável aos casos cíveis.[11] Essas fórmulas não são sinônimos perfeitos, pois refletem ideias do princípio da livre apreciação que possuem, de certa forma, uma fonte de inspiração diferente: em alguns casos, como na Alemanha, o enfoque é mais objetivo, sendo a livre apreciação da prova direcionada à obtenção de uma decisão sobre a veracidade ou a falsidade dos fatos em litígio; em outros, como ocorre com a *intime conviction* francesa, a ênfase recai sobre a persuasão individual

---

7 Segundo esta regra, espera-se que o juiz decida, com base em sua valoração discricionária da prova, se os fatos em litígio são verdadeiros ou falsos. Entre a extensa bibliografia sobre este tema, ver MURRAY e STÜRNER, 2004: 307; BAUMBACH, LAUTERBACH, ALBERS e HARTMANN, 2003: § 286, n. 2-23; ZPO-KOMM, 1987: § 286, n. 1-10; WALTER, 1979: 88, 148, 316, 329; MUSIELAK e STADLER, 1984: 63, 74; SCHNEIDER, 1987: 13, 31, 61, 159; JAUERNIG, 1991: 177; ARENS e LÜKE, 1992: 196; SCHLOSSER, 1983: 281; ESSER e KUCHINKE, 1966: 5-14 e 15-46, respectivamente.

8 Ver FASCHING, 1990: 431; 1959-1974: vol. 3, § 272; HOLTZHAMMER, 1976: 245.

9 Cfr. TARUFFO, 1990: 1-8; 1992a: 361, 368; CARPI e TARUFFO, 2002: 359; PATTI, 1985. Para o caso do Peru, ver HINOSTROZA MÍNGUEZ, 2000: 108; da Colômbia, ver FÁBREGA, 2000: 219; da Argentina, ver KIELMANOVICH, 1996: 99.

10 Ver MONTERO AROCA, 2002: 425; 2000: 60; RAMOS MÉNDEZ, 1990: vol. 1, 543; SILVA MELERO, 1963-1964: vol. 1, 27, 121; ALCALÁ ZAMORA Y CASTILLO, 1965: 29-57, 79-89, 122-126. O conceito de *sana crítica* também se utiliza em outros sistemas: para a Colômbia, ver FÁBREGA, 2000: 327; para a Argentina, ver uma ampla análise em FALCÓN, 2003: vol. 1, 561, 572, 601.

11 Cfr. BREDIN, 1996: 21; GHESTIN e GOUBEAUX, 1977: 490; SICARD, 1960: 18; LEGEAIS, 1955: 230.

e subjetiva do julgador do fato.[12] Todavia, todos possuem um núcleo comum: o valor probatório das provas deve ser estabelecido pelo julgador caso a caso, de maneira discricionária e sem vinculação por regras gerais e abstratas. Nesses termos gerais, o princípio é recebido em todos os sistemas probatórios modernos.

Contudo, cumpre ressaltar que o princípio da livre apreciação da prova não resolve por si só todos os problemas relacionados à formação da decisão sobre os fatos em litígio. Por um lado, considera-se o princípio uma regra básica em quase toda parte, ainda que nem sempre seja aplicado de maneira consistente e completa. Com efeito, em diversos sistemas de *civil law* existem exceções importantes, *i. e.*, algumas ocorrências de prova legal que sobreviveram ao fim do sistema tradicional. Em alguns casos, essas exceções são importantes, mas não são numerosas; na Alemanha, por exemplo, há algumas regras relativas ao valor probatório de documentos públicos e privados.[13] Em outros, todavia, são variadas as regras que determinam o valor probatório dos documentos públicos e privados, além de confissões e juramentos, como acontece na Itália, na França e na Espanha.[14] Nesses sistemas, o princípio da livre apreciação da prova é geral, pois concerne a qualquer elemento de prova cujo valor não seja determinado expressamente pela lei; porém, na realidade, não se aplica a todos os casos.

Por outro lado, ainda que o princípio da livre apreciação possua um significado claramente negativo, também tem um significado relativamente positivo. Seu significado negativo está determinado pela exclusão das regras de prova legal e pela liberdade do julgador para estabelecer o valor probatório dos meios de prova.[15] A incerteza acerca de seu significado positivo deriva do fato de que o princípio não determina a forma pela qual o julgador deve proceder a sua valoração discricionária. Por conseguinte, propõem-se distintas interpretações do princípio. Por vezes, diz-se que o juiz deve seguir sua própria intuição ou «palpite» ao determinar o valor da prova, ou, ainda, que deve basear-se em suas próprias sensações e crenças íntimas para alcançar uma espécie de «certeza moral» sobre os fatos em litígio. As versões desse princípio em termos de *intime conviction* são habitualmente interpretadas nesse sentido.[16] Em seus termos mais extremos, tal enfoque conduz a concepções

---

[12] Montero Aroca (2002: 425; 2000: 59) sublinha que a *intime conviction* francesa permite a adoção de uma decisão arbitrária e irresponsável.

[13] Ver Murray e Stürner, 2004: 307; Schneider, 1987: 276; Teske, 1990: 122, 126, 129. Sobre regras similares existentes na Áustria, ver Fasching, 1990: 436. Para o similar sistema espanhol, ver Montero Aroca, 2002: 231; 2000: 61.

[14] Cfr. Taruffo, 1992a: 369; Lombardo, 1992: 624; Ghestin e Goubeaux, 1977: 443, 490, 496, 508, 535, 541; Legeais, 1955: 92; Teske, 1990: 18, 30; Ramos Méndez, 1990: vol. 1, 541; Silva Melero, 1963-1964: vol. 1, 126; Muñoz Sabaté, 1967: 85.

[15] Ver Taruffo, 1992a: 370.

[16] Ver, em geral, Taruffo, 1992a: 370-1.

irracionais da valoração das provas e do juízo acerca dos fatos, segundo os quais não existiriam critérios identificáveis para tal valoração, pois essa se concebe como uma espécie de experiência espiritual e subjetiva do julgador, da qual não se pode conhecer. Em verdade, essa concepção vincula-se diretamente às teorias irracionalistas da decisão sobre os fatos (ver *supra* § 9). Nessa perspectiva, a liberdade do juiz é interpretada como equivalente a uma escolha arbitrária e meramente individual. Por outro lado, desenvolve-se uma perspectiva diferente com o propósito de determinar *standards* racionais, de acordo com os quais a valoração discricionária da prova deve realizar-se de forma intersubjetiva e verificável.

96. *Standards de prova.* Na abordagem usual ao problema de como o julgador deve determinar o valor probatório dos meios de prova, faz-se com frequência uma referência vaga e geral ao senso comum, à experiência comum, à razoabilidade ou à racionalidade, sem que se definam critérios mais precisos ou mais específicos.[17] Isso não é muito, todavia, já que a discricionariedade do juiz não se limita e tampouco se controla por tais referências indeterminadas, restando aberta a via para percepções subjetivas e pessoais. Por vezes, entretanto, procura-se oferecer ao julgador diretrizes mais precisas – ainda que gerais e flexíveis – que guiem a valoração das provas no contexto da decisão final sobre os fatos em litígio. Um *standard* que se usa amplamente no processo civil de *common law* é aquele da «preponderância da prova» (ou «preponderância da probabilidade», ou «balanço das probabilidades», ou, ainda, «maior peso da prova»). Essencialmente, esse *standard* estabelece que, quando sobre um fato existirem provas conflitantes, o julgador deverá «sopesar» as probabilidades relativas às diferentes versões dos fatos e fazer uma escolha em favor da afirmação que lhe parecer relativamente «mais provável», com base nos meios de prova disponíveis.[18] Tal *standard* é obviamente racional, uma vez que seria irracional permitir ao julgador escolher a versão dos fatos mais debilmente sustentada pelos meios de prova: é claro que a versão relativamente «mais forte» deve prevalecer sobre a relativamente «mais fraca».[19] Ademais, podem-se elencar várias outras razões em favor desse *standard*, como, por exemplo, sua capacidade de minimizar erros prováveis na tomada das decisões, bem como de fazer cumprir o princípio da igualdade das partes no processo civil.[20] Todavia, alguns problemas podem surgir na

---

[17] Para uma avaliação crítica, ver Taruffo, 1992a: 371, 373, 375; 2002: 121.

[18] Para análises interessantes acerca da aplicação desse *standard* na Inglaterra, ver Gottwald, 2000: 166; Redmayne, 1999: 174. Ver, também, Andrews, 2003: 722; Cross e Tapper, 1990: 149. Em referência ao sistema estadunidense, ver Clermont e Sherwin, 2002: 268; Giannelli, 2003: 44; Lempert, Gross e Liebman, 2000: 1241; Callen, 1991b: 1117, 1121; James, Hazard e Leubsdorf, 1992: 339; Rothstein, Raeder e Crump, 2003: 140; Graham, 2003: 54; Lilly, 1987: 48; Mueller e Kirkpatrick, 2003: 108.

[19] Ver Taruffo, 1992a: 272; Redmayne, 1999: 167

[20] Ver, principalmente, Redmayne, 1999: 169, 171.

aplicação do *standard* da probabilidade preponderante: por exemplo, pode-se constatar que se todas as versões dos fatos possuírem um baixo nível de apoio probatório, escolher a relativamente mais provável pode não ser suficiente para se estabelecer que tal versão é «verdadeira». Portanto, sustenta-se que para que um enunciado seja escolhido como a versão relativamente melhor não basta que seja mais provável que todas as outras versões, mas também que seja «*mais provável que sua negação*»: *i. e.*, que uma versão positiva do fato seja, em si mesma, mais provável que a sua versão negativa simétrica.[21] Uma preocupação similar conduz os sistemas de *common law* a sustentar que o *standard* da preponderância da prova possa ser demasiadamente débil quando interesses individuais importantes estão em jogo. Em tais casos, é possível aplicar o *standard* mais rigoroso, qual seja, da «*prova clara e convincente*» ou da «*prova clara, precisa e indubitável*».[22] Apesar dessas dificuldades, parece que o *standard* da preponderância da prova é uma racionalização adequada do princípio da livre apreciação da prova, tanto nos sistemas de *common law*, quanto nos de *civil law*.[23]

A complexidade desses problemas é confirmada pela discussão surgida na Alemanha em torno do conceito de *Beweismass*, *i. e.*, do grau de prova requerido, desenvolvido com referência ao princípio da livre apreciação definido pelo § 286 do Código Processual Civil alemão.[24] Uma opinião bastante difundida sustenta que a valoração do *Beweismass* realize-se nos termos da probabilidade preponderante (*überwiegende Wahrscheinlichkeit*), considerando que a versão relativamente mais provável dos fatos em litígio deva ser adotada como base para a decisão. Essa opinião possui diferentes versões, algumas das quais fazem referência a graus numéricos de probabilidade, pretendendo estabelecer como nível mínimo de *Beweismass* os 51% de probabilidade. Essa vertente recebeu diversas críticas, pois alguns autores sustentam que esse nível de probabilidade é muito baixo, exigindo-se um grau mais alto; outros autores sustentam – sob uma perspectiva diferente – que a valoração

---

21 Ver Taruffo, 1992a: 276; Callen, 1991b: 1117; Stella, 2003: 97. Sobre um *standard* similar aplicado pelos tribunais ingleses, ver Cross e Tapper, 1990: 149.

22 Cfr. Clermont, 1987: 1115; James, Hazard e Leubsdorf, 1992: 339; Lilly, 1987: 49; Rothstein, Raeder e Crump, 2003: 142; Giannelli, 2003: 45. Ver, também, em relação à Inglaterra, Redmayne, 1999: 187. Para referências à Austrália e ao Canadá, ver Redmayne, 1999: 180.

23 Clermont e Sherwin (2002: 243) sustentam uma opinião diferente, segundo a qual os sistemas europeus não aplicam esse *standard*, mas o muito mais rígido *standard* da prova acima de qualquer dúvida razoável, não fazendo diferença entre os processos civil e o penal. Essa opinião, todavia, não condiz com a realidade dos sistemas de *civil law*, baseando-se em uma caracterização errônea dos *standards* de prova usados nesses sistemas; ver Taruffo, 2003a: 659.

24 Em geral, sobre este conceito, ver Murray e Stürner, 2004: 310; Huber, 1983: 39, 49, 56, 67, 89, 121; Greger, 1978: 68, 75, 101; Walter, 1979: 5, 153, 158; ZPO-Komm, 1987: § 286, n. 14-26; Musielak, 1975: 107, 116, 126, 191; Prütting, 1983: 48, 92; Bender, 1981: 257.

da prova é algo que não pode ser quantificado com exatidão, já que é o resultado de uma apreciação subjetiva do julgador.[25] De qualquer forma, parece que, segundo a linha teórica dominante, o conceito de *Beweismass* deve ser adaptado à especificidade do caso particular (um *Beweismass* flexível), porém pode ser interpretado em termos do peso preponderante da prova em favor da versão dos fatos relativamente mais provável.[26]

97. *A credibilidade das provas.* A valoração da prova consiste em determinar o valor probatório de cada elemento de prova em relação a um fato específico, tendo por objeto o estabelecimento de quando, e em que grau, com base nas provas relevantes, o enunciado que afirma a sua ocorrência possa ser considerado «verdadeiro» (ver *supra* capítulo I). Com o propósito de se estabelecer essa conexão, o resultado das provas deve ser claramente determinado e vinculado a enunciados fáticos específicos. Essa conexão pode seguir diferentes padrões, dependendo de as provas serem diretas ou indiretas (ver *supra* § 41), podendo ser analisada de acordo com esquemas lógicos mais ou menos complexos.

O primeiro passo para se estabelecer a conexão entre provas e fatos consiste em se averiguar a credibilidade de cada elemento de prova. O julgador precisa determinar se as pessoas interrogadas como testemunhas têm credibilidade, bem como se uma prova documental, real ou demonstrativa é autêntica (ver *supra* § 66 e 67). Estabelecer a credibilidade de um elemento de prova pode requerer valorações complexas; por exemplo, quando a veracidade de um testemunho for duvidosa, precisando ser verificada com base em qualquer elemento relativo ao comportamento da testemunha durante seu interrogatório, ou com sua relação peculiar com a causa (ver *supra* § 49). Em tais circunstâncias, provas adicionais acerca da pessoa da testemunha, seu comportamento e seu interesse na causa podem ser necessárias para que se alcance uma sólida avaliação de sua credibilidade. Esse juízo, por sua vez, pode ser complexo e se basear em um conjunto de outras provas.[27]

98. *A determinação do peso das provas.* Determinar o valor probatório de um elemento de prova referente a um fato pode ser bastante simples no

---

[25] Acerca da ampla discussão desenvolvida na doutrina alemã ver a nota anterior. Ver, também, GOTTWALD, 2000: 170; MÜNCHENER, 2000-2002: § 286; MAASSEN, 1975: 39; MOTSCH, 1978: 334-348; BRUNS, 1978: 64-75.

[26] Ver, principalmente, GOTTWALD, 2000: 173; 1979: 200. Para críticas à ideia de usar *standards* de prova «flexíveis», baseados principalmente nos riscos de confusão e variações dos casos particulares, ver REDMAYNE, 1999: 181. Sobre a teoria de uma preponderância «flexível» das probabilidades na Inglaterra, ver ANDREWS, 2003: 723.

[27] Ver, por exemplo, SC HUM, 1987: vol. 1, 215; vol. 2, 33, 49; TILLERS, 1989: 1234. Para uma regulação específica dos fatores que o tribunal deveria considerar ao verificar a credibilidade de um testemunho, ver, *e. g.*, O Código Processual Civil espanhol, art. 376. Cfr. GÓMEZ COLOMER, 2000: 269; MAZZONI, 2003: 15.

caso das provas diretas, *i. e.*, quando essas relacionam-se diretamente a um fato principal ou material em litígio. Nesse caso, pode-se dizer que o grau de credibilidade do elemento de prova coincide com seu valor probatório e, portanto, determina o grau de veracidade do enunciado relativo ao fato principal ou material.[28]

A situação é muito mais complicada quando as provas são indiretas ou circunstanciais. Nesse caso, o resultado imediato da atividade probatória é a determinação da veracidade de um fato circunstancial com base nos meios de prova disponíveis; todavia, esse fato é um *factum probans* e não o *factum probandum*. Por conseguinte, uma inferência deverá ser traçada a partir do fato probatório, efetivamente demonstrado, ao fato principal a ser provado, com o objetivo de se estabelecer se o primeiro embasa uma conclusão acerca do último. Tal inferência é obtida a partir dos *standards* de julgamento aptos a estabelecer uma conexão entre os dois fatos em questão. Em alguns casos, esses *standards* são fornecidos pela ciência (ver *supra* § 77) e pela estatística (ver *supra* § 78); todavia, na maior parte dos casos, são produto da cultura média, da experiência e do senso comum. Em consequência, o valor das provas indiretas também depende da validade e da credibilidade desses *standards*: nos poucos casos em que se dispõe de um *standard* dedutivo, a conclusão acerca do fato principal pode ser considerada como certa; quando se dispõe de estatísticas confiáveis, a conclusão pode ser provável; porém, quando a inferência baseia-se no senso comum, o valor das provas indiretas pode ser obscuro e incerto.[29] De qualquer forma, a valoração da prova baseada em meios de prova indiretos deve culminar na definição do grau de confirmação lógica e epistêmica que esses podem conferir ao enunciado acerca do fato principal: esse grau de confirmação é o valor das provas indiretas.[30]

A situação pode revelar-se ainda mais complexa quando se exigem diversos passos inferenciais para a passagem de um fato probatório a um fato principal: esse é o caso das chamadas provas «em cascata» ou «em cadeia». Essa hipótese pode ser logicamente complicada, com características sofisticadas que aqui não podem ser discutidas detalhadamente. Basta que se diga, em termos muito amplos, que o valor probatório final atribuído às provas em cascata depende de todos os elos incluídos na cadeia de inferências que liga o *factum probans* ao *factum probandum*, levando em consideração o fato de que quanto maior for a cadeia, menor será o valor probatório resultante; ainda, que a força total da cadeia de inferências não pode ser maior do que a força do elo mais fraco.[31]

---

[28] Para uma análise mais ampla dessa situação, ver TARUFFO, 1992a: 239.

[29] Ver, em geral, TARUFFO, 1992a: 241.

[30] Ver, novamente, TARUFFO, 1992a: 247.

[31] Para uma análise mais ampla dessa situação, ver TARUFFO, 1992a: 248; SCHUM, 1987: vol. 1, 51; COHEN, 1977: 68, 267; EGGLESTON, 1978: 37, 237; SCHUM e MARTIN, 1982: 105.

Outra situação complicada pode ocorrer quando houver vários elementos de prova acerca de um mesmo fato. Esses elementos diversos podem ser diretos ou indiretos, porém o principal problema diz respeito a sua conexão com as conclusões que podem apoiar. Tais elementos de prova podem ser «convergentes», quando conduzirem às mesmas conclusões sobre um dado enunciado fático. Em tal caso, a prova do fato principal será produzida pela combinação dos elementos de prova convergentes, *i. e.*, pela soma dos valores probatórios a eles atribuídos individualmente.[32] Uma situação ainda mais complexa pode ocorrer quando houver vários elementos de prova acerca de um mesmo fato, porém «divergentes» ou «contraditórios», alguns tendendo a provar a veracidade e outros a provar a falsidade do enunciado relativo àquele fato. Em tal caso, o julgador deve escolher entre, ao menos, duas versões diferentes acerca do mesmo fato, uma positiva e uma negativa, ambas apoiadas por uma parcela dos elementos de prova apresentados. A questão, então, é escolher entre uma dessas versões: uma escolha racional deve ser feita em favor daquela versão, positiva ou negativa, que é apoiada por uma prova preponderante, *i. e.*, pelo grau relativamente superior de probabilidade lógica (ver *supra* § 96).[33]

Ademais, deve-se considerar que frequentemente os fatos a provar são estruturalmente complexos, pois compostos por vários eventos ou circunstâncias «atômicos». Uma situação assim pode suscitar problemas na valoração das provas nos casos concretos, porém não é especialmente complexa de um ponto de vista lógico ou teórico. Em verdade, qualquer evento ou circunstância específico deve ser demonstrado conforme os *standards* para a determinação do valor dos meios de prova acerca de cada fato particular.[34]

Ainda que as situações que se dão frequentemente na prática possam ser muito complicadas, uma análise lógica dos *standards* e das inferências através dos quais se realiza a valoração das provas oferece diretrizes conceituais úteis e efetivas que o julgador deve seguir ao levar a cabo sua tarefa final. Todavia, uma última observação sobre esse ponto merece ser feita. O enfoque baseado na análise racional dos problemas das provas e das inferências usado até então é «atomista» ou «analítico», orientado a considerar, por assim dizer, um a um, cada caso individual e seus elementos de prova específicos. Também considera, passo a passo, o raciocínio que se espera que o juiz desenvolva com o propósito de alcançar uma decisão precisa e logicamente bem fundada sobre os fatos em litígio. Um enfoque bastante diferente, definido como «holístico», por sua vez, foi proposto com o objetivo de representar o que faz ou deveria fazer o julgador.[35] Essa corrente de pensamento sustenta que a

---

32 Determinar o produto final de tal combinação pode implicar alguns problemas lógicos. Ver Taruffo, 1992a: 256; Schum, 1987: vol. 1, 156, 170, 214; Cohen, 1977: 58, 93, 107, 279.

33 Ver Taruffo, 1992a: 261; Schum, 1987: vol. 1, 182; Cohen, 1977: 74.

34 Ver Taruffo, 1992a: 254; Cohen, 1977: 265, 277.

35 Cfr. Damaška, 1990: 91; Twining, 1985: 183; 1990; Taruffo, 1992a: 281.

decisão não deveria ocupar-se de cada fato ou elemento de prova particular de forma analítica, mas de «histórias» ou «relatos» que incluem narrações globais dos fatos em litígio, considerados como um todo homogêneo. Nessa perspectiva, uma prova não deve ser considerada um apoio cognitivo de um enunciado acerca de um fato específico, mas somente um fator a ser levado em consideração para a escolha de uma narrativa da situação fática global envolvida na causa em detrimento de outra.[36] Se, como parece, esse enfoque tem por objeto sugerir que a coerência narrativa global de um relato deva ser tomada como o único critério de julgamento, e que as provas e a verdade empírica dos fatos devam ser negligenciadas, então esse deve ser rejeitado, uma vez que o processo judicial tem interesse em alcançar decisões precisas e correspondentes à verdade, ao invés de narrativas coerentes que em nada reflitam a verdade dos fatos em litígio.[37] Com efeito, não há dúvida de que o julgador deva encontrar uma história relativa a todos os fatos principais da causa; todavia, deve preferir histórias verdadeiras, analiticamente sustentadas por provas, ao invés de relatos meramente coerentes. A coerência narrativa dos relatos pode ser usada apropriadamente como um *standard* de escolha em casos marginais: por exemplo, quando o julgador precisa escolher entre várias histórias, cada uma delas apoiada por graus suficientes de probabilidade. Os relatos coerentes, porém sem sustentação, não devem ser levados em consideração; somente uma história relativamente mais provável com base nas provas relevantes, em comparação com outras também apoiadas em provas, pode ser propriamente escolhida como a versão «verdadeira» dos fatos em litígio.[38]

B. O CONHECIMENTO JUDICIAL DOS FATOS

99. *O poder do juiz para conhecer os fatos*. Como regra, os fatos podem embasar a decisão final somente quando demonstrados por meios de prova adequadamente apresentados. Um princípio geral existente em todos os sistemas processuais estabelece que o juiz não pode considerar qualquer fato que tenha conhecido privadamente e que não tenha sido devidamente provado.[39] Todavia, há exceções a esse princípio, uma vez que em alguns casos ao juiz é permitido considerar fatos não provados e conhecer esses fatos através da sua cultura pessoal.

---

[36] Ver Twining, 1990: 238; Abu Hareira, 1986; Bennet e Feldman, 1981: 125, 132.

[37] Cfr. *supra* § 11. Ver, também, Taruffo, 1992a: 286.

[38] Ver, novamente, Taruffo, 1992a: 290.

[39] Ver, por exemplo, Zuckerman, 2003: 664; Cross e Tapper, 1990: 69; Walter, 1979: 262; Baumbach, Lauterbach, Albers e Hartmann, 2003: § 286, n. 23; ZPO-Komm, 1987: n. 13, § 284; Musielak e Stadler, 1984: 13; Cavallone, 1991: 142, 292, 297, 312, 322; Taruffo, 1992a: 67, 336, 386. Sobre a origem histórica desse princípio, ver Nörr, 1967; Taruffo, 1992a: 367.

Nos sistemas de *common law*, o juiz pode conhecer vários tipos de fatos considerados notórios, pois parte integrante da cultura geral do homem médio.[40] Por vezes, o juiz pode conhecer um fato notório após uma investigação, porém sem contar com provas específicas a respeito, como no caso de eventos históricos, de assuntos políticos, dos costumes e das práticas profissionais.[41] Nos Estados Unidos, o tema está claramente regulado pela *Rule 201* das *Federal Rules of Evidence*, que trata dos chamados «fatos adjudicativos» (*adjudicative facts*) que são relevantes para resolver o caso. Tal regra permite ao juiz conhecer esses fatos quando forem do conhecimento geral no âmbito territorial da sua jurisdição, suscetíveis de pronta e precisa determinação, de modo que não possam ser objeto de controvérsia razoável.[42] O juiz pode conhecer, ainda, os denominados «fatos valorativos» (*evaluative facts*), *i. e.*, eventos e *standards* de conhecimento comum aplicados pelo julgador na argumentação e na valoração das provas.[43] «Fatos adjudicativos» podem ser de natureza geográfica, histórica, estatística, religiosa, econômica, envolvendo acontecimentos políticos e comerciais, assuntos governamentais, princípios científicos, além de tratados, compilações e registros.[44] Ademais, o juiz pode conhecer os chamados «fatos legislativos» (*legislative facts*), *i. e.*, eventos e circunstâncias relativos à validade, à promulgação e também ao significado, ao alcance e à interpretação das normas jurídicas.[45]

O enfoque dos sistemas de *civil law* é bastante similar. Os fatos legislativos não são considerados matéria de prova porque se supõe que o tribunal conheça o direito, segundo o princípio *jura novit curia*. No que concerne aos fatos, admite-se uma espécie de conhecimento judicial fundado na cultura pessoal do juiz. Esse é o caso dos fatos «notórios» que pertencem à cultura média comum existente ao tempo e no local do julgamento, ou que podem ser descobertos por qualquer um através dos meios ordinários de conhecimento.[46]

---

[40] Ver Zuckerman, 2003: 664; Cross e Tapper, 1990: 63; Mueller e Kirkpatrick, 2003: 63; Graham, 2003: 32; Wright e Graham, 1977-1989: vol. 21, 489.

[41] Ver Zuckerman, 2003: 666; Cross e Tapper, 1990: 64.

[42] Cfr. um extenso comentário em Saltzburg, Martin e Capra, 2002: vol. 1, 201-3 a 201-14, 201-16. Ver, também, Giannelli, 2003: 623, 625; Graham, 2003: 33; Wright e Graham, 1977-1989: vol. 21, 483, 489, 497; Lempert, Gross e Liebman, 2000: 1264; Lilly, 1987: 13, 17; Mueller e Kirkpatrick, 2003: 64; Friedenthal e Singer, 1985: 285.

[43] Ver, por exemplo, Mueller e Kirkpatrick, 2003: 73.

[44] Ver, *e. g.*, Saltzburg, Martin e Capra, 2002: vol. 1, 201-18; Graham, 2003: 39; Giannelli, 2003: 627.

[45] Cfr. Saltzburg, Martin e Capra, 2002: vol. 1, 201-7; Graham, 2003: 42; Wright e Graham, 1977-1989: vol. 21, 468; Lempert, Gross e Liebman, 2000: 1276; Lilly, 1987: 14; Mueller e Kirkpatrick, 2003: 66; Friedenthal e Singer, 1985: 283. Para um conceito similar existente na Inglaterra, ver Cross e Tapper, 1990: 67.

[46] Ver o Código Processual Civil alemão, § 291; Murray e Stürner, 2004: 266; Walter, 1979: 264, 272; Baumbach, Lauterbach, Albers e Hartmann, 2003: § 291; ZPO-Komm, 1987: § 291; Jauernig, 1991: 181; Arens e Lüke, 1992: 194; Musielak e Stadler, 1984: 13; o Código Processual Civil austríaco, § 269, Fasching, 1990: 450; o art. 115.2 do Código Processual Civil

Os fatos notórios incluem fatos que são do conhecimento privado do juiz e fatos que ele conhece devido a sua função, como aqueles ocorridos no curso do processo. Outro tipo de conhecimento que o juiz pode utilizar sem qualquer prova específica diz respeito aos *standards* da experiência comum e da cultura média, nos quais pode se basear para traçar inferências e valorar provas.[47]

A natureza discricionária do poder do juiz para conhecer tais fatos não está em discussão; todavia, esse poder deve ser utilizado de maneira apropriada. Por vezes, diz-se que os fatos principais somente possam ser conhecidos judicialmente quando alegados por uma parte.[48] Sustenta-se, também, que os fatos notórios devam ser aduzidos como tais por uma das partes ainda que não sejam principais.[49] A *Rule 201(c)* das *Federal Rules of Evidence* estadunidenses, pelo contrário, estabelece que o conhecimento judicial depende exclusivamente da discricionariedade do tribunal.[50] Apesar disso, o conhecimento de fatos notórios não deve infringir a garantia fundamental do devido processo. Assim, as partes devem ter sempre a oportunidade de serem ouvidas acerca do conhecimento judicial dos fatos relevantes. Esse princípio é estabelecido na *Rule 201(e)* das *Federal Rules of Evidence*[51] e é reconhecido também em outros sistemas com base nas garantias constitucionais das partes.[52]

C. O ÔNUS DA PROVA

100. *A decisão na ausência de provas.* Quando os enunciados acerca do fato principal em litígio são considerados verdadeiros com base nas provas devidamente apresentadas, resolve-se a litigiosidade do fato, supera-se a incerteza acerca deste, podendo-se aplicar a norma jurídica substantiva adequada com o objetivo de se tomar a decisão final sobre o caso. Quando isso não ocorre, por não terem sido provados todos os fatos principais, surgem problemas relevantes. Tal situação pode ocorrer em diversos casos: a) quando as provas não oferecerem suporte suficiente para se julgar a existência ou

italiano; Carpi e Taruffo, 2002: 356; Montero Aroca, 2002: 63; De la Oliva Santos e Díez-Picazo Giménez, 2000: 280; Ramos Méndez, 1990: vol. 1, 534; Silva Melero, 1963-1964: vol. 1, 56; Kielmanovich, 1996: 43; Hinostroza Mínguez, 2000: 34; Fábrega, 2000: 367.

47 Ver, novamente, o art. 115.2 do Código Processual Civil italiano; Carpi e Taruffo, 2002: 356; Walter, 1979: 283; Arens e Lüke, 1992: 192.

48 Ver, *e. g.*, Carpi e Taruffo, 2002: 357.

49 Ver, por exemplo, ZPO-Komm, 1987: § 291, n. 3-4; Arens e Lüke, 1992: 195; Musielak e Stadler, 1984: 13.

50 Cfr. Saltzburg, Martin e Capra, 2002: vol. 1, 201-9; Graham, 2003: 43; Wright e Graham, 1977-1989: vol. 21, 506; Giannelli, 2003: 628; Lilly, 1987: 13; Mueller e Kirkpatrick, 2003: 84.

51 Ver Saltzburg, Martin e Capra, 2002: vol. 1, 201-23; Graham, 2003: 43; Wright e Graham, 1977-1989: vol. 21, 516; Lempert e Saltzburg, 1982: 914; Giannelli, 2003: 629; Mueller e Kirkpatrick, 2003: 85, 87.

52 Cfr., por exemplo, sob a perspectiva alemã, ZPO-Komm, 1987: § 291, n. 4; Jauernig, 1991: 181; Arens e Lüke, 1992: 195.

a inexistência dos fatos, *e.g.*, por existirem provas, porém não suficientes para a demonstração dos fatos ou porque as provas negativas e positivas se equivalem; b) quando as partes não apresentam, e tampouco o juiz requisita, qualquer prova acerca de um fato principal; c) quando os meios de prova demonstram que um enunciado acerca de um fato é falso. A situação «*a*» é, de longe, a mais comum na prática ou, ao menos, esse é o caso que se discute com mais frequência.[53] O problema de se tomar uma decisão sem a prova de um fato principal, porém, surge em termos bastante similares também nos outros dois casos, uma vez que o tribunal sempre se vê obrigado a decidir, ainda quando um fato principal não for demonstrado de acordo com o *standard* de prova ordinário.[54] Todavia, se um fato material não for provado, o tribunal não poderá decidir mediante a aplicação da norma substantiva aos fatos em litígio,[55] pela falta da condição fática necessária à aplicação adequada de tal norma. Portanto, o tribunal precisa aplicar um critério jurídico diferente para decidir o caso: trata-se do princípio do «ônus da prova».

101. *O ônus da prova.* A função do princípio do ônus da prova é permitir ao tribunal resolver o caso quando os fatos principais não forem provados. Por essa razão, as regras nas quais se articula o princípio definem-se na Alemanha como *Hilfsmitteln* ou como *Operationsregeln*, previstas somente para o caso de falta de prova dos fatos.[56] Em uma perspectiva diferente, porém convergente, essas regras são estabelecidas como critérios acerca do «risco de não persuasão», uma vez que preveem as consequências do não convencimento do tribunal acerca da ocorrência de um fato principal.[57] Segundo uma eloquente definição, essas regras são uma ponte entre a situação de ausência de provas e a aplicação da norma substantiva que rege o caso, porque evitam que o tribunal o decida indevidamente aplicando-a em uma situação na qual não poderia.[58] O princípio do ônus da prova é também um recurso para se resolver a incerteza acerca da prova dos fatos principais: ante a incerteza, os fatos são considerados inexistentes.[59]

---

53 Ver, *e. g.*, MURRAY e STÜRNER, 2004: 267; MUSIELAK e STADLER, 1984: 104; GMEHLING, 1986: 38; PATTI, 1987: 3, 14, 86; MONTERO AROCA, 2002: 67; FALCÓN, 2003: vol. 1, 241. A doutrina jurídica estadunidense considera principalmente o caso em que a existência e a inexistência de um fato são igualmente prováveis; ver, por exemplo, JAMES, HAZARD e LEUBSDORF, 1992: 338; LILLY, 1987: 54; CROSS e TAPPER, 1990: 112.

54 Sobre essa obrigação, ver, entre outros, GMEHLING, 1986: 41; PATTI, 1987: 4; MICHELI, 1966: 177; MONTERO AROCA, 2000: 36.

55 Ver ARENS e LÜKE, 1992: 202; MUSIELAK e STADLER, 1984: 107.

56 Cfr., *e. g.*, MUSIELAK e STADLER, 1984: 104, 121, 123; SCHWAB, 1978: 505, 519.

57 Ver JAMES, HAZARD e LEUBSDORF, 1992: 338; ZUCKERMAN, 2003: 649; JAUERNIG, 1991: 182; MONTERO AROCA, 2000: 35.

58 Cfr. MUSIELAK e STADLER, 1984: 105.

59 Ver, especialmente, MUSIELAK e STADLER, 1984: 107.

Em verdade, o princípio estabelece que uma vez não provado um fato principal, não se pode aplicar a norma substantiva que assume esse tipo de fato como uma premissa fática: por conseguinte, as pretensões calcadas nesse fato e na aplicação dessa norma devem ser rejeitadas pelo tribunal.[60] Aplica-se o princípio no momento da tomada da decisão final, quando o tribunal descobre que alguns fatos carecem de provas suficientes e precisa extrair as consequências jurídicas pertinentes de tal situação. Uma dessas consequências é que os efeitos negativos que derivam da ausência de prova suficiente de um fato são suportados pela parte que formulou uma pretensão baseada nesse fato e ao final não o demonstrou.

102. *A distribuição do ônus da prova*. As normas acerca do ônus da prova distribuem as consequências desfavoráveis da falta de prova dos fatos principais. O critério geral para essa distribuição é o de que cada parte suportará os efeitos negativos que derivam de não se provarem os fatos sobre os quais se fundam suas pretensões. Isso quer dizer que cada parte tem o ônus de provar esses fatos e demonstrar sua veracidade: suas pretensões serão rejeitadas se falharem ao demonstrá-los ao tribunal.[61] Todavia, esses critérios muito amplos e formais não são sempre efetivos ao distribuírem o ônus da prova nos casos concretos: regras mais precisas são necessárias para esse propósito.

Em alguns sistemas jurídicos, distribui-se o ônus da prova através de disposições gerais que regulam todo tipo de situações e por algumas disposições específicas acerca de casos particulares. Por exemplo, na Itália o art. 2.697 do Código Civil estabelece a regra geral, segundo a qual a parte demandante possui o ônus de provar os fatos que sustentam sua demanda; se a outra parte objeta a eficácia legal desses fatos ou reclama a modificação ou extinção do direito alegado, ela possui o ônus de provar os fatos que suportam a sua defesa.[62] Um regramento similar existe na França: o art. 9.º do Código Processual Civil francês dispõe que cada uma das partes possui o ônus de provar os fatos necessários para demonstrar que suas pretensões estão bem fundadas; o art. 1.315 do Código Civil francês, por sua vez, em princípio referente somente às obrigações pecuniárias, é considerado uma regra geral

---

60 Em seus termos gerais este princípio é comum a todos os sistemas processuais, razão pela qual é impossível oferecer aqui uma bibliografia completa. A «*enxurrada de estudos jurídicos sobre o ônus da prova e as presunções*» que se deu nos Estados Unidos (ver Allen, 1993: 628) invadiu também outros países. Para referências mais específicas ver as notas seguintes. Para uma avaliação crítica do princípio sob uma perspectiva econômica, ver Hay, 1997: 651-679.

61 Ver, por exemplo, Murray e Stürner, 2004: 267; Musielak e Stadler, 1984: 109; Musielak, 1975: 32, 133, 353; Prütting, 1983: 19, 112, 179, 265; Jauernig, 1991: 183; Arens e Lüke, 1992: 203; Andrews, 2003: 719; Cross e Tapper, 1990: 123; James, Hazard e Leubsdorf, 1992: 343; Lilly, 1987: 54; Kiralfy, 1987; Taruffo, 1995: 67; Patti, 1987: 3; Ghestin e Goubeaux, 1977: 455, 459; Lagarde, 1994: 203; Verheyden e Jeanmart, 1991: 43; Kielmanovich, 1996: 77; Hinostroza Mínguez, 2000: 84, 88; Fábrega, 2000: 257.

62 Ver Taruffo, 1995: 68; Patti, 1987: 1.

ao estabelecer que o demandante deve embasar com provas a sua pretensão e o demandado deve embasar com provas a sua defesa.[63] Um princípio similar é definido pelo art. 217 do Código Processual Civil espanhol.[64] Por vezes, não há disposições gerais acerca do ônus da prova, havendo somente regras específicas distribuindo tal ônus em um número de situações jurídicas particulares. Nesse caso, surge o problema de se determinar se os princípios gerais estão implícitos no sistema jurídico, podendo ser essa uma tarefa árdua. Na Alemanha, por exemplo, uma situação similar produziu um grande número de discussões teóricas e várias tentativas de definição dos fundamentos e do significado do ônus da prova. Atualmente, a teoria mais popular parece ser a chamada *Normentheorie*, segundo a qual em qualquer situação regulada pelo direito, cada parte tem o ônus de provar os fatos que constituem a premissa à aplicação da norma que lhe produz efeito favorável.[65] Diversas outras teorias foram propostas ao longo do tempo, porém parece que nenhuma delas tenha obtido sucesso em propor critérios mais eficientes para a distribuição do ônus da prova: são apenas exemplos das dificuldades que podem surgir quando não há princípios gerais que distribuam diretamente o ônus entre as partes.[66]

Tampouco nos sistemas de *common law* existem regras gerais explícitas acerca do ônus da prova. Na Inglaterra, entretanto, um critério geral que parece ser normalmente aplicado nos tribunais é similar ao princípio existente nos sistemas de *civil law*. Com exceção de algumas disposições legais específicas, o demandante deve provar os fatos que sustentam sua pretensão e o demandado deve provar os fatos que sustentam a sua defesa.[67] Nos Estados Unidos a situação é diferente porque lá não parece se aplicar nenhum critério geral e uniforme. Por um lado, cada tipo de pretensão e de defesa tem suas regras específicas. Por outro, os tribunais distribuem o ônus da prova caso a caso de forma discricionária, por vezes atribuindo o ônus de provar à parte que tem acesso mais fácil às provas[68] e, por outras, levando em consideração os interesses substantivos das partes e critérios de equidade.[69]

---

63 Ver GHESTIN e GOUBEAUX, 1977: 457. Para o sistema belga, ver VERHEYDEN e JEANMART, 1991: 40, 57.

64 Ver MONTERO AROCA, 2002: 88; 2000: 39.

65 O autor principal da *Normentheorie* é ROSENBERG (1965: 98). Outros autores propõem uma versão revisada e estendida dessa teoria; ver, *e. g.*, SCHWAB, 1978: 505; PRÜTTING, 1983: 168. Ver, também, GMEHLING, 1986: 59, 61; MUSIELAK e STADLER, 1984: 120; MUSIELAK, 1975: 286.

66 Cfr. as referências bibliográficas da nota anterior.

67 Ver ZUCKERMAN, 2003: 652; CROSS e TAPPER, 1990: 123, 131, 133.

68 Cfr., principalmente, JAMES, HAZARD e LEUBSDORF, 1992: 343 e um panorama geral em SCHWERING, 1969: 113.

69 Ver SCHWERING, 1969: 114, 125, 128; MUELLER e KIRKPATRICK, 2003: 781; GIANNELLI, 2003: 43; LEMPERT, GROSS e LIEBMAN, 2000: 1236. Uma complexa análise dos diversos critérios possíveis para a distribuição do ônus da prova entre as partes é desenvolvida por HAY (1997: 655). Sobre os casos nos quais o tribunal determina a distribuição do ônus da prova na Inglaterra, ver ZUCKERMAN, 2003.

103. *Ônus da prova e fatos principais.* De qualquer forma, todavia, os critérios que distribuem o ônus da prova de acordo com os fatos que sustentam as pretensões das partes suscitam um problema teórico e prático adicional. Em verdade, com o objetivo de se estabelecer qual parte perde a causa por falhar em provar um fato principal, necessita-se de um critério para que se determine «*quem deve provar o quê*» em cada situação. Enfrenta-se esse problema normalmente por meio de distinções teórico-jurídicas acerca dos fatos principais do caso. Em geral, sustenta-se que, para cada caso, uma distinção deve ser traçada a partir das disposições substantivas invocadas como fundamento jurídico da pretensão: assim, podem-se identificar os fatos que sustentam positivamente a pretensão (*rechtsbegründendes Merkmal,* ou *fatto costitutivo*) e os fatos que fundamentam as defesas afirmativas ao extinguir, modificar ou impedir os efeitos do direito afirmado pelo demandante (*rechtsvernichtendes, rechtshemmendes, rechtshinderndes Merkmal,* ou *fatto estintivo, impeditivo, modificativo*).[70] O demandante deve provar os fatos que sustentam a sua pretensão e o demandado, por sua vez, deve provar os fatos que sustentam as suas defesas. Por conseguinte, quando um fato não é provado, o juiz deve determinar a qualificação jurídica correspondente a esse fato, no contexto da situação jurídica específica, para estabelecer qual parte perderá a causa. Dessa forma, pode-se afirmar que o critério que realmente determina a conclusão é o da norma substantiva que regula o caso, uma vez que essa norma estabelece qual parte deve provar quais fatos, enquanto o critério processual ocupa-se simplesmente da distinção entre as funções processuais do demandante e do demandado. Portanto, todas as incertezas relativas à interpretação das normas substantivas podem se tornar incertezas acerca da aplicação das normas que dizem respeito ao ônus da prova.[71]

104. *Ônus da prova e produção probatória.* Em um sentido estrito, o ônus da prova é o critério que determina a decisão final na ocasião de um fato não ter sido provado. Também é chamado de «ônus legal», «ônus de persuasão» ou «risco de não persuasão».[72] Qualifica-se, ainda, como critério «objetivo» (*objektive Beweislast*), para enfatizar que sua aplicação ocorre através da análise objetiva da prova dos fatos e das normas substantivas que regem o caso. São utilizados também outros qualificativos para enfatizar esse aspecto (tais

---

[70] Sobre essa distinção ver, principalmente, Musielak e Stadler, 1984: 111, 129; Musielak, 1975: 294, 354; Prütting, 1983: 266; Verde, 1974: 179, 276; Taruffo, 1995: 68; Patti, 1987: 91, 97.

[71] Ver, especialmente, Musielak e Stadler, 1984: 110, 129, 131. Ver, também, Zuckerman, 2003: 651.

[72] Ver, *e. g.*, Zuckerman, 2003: 649; Cross e Tapper, 1990: 123; James, Hazard e Leubsdorf, 1992: 338; Lilly, 1987: 47; Schwering, 1969: 63, 68, 75; Friedenthal e Singer, 1985: 267; Gaskins, 1992: 21.

como *Feststellungslast* ou *materielle Beweislast*).[73] Deve-se distinguir essa concepção do ônus da prova de outro tipo de ônus probatório que é definido como «subjetivo» (*subjektive Beweislast*), com o propósito de se enfatizar que seu objetivo é determinar qual das partes deve fornecer ao tribunal as provas acerca de um fato específico no curso do processo.[74] Também se denomina «ônus de produção da prova», «ônus de seguir adiante», *evidentiary burden* ou *Beweisführungslast*, apenas para deixar claro que se aplica no curso do processo e não no momento da tomada da decisão final.[75]

Nos sistemas de *common law*, a distinção entre o ônus da prova e o ônus da produção das provas foi enunciada por Thayer em 1898.[76] O ônus de produção da prova «*não é uma necessidade lógica do processo*» e «*é produto do julgamento pelo júri*».[77] Sua função principal vincula-se à necessidade de se estabelecer, ao início do processo, se há condições suficientes para a apresentação do caso ao júri: a condição principal é a de que as partes apresentem meios de prova suficientes em apoio a suas pretensões. Se uma parte possui o ônus de produção da prova e não cumpre com essa condição, perde o caso imediatamente, não se iniciando o julgamento por meio do júri.[78] Tal ônus corresponde a um enfoque teórico – presente principalmente na doutrina estadunidense – que leva muito em consideração a dinâmica das táticas probatórias das partes. Nesse contexto, o ônus de produção da prova ajuda a entender, passo a passo, a situação probatória de uma das partes em comparação com a da outra.[79] Todavia, a distinção entre o ônus de produção da prova e o ônus de persuasão (ou ônus da prova em sentido estrito) pode parecer muito menos marcante quando se se observar que os ônus de produção dependem dos ônus de persuasão.[80]

A situação é diversa nos sistemas de *civil law* devido à diferente estrutura do procedimento. Por um lado, com frequência o juiz possui significativos poderes para ordenar de ofício a produção de provas (ver *supra* § 84). Portanto,

---

73 Ver, principalmente, GMEHLING, 1986: 34; MUSIELAK e STADLER, 1984: 116; JAUERNIG, 1991: 183; ARENS e LÜKE, 1992: 202.

74 O ônus subjetivo é definido claramente na doutrina alemã; ver MURRAY e STÜRNER, 2004: 267; GMEHLING, 1986: 35; MUSIELAK e STADLER, 1984: 116; MUSIELAK, 1975: 36; PRÜTTING, 1983: 1, 6, 8, 23, 36, 39; JAUERNIG, 1991: 183; ARENS e LÜKE, 1992: 202.

75 Para a doutrina alemã, ver a nota anterior. Para a doutrina dos sistemas de *common law*, ver CROSS e TAPPER, 1990: 113, 120; JAMES, HAZARD e LEUBSDORF, 1992: 340; LILLY, 1987: 47; FRIEDENTHAL e SINGER, 1985: 265; MUELLER e KIRKPATRICK, 2003: 102; GASKINS, 1992: 21; SCHWERING, 1969: 64, 68.

76 Ver THAYER, 1969: 335; 1890: 45. Ver, também, JAMES, HAZARD e LEUBSDORF, 1992: 337; CROSS e TAPPER, 1990: 110.

77 Cfr. CROSS e TAPPER, 1990: 116; GIANNELLI, 2003: 49.

78 Ver CROSS e TAPPER, 1990: 113, 120; JAMES, HAZARD e LEUBSDORF, 1992: 340; LEMPERT, GROSS e LIEBMAN, 2000: 1239; MUELLER e KIRKPATRICK, 2003: 106.

79 Para uma análise das mais variadas situações probatórias das partes, ver LILLY, 1987: 51.

80 Ver, *e. g.*, ALLEN, 1993: 634; ZUCKERMAN, 2003: 650.

falar de um ônus de produção das provas no curso do processo pode parecer irrelevante, ainda que o papel das partes na produção das provas seja muito importante. Por outro lado, quando o julgador valora as provas no momento de tomar a decisão final, seu único problema é determinar quais fatos foram provados e quais não foram. Quando se prova um fato, não é relevante «quem» produziu as provas sobre esse fato.[81] Assim, um ônus de produção das provas não afeta significativamente a decisão do tribunal. Em verdade, cada parte tem um claro interesse em satisfazer seu ônus da prova com o objetivo de ganhar o caso, *i. e.*, tendo em vista a decisão final sobre os fatos, porém não está interessada em satisfazer qualquer ônus «subjetivo» ou «processual». Quando não se apresentam provas suficientes, a parte que tinha o ônus de provar o fato sucumbirá, porém somente em virtude da não satisfação do ônus da prova, não do ônus de produção das provas. Se, pelo contrário, demonstra-se o fato por meio das provas apresentadas pela outra parte ou ordenadas de ofício pelo juiz, a parte que tinha o ônus de provar o fato sairá vitoriosa, ainda que não tenha apresentado qualquer prova acerca daquele fato.[82] Dessa forma, realmente não existe qualquer ônus «subjetivo» de produção das provas.

105. *Deslocamento do ônus da prova.* Um aspecto muito importante do ônus da prova é que por vezes a distribuição real desse entre as partes não corresponde ao critério geral. São utilizados diversos mecanismos para se deslocar o ônus de uma parte, que teoricamente deveria provar um fato, para outra. Com efeito, existem diversas exceções ao critério geral: o ônus é geralmente «modificado» ou «invertido», ou moldado de diversas formas.

Dentre os mecanismos utilizados para esse fim, é possível se estabelecer um acordo entre as partes antes do início do processo. Tal prática é admitida na Inglaterra,[83] na Alemanha,[84] na França[85] e na Espanha,[86] onde esse tipo de acordo é geralmente incluído em contratos, ainda que regulados expressamente pela lei. O art. 2.698 do Código Civil italiano admite tais acordos sempre que versarem sobre situações jurídicas disponíveis para as partes no âmbito privado e desde que não criem dificuldades adicionais à parte ao reclamar seu próprio direito.[87]

Um mecanismo que se utiliza com maior frequência para deslocar o ônus da prova consiste na disposição de presunções legais. Quando o direito

---

81 Cfr. Taruffo, 1995: 72, 73; Kielmanovich, 1996: 79.

82 Na Itália, tal regra é conhecida por *principio di acquisizione processuale*. Ver Taruffo, 1995: 72. Para regras e conceitos similares, ver Montero Aroca, 2002: 83; Hinostroza Mínguez, 2000: 56.

83 Ver Cross e Tapper, 1990: 144.

84 Ver, por exemplo, Arens e Lüke, 1992: 206.

85 Cfr. Ghestin e Goubeaux, 1977: 460.

86 Ver Montero Aroca, 2002: 101.

87 Ver Taruffo, 1995: 74; Verde, 1974: 129; Micheli, 1966: 244; Patti, 1987: 181.

«presume» um fato que deveria ser provado por uma das partes, a consequência é que essa parte é liberada desse dever, deslocando-se o ônus de provar o contrário à outra parte. Se essa parte obtiver sucesso ao provar o contrário, ganhará o caso; se não, ganhará a parte favorecida pela presunção.[88] As presunções legais são frequentes em todos os sistemas jurídicos. Em diversos casos baseiam-se em considerações políticas, já que, em geral, o deslocamento dos ônus probatórios por meio de presunções legais é um mecanismo cujo objetivo é a distribuição de vantagens sociais, econômicas e estratégicas entre as partes. Em certas ocasiões são utilizadas porque é muito difícil para uma das partes provar um fato, ou porque se presume que um fato tenha ocorrido de maneira corriqueira, de modo que só necessitam ser provadas as exceções ao curso ordinário dos eventos; às vezes o ônus é deslocado à parte que tem acesso fácil às provas; em outras se utiliza uma presunção para liberar a parte «fraca» (como acontece, *e.g.*, nas causas trabalhistas e discriminatórias) e gravar a parte «forte» com o ônus de provar o contrário. Em geral, utilizam-se as presunções legais com o objetivo de facilitar a vitória de uma parte ao liberá-la dos ônus probatórios, deslocando-os à outra parte, como geralmente acontece nos casos de dano, de negligência profissional, de contaminação industrial e de venda de produtos inseguros ou perigosos.[89]

106. *Presunções legais.* Deixando de lado seus conteúdos específicos, devem-se distinguir presunções legais «absolutas», «irrefutáveis» ou «conclusivas», por um lado, de presunções «relativas» ou «refutáveis», por outro.[90] As presunções legais absolutas não admitem prova em contrário, estabelecendo de maneira conclusiva uma verdade formal acerca do fato presumido vinculante para o tribunal e para as partes. Todavia, as presunções absolutas são relativa-

---

[88] Em geral, acerca da função e do mecanismo das presunções legais, ver, por exemplo, Giannelli, 2003: 53; Mueller e Kirkpatrick, 2003: 110; James, Hazard e Leubsdorf, 1992: 347, 349; Lilly, 1987: 55; Graham, 2003: 47; Wright e Graham, 1977-1989: vol. 21, 585; Murray e Stürner, 2004: 269; Leipold, 1966: 76; Musielak e Stadler, 1984: 139; Rosenberg, 1965: 216; Taruffo, 1995: 76; Patti, 1987: 101; Fabrini Tombari, 1991: 923; Denti, 1992: 709; Silva Melero, 1963-1964: vol. 1, 111; Montero Aroca, 2002: 99; 2000: 42; Ghestin e Goubeaux, 1977: 457; Sicard, 1960: 50; Verheyden e Jeanmart, 1991: 103.

[89] É claramente impossível oferecer aqui uma análise detalhada dos diversos tipos de presunções legais que existem nos distintos sistemas. Para a análise dos diversos tipos de presunções, ver a nota anterior. Ver, também, Cendon e Ziviz, 1992: 757; Weigmann, 1992: 797; Vallebona, 1992: 809; 1988; Taruffo, 1992b: 739, 745; 1992a: 482; Fastenrath, 1990: 51, 62, 86; Gmehling, 1986: 125, 149, 186; Landsberg e Lülling, 1990: 2208; Pozzo, 1991: 607, 615; Troiano, 1991: 276; Patti, 1990: 705.

[90] Tal distinção geral é muito difundida em todos os sistemas jurídicos. Ver, *e. g.*, Giannelli, 2003: 64; Lilly, 1987: 57; Mueller e Kirkpatrick, 2003: 110, 112; Graham, 2003: 59; Lempert, Gross e Liebman, 2000: 1295; Cross e Tapper, 1990: 128; Schwering, 1969: 139, 142; Musielak e Stadler, 1984: 143; Musielak, 1975: 82; Prütting, 1983: 48; Taruffo, 1995: 76; Patti, 1987: 104; Fabbrini Tombari, 1991: 918, 923; Sicard, 1960: 54; Verheyden e Jeanmart, 1991: 104.

mente pouco frequentes; geralmente, consideram-se um meio para regular a questão substantiva envolvida, e não uma distribuição de ônus probatórios.[91]

As presunções relativas admitem prova em contrário produzida pela parte sobre a qual o ônus tenha recaído. Portanto, somente oferecem ao tribunal uma espécie de «verdade provisória» que pode ser anulada pela prova em contrário. A maioria das presunções legais é relativa. Em geral, consideram-se mecanismos processuais cujo objetivo é o de distribuir o ônus da prova entre as partes e fornecer ao tribunal critérios a aplicar na decisão final.[92] As presunções relativas podem funcionar de maneira diferente dependendo do tipo de ônus probatório a que concernem. Nos sistemas de *civil law* operam como critérios para o juízo final sobre os fatos. Uma vez que nesses sistemas o único ônus efetivo é o ônus «da prova» em sentido estrito (ver *supra* § 103), as presunções determinam diretamente a tomada de decisão: se não se provar o contrário, o caso será decidido em favor da parte beneficiada pela presunção; se se provar o contrário, a outra parte prevalecerá. A situação é diferente quando há um ônus «de produção da prova» (ver também *supra* § 104), já que normalmente as presunções concernem a esse ônus, e não ao ônus de persuasão (ou ônus da prova em sentido estrito).[93] Por conseguinte, as presunções legais são utilizadas para dirigir as estratégias probatórias das partes perante os tribunais; a decisão final dependerá do princípio usual do ônus da prova, a não ser que disposições particulares desloquem esse ônus específico.[94]

107. *Presunções judiciais*. As presunções legais são reguladas por disposições expressas incluídas em códigos ou leis. Todavia, em muitos casos os tribunais excepcionam, modificam, adaptam ou até mesmo subvertem as regras e princípios legais ao resolver casos específicos. Em verdade, parece que muitas vezes os tribunais não se sentem vinculados por tais regras e princípios; pelo contrário, parecem crer possuir o poder de manipular e ajustar discricionariamente os critérios legais que governam o ônus da prova. Por essa razão, muitas presunções jurídicas são criadas pelos tribunais sem qualquer vinculação a disposições legais.[95] Nos sistemas de *common law*, onde

---

[91] Ver, *e. g.*, Musielak e Stadler, 1984: 143; Musielak, 1975: 82; Prütting, 1983: 49; Fabbrini Tombari, 1991: 922.

[92] Ver as referências indicadas *supra* na nota 90.

[93] Ver a regra 301 das *Federal Rules of Evidence*; Saltzburg, Martin e Capra, 2002: vol. 1, 301-3; Graham, 2003: 51; Wright e Graham, 1977-1989: vol. 21, 552; Lilly, 1987: 80; Saltzburg e Redden, 1977: 80; Weinstein e Berger, 1975: vol. 1, 301-1; Mueller e Kirkpatrick, 2003: 109; Schwering, 1969: 144.

[94] Para uma tipologia detalhada das presunções referidas a estes tipos de ônus probatórios, ver Lempert, Gross e Liebman, 2000: 1304.

[95] Cfr., por exemplo, Murray e Stürner, 2004: 268; Musielak e Stadler, 1984: 144, 149, 163; Gaskins, 1992: 27, 47; Ghestin e Goubeaux, 1977: 460; Taruffo, 1995: 77; Verde, 1974: 135; Patti, 1987: 109.

os poderes criativos dos tribunais são bastante amplos, isso não surpreende,[96] ao ponto da maioria das presunções serem por eles criadas.[97] Por vezes, tais presunções são constantemente aplicadas, convertendo-se em regulações permanentes, como, por exemplo, no caso da presunção *res ipsa loquitur* aplicada aos casos de negligência.[98]

A situação é diferente nos sistemas de *civil law*, onde as presunções criadas pelos tribunais são igualmente frequentes, porém esse fenômeno pode ser criticado simplesmente pelo fato de não haver qualquer disposição que lhes confira o poder de manipular ônus probatórios. Todavia, diversas são as técnicas utilizadas pelos tribunais para criar presunções. Uma técnica «silenciosa» consiste na manipulação dos ônus ou em decidir o caso sem aplicar estritamente as regras, porém sem enunciar expressamente que assim foi decidido. Essa técnica é muitas vezes utilizada pelos tribunais italianos ao criar as chamadas *presunzioni giurisprudenziali*.[99] Os tribunais alemães, por sua vez, empregam uma técnica mais complexa para manipular os ônus probatórios que consiste na criação de um novo tipo de provas chamado *Anscheinsbeweis* (algo como «provas *prima facie*»). Essa técnica baseia-se na presunção de que, em muitos casos, uma das partes possui somente o ônus de provar a «aparência» ou a «verossimilhança» do fato que sustenta a sua pretensão, e não um ônus real de produzir provas plenas e completas que demonstrem esse fato. Essa parte pode aduzir alguns elementos de prova circunstanciais ou pode simplesmente demonstrar que o fato corresponde a um «padrão típico» que usualmente ocorre nesse tipo de situação. A aparência de correspondência de um fato com o curso normal dos acontecimentos é suficiente para deslocar à outra parte o ônus de provar o contrário, *i. e.*, de demonstrar que, no caso específico, o fato ocorreu de maneira diferente do que parecia *prima facie*. O *Anscheinsbeweis* é utilizado com muita frequência pelos tribunais alemães, principalmente, ainda que não exclusivamente, no âmbito da reparação de danos; uma parte importante da doutrina jurídica alemã, porém, discute e até rejeita essa forma de tratar os ônus probatórios.[100]

---

[96] Ver SALTZBURG, MARTIN e CAPRA, 2002: vol. 1, 301-9. Todavia, segundo ALLEN (1993: 629), os tribunais estadunidenses usualmente aplicam somente normas jurídicas preexistentes ao juízo e, portanto, raramente deslocam o ônus probatório durante o processo.

[97] Cfr. KIRALFY, 1987: 79, 94, 106, 137, 146. A manipulação dos ônus probatórios é uma maneira comum de lidar com os problemas sociais e, inclusive, políticos; ver, em geral, GASKINS, 1992: 23, 29, 47, 103. Para uma avaliação crítica dessa atitude dos tribunais ingleses, ver PATTENDEN, 1988.

[98] Ver GASKINS, 1992: 27; ALLEN, 1993: 630.

[99] Cfr. TARUFFO, 1995: 77; VERDE, 1974: 142; 1992: 715. Para um fenômeno similar na Colômbia, ver FÁBREGA, 2000: 270.

[100] A bibliografia nesse sentido é muito extensa. Ver, por exemplo, MURRAY e STÜRNER, 2004: 268; ROMMÉ, 1989: 95, 109, 121, 152; WALTER, 1979: 206, 214, 258; 1977: 270; HEINMÜLLER, 1966; PAWLOWSKI, 1954. Ver, também, TARUFFO, 1992a: 483; 1995: 77; PATTI, 1987: 169.

Os poderes discricionários que os tribunais criam para si mesmos não são fáceis de explicar e tampouco de justificar, em especial nos sistemas de *civil law*, nos quais o ônus da prova é especificamente regulado por diversas regras escritas. Na realidade, é duvidoso que os tribunais estejam autorizados a utilizar esses mecanismos, ocultos ou manifestos, com o objetivo de modificar a regulação de situações jurídicas específicas. Em alguns casos, uma decisão tomada com a aplicação estrita do direito substantivo e das normas que regulam o ônus da prova pode parecer injusta, porém cabe questionar se em tais casos dever-se-ia permitir aos tribunais prescindirem das normas existentes e criarem a sua própria «norma do caso», manipulando os ônus probatórios para alcançar decisões que considerem «justas», em qualquer sentido possível. Em verdade, é duvidoso que os tribunais estejam investidos de tamanho poder de manipulação do resultado substantivo final dos casos concretos, sob a aparência de estarem ajustando os critérios acerca dos ônus probatórios. Com efeito, o direito melhor faria se proviesse aos tribunais e às partes critérios gerais determinando decisões consistentes e previsíveis não baseadas exclusivamente em considerações *ad hoc* do caso específico.[101]

---

[101] Ver Musielak, 1975: 84; Musielak e Stadler, 1984: 82; Walter, 1979: 206, 214; Vallebona, 1992: 336; Taruffo, 1995: 77.

BIBLIOGRAFIA

ABU HAREIRA, M. Y., 1986: «An Early Holistic Conception of Judicial Fact-Finding», em *Juridical Review,* 79.

AGAZZI, E., 1999: «La spiegazione causale di eventi individuali (o singoli)», em *Rivista italiana di diritto e procedura Penale,* 42 (2).

ALCALÁ-ZAMORA e CASTILLO, N., 1965: *Estudios de derecho probatorio,* Concepción, Chile: Universidad de Concepción.

ALEXY, R., e PECZENIK, A., 1990: «The Concept of Coherence and Its Significance for Discursive Rationality», em *Ratio Juris,* 3.

ALLEN, CH., 1997: *The Law of Evidence in Victorian England,* Cambridge-New York.

ALLEN, R. J., 1993: «Burden of Proof, Uncertainty, and Ambiguity in Modern Legal Discourse», em *Harvard Journal of Law and Public Policy,* 17.

ALPA, G., 1999: *Trattato di diritto civile, La responsabilita civile (IV),* Milano: Giuffre.

ALVARADO VELLOSO, A., 2004: *Debido proceso versus pruebas de oficio,* Bogota: Temis.

AMSTERDAM, A. G., e BRUNER, J., 2002: *Minding the Law,* Cambridge, Massachusetts-London: Harvard University Press.

ANDERSON, T., e TWINING, W., 1991: *Analysis of Evidence. How to Do Things with Facts Based on Wigmore's Science of Judicial Proof,* Evanston, Illinois: Northwestern University Press.

ANDREWS, N., 2000: «A New Civil Procedural Code for England: Party-Control "Going, Going, Gone"», em *Civis Justice Quarterly,* 19.

— 2003: *English Civil Procedure. Fundamentals of the New Civil Justice System,* Oxford: Oxford University Press.

APPLEMAN, J. A., 1965: *Cross-Examination,* Fairfax, Virginia: Coiner Publications.

ARENS, P., 1971: *Mündlichkeitsprinzip und Prozessbeschleunigung im Zivilprozess,* Berlin.

ARENS P., e LÜKE, W., 1992: *Zivilprozessrecht,* 5.ª ed., München: Verlag C. H. Beck.

ARNTZEN, P., 1993: *Psychologic der Zeugenaussage. System der Glaubwürdigkeitsmerkmale,* 3.ª ed., München: Verlag C. H. Beck.

ATIYAH, P. S., e SUMMERS, R., 1987: *Form and Substance in Anglo-American Law,* Oxford: Oxford University Press.

BALL, M. S., 1975: «The Play's the Thing; An Unscientific Reflection on Courts under the Rubric of Theater», em *Stanford Law Review,* 28.

BANKOWSKI, Z., 1990: «The Jury and Reality», em NERHOT, P. (ed.): *Law, Interpretation and Reality. Essays in Epistemology, Hermeneutics and Jurisprudence,* Dordrecht-Boston-London: Springer.

BARBOSA MOREIRA, J. C., 2005: «O neoprivatismo no processo civil», em *Revista Iberoamericana de Derecho Procesal,* VII.

BAUMBACH, A.; LAUTERBACH, W.; ALBERS, J., e HARTMANN, P., 2003: *Zivilprozessordnung,* 61.ª ed., München: Verlag C. H. Beck.

— 2005: *Zivilprozessordnung,* 63.ª ed., München: Verlag C. H. Beck.

BAUMGARTEL, G., 1989: «„Geheimverfahren" im Zivilprozess zur Wahrung von Geschaftsgeheimnissen nach Schweizer Vorbild?», em *Festschrift fur Walther J. Habscheid,* Bielefeld: Gieseking.

— 1991: *Handbuch der Beweislast im Privatrecht* (I), 2.ª ed., Koln-Berlin-outros: Heymanns.

BAUR, R, 1966: *Wege zu einer Konzentration der miindlichen Verhandlung im Prozess,* Berlin.

BEARDSLEY, J., 1986: «Proof of Fact in French Civil Procedure», em *American Journal of Comparative Law,* 34.

BENDER, R., 1981: «Das Beweismass», em *Festchrift Baur,* Tiibinge.

BENDER, R., e NACK, A., 1981: *Tatsachenfeststellung vor Gericht: -Glaubwürdigkeits- und Beweislehre,* München.

BENESON, F. C., 1984: *Probability, Objectivity and Evidence,* London-Boston: Routledge-Kegan Paul.

BENNET L., e FELDMAN, M., 1981: *Reconstructing Reality in the Courtroom. Justice and Judgment in American Culture,* New Brunswick-London: Rutgers University.

BENTHAM, J. [1823]: *Traite des preuves judiciaries* (I), Paris.

BERGER, M., 2000: «The Supreme Court's Trilogy on the Admissibility of Expert Testimony», em *Reference Manual of Scientific Evidence,* United States of America: Federal Judicial Center.

BERTI, C., 2001: *Psicologia sociale della giustizia,* Bologna: Il Mulino.

BLANC, E., 1974: *La preuve judiciaire. Commentaire du decret du 17 decembre 1973,* Paris: Librairie du Journal des notaires et des avocats.

BLOM-COOPER, L., 2002: «Experts and Assessors: Past Present and Future», em *Civil Justice Quarterly,* 21.

BODIN, H. (comp.), 1976: «Presenting the Evidence», em *Civil Litigation and Trial Techniques,* New York: Practising Law Institute.

BOHM, P., 2004: «Processo civile e ideologia nello stato nazionalsocialista», trad, it., em *Rivista trimestrale di diritto e procedura civile, 2.*

BONA, M., 2003: «Il nesso di causa nella responsabilità civile del medico e del datore di lavoro a confronto con il decalogo delle Sezioni Unite penali sulla causalita omissiva», em *Rivista di Diritto Civile,* 4.

BORGES, J. L., 2005: *Siete noches,* Buenos Aires: Alianza.

BORUTTI, S., 1999: *Filosofia delle science umane. Le categorie dell'Antropologia e della Sociologia,* Milano: Mondadori Bruno.

— 2006: *Filosofia dei sensi, estetica del pensiero tra filosofia, arte e letteratura,* Milano: Cortina.

BOSTON UNIVERSITY, 1983: «Symposium on Probability and Inference in the Law of Evidence», em *Boston University Law Review,* 66.

BOURGEOIS, G.; JULIEN P., e ZAVARO, M., 1999: *La pratique de l'expertise judiciaire,* Paris: Litec.

BOVE, M., 2002: «Art. 111 Cost. e "giusto processo civile"», em *Rivista di diritto processuale,* 57 (2).

BREDIN, J. D., 1995: «France», em SAFAI, H. (comp.): *La valeur du temoignage en Droit Civil: The Probative Value of Testimony in Private Law,* La Hague: Kluwer Law International.

— 1996: «Le doute et l'intime conviction», em *Droits,* 23.

BREWER, S., 1998: «Scientific Expert Testimony and Intellectual Due Process», em *Yale Law Journal,* 107.

BRILMAYER, L., 1988: «Second-Order Evidence and Bayesian Logic», em TILLERS, P., e GREEN, E. (eds.): *Probability and inference in the Law of Evidence: The uses and limits of Bayesianism,* Dordrecht-Boston-London: Springer.

BROOKS, P., e GEWIRTZ, P. (eds.), 1996: *Law's Stories, Narrative and Rhetoric in the Law,* New Haven-London: Yale University Press.

BRÜGGEMANN, D., 1968: *Judex statutor und judex investigador, Untersuchungen zur Abgrenzung zwischen Richtermacht und Parteienfreiheit im gegenwärtigen deutschen Zivilprozess,* Bielefeld.

BRUNER, J., 2002: *Making Stories. Law, Literature, Life,* Cambridge-Massachusetts-London: Farrar, Straus and Giroux.

BRUNS, R., 1978: «Beweiswert», em *ZZP*, 91.

BUONCRISTIANI, D., 2001: *L'allegazione dei fatti nel processo civile. Profili sistematici,* Torino: G. Giappichelli.

BURNS, R. P., 2005: «Fallacies on Fallacies: A Reply», em *International Commentary on Evidence* (3).

BURROW, J. W., 2000: *The Crisis of the Reason: European Thought: 1848-1914,* New Haven-London: Yale University Press.

BUSNELLI, F. D., 1965: «Perdita di una chance e risarcimento del danno», em *Foro Italiano,* 47 (IV).

CADIET, L., 1999: «Civil Justice Reform: Access, Cost and Delay. The French Perspective, em Civil Justice in Crisis», em ZUCKERMAN, A. (ed.): *Comparative Perspectives of Civil Procedure,* Oxford-New York: Oxford University Press.

— 2000: *Droit judiciaire privé,* 3.ª ed., Paris: Litec.

CADIET, L., e JEULAND, E., 2004: *Droit judiciaire privé,* 4.ª ed., Paris: Litec.

CALAMANDREI, P., 1965: «La genesi logica della giustizia civile», em *Opere giuridiche* (I), Napoli: Morano.

CALLEN, C., 1982: «Notes on a Grand Illusion: Some Limits on the Use of Bayesian Theory in Evidence Law», em *Indiana Law Journal,* 57.

— 199la: «Adjudication and the Appearance of Statistical Evidence», em *Tulane Law Review,* 65.

— 1991b: «Cognitive Science and the Sufficiency of "Sufficiency of the Evidence" Tests», em *Tulane Law Review,* 65.

CAMBI, E. A., 2001: *Direito constitucional à prova no processo civil,* São Paulo: Revista dos Tribunais.

CANZIO, G., 2005: «Prova scientifica, ricerca della "verità" e decisione giudiziaria nel processo penale», em *Decisione giudiziaria e verita scientifica,*

Milano: Giuffrè.

CAPECCHI, M., 2002: *Il nesso di causalitá. Da elemento della fattispecie «fatto illecito» a criteria di limitazione del risarcimento del danno,* Padova: Cedam.

CAPPELLETTI, M., 1962: *La testimonianza della parte nel sistema dell'oralità* (2 vols.), Milano: Giuffrè.

— 1971: *Procédure orale et procédure écrite,* Milano-New York: Giuffrè.

CAPPELLETTI, M., e TALLON, D., 1973: *Fundamental Guarantees of the Parties in Civil Litigation,* Milan-New York: Giuffrè.

CAPPONI, B., 1990: «Le "informazioni" del giudice civile (appunti per una ricerca)», em *Rivista trimestrale di diritto e procedura civile.*

CAPPONI, B., e VERDE, V. (eds.), 2002: *Il nuevo articolo 111 della Costituzione e il "giusto processo" in materia civile,* Napoli: Edizioni Scientifiche Italiane.

CARNELUTTI, F., 1992: *La prova civile. Parte generate. Il concetto giuridico di prova* (1915), Milano: Giuffrè.

CARPI, F., e TARUFFO, M., 2002: *Comentario breve al codice di procedura civile,* 4.ª ed., Padova: Cedam.

— 2006: *Commentario breve al codice di procedura civile,* 5.ª ed., Padova: Cedam.

CARSETTI, A., 2005: «Verità, decisione razionale e teoria della complessita», em *Decisione giudiziaria e verità scientifica,* Milano: Giuffrè.

CARRATTA, A., 1995: *Il principio della non contestazione nel processo civile,* Milano.

CATELLANI, P., 1992: *Il giudice esperto. Psicologia cognitiva e ragionamento giudiziario,* Bologna: Il Mulino.

CAUDILL, D. S., e LARUE, L. H., 2003: «Why Judges Applying the Daubert Trilogy Need to Know about the Social, Institutional, and Rhetorical – and Not Just the Methodological – Aspects of Science», *Boston College Law Review,* 45.

CAVALLONE, B., 1991: *Il giudice e la prova nel processo civile,* Padova: Cedam.

CEA, G., 2002: «Il principio di non contestazione al vaglio delle sezioni unite», em *Foro Italiano.*

CECIL, J. S., e WILLGING, T. E., 1993: *Court-Appointed Experts: Defining the Role of Experts Appointed under Federal Rule 706,* United States of America: Federal Judicial Center.

CENDON, P., e ZIVIZ, P., 1992: «L'inversione dell'onere della prova nel diritto civile», em *Rivista trimestrale di diritto e procedura civile.*

CENTRE NATIONAL DE RECHERCHES DE LOGIQUE, 1961: *Le fait et le droit. Études de logique juridique,* Bruxelles: É. Bruylant.

CENTONZE, E., 2001: «Scienza "spazzatura" e scienza "corrotta" nelle attestazioni e valutazioni dei consulenti tecnici nel processo penale», em *Rivista Italiana di Diritto e Procedura Penale,* 44 (4).

CHAMOUX, E., 1981: «La loi du 12 juillet 1980: une ouverture sur des nouveaux moyens de preuve», em *Juris Classeur Périodique,* I.

CHASE, O. G., 2005: *Law, Culture and Ritual. Disputing Systems in Cross-Cultural Context,* New York-London: NYU Pr.

CHAYES, A., 1976: «The role of the Judge in Public Law Litigation», em *Harvard Law Review,* 89.

CHIARLONI, S., 2000: «Il nuovo articolo 111 della Costituzione e il processo civile», em *Rivista di diritto processuale.*

— 2004: «Il presente come storia: dai codici di procedura civile sardi alle recentissime riforme e proposte di riforma», em *Rivista trimestrale di diritto e procedura civile.*

CHOW, D. C. K., 1990: «Trashing Nihilism», em *Tulane Law Review,* 65.

CIACCIA CAVALLARI, B., 1992: *La contestazione nel processo civile. I: La contestazione tra norme e sistema,* Milano: Giuffrè.

— 1993: *La contestazione nel processo civile. II: La non contestazione: caratteri ed effetti,* Milano: Giuffrè.

CIAN., G., e TRABUCCHI, A., 2003: *Commento breve al codice civile. Complemento giurisprudenziale* (I), 6.ª ed., Padova: Cedam.

CIPRIANI, E., 1995: «Nel centenario del regolamento di Klein (Il processo civile tra liberta e autorita)», em *Rivista di diritto processuale.*

— 1997: «Piero Calamandrei, la relazione al re e l'apostolato di Chiovenda», em *Ideologie e modelli del processo civile,* Napoli: Edizioni Scientifiche Italiane.

— 2002: «Il processo civile italiano tra efficienza e garanzie», em *Rivista trimestrale di diritto e procedura civile.*

— 2003a: «I problemi della giustizia civile tra passato e presente», em *Rivista di diritto civile.*

— 2003b: «Il processo civile tra vecchie ideologie e nuovi slogan», em *Rivista di diritto processuale.*

CLEARY, E. W.; STRONG, J. W,; BROUN, K. S., e MOSTELLER, R. P., 1988: *Cases and Materials on Evidence,* 4.ª ed., St. Paul, Minnesota.

CLERMONT, K. M., 1987: «Procedure's Magical Number Three: Psychological Bases for Standards of Decision», em *Cornell Law Review,* 72.

CLERMONT, K. M., e SHERWIN, E., 2002: «A Comparative View of Standards of Proof», em *American Journal of Comparative Law,* 50.

COHEN, L. J., 1977: *The Probable and the Provable,* Oxford: Oxford University Press.

— 1989: *An Introduction to the Philosophy of Induction and Probability,* Oxford: Oxford University Press.

COLOMA CORREA, R., 2006: «Vamos a contar mentiras tralara... O de limites a los dichos de los abogados», em *Revista de Derecho,* Universidad Austral de Chile, 2 (XIX).

COMANDE, G., e PONZANELLI, G. (comps.), 2004: *Scienza e diritto nel prisma del diritto comparato,* Torino: Giappichelli.

COMMITTEE ON DNA TECHNOLOGY IN FORENSIC SCIENCE e NATIONAL RESEARCH COUNCIL, 1992: *DNA Technology in Forensic Science,* Washington DC: National Academies Press.

COMOGLIO, L. P., 1980: *Il principio di economia processuale,* I, Padova: Cedam.

— 1987: «Allegazione», em *Digesto delle Discipline Privatistiche I Sezione Civile,* vol. 1, Torino.

— 1989: «Contraddittori», em *Digesto delle Discipline Privatistiche I Sezione Civile,* vol. 4, Torino.

— 1996: *Riforme processuali e poteri del giudice,* Torino: G. Giappichelli.

— 2004a: *Le prove civili,* 2.ª ed., Torino: UTET.

— 2004b: *Etica e tecnica del «giusto processo»,* Torino: G. Giappichelli.

COMOGLIO, L. P.; FERRI, C., e TARUFFO, M., 1998: *Lezioni sul processo civile,* 2.ª ed., Milano: Il Mulino.

CONSO, G., e GREVI, V., 2005: *Commentario breve al codice di procedura penale,* Padova: Cedam.

CONSOLO, C., 2004: «Il duplice volto della "buona" giustizia civile tardo-asburgica e del suo rigeneratore», em *Ordinanza della procedura civile di Francesco Giuseppe. 1895,* Milano: Giuffrè.

CONWAY-JONES, D. M., 2002: «Factual Causation in Toxic Tort Litigation: A philosophical View of Proof and Certainty in Uncertain Disciplines», em *University of Richmond Law Review,* 35.

CORNU, G., e FOYER, J., 1996: *Procedure civile,* 3.ª ed., Paris: Presses Universitaires de France.

COUTURE, E. J., 1989: *Estudios de Derecho Procesal Civil* (I), Buenos Aires: Depalma.

COVER, R. M.; FISS, O. M., e RESNIK, J., 1988: *Procedure,* Westbury-New York: West Publishing Company.

CROSS, S. R., e TAPPER, C., 1990: *On Evidence,* 7.ª ed., London: Butterworths Law.

CUSUMANO, N., 2007: «Le prove nel discorso storico: riflessioni a margine», em ANDÒ e NICOLACI: *Processo alla prova. Modelli e pratiche di verifica dei saperi,* Roma: Carocci.

CURZON, L. B., 1986: *Law of Evidence,* 2.ª ed., London: Macdonald and Evans Ltd.

DAMAŠKA, M. R, 1975: «Presentation of Evidence and Factfinding Precision», em *University of Pennsylvania Law Review.*

— 1986: *The Faces of Justice and State Authority,* New Haven-London: Yale University Press.

— 1990: «Atomistic and Holistic Evaluation of Evidence: A Comparative View», em MERRYMAN, J. H., e CLARK, D. S. (eds.): *Comparative and private international law Essays in honor of John Henry Merryman,* Berlin: Dunker and Humblot.

— 1991: *I volti della giustizia e del potere. Analisi comparatistica del processo,* trad, it., Bologna: Il Mulino.

— 1997: *Evidence Law Adrift,* New Haven-London: Yale University Press.

— 2002: «Adversary System», em *Encyclopedia of Crime and Justice* (I).

DANET, B., 1980: «Language in the Legal Process», em *Law and Society Review.*

DANOVI, F., 2000: «Note sulla consulenza psicologica nel processo civile», em *Rivista di diritto processuale.*

DAVID, P., 1991: «Probability and Proof: Some Basic Concepts», em ANDERSON, T., e TWINING (eds.): *Analysis of Evidence: How to Do Things with Facts, Based on Wigmore's Science of Judicial Proof,* Evanston, Illinois: Northwestern University Press.

DAVISON, D., 1984: «True to facts», em *Inquiries into Truth and Interpretation,* Oxford: Clarendon Press.

DE CUPIS, A., 1986: «Il risarcimento della perdita di una "chance"», em *Giurisprudenza Italiana* (I).

DE LA OLIVA, A., e DÍEZ-PICAZO GIMENEZ, I., 2000: *Derecho Procesal Civil. El Proceso de Declaración,* Madrid: Editorial Central de Estudios Ramón Areces.

DE SANTIS, E., 1988: *Il documento non scritto come prova civile,* Napoli: Edizioni Scientifiche Italiane.

DEL CORE, S., 2004: «Il principio di non contestazione nel processo civile: Profili sistematici, riferimenti di dottrina e recenti acquisizioni giurisprudenziali», em *Giusticia civile* (II).

DEN BOER, M., 1990: «A Linguistic Analysis of Narrative Coherence in the Courtroom», em NERHOT, P. (ed.): *Law, Interpretation and Reality. Essays in Epistemology, Hermeneutics and Jurisprudence,* Dordrecht-Boston-London: Springer.

DENNIS, I., 1999: *The Law of Evidence,* London: Sweet and Maxwell.

DENTI, V., 1971: «L'evoluzione del diritto delle prove nei processi civili contemporanei», em *Processo civile e giustizia sociale,* Milano: Di Comunita.

— 1983: *Dall'azione al giudicato,* Padova: Cedam.

— 1988: «Prova documentale (dir. proc. civ.)», em *Enciclopedia del diritto* (XXXVII), Milano.

— 1989: *La giustizia civile. Lezioni introduttive,* Bologna: Il Mulino.

— 1992: «L'inversione dell'onere della prova: Rilievi introduttivi», em *Rivista trimestrale di diritto e procedura civile.*

DERSHOWITZ, A., 1996: «Life is Not a Dramatic Narrative», em BROOKS e GEWIRTZ (eds.): *Law's Stories, Narrative and Rhetoric in the Law,* New Haven-London: Yale University Press.

DEVIS ECHANDÍA, H., 1970: *Teoría general de la prueba judicial,* Buenos Aires: Víctor P. de Zavalia.

DI GIOVINE, O., 2002: «Lo statuto epistemologico della causalità penale tra cause sufficienti e condizioni necessarie», em *Rivista Italiana di Diritto e Procedura Penale.*

DÍAZ FUENTES, A., 2004: *La prueba en la nueva Ley de enjuiciamiento civil,* 2.ª ed., Barcelona: Bosch.

DOMBROFF, M. A., 1985: *On Direct and Cross-Examination,* New York: John Wiley and Sons Inc.

DOMINIONI, O., 2005: *La prova penale scientifica. Gli strumenti scientifico-tecnici nuovi o controversi e di elevata specializzazione,* Milano: Giuffrè.

DONDI, A., 1979: «L'evoluzione della hearsay rule nel processo civile angloamericano», em *Rivista di Diritto Processuale,* 1 (1) e 2 (34).

— 1985: *Effettivitd dei provvedimenti istruttori del giudice civile,* Padova: Cedam.

— 1996: «Paradigmi processuali ed *"expert witness testimony"* nel diritto statunitense», em *Rivista trimestrale di diritto e procedura civile* (IV).

— 1997: «Prova testimoniale nel processo civile», em *Digesto delle Discipline Privatistiche I Sezione Civile* (XVI).

DREIER, R., 1991: «Irrationalismus in der Rechtswissenschaft», em *Recht - Staat - Vernunft. Studien zur Rechtstheorie,* 2.ª ed., Frankfurt am Main: Suhrkamp Verlag KG.

DUXBURY, N., 1999: *Random justice: on lotteries and legal decision-making,* Oxford: Clarendon Press.

EBERLE, N., 1989: *Zur Rhetorik des zivilprozessualen Beweises,* Frankfurt am Main-Berna-New York-Paris: Peter Lang Verlagsgruppe.

EDWARDS, W., 1988: «Summing Up: The Society of Bayesian Trial Lawyers», em TILLERS P., e GREEN E. (eds.): *Probability and inference in the Law of Evidence: The uses and limits of Bayesianism,* Dordrecht-Boston-London: Springer.

EGOLESTON, R., 1978: *Evidence, Proof and Probability,* London: Weidenfeld and Nicolson.

EHRLICH, W., 1970: *The Lost Art of Cross-Examination,* New York: G. P. Putnam's sons.

EKELÖF, P. O., 1962: «Beweiswürdigung, Beweislast und Beweis der Ersten Anscheins», em *ZZP 75.*

ENGEL, H. U., 1992: *Beweisinterlokut und Beweisbeschluss im Zivilprozess,* Köln-Berlin: Heymann.

ENGISCH, K., 1960: *Logische Studien zur Gesetzesanwendung,* 2.ª ed., Heidelberg: Carl Winter-Universitatsverlag.

ENZENSBERGER, H. M., 2004: *Gli elisir della scienza. Sguardi trasversali in poesia e inprosa,* trad, it., Torino: Einaudi.

ESSER, J., e KUCHINKE, K., 1966: «Freiheit und Bindung des Zivilrichters in der Sachaufklarung», em KUCHINKE, BOLDING e LANDO (comps.): *Freiheit und Bindung des Zivilrichters in der Sachaufklarung,* Frankfurt am Main-Berlin: Metzner.

FABIANI, M., 2003: «Il valore probatorio della non contestazione del fatto allegato», em *Corriere Giuridico.*

FABBRINI TOMBARI, G., 1991: «Note in tema di presunzioni legali», em *Rivista trimestrale di diritto e procedura civile.*

FÁBREGA, J. P., 2000: *Teoria general de la prueba,* 2.ª ed., Santa Fe de Bogotá: Temis.

FAIGMAN, D. L., 1999: *Legal Alchemy. The Use and Misuse of Science in Law,* New York: W. H. Freeman and Co.

FAIGMAN, D.; KAYE, D.; SAKS, M.; SANDERS J., e CHENG'S, E., 2002a: *Modern Scientific Evidence: The Law and Science of Expert Testimony,* 4 vols., 2.ª ed., St. Paul, Minnesota: West group publishing.

— 2002b: *Science in the Law. Standards, Statistics and Research,* 3 vols.

St. Paul, Minnesota: West group publishing.

Fairén Guillén, V., 2001: «La ley de enjuiciamiento civil de 1881, invariante española (1881-2000)», em *Ley de Enjuiciamiento Civil 1881,* Milan.

Falcón, E. M., 2003: *Tratado de la prueba,* 2 vols., Buenos Aires: Astrea.

Fasching, V., 1959-1974: *Kommentar zu den Zivilprozessgesetzen, 4* vols. e supl., Wien: Manz.

— 1990: *Lehrbuch des osterreichischen Zivilprozessrecht,* 2.ª ed., Wien: Manz.

Fastenrath, J., 1990: *Arzthaftpflichtprozess und Beweislastverteilung,* Frankfurt am Main-Berna-outros: Peter Lang Publishing.

Fazzalari, E., 1972: «L'imparzialità del giudice civile», em *Rivista di diritto processuale.*

Federal Judicial Center, 2004: *Manual for complex litigation,* 4.ª ed., United States of America: Thomson West.

Fenner, G. M., 2004: *The Hearsay Rule,* Durham: Carolina Academic Press.

Ferrajoli, L., 2007: *Principia iuris. Teoria del diritto e della democracia,* vols. 1 e 2, Roma-Bari: Laterza.

Ferrand, F., 2005: «The Respective Role of the Judge and the Parties in the Preparation of the Case in France», em Trocker e Varano: *The Reforms of Civil Procedure in Comparative Perspective,* Torino: Giappichelli.

Ferrando, G., 1996: «Prove genetiche, verità biologica e principio di responsabilità nell'accertamento della filiazione», em *Rivista trimestrale di diritto e procedura civile.*

Ferrer Beltrán, J., 2005: *Prueba y verdad en el Derecho,* 2.ª ed., Barcelona: Marcial Pons.

Ferrer Barriendos, A., 2000: «Interrogatorio de las partes», em Montero Aroca (comp.): *La prueba,* Madrid: Consejo General del Poder Judicial.

Fienberg, S. E. (comp.), 1989: *The Evolving Role of Statistical Assessments as Evidence in the Courts,* New York: Springer.

Finkelstein, M. O., 1978: *Quantitative Methods in Law. Studies in the Application of Mathematical Probability and Statistics to Legal Problems,* New York-London: Free Press.

Finkelstein, M. O., e Fairley, W. B., 1970: «A Bayesian Approach to Identification Evidence», em *Harvard Law Review,* 83.

Finkelstein, M. O., e Levin, B., 1990: *Statistics for Lawyers,* New York: Springer.

Fiss, O., 2003: *The Law as It Could Be,* New York-London: NYU Press.

Font Serra, E., 2000: «El dictamen de peritos en la nueva ley de enjuiciamiento civil», em Montero Aroca (comp.): *La prueba,* Madrid: Consejo General del Poder Judicial.

FOSTER, K. R., e HUBER P. W., 1999: *Judging Science. Scientific Knowledge and the Federal Courts,* Cambridge-Massachusetts-London: MIT Press.

FRANK, J., 1950: *Courts on Trial. Myth and Reality in American Justice,* Princeton: Princeton University Press.

FRANKEL, M. E., 1975: «The Search for Truth: An Umpireal View», em *University of Pennsylvania Law Review,* 123.

FRECKELTON, J., 1987: *The Trial of the Expert,* Melbourne: Oxford University Press.

FREEDMAN, M. H., 1966: «Professional Responsibility of the Criminal Defense Lawyer: The Three Hardest Questions», em *Michigan Law Review,* 64.

— 1975: «Judge Frankel's Search for Truth», em *University of Pennsylvania*

Law Review, 123.

FRIEDENTHAL, J. H.; KANE, M. K., e MILLER, A. R., 1985: *Civil Procedure,* St. Paul, Minnesota: West Group.

FRIEDENTHAL, J. H., e SINGER, M., 1985: *The Law of Evidence,* Mineola-New York: Thomson West.

FRIEDMAN, L. M., 1985: *A History of American Law,* 2.ª ed., New York: Simon and Schuster.

— 1999: *The Horizontal Society,* New Haven-London: Yale University Press.

FROSINI, B. V., 2002: *Le prove statistiche nel processo civile e nel processo penale,* Milano: Giuffrè.

FRUS, 1991: «Note sull'onere di "prendere posizione" nel processo del lavoro», em *Rivista trimestrale di diritto e procedura civile.*

FULLER, L. L., 1961: «The Adversary System», em *Talks on American Law,* New York: Harold J. Berman.

GADAMER, H. G., 1972: *Wahreit und Methode,* Tübinge: Brill.

GAHTAN, A., 1999 : *Electronic Evidence,* Toronto: Carswell.

GALLAGHER, W. H., 1976: «Technique of Cross-Examination», em BODIN (comp.): *Civil Litigation and Trial Techniques,* New York: Practicing Law Institute.

GARCÍA GRANDE, M., 2005: *Las cargas probatorias dinámicas: Inaplicabilidad,* Argentina: Juris.

GARCIMARTÍN MONTERO, R., 1997: *El Objeto de la Prueba en el Proceso Civil,* Barcelona: Cedecs.

GÄRDENFORS P.; HANSSON B., e SAHLIN N. E. (comps.), 1983: *Evidentiary Value: Philosophical, Judicial and Psychological Aspects of a Theory,* Lund: CVW Gleerups.

GARGARELLA, R., 1999: *Las teorías de las justicia después de Rawls. Un breve manual de filosofía política,* Barcelona-Buenos Aires-México: Paidós.

GASCÓN ABELLÁN, M., 2002: *Los hechos en el derecho. Bases argumentales de la prueba,* Madrid-Barcelona: Marcial Pons.

GASKINS, R. H., 1992: *Burdens of Proof in Modern Discourse,* New Haven-London: Yale University Press.

GASTWIRTH, J. L., 2000: *Statistical Science in the Courtroom,* New York: Springer.

GATOWSKI, S. I., 2001: «Asking the Gatekeepers: A National Survey of Judges on Judging Expert Evidence in a Post-Daubert World», em *Law and Human Behaviour,* 25.

GEBAUER, M. E., 2002: «Admissibility of expert testimony. Daubert revisited: the "what" and the "how" of Daubert challenges to expert testimony under the new Federal Rule of Evidence 702», em *Pennsylvania Bar Association Quarterly,* 73.

GEHRLEIN, M., 2001: *Zivilprozessrecht nach der ZPO-reform* 2002. *Bin Leitfaden für Ausbildung und Praxis,* München: Verlag C. H. Beck.

GERBER, R. J., 1987: «Victory *vs.* Truth: The Adversary System and Its Ethics», em *Arizona State Law Journal.*

GHESTIN, J., e GOUBEAUX, G., 1977: introduction Générale», en GHESTIN (comp.): *Traité de droit civil,* vol. 1, Paris: Libraire Generale de Droit et de Jurisprudence.

GIANNELLI, P. C., 2003: *Understanding Evidence,* New York: LexisNexis.

GIANNELLI, P. C., e IMWINKELRIED, E. J., 1999: *Scientific Evidence,* 3.ª ed., Charlottesville: Lexis Law Publishing.

GILLES, P., 1985: «Der Prozess als Mittel zur rechtlichen Konfliktlösung. Staatliches Justiz - gerichtliches Verfahren - richterliche Entscheidung», em GRIMM (comp.): *Einführung in das Recht,* Heidelberg: C. F. Müller Juristischer.

GILISSEN, J., 1963 : «La preuve en Europe du XVIe au debut du XIXe siecle», em *La preuve. Recueil de la Société Jean Bodin* (XVII), Bruxelles.

GIULIANI, A., 1988: «Prova», em *Enciclopedia del Diritto* (XXXVII), Milano.

GIUSSANI, A., 1988: «Le *"mass tort class actions"* negli Stati Uniti», em *Rivista Critica del Diritto privato.*

— 1989: «La prova statistica nelle "class actions"», em *Rivista di diritto processuale.*

GMEHLING, B., 1988: *Die Beweislastverteilung bei Schäden aus Industrieimmissionen,* Köln-outros: Carl Heymanns Verlag KG.

GOODSTEIN, D., 2000: «How Science Works», em *Reference Manual on Scientific Evidence,* 2.ª ed., United States of America: Federal Judicial Center.

GOLDMAN, A., 1999: *Knowledge in a Social World,* Oxford: Oxford University Press.

GÓMEZ COLOMER, J. L.; MONTERO AROCA, J.; MONTÓN REDONDO, A., e BARONA VILAR, 2001: *Derecho Jurisdiccional, H: Proceso civil,* 10.ª ed., Valencia: Tirant lo Blanch.

GOTTWALD, P., 1979: *Schadenzurechnung und Schadensschatzung,* München.

— 1995: «Germany», em SAFAI (comp.): *The Probative Value of Testimony in Private Law,* The Hague: Kluwer Law International.

— 1999: «Civil Justice Reform: Access, Cost and Expedition. The German Perspective», em Zuckerman (ed.): *Civil Justice in Crisis,* Oxford: Oxford University Press.

— 2000: «Das flexible Beweismass in Englischen und Deutschen Zivilprozess», em Gottwald, P. (comp.): *Festschrift fur Dieter Henrich,* Bielefeld: Gieseking.

Graham, M. H., 2000: «The Expert Witness Predicament: Determining "Reliable" Under the Gatekeeping Test of Daubert, Kumho, and Proposed Amended Rule 702 of the Federal Rules of Evidence», em *University of Miami Law Review,* 54.

— 2002: *Evidence. An Introductory Problem Approach,* St. Paul, Minnesota: Thomson West.

— 2003: *Federal Rules of Evidence,* 6.ª ed., St. Paul, Minnesota: Thomson West.

Graziosi, A., 2003: «La nuova efficacia probatoria del documento informatico», em *Rivista trimestrale di diritto e procedura civile.*

Greger, R., 1978: *Beweis und Wahrscheinlichkeit,* Köln-Berlin-outros: Erlangen-Nürnberg.

Green, M. D.; Freedman, D. M., e Gordis, L., 2000: «Reference Guide on Epidemiology», em *Reference Manual on Scientific Evidence,* 2.ª ed., United States of America: Federal Judicial Center.

Grice, P., 1989: *Studies in the way of words,* Cambridge-Massachusetts-London: Harvard University Press.

Grivart de Kerstrat, F., 1981: *Le rôle du master dans l'instruction du procés civile en Angleterre,* Milan-Bruxelles: Giuffrè.

Gross, S. R., 1991: «Expert Evidence», em *Wisconsin Law Review.*

Guarnieri, C., e Zannotti, F. (eds.), 2006: *Giusto Processo?,* Padova: Cedam.

Gurvič, M. A., 1976: «Introduzione: profili generali del processo civile sovietico», em *Richerche sul processo.*1 *Il processo civile sovietico,* Padova.

Guzmán, 2004: «Algunos interrogantes dificiles de responder en la actividad probatoria del juez civil (Derecho Procesal Comparado español-argentino)», em *Revista de Derecho Procesal* (número extraordinário).

Haack, S., 1998: *Manifesto of a Passionate Moderate. Unfashionable essays,* Chicago-London: University of Chicago Press.

Habscheid, W., 1984: «Das Recht auf den Beweis und der Grundsatz der Effektivitat des Rechtsschutzes», em *SJZ,* 80.

Hacking, I., 1975: *The Emergence of Probability,* Cambridge: Cambridge University Press.

— 1999: *The Social Construction of What?,* Cambridge-Massachusetts-London: Harvard University Press.

— 2004: *The Taming of Chance,* Cambridge: Cambridge University Press.

Hannich, R.; Meyer Seitz, C., e Engers, M., 2002: *ZPO-Reform,* Köln: Bundesanzeiger.

HART, H. L. A., e HONORÉ, T., 1959: *Causation in Law,* New York: Oxford-Clarendon Press.

HASTIE, R. (ed.), 1993: *Inside the Juror: The Psychology of Juror Decision Making,* Cambridge, New York: Cambridge University Press.

HAY, B. L., 1997: «Allocating the Burden of Proof», em *Indiana Law Journal,* 72.

HAYDOCK, R. S., e HERR, D. P., 1983: *Discovery: Theory, Practice and Problems,* Boston-Toronto: Little Brown Co.

HAYS, M., 1976: «Tactics in Direct Examination», em BODIN (comp.): *Civil Litigation and Trial Techniques,* New York: Practising Law Institute

HAZARD, G. C., e DONDI, A., 2004: *Legal Ethics. A Comparative Study,* Stanford: Stanford University Press.

HAZARD, G. C.; TAIT, C. C., e FLETCHER, W. A., 1999: *Cases and Materials on Pleading and Procedure. State and Federal,* 8.ª ed., New York.

HAZARD, G. C., e TARUFFO, M., 1993: *American Civil Procedure. An Introduction,* New Haven-London: Yale University Press.

HAINMÜLLER, D., 1966: *Der Anscheinsbeweis und die Fahrlässigkeitstat im heutigen deutschen Schadenersatzprozess,* Tübingen: Mohr.

HENINGER, S. D., 2000: «Persuasive Proof», em *Trial,* 36.

HENSLER, D. R., 2001: «Revisiting the Monster: New Myths and Realities of Class Action and Other Large Scale Litigation», em *Duke Journal of Comparative and International Law,* 11.

HENSLER, D.; PACE, N. M.; DOMBEY-MOORE, B.; GIDDENS, B.; GROSS, J., e MOLLER, E., 2000: *Manual for Complex Litigation, Class Actions Dilemmas. Pursuing Public Goals for Private Gain,* Santa Monica, CA: Rand Institute for Civil Justice.

HINOSTROZA MÍNGUEZ, a. J., 2000: *La prueba en el proceso civil,* 2ª ed., Lima: Gaceta Jurídica.

HOFFER, P. C., 1997: *The Salem Wichcraft Trials. A Legal History,* Lawrence, Kansas: University Press of Kansas.

HOLZHAMMER, R., 1976: *Osterreichischen Zivilprozessrecht,* 2ª ed., Wien-New York.

HOOPER, L.; CECIL, J., e WILLGING, T., 2001: *Neutral Science Panels. Two Examples of Panels of Court-Appointed Experts in the Breast Implants Product Liability Litigation,* United States of America: Federal Judicial Center.

HRUSCHKA, J.: 1965: *Die Konstitution des Rechtsfalles,* Berlin: Duncker & Humblot.

HUBER, M., 1983: «Das Beweismass im Zivilprozess», em *Prozessrechtliche Abhandlungen,* 56, Köln-Berlin-outros.

HUBER, P. W., 1990: «Junk Science and the Jury», em *University of Chicago Legal Forum.*

— 1991: *Galileo's Revenge. Junk Science in Courtroom,* New York: Basic Books.

Huet, J., e Maisl, H., 1989: *Droit de l'informatique et des Telecommunications,* Paris: Litec.

Izzo, U., 2004: *La precauzione nella responsabilità civile,* Padova: Cedam.

Jackson, B. S., 1985: *Semiotics and Legal Theory,* London-New York: Routledge e Kegan Paul.

— 1988a: *Law, Fact and Narrative Coherence,* Merseyside: Deborah Charles Publications.

— 1988b: «Narrative Models in Legal Proof», em *International Journal of Semiotics in Law.*

Jackson, J. D., 1983: «Questions of Fact and Questions of Law», em Twining (comp.): *Facts in Law: Association for Legal and Social Philosophy, Ninth Annual Conference at Hatfield College, University of Durham,* Wiesbaden: Franz Steiner Verlag Wiesbaden GmbH.

— 1988: «Theories of Truth Finding in Criminal Procedure: An Evolutionary Approach», em *Cardozo Law Review,* 10.

Jacob, J. I. H., 1985: «Justice between Man and Man», em *Current Legal Problems,* 230.

— 1987: *The Fabric of English Civil Justice,* London: Sweet and Maxwell.

James, F.; Hazard, G., e Leubsdorf, J., 1992: *Civil Procedure,* 4.ª ed., Boston-Toronto-London: Little Brown.

Jasanoff, S., 2001: *La ciencia davanti ai giudici,* trad, it., Milano: Giuffrè.

Jauernig, O., 1991: *Zivilprozessrecht,* 23.ª ed., München: Verlag C. H. Beck.

Johnson-Laird, P. N., 1999: «Causation, Mental Models, and the Law», em *Brooklyn Law Review,* 65.

Jolowicz, J. A., 1975: «The Active Role of the Court in Civil Litigation», em Jolowicz e Cappelletti (eds.): *Public Interest Parties and the Active Role of the Judge in Civil Litigation,* Milan-New York: Cambridge University Press.

— 1983: «The Dilemmas of Civil Litigation», em *Israel Law Review,* 18.

— 1987: «Vérité et Justice (la vérité et le procès). "Rapport Anglais"», em *Travaux de l'Association Henri Capitant des amis de la culture juridique: La vérité et le droit,* t. XXXVIII, Paris: Economica.

— 1996: «The Woolf Report and the Adversary System», em *Civil Justice Quarterly.*

— 2003: «Adversarial and Inquisitorial Models of Civil Procedure», em *International Comparative Law Quarterly.*

Kadane, J., e Schum, D., 1996: *A Probabilistic Analysis of the Sacco and Vanzetti Evidence,* New York: Wiley-Interscience.

Kagan, R. A., 2001: *Adversarial Legalism. The American Way to Law,* Cambridge-Massachusetts-London: Harvard University Press.

KAYE, D. H., e AICKIN, M., 1986: *Statistical Methods in Discrimination Litigation,* New York: CRC Press.

KAYE, D. H., e FREEDMAN, D. A., 2000: «Reference guide on statistics» em *Reference Manual on Scientific evidence,* 2.ª ed., United States of America: Federal Judicial Center.

KAYE, D. H., e SENSABAUGH, G. F., 2000: «Reference Guide on DNA Evidence», em *Reference Manual,* 2.ª ed., United States of America: Federal Judicial Center.

KELMAN, G., 1984: «Trashing», em *Stanford Law Review,* 26.

KIELMANOVICH, J. L., 1996: *Teoría de la prueba y medios probatorios,* Buenos Aires: Abeledo Perrot.

KIRALFY, A. K. R., 1987: *The Burden of Proof,* Abingdon: Butterworths Law.

KLAMI, H. T.; GRÄNS, M., e SORVETTULA, J., 2000: *Law and Truth. A Theory of Evidence,* Helsinki.

KLINCK, D. R., 1994: «Evidence as Rhetoric: A Semiotic Perspective», em *Ottawa Law Review,* 26.

KOCH, H. J., e RÜSSMANN, H., 1982: *Juristische Begründungslehre – Eine Einführung in Grundprobleme der Rechtswissenschaft,* München: Verlag C. H. Beck.

KOEHLER, J. J., e SHAVIRO, D. N., 1990: «Veridical Verdicts: Increasing Verdict Accuracy Through the use of Overtly Probabilistic Evidence and Methods», em *Cornell Law Review,* 75.

KORNSTEIN, D. J., 1976: «A Bayesian Model of Harmless Error», em *Journal of Legal Studies, 5,* University of Chicago.

KOUKOUSELIS, M. N., 1990: *Die Unmittelbarkeit der Beweisaufnahme im Zivilprozess, insbesondere bei der Zeugenvernehmung,* Frankfurt am Main-Berna: P. Lang.

KRAJEWSKI, W., 1977: *Correspondence Principle and the Growth of Science,* Dordrecht-Boston: D. Reidel.

LAGARDE, X., 1994: *Reflection critique sur le droit de la preuve,* Paris: LGDJ.

LANDINI, S., 2003: «Causalita giuridica e favor veritatis», em *Rivista di Diritto Civile.*

LANDSBERG, G., e LÜLLING, W., 1990: «Das neue Umwelthaftungsgesetz», em *DB.*

LANDSMAN, S., 1984: *The Adversary System: A Description and Defense,* Washington-London: American Enterprise Institute.

LANGBEIN, J. H., 1985: «The German Advantage in Civil Procedure», em *University of Chicago Law Review,* 52.

— 2003: *The Origins of Adversary Criminal Trial,* Oxford-New York: Oxford University Press.

LARENZ, K., 1979: *Methodenlehre der Rechtswissenschaft,* 4.ª ed., Berlin-New York: Duncker & Humblott.

LAUDAN, L., 2003: «Is Reasonable Doubt Reasonable? », em *Legal Theory,* 9.

LAUDISA, E., 1999: *Causalità. Storia di un modello di conoscenza,* Roma: Carocci.

LECLERQ, P., 2000: «Le nouveau droit civil et commercial de la preuve et le rôle du juge», em *Le droit des preuves au défi de la modernité,* Actes du colloque du 24 mars 2000, organise par la Cour de cassation, Université René Descartes, Paris: la Documentation française.

LEDERMAN, N., 2000: «Judges as Gatekeepers: The Admissibility of Scientific Evidence Based on Novel Theories», em BLOM e DUMONT (comps.): *Science, Truth and Justice/Science, Vérité et Justice,* Montreal: Thémis.

LEGEAIS, R., 1955: *Les règles de preuve en droit civil,* Paris: LGDJ.

LEIPOLD, D., 1966: *Beweislastregeln und gesetzliche Vermutungen,* Berlin: Duncker & Humblot GMBH.

LEMPERT, L., 1977: «Modeling Relevance», em *Michigan Law Review,* 75.

LEMPERT, R. O.; GROSS S., e LIEBMAN, J. S., 2000: *A Modern Approach to Evidence,* 3.ª ed., St. Paul, Minnesota: Thomson West.

LEMPERT, R. O., e SALTZBURG, S. A., 1982: A *Modern Approach to Evidence: Text, Problems, Transcripts,* St. Paul, Minnesota: West Publishing Company.

LENOBLE, J., 1990: «Narrative Coherence and the Limits of Hermeneutic Paradigm», em NERHOT, P. (ed.): *Law, Interpretation and Reality. Essays in Epistemology, Hermeneutics and Jurisprudence,* Dordrecht-Boston-London: Springer.

LEVY, J. P., 1963a : «L'évolution de la preuve, des origines à nos jours», em *La preuve, Recueils de la Société Jean Bodin* (XVII), Bruxelles.

— 1963b:«Le probleme de la preuve dans les droits savants du Moyen Age», em *La preuve. Recueils de la Société Jean Bodin* (XVII), Bruxelles.

— 1981: «Les classifications des preuves dans l'histoire du droit», em PERELMAN: *La preuve en droit,* Bruxelles: E. Bruylant.

LÉVI-BRUHL, H., 1964: *La preuve judiciaire. Etude de sociologie juridique,* Paris: Riviere.

LIEBMAN, E. T., 1962: «Fondamento del principle dispositivo», em *Problemi del processo civile,* Napoli: Morano.

LILLY, G. C., 1987: *An Introduction to the Law of Evidence,* 2.ª ed., St. Paul, Minnesota: West Group.

LIND, E. A., e TYLER, T. R., 1988: *The Social Psychology of Procedural Justice,* New York-London: Springer.

LITOWITZ, D. E., 1997: *Postmodern Philosophy and Law,* Lawrence, Kansas: University Press of Kansas.

LLUCH, X. A., e PICO I JUNOY, J., 2003: *Los Poderes del Juez Civil en Materia probatoria,* Barcelona: Bosch.

LOMBARDO, L. G., 1992: «Riflessioni sull'attualità della prova legale», em *Rivista trimestrale di diritto e procedura civile.*

— 2007: «La scienza e il giudice nella ricostruzione del fatto», em *Rivista di diritto processuale.*

LOUE, S., 2000: «Epidemiological Causation in the Legal Context: Substance and Procedures», em GASTWIRTH (ed.): *Statistical Science in the Courtroom,* New York: Springer.

LUBET, S., 1998: *Expert Testimony: A Guide for Expert Witnesses and the Lawyers who Examine Them,* Notre Dame, Indiana: National Institute for Trial Advocacy.

— 2000: *Modern Trial Advocacy,* Chicago: National Institute for Trial Advocacy.

LUHMANN, N., 1969: *Legitimation durch Verfahren,* Neuwied-Berlin: Hermann Luchterhand Verlag.

LUISO, F. P., 1992: *Il processo del lavoro,* Torino: UTET.

LUZZATI, C., 1990: *La vaghezza delle norme, un análisis del linguagio giuridico,* Milano: Giuffrè.

LYNCH, M. P., 2007: *La verità e i suoi nemici,* trad. It., Milano: Raffaello Cortina.

MAASSEN, B., 1975: *Beweismassprobleme im Schadensersatzprozess,* Köln-outros: Heymanns.

MACCORMICK, N., 1983: «Coherence in Legal Justification», em PECZENICK, LINDAHL e VAN ROERMUND (comps.): *Theory of Legal Science: Proceedings of the Conference on Legal Theory and Philosophy of Science,* Dordrecht-Boston-Lancaster: Reidel Publishing Co.

— 1984a: «On Reasonableness», em PERELMAN e VAN DER ELST (comps.): *Les notions à contenu variable en droit,* Bruxelles: E. Bruylant.

— 1984b: «Coherence in Legal Justification», em KRAWIETS, W. (ed.): *Theorie der Normen. Festgabe für Ota Weinberger zum 65. Geburstag,* Berlin: Duncker and Humblot.

— 1992: «Further Thoughts about Institutional Facts», em *International Journal of Semiotics in Law,* 13.

MACCORMICK, N., e WEINBERGER, O., 1986: *An Institutional Theory of Law. New Approaches to Legal Positivism,* Boston-London-Dordrecht: Kluwer Academic Publishers.

MALONE, D. M., e ZWIER, P. J., 2000: *Effective Expert Testimony,* New York: National Institute for Trial Advocacy.

MANSFIELD, J. H., 1991: «Evidential Use of Litigation Activity of the Parties», em *Syracuse Law Review,* 43.

MARBURGER, P., 1986: *Wissenschaftlich-technischer Sachverstand und richterliche Entscheidung im Zivilprozess,* Heidelberg: C. F. Müller Juristischer Verlag.

MARCONI, D., 2007: *Per la verità. Relativismo e filosofia,* Torino: Einaudi.

MARCUS, R. L., 1986: «The Revival of Fact Pleading under the Federal Rules of Civil Procedure», em *Colorado Law Review, 86.*

MARTY, G., 1929 : *La distinction du fait et du droit. Essay sur le pouvoir de contrôle de la Cour de Cassation sur les juges dufait,* Paris: Sirey.

MAUET, T. A., 1992: *Fundamentals of Trial Techniques,* 3.ª ed., Boston: Little Brown and Co. Law.

MAUET, T. A., e WOLFSON, W. D., 2001: *Trial Evidence,* 2.ª ed., Gaithersburg-New York: Aspen Publishers Inc.

MAZEAUD, J.; MAZEAUD, L., e CHABAS, F., 2000: *Leçons de droit civil. Introduction à l'étude du droit* (I), 12.ª ed., Paris: Montchrestien.

MAZZONI, G., 2003: *Si puó credere a un testimone?,* Bologna: Il Mulino.

MEADOW SUNSTEIN, W., 2001: «Statistics, Not Experts», em *Duke Law Journal,* 51.

MENASHE, D., e SHAMASH, H. E., 2005: «The Narrative Fallacy», em *International Commentary on Evidence,* 3.

MERLO, G. G., 2006: *Streghe,* Bologna: Il Mulino.

MICHELI, G. A., 1966: *Onere della prova,* Padova: Cedam.

MILLER, A. R., 1984: «The Adversary System: Dinosaur or Phoenix», em *Minnesota Law Review,* 69.

MILLER, Ch. J., 2000: *Contempt of Court,* Oxford: Oxford University Press.

MILLER GERALD, R., e BURGOON, J. K.., 1982: «Factors Affecting Assessments of Witness Credibility», em KERR e BRAY (comps.): *The Psychology of the Courtroom,* San Diego-New York-outros: Academic Press Inc.

MINDA, G., 1995: *Postmodern Legal Movements. Law and Jurisprudence at the Century's end,* New York-London: New York University Press.

MONAHAN, J., e WALKER, L., 1990: *Social Sciences in Law, Cases and Materials,* 2.ª ed., New York: Foundation Press.

MONATERI, P. G., 1998: *Le fonti delle obbligazioni, La responsabilità civile* (3), Torino: UTET.

— 2003: «I Mass Torts: dalla r.c. al contratto "politico"», em *Responsabilità civile e previdenza.*

MONTELEONE, G., 2000: *Diritto processuale civile,* Padova: Cedam.

— 2001: «Il processo civile alia luce dell'art. 111 Cost.», em *Giustizia Civile.*

— 2003: «Principi e ideologia del processo civile: impressioni di un "revisionista"», em *Rivista trimestrale di diritto e procedura civile.*

— 2005: «L'attuale dibattito sugli "orientamenti pubblicistici" del processo civile», em www.Judicium.it.

MONTERO AROCA, J. (comp.), 2000: *La prueba,* Madrid: Consejo General del Poder Judicial.

— 2001a: «Los poderes del juez en el proceso civil. Las ideologias autoritarias y la perdida de sentido de la realidad», em *Teoria Unitaria del Proceso,* Argentina: Editorial luris.

— 2001b: *Los principios politicos de la nueva Ley de Enjuiciamiento Civil. Los poderes del juez y la oralidad,* Valencia: Tirant lo Blanch.

— 2002: *La prueba en el proceso civil,* 3.ª ed, Madrid: Civitas.

— 2004: «Il processo civile "sociale" come strumento di giustizia autoritaria», em *Rivista di diritto processuale,* 570.

MONTESANO, L., 1978: «Le prove disponibili d'ufficio e l'imparzialità del giudice civile», em *Rivista trimestrale di diritto e procedura civile.*

MONTICELLI, N., 2003: «Responsabilità civile e perdita di chance: breve storia di una lesione (in)visibile», em *Nuova Giurisprudenza Civile Commentata.*

MONTÓN REDONDO, A., 2000: «Medios de reproducción de la imagen y el sonido», em MONTERO AROCA (comp.): *La prueba,* Madrid: Consejo General del Poder Judicial.

MOTSCH, R., 1978: «Vom Prozess als Beweis zum Überwiegenprinzip», em *Gesetzgebungstheorie, Juristische Logik, Zivil- und Prozessrecht, Gedächnissschrift für Jürgen Rödig,* Berlin-outros.

MÜLLER, J., 1991: *Parteien als Zeugen,* Frankfurt am Main: P. Lang.

MUELLER, C., e KIRKPATRICK, L. C., 2003: *Evidence,* 3.ª ed., New York: Aspen Publishers, Inc. *Münchener Kommentar zur Zivilprozessordnung: 2000-2002* (I), 2.ª ed., München: Verlag C. H. Beck.

MÜNKS, A., 1991: *Vom Parteieid zur Parteivernehmung in der Geschichte des Zivilprozesses,* Köln-outros: Hymanns.

MUÑOZ SABATÉ, L., 1967: *Técnica probatoria,* Barcelona: Praxis.

MURRAY, P. L., e STÜRNER, R., 2004: *German Civil Justice,* Durham, North Carolina: Carolina Academic Press.

MUSIELAK, H. J., 1975: *Die Grundlagen der Beweislast im Zivilprozess,* Berlin-New York: De Gruyter.

— 1991: *Grunkurs ZPO,* 2.ª ed, München: Verlag C. H. Beck.

MUSIELAK, H. J., e STADLER, M., 1984: *Grundfragen des Beweisrechts,* München: Verlag C. H. Beck.

NAGEL, E., 1967: *Die Grundzüge des Beweisrechts im europäischen Zivilprozess,* Baden, Baden: Nomos-Verlagsges.

NERHOT, P. (ed.), 1990: *Law, Interpretation and Reality. Essays in Epistemology, Hermeneutics and Jurisprudence,* Dordrecht-Boston-London: Springer.

NEUMANN, F. L., 1973: *Lo stato democratico e lo stato autoritario,* trad, it., Bologna: Il Mulino.

NICOLETTI, C. A., 1982: *Il giuramento delta parte nell'attualità del processo civile,* Rimini: Maggioli.

NIINILUOTO, I., 1987: *Truthlikeness,* Dordrecht-Boston-Londres: Springer.

Nisbett, R. E., e Ross, L., 1980: *Human Inference. Strategies and Shortcomings of Social Judgement,* Eglewood Cliffs, New Jersey: Prentice Hall.

— 1989: *L'inferenza umana. Strategie e lacune del giudizio sociale,* trad, it., Bologna: Il Mulino.

Nobili, M., 1974: *Il principio del libero convincimento del giudice,* Milano: Giuffrè.

— 2003: «Storie d'una ilustre formula: il "libero convincimento" negli ultimi trent'anni», em *Italiana di Diritto Procedura Penale.*

Nörr, K. W., 1967: *Zur Stellung des Richters im gelehrten Prozess der Frühzeit: Index secundum allegata non secundum conscientiam iudicat,* München: Verlag C. H. Beck.

Norris, C., 1990: *What's wrong with Postmodernism: Critical Theory and the End of Philosophy,* Baltimore: Harvester Wheatsheaf.

— 2005: *Epistemology. Key concepts in philosophy,* London-New York: Continuum International Publishing Group Ltd.

Normand, J., 1965: *Le juge et le litige,* Paris: LGDJ.

Ordoño Artes, C., 2000: «La prueba de reconocimiento judicial en la nueva ley de enjuiciamiento civil», em Montero Aroca (comp.): *La prueba,* Madrid: Consejo General del Poder Judicial.

Oteiza, E., 2002: «El juez ante la tensión entre libertad e igualdad», em *Revista de Derecho Procesal* (número extraordinário).

Pacces, F. M., 2000: «Alla ricerca delle chances perdute: vizi (e virtù) di uma costruzione giurisprudenziale», em *Diritto della responsabilità civile.*

Paetzold, R. L., e Willborn, S. L., 1994: *The Statistics of Discrimination. Using Statistical Evidence in Discrimination Cases,* Colorado: Shepard's-McGraw-Hill.

Pantle, N., 1990: *Die Beweisunmittelbarkeit im Zivilprozess,* Frankfurt am Main-Berlin: P. Lang.

Pardo, M. S., 2000: «Juridical Proof, Evidence and Pragmatic Meaning: Toward Evidentiary Holism», em *Northwestern Law Review,* 95.

Parra Quijano, J., 2004: *Racionalidad e ideología en las pruebas de oficio,* Bogotá: Temis.

Passanante, L., 2000: «La riforma del processo civile inglese: principi generali e fase introduttiva», em *Rivista trimestrale di diritto e procedura civile.*

Pastore, B., 1996: *Giudizio, prova, ragion pratica,* Milano: Giuffrè.

Pattenden, R., 1988: «The Risk of Non-Persuasion in Civil Trials: The Case against a Floating Standard of Proof», em *Civil Justice Quarterly, 1.*

Patti, S., 1985: «Libero convincimento e valutazione delle prove», em *Rivista di diritto processuale.*

— 1987: *Prove. Disposizioni generali,* Bologna-Roma: Zanichelli.

— 1990: «Ripartizione dell'onere, probabilità e verosimiglianza nella prova del danno da prodotto», em *Rivista di Diritto civile* (I).

— 1991: «Documento», em *Digesto delle Discipline Privatistiche/ Sezione Civile* (VII), Torino.

PAWLOWSKI, H. M., 1954: *Der prima-facie Beweis und die benachbarten Erscheinungen,* Münster: Aschendorff.

PAZÈ, P., 2002: «Tutela e curatela dei minori», em LENTI, L. (ed.): *Tutela civile del minore e diritto sociale della famiglia,* Milano.

PECKHAM, R. F., 1981: «The Federal Judge as a Case Manager: The New Role in Guiding a Case from Filing to Disposition», em *California Law* Review, 69.

PECZENIK, A., 1989: *On Law and Reason,* Dordrecht-Boston-London: Kluwer.

— 1990: «Coherence, Truth and Rightness in the Law», em NERHOT, P. (ed.): *Law, Interpretation and Reality. Essays in Epistemology, Hermeneutics and Jurisprudence,* Dordrecht-Boston-London: Springer.

PELLER, G., 1985: «The Metaphysics of American Law», em *California Law Review,* 73.

PENNINGTON, N., e HASTIE, R., 1991: «A Cognitive Theory of Juror Decision Making: The Story Model», em *Cardozo Law Review,* 13.

PERELMAN, Ch., 1963: «La Spécificité de la preuve juridique», em *La Preuve, Recueils de la Société Jean Bodin* (XIX), Bruxelles.

PERROT, R., 1983: «Le droit à la preuve», em HABSCHEID (ed.): *Effectiveness of Judicial Protection and Constitutional Order,* Bielefeld: Gieseking.

PETERS, C. H., 1997: «Adjudication as Representation», em *Colorado Law Review,* 97.

PICO I JUNOY, J., 1996: *El derecho a la prueba en el proceso civil,* Barcelona: Bosch.

— 2003: «Los principios del nuevo proceso civil español», em *Revista Peruana de Derecho Procesal,* VII.

PINO, G., 1998: «Coerenza e verità nell'argomentazione giuridica, Alcune riflessioni», em *Rivista Internationale di Filosofia del Diritto.*

PIZZI, C., 1997: *Eventi e cause. Una prospettiva condizionalista,* Milano: Giuffrè.

POSTEMA, G. J., 1986: *Bentham and the Common Law Tradition,* Oxford: Clarendon Press.

POZZO, B., 1991: «La responsabilità per danni all'ambiente in Germania», em *Rivista di Diritto Civile* (I).

PRANDI, M., 1994: «Metafore e verità», em BORUTTI e PAPI: *Confini della filosofia. Veritá e conoscenza nella filosofia contemporanea,* Pavia: Ibis.

PROTO PISANI, A., 2003: «Allegazione dei fatti e principio di contestazione nel processo civile», em *Foro Italiano* (I).

PRÜTTING, H., 1983: *Gegenwartsprobleme der Beweislast,* München: Verlag C. H. Beck.

QUINE, W., 1990: *The Pursuit of Truth,* Cambridge-Massachusetts-London: Harvard University Press.

RAMOS MÉNDEZ, F., 1990: *Derecho procesal civil,* 2 vols., 4.ª ed., Barcelona: Bosch.

RECHSBERGER, W. H., e KODEK, G. E., 2004: «L'ordinanza della procedura austriaca del 1895», em *Ordinanza della procedura civile di Francesco Giuseppe 1895,* Milano.

REDEKER, H., 1984: «Geschäftsabwicklung mit externen Rechnern im Bildschirmtext-dienst», em *NWJ.*

REDMAYNE, M., 1999: «Standards of Proof in Civil Litigation», em *Modern Law Review,* 62.

RESNICK, J., 1982: «Managerial Judges», em *Harvard Law Review,* 96.

RICCI, G. R., 1990: *Premesse ad uno studio sulle prove atipiche,* Arezzo: Tipografie riunite.

— 1998: «Prove e argomenti di prova», em *Rivista trimestrale di Diritto e procedura Civile.*

RIMMELSPACHER, B., 2002: *Zivilprozessreform 2002 / Zusammengestellt und eingeleitet,* München: Verlag C. H. Beck.

ROHL, K. F., e MACHURA, S. (eds.), 1997: *Procedural Justice,* Aldershot-Brookfield-Singapur-Sydney: Dartmouth Pub Co.

ROMANO, A., 2005: *Causalità giuridica e fisica contemporanea,* Torino: Giappichelli.

ROMMÉ, O., 1989: *Der Anscheinsbeweis im Gefüge vom Beweiswürdigung, Beweismass und Beweislast,* Köln-Berlin-outros: Heymanns.

RORTY, R. (comp.), 1998: *Truth and Progress. Philosophical Papers,* vol. 3, Cambridge-Massachusetts: Cambridge University Press.

ROSENBERG, L., 1965: *Die Beweislast aufder Grundlage des Bürgerlichen Gesetzbuchs und der Zivilprozessordnung,* 5.ª ed., München: Verlag C. H. Beck.

ROTHSTEIN, P.; RAEDER, M., e CRUMP, D., 2003: *Evidence,* 4.ª ed., St. Paul, Minnesota: West Group Publishing.

RUBINFELD, D., 1998: «Reference Guide on Multiple Regression», em *Yale Law Journal,* 107.

— 2000: «Reference Guide on Multiple Regression», em *Reference Manual on Scientific Evidence,* 2.ª ed, United States of America: Federal Judicial Center.

RUMIATI, R., 1990: *Giudizio e decisione. Teorie ed applicazioni della psicologia della decisione,* Bologna: Il Mulino.

RYCHLAK, R., 1995: *Real and Demonstrative Evidence: Applications and Theory,* Charlottesville: Lexis Nexis.

SAFAI, H. (comp.), 1995: *La valeur du témoignage en Droit Civil: The Probative Value of Testimony in Private Law,* La Hague: Kluwer Law International.

SAKS, M. J., e KIDD, R., 1980-1981: «Human Information Processing and Adjudication: Trial by Heuristics», em *Law and Society Review,* 15.

SAKS, M. J., e VAN DUIZEND, R., 1983: *The Use of Scientific Evidence in Litigation,* Virginia: National Center for State Courts.

SALTZBURG, S. A., 1978: «The Unnecessarily Expanding Role of the American Trial Judge», em *Virginia Law Review,* 64.

SALTZBURG, S. A.; MARTIN, M. M., e CAPRA, D. J., 2002: *Federal Rules of Evidence Manual,* 5 vols., 8.ª ed., Newark-New York: Matthew Bender & Co.

SALTZBURG, S. A., e REDDEN, K. R., 1977: *Federal Rules of Evidence: Manual,* Charlottesville: Michie Co.

SALVIOLI, G., 1927: *Storia della procedura civile e criminale,* Milano: Hoepli.

SANDERS, J., 2001: *Bendectin on Trial. A Study of Mass Tort Litigation,* Ann Arbor: University of Michigan Press.

SATTA, S., 1947: «In difesa del codice di procedura civile», em *Foro Italiano,* IV.

SCHAFER, B., 1988: «The Construction of Probability Arguments», em TILLERS e GREEN (eds.): *Probability and inference in the Law of Evidence: The uses and limits of Bayesianism,* Dordrecht-Boston-London: Springer.

SCHAUER, F., 2003: *Profiles, Probabilities and Stereotypes,* Cambridge-Massachusetts-London: Harvard University Press.

SCHELLHAMMER, K., 1982: *Zivilprozess,* Heidelberg: C. F. Muller.

SCHKLAR, J., 1998: «DNA Evidence in Courtroom: A Social-Psychological Perspective», em FREEMAN e REECE (eds.): *Science in Court,* Aldershot, Brookfield, Vt.: Ashgate-Dartmouth.

SCHLOSSER, P., 1983: *Zivilprozessrecht I (Erkenntnisverfahren),* München.

SCHNEIDER, E., 1987: *Beweis und Beweiswürdigung,* 4.ª ed., München: F. Vahlen.

SCHOPENHAUER, A., 1988: *Die Welt als Wille und Vorstellung,* Zürich: Haffmans Verlag.

SCHÖPFLIN, M., 1991: *Die Beweiserhebung von Amts wegen im Zivilprozess,* Frankfurt am Main-Berna-outros: P. Lang.

SCHREIBER, K., 1982: *Die Urkunde im Zivilprozess,* Berlin: Duncker & Humblot GmbH.

SCHREIBER, R., 1968: *Theorie des Beweiswertes für Beweismittel im Zivilprozess,* Berlin-Heidelberg-New York: Springer.

SCHUCK, P., 1986: *Agent Orange on Trial. Mass Toxic Disaster in the Courts,* Cambridge, Massachusetts: Belknap-Harvard University Press.

SCHUM, D. A., 1987: *Evidence and Inference for the Intelligence Analyst,* vols. 1 e 2, Lanham-New York-London: University Press of America.

— 1988: «Probability and the Process of Discovery, Proof and Choice», em TILLERS e GREEN (eds.): *Probability and inference in the law of evidence: The uses and limits of Bayesianism,* Dordrecht-Boston-London: Springer.

— 1994: *Evidential Foundations of Probabilistic Reasoning,* Evanston, Illinois: Wiley-Interscience.

SCHUM, D. A., e MARTIN, A. W., 1982: «Formal and Empirical Research on Cascaded Inference in Jurisprudence», em *Law and Society Review,* 17.

SCHWAB, K. H., 1978: «Zur Abkehr moderner Beweislehren von der Normen-theorie», em *Festschrift Bruns,* Köln-outros.

SCHWARZER, W. W., e CECIL, J. S., 2000: «Management of Expert Evidence», em *Reference Manual on Scientific Evidence,* United States of America: Federal Judicial Center.

SCHWERING, W., 1969: *System der Beweislast im Englisch-amerikanischen Zivilprozess,* Karlsruhe: C. F. Müller.

SEARLE J., 1980: *Speech Acts. An Essay in the Philosophy of Language,* Cambridge: Cambridge University Press.

— 1996: *La costruzione della realtà sociale,* trad, it., Milano: Edizioni di Comunità.

— 1998: *Mind, Language and Society. Philosophy in the Real World,* New York: Basic Books.

SERGIO, G., 2002: «La Giustizia Minorile. Funzioni, Competenze, Struttura. Prospettive di Riforma», em LENTI (ed.): *Tutela civile del minore e diritto sociale della famiglia,* Milano: Giuffrè.

SEVERI, C., 2003: «Perdita di chance e danno patrimoniale risarcibile», em *Responsabilità civile e previdenza.*

SHAFFER, D. R., 1985: «The Defendant's Testimony», em KASSIM e WRIGHTSMAN (eds.): *The Psychology of Evidence and Trial Procedures,* Beverly Hills, California: Sage.

SHAVIRO, D., 1989: «Statistical-Probability Evidence and the Appearance of Justice», em *Harvard Law Review,* 103.

SHELEFF, L. S., 1975: «Irrationality in Law and Society. A Critique of Weber's Sociology of Law» em ARNAUD, HILPINEN e WROBLEWSKI (comps.): *Juristische Logik. Rationalität und Irrationalität im Recht,* Berlin: Duncker & Humblot.

SICARD, J., I960: *La preuve en justice après la réforme judiciaire: Manuel théorique et pratique,* Paris: Librairie du Journal des notaires et des avocatse.

SILVA MELERO, V., 1963-1964: *La prueba procesal,* 2 vols., Madrid: Editorial Revista de Derecho Privado.

SILVESTRI, E., 1988: «Confessione nel diritto processuale civile», em *Digesto delle Discipline Privatistiche / Sezione Civile* (III), Torino.

SIMON, D., 1998: «A Psychological Model of Judicial Decision Making», em *Rutger Law Journal,* 30.

SIMONS PINO, A., 2005: «El Dilema entre el Juez Activo y el Juez Autoritario», em *Memorias del XXVI Congreso Colombiano de Derecho Procesal,* Bogotá: Institute Colombiano de Derecho Procesal.

SINGER, J., 1984: «The Player and the Card: Nihilism and Legal Theory», em *Yale Law Journal,* 94.

SMITH, R., e WYNNE, B., 1989: *Expert Evidence,* London-New York: Routledge.

SPELLMANN, H. H., 1968: *Direct Examination of Witnesses,* Englewood Cliffs, New Jersey: Prentice-Hall

SPRUNG, R., 1979: «Le basi del diritto processuale austriaco», em *Rivista di diritto processuale.*

STADLER, A., 1989: *Del Schutz der Unternehmensgeheimnisses im deutschen und U.S. amerikanishen Zivilprozess und im Rechtshilfeverfahren,* Tübingen: Mohr Siebeck.

STALTERI, M., 1993: «Genetica e processo: la prova del *"DNA finger print"*», em *Rivista trimestrale di diritto e procedura civile.*

STEFFEN, T. L., 1988: «Truth as Second Fiddle: Reevaluating the Place of Truth in the Adversary Trial Ensemble», em *Utah Law Review.*

STEIN, F. [1893]: *Das private Wissen des Richters. Untersuchungen zum Beweisrecht beider Prozesse,* Leipzig: C. L. Hirschfeld.

STELLA, F., 1990: *Leggi scientifiche e spiegazione causale nel diritto penale,* Milano: Giuffrè.

— 2002: «Verità, scienza e giustizia: le frequenze medio-basse nella successione di eventi», em *Rivista italiana di diritto e procedura penale.*

— 2003: *Giustizia e modernità. La protezione dell'innocente e la tutela delle victime,* 3.ªed., Milano: Giuffrè.

— 2005: *Il giudice corpus colariano. La cultura delle prove,* Milano: Giuffrè.

STÜRNER, R., 1976: *Die Aufklärungspflicht der Parteien des Zivilprozesses,* Tübinge: J. C. B. Möhr.

— 1985: «Die gewerbliche Geheimnissphäre im Zivilprozess», em *JZ.*

SWARD, L. E., 1989: «Values, Ideologies, and the Evolution of the Adversary System», em *Indiana Law Journal,* 64.

TANIGUCHI, Y., 1997: «The 1996 Code of Civil Procedure of Japan: A Procedure for the Coming Century», em *American Journal of Comparative Law,* 45.

TAPPER, C., 2004: *Cross & Tapper: On Evidence,* 10.ª ed., London: Oxford University Press.

TARUFFO, M., 1970: *Studi sulla rilevanza della prova,* Padova: Cedam.

— 1973: «Prove atipiche e convincimento del giudice», em *Rivista di Diritto Processuale.*

— 1979: *Il processo civile «adversary» nell'esperienza americana,* Padova: Cedam.

— 1980: *La giustizia civile in Italia dal 700 a oggi,* Bologna: Il Mulino.

— 1984: «Il diritto alia prova nel processo civile», em *Rivista di diritto processuale.*

— 1985: «Value Judgments in the Judgment of Fact», em *Archivum Juridicum Cracoviense,* XVI.

— 1988: «Prova testimoniale (diritto processuale civile)», em *Enc. dir.* (XXX-VII), Milano.

— 1990: «Libero convencimiento del giudice. Diritto processuale civile», em *Enciclopedia Giuridica, Treccani* (XVIII), Roma.

— 1992a: *La prova dei fatti giuridici. Nozione generali,* Milano: Giuffrè.

— 1992b: «Presunzioni, inversioni, prova del fatto», em *Rivista trimestrale di diritto e procedura civile.*

— 1993: «Interrogatorio», em *Digesto delle Discipline Privatistiche/Sezione Civile,* 57 (X), Torino.

— 1994: «Involvement and Detachment in the Presentation of Evidence», em Kevelson (ed.): *The Eyes of Justice: Seventh round table on law and semiotics,* New York: Peter Lang Pub Inc.

— 1995: «Onere della prova», em *Digesto delle Discipline Privatistiche / Sezione Civile* (XIII), Torino.

— 1996: «Le prove scientifiche nella recente esperienza statunitense», em *Rivista trimestrale di diritto e procedura civile.*

— 2002: *Sui confini, scritti sulla giustizia civile,* Bologna: Il Mulino.

— 2003a: «Rethinking the Standards of Proof», em *American Journal of Comparative Law,* 51.

— 2003b: «Il processo civile nel Lombardo-Veneto», em *Regolamento generale del processo civile del Regno Lombardo-Veneto 1815,* Milano.

— 2004: «Considerazioni su scienza e processo civile», em Comandé e Ponzanelli: *Scienza e diritto nelprisma del diritto comparato,* Torino: Giappichelli.

— 2005a: «Giuseppe Pisanelli e il codice di procedura civile del 1865», em Vano: *Giuseppe Pisanelli. Scienza del processo cultura delle leggi e avvocatura tra periferia e nazione,* Napoli: Jovene.

— 2005b: «Conoscenza scientifica e decisione giudiziaria: profili generali», em *Decisione giudiziaria e verità scientifica,* Milano: Giuffrè.

— 2005c: «Probabilità e prova giudiziaria», em *Actas del XXVI Congreso Colombiano de Derecho Procesal,* Bogotá.

— 2005d: «La prova scientifica nel processo civile», em *Rivista trimestrale di diritto e procedura civile.*

— 2006a: «La prova del nesso causale», *Rivista critica di diritto privato.* Há tradução ao português neste volume: «A prova do nexo causal».

— 2006b: «Poteri probatori delle parti e del giudice in Europa», *Rivista trimestrale di diritto e procedura civile.* Há tradução ao português neste volume: «Poderes probatórios das partes e do juiz na Europa».

TARZIA, G., 1984: «Problemi del contraddittorio nell'istruzione probatoria civile», em *Rivista di diritto processuale.*

— 1999: *Manuale del processo del lavoro,* 4.ª ed., Milano: Giuffrè.

TERRÉ, E, 2003: *Introduction générale au droit,* 6.ª ed., Paris: Dalloz.

TESKE, J., 1990: *Der Urkundenbeweis im französischen und deutschen Zivil und Zivilprozessrecht,* Göttingen: WiRe-Verlagsgesellschaft für Wirtschaft, Recht und Steuern.

THAYER, J. B. [1890]: «The Burden of Proof», em *Harvard Law Review,* 4.

— 1969: *A Preliminary Treatise on Evidence at the Common Law,* reprint of the 1898 edition, South Hackensack-New York: Rothman Reprints Inc & Augustus M. Kelley Publishers.

TIGAR, M. E., 2003: *Examining Witnesses,* 2.ª ed., Chicago: American Bar Association.

TILLERS, P., 1989: «Webs of Things in the Mind: A New Science of Evidence», em *Michigan Law Review,* 87.

TILLERS, P., e GREEN, E., 1988: *Probability and inference in the Law of Evidence: The uses and limits of Bayesianism,* Dordrecht, Boston-London: Springer.

— (eds.), 2003: *L'inferenza probabilistica nel diritto delle prove. Usi e limiti del bayesianesimo,* Milano: Giuffrè.

TONINI, P., 2003: «Prova scientifica e contraddittorio», em *Diritto penale e processo.*

TRANKELL, A., 1971: *Der Realitätsgehalt von Zeugenaussagen, Methodik der Aussagepsychologie,* Göttingen: Vandenhoeck & Ruprecht.

TRAVAUX DE L'ASSOCIATION HENRI CAPITANT DES AMIS DE LA CULTURE JURIDIQUE, 1987: *La vérité et le droit,* t. XXXVIII, Paris: Economica.

— 1988: *Les nouveaux moyens de reproduction. Papier, sonars, audiovisuel et informatiques,* t. XXXVII, Paris: Economica.

TREADWAY JOHNSON, M.; KRAFKA, C., e CECIL, J. S., 2000: *Expert Testimony in Federal Civil Trials: A Preliminary Analysis,* United States of America: Federal Judicial Center.

TRIBE, L. H., 1971: «Trial by Mathematics: Precision and Ritual in the Legal Process», em *Harvard Law Review,* 84.

TROIANO, S., 1991: «La nuova legge tedesca sulla responsabilità per prodotti difettosi», em *Rivista di Diritto Civile* (II).

TROPER, M., 1990: «The Fact and the Law», em NERHOT (ed.): *Law, Interpretation and Reality. Essays in Epistemology, Hermeneutics and Jurisprudence,* Dordrecht-Boston-London: Springer.

TWINING, W., 1985: *Theories of Evidence. Bentham and Wigmore,* Stanford-California: Stanford University Press.

— (comp.), 1986: «Evidence and legal theory», em *Legal Theory and Common Law,* Oxford: Blackwell.

— 1990: *Rethinking Evidence. Exploratory Essays,* Oxford: Blackwell.

— 2002: *The Great Juristic Bazaar: Jurists' Texts and Lawyers' Stories,* Ashgate.

— 2006: *Rethinking Evidence, Exploratory Essays,* 2.ª ed., Cambridge: Cambridge University Press.

TWINING, W., e HAMPSHER MONK, I., 2003: *Evidence and Inference in History and Law. Interdisciplinary Dialogues,* Evanston, Illinois: Northwestern University Press.

VACCARELLA, R., 1972: «Interrogatorio II. Interrogatorio delle parti», em *Enc. dir.,* XXII.

VALLEBONA, A., 1988: *L'onere della prova nel diritto del lavoro,* Padova: Cedam.

— 1992: «L'inversione dell'onere della prova nel diritto del lavoro», em *Rivista trimestrale di diritto e procedura civile.*

VAN ZANDT, D. E., 1991: «An Alternative Theory of Practical Reason in Judicial Decisions», em *Tulane Law Review, 65.*

VARANO, V., 1973: *Organizzazione e garanzie della giustizia civile nell'Inghilterra moderna,* Milano: Giuffrè.

VARGA, C., 1991a: «On Judicial Ascertainment of Facts», em *Ratio Juris,* 4.

— 1991b: «The Mental Transformation of Fact into Case», em *ARSP,* 77.

VÁZQUEZ SOTELO, J. L., 2000: «Las diligencias finales», en *Instituciones del Nuevo Proceso Civil,* vol. 2, Barcelona.

VELLANI, M., 1988: «Conzulenza tecnica nel diritto processuale civile», en *Digesto delle Discipline Privatistiche /Sezione Civile* (III), Torino.

— 1995a: «Alcune considerazioni sull'esame dell'interdicendo e dell'inabilitando», em *Rivista trimestrale di diritto e procedura civile.*

— 1995b: «Sul parere delle persone citate nel procedimento d'interdizione o d'inabilitazione», em *Rivista trimestrale di diritto e procedura civile.*

VERDE, G., 1974: *L'onere della prova nel processo civile,* Napoli: Jovene.

— 1990: «Per la chiarezza di idee in tema di documentazione informatica», em *Rivista di diritto processuale.*

— 1992: «L'inversione degli oneri probatori nel processo», em *Rivista trimestrale di diritto e procedura civile.*

— 2002: «Le ideologie del processo in un recente saggio», em *Rivista di diritto processuale.*

VERHEYDEN-JEANMART, N., 1991: *Droit de la preuve,* Bruxelles: Larcier.

VICK, D. W., 2000: «Statistical Significance and the Significance of Statistics», em *LQR,* 116.

VILLAMIL PORTILLA, E., 1999: *Teoría constitucional del proceso,* Bogotá: Ediciones Doctrina y Ley.

VILLERS, R., 1963: «Les preuves dans l'ancient droit français, du XVIe au XVIIIe siecle», em *La Preuve, Recueils de la Société Jean Bodin pour l'histoire comparative des institutions* (XVII), Bruxelles.

VINCENT, J., e GUINCHARD, S., 1991: *Procédure civile,* 22.ª ed., Paris: Dalloz.

— 2003: *Procédure civile,* 27.ª ed., Paris: Dalloz.

VISINTINI, G., 1996: *Trattato breve della responsabilità civile,* Padova: Cedam.

VON SPONECK, H., 1991: «Beweiswert von computerausdrucken», en *Compu. R.*

WAGENAAR W. A.; VAN KOPPEN, P. J., e CROMBAG, H. F. M., 1993: *Anchored Narratives: The Psicology of Criminal Evidence,* Harvester: Wiley Interscience.

WALPIN, G., 2003: «America's Adversarial and Jury Systems: More likely to do Justice», em *Harvard Journal of Law and Public Policy,* 26.

WALTER, G., 1977: «Der Anwendungbereich des Anscheinsbeweis», em *ZZP,* 90.

— 1979: *Freie Beweiswiirdigung,* Tubinge: J. C. B. Möhr.

— 1991: «Il diritto alla prova in Svizzera», em *Rivista Trimestrale di Diritto e Procedura Civile.*

— 2005: «The German Civil Procedure Reform Act 2002: Much Ado about Nothing?», em TROCKER e VARANO: *The Reforms of Civil Procedure in Comparative Perspective,* Torino: Giappichelli.

WEHMHOEFER, R. A., 1985: *Statistics in Litigation: Practical Applications for Lawyers,* Colorado Springs: McGraw-Hill Companies.

WEIGEND, T., 2003: «Is the Criminal Process about Truth? A German Perspective», em *Harvard Journal of Law and Public Policy,* 26.

WEIGMANN, R., 1992: «L'inversione dell'onere della prova nel diritto commerciale», em *Rivista trimestrale di diritto e procedura civile.*

WEINER, S. A., 1966: «The Civil Jury Trial and the Law-Fact Distinction», em *California Law Review,* 54.

— 1968: «The Civil Non-Jury Trial and the Law-Fact Distinction», em *California Law Review,* 55.

WEINSTEIN, J. B., 1966: «Some Difficulties in Devising Rules for Determining Truth in Judicial Trials», em *Columbia Law Review,* 66.

WEINSTEIN, J. B., e BERGER, M. A., 1975: *Weinstein's Evidence. Commentary on Rules of Evidence for the United States Courts and Magistrates,* 5 vols., New York: Matthew Bender.

WELLS, G. L., 1985: «The Eyewitness», em KASSIM e WRIGHTSMAN (comps): *The Psychology of Evidence and Trial Procedures,* Beverly Hills, California: Sage.

White, S. D., 1983: «Fact in the Law», em Twining (comp.): *Facts in Law: Association for Legal and Social Philosophy, Ninth Annual Conference at Hatfield College*, University of Durham, Wiesbaden: Franz Steiner Verlag Wiesbaden GmbH.

Wigmore, J. H., 1974: *A Treatise on the Anglo-American System of Evidence in Trials at Common Law*, 3.ª ed. rev., vol. 5, Boston-Toronto: Little Brown and Company.

— 1983: *A Treatise on the Anglo-American System of Evidence in Trials at Common Law*, 3.ª ed., revisada por Tillers, Boston-Toronto: Little Brown and Company.

Williams, B., 2002: *Truth and Truthfulness. An Essay in Genealogy*, Princeton-Oxford: Princeton University Press.

Wilson, W., 1990: «Fact and Law», em Nerhot (ed.): *Law, Interpretation and Reality. Essays in Epistemology, Hermeneutics and Jurisprudence*, Dordrecht-Boston-London: Kluwer.

Winter, S. L., 2001: *A Clearing in the Forest, Law, Life and Mind*, Chicago-London: University of Chicago Press.

Wright, C. A., e Graham, K. C., 1977-1989: *Federal Practice and Procedure. Evidence*, vols. 21 ao 25, St. Paul, Minnesota: West Publishing Co.

Wright, C. A., e Miller, A. R., 1969-1986: *Federal Practice and Procedure. Civil*, vols. 1 ao 20, St. Paul, Minnesota: West Publishing Co.

Wroblewski, J., 1971: «Legal Decision and Its Justification», em Hubien Bruylant (ed.): *Le raisonnement juridique: Actes du congrès mondial de philosophic du droit et de philosophic sociale / Legal reasoning: Proceedings of the world congress for legal and social philosophy*, Bruxelles: E. Bruylant.

— 1983a: «Facts in law», em *Meaning and Truth in Judicial Decision*, 2.ª ed., Helsinki: Juridica.

—1983b: «Justification of Legal Decisions», em *Meaning and Truth in Judicial Decision*, 2.ª ed., Helsinki: Juridica.

— 1983c: «Theoretical and ideological problems of controlling judicial decisions», em *Meaning and Truth in Judicial Decision*, 2.ª ed., Helsinki: Juridica.

— 1987: «Il sillogismo giuridico e la razionalità della decisione giudiziaria», trad. it. em Comanducci e Guastini: *L'analisi del ragionamento giuridico*, Torino: Giappichelli.

— 2001: «Ideología de la aplicación judicial del derecho», em *Sentido y hecho en el derecho*, México: Fontamara.

Zöller, R., 2002: *Zivilprozessordnung*, 23.ª ed., Köln: Dr. Otto Schmidt.

ZPO-Komm, 1987: *Kommentar zur Zivilprozessordnung*, Neuwied-Darmstadt.

Zuckerman, A. A. S. (comp.), 1999: «Justice in Crisis: Comparative Dimensions of Civil Procedures», em *Civil Justice in Crisis. Comparative Perspectives of Civil Procedure*, Oxford: Oxford University Press.

— 2003: *Civil Procedure*, London: Lexis Nexis.

— 2005: «Court Control and Party Compliance: The Quest for Effective Litigation Management», em TROCKER e VARANO: *The Reforms of Civil Procedure in Comparative Perspective,* Torino: Giappichelli.

APÊNDICE I

PODERES PROBATÓRIOS DAS PARTES E DO JUIZ NA EUROPA[1]

1. INTRODUÇÃO

Uma análise adequada do tema dos poderes do juiz nos ordenamentos processuais europeus não pode exaurir-se no breve espaço de um artigo. A exposição que segue deve, portanto, limitar-se a destacar alguns dos aspectos mais relevantes de tais ordenamentos, apresentando algumas considerações a título de introdução[2] e outras de conclusão.

---

[1] Relatório apresentado no XXV Congresso Nacional da Associação Italiana de Estudiosos do Processo Civil, realizado em 7 e 8 de outubro em Cagliari, sobre o tema «A prova no processo civil». Publicado originalmente na *Rivista trimestrale di diritto e procedura civile*, vol. 60, n. 2, 2006.

[2] Algumas considerações de fundo, assumidas como premissas do discurso que irá se desenvolver, podem ser explicitadas apenas em termos sintéticos, não sendo possível nesta sede discutir nem justificar seu fundamento. Uma dessas considerações refere-se à ausência de implicações necessárias entre a adoção do princípio dispositivo em sentido próprio, ou substancial, e a opção consistente em não atribuir ao juiz qualquer poder de instrução autônomo. Com efeito, existem diversos modelos de processo (sobre os quais v. *infra*, § 2) que observam integralmente o princípio dispositivo e, por conseguinte, atribuem às partes o poder exclusivo para iniciar o processo e determinar o seu objeto, mas que, ao mesmo tempo, conferem ao juiz relevantes poderes de iniciativa instrutória. Outra consideração diz respeito à conhecida distinção entre concepções «publicista» e «privatista» do processo civil. Ainda que pareça prevalecer a primeira das duas concepções em todos os ordenamentos, trata-se de uma distinção que parece irrelevante no que se refere ao tema dos poderes instrutórios do juiz. Com efeito, se se concebesse o processo civil somente como um método de resolução «privada» das controvérsias, poder-se-ia sempre preferir um modelo de processo inspirado na ideologia legal-racional da justiça (a respeito v. *infra* § 3) a uma ideologia segundo a qual o livre enfrentamento entre privados fosse o único critério aceitável para a resolução dos conflitos.

Uma primeira observação é de caráter terminológico e se refere ao uso do termo «inquisitório». Esse termo está tão carregado de implicações retóricas que pode induzir a erro ou – na melhor das hipóteses – converter-se em termo inútil. As implicações retóricas surgem por ser utilizado usualmente com a finalidade de gerar uma valoração negativa sobre tudo aquilo a que se refere – evocando-se de maneira mais ou menos explícita o espectro da Santa Inquisição, em cujos processos o investigado não possuía qualquer poder de defesa frente a um tribunal onipotente. O termo «inquisitório» induz a erro porque nunca existiu, e tampouco existe atualmente em qualquer ordenamento, um processo civil que se possa considerar verdadeiramente inquisitório: *i. e.*, no qual as partes não tenham quaisquer direitos ou garantias e todo o processo seja conduzido de ofício pelo juiz. Por outro lado, não é por acaso que a tradicional contraposição entre processo *adversarial* e *inquisitorial* é considerada carente de validade no plano da comparação entre modelos processuais.[3] Por essas razões, parece particularmente útil uma operação de terapia linguística com o propósito de fazer cessar o uso do termo «inquisitório», ao menos para se referir ao processo civil. É oportuno, ainda, falar de *modelos mistos* para indicar aqueles ordenamentos processuais – que atualmente são bastante numerosos – nos quais se preveem poderes instrutórios mais ou menos extensos ao juiz, junto à plena possibilidade das partes de apresentarem todas as provas admissíveis e relevantes à apuração dos fatos.[4]

Outro ponto preliminar particularmente importante refere-se à questão de se os poderes instrutórios do juiz podem ser considerados um problema *político*; *i. e.*, se a atribuição de poderes de iniciativa instrutória implica a aceitação de uma ideologia política antiliberal e substancialmente autoritária ou, inclusive, totalitária. A questão não é nova,[5] tendo sido objeto de discussões recorrentes na doutrina do processo civil. Todavia, essa é objeto de um recente *revival*, particularmente na Itália[6] e na Espanha,[7] porém também em outros lugares,[8] de modo que é oportuno fazer algumas considerações a respeito. Não é possível aqui examinar todas as versões e variantes da tese em questão: substancialmente, essa afirma que a presença de um juiz dotado de poderes de instrução autônomos seria um dos indicadores seguros de que nos encontramos em um sistema autoritário, uma vez que um sistema autenticamente liberal não deveria atribuir ao juiz qualquer poder de iniciativa instrutória. Não está claro, nos termos em que geralmente se expressa essa tese, se se

---

3 Cfr., em particular, Damaška, 1991: 34; Taruffo, 2002: 73 ss.

4 Assim, por exemplo, Comoglio, 2004b: 185 ss., 350 ss.; 1996: 59 ss.

5 Cfr., com efeito, Cavallone, 1991: 44 ss., 83 ss.

6 Cfr., em particular, Cipriani, 1995: 969 ss.; 2003a: 39 ss.; 2002: 1243 ss.; 2003b: 455 ss. Cfr., também, Monteleone, 2003: 575 ss.; 2005; 2000: XI ss., 10 ss., 328 ss.

7 Cfr., em particular, Montero Aroca, 2004: 552 ss. (a respeito ver a nota de Verde, *ibidem*: 580 ss.); 2001a: 262 ss.; 2001b (a respeito ver os comentários de Verde, 2002: 676 ss.).

8 Cfr., por exemplo, Alvarado Velloso, 2004.

entende que seria autoritário e antiliberal *o processo* no qual o juiz dispõe de poderes instrutórios autônomos, ou se, também, deve se considerar autoritário, totalitário e antiliberal *o sistema político* no qual tais poderes são atribuídos ao juiz civil. Na primeira hipótese, todo o discurso corre o risco de se reduzir a um jogo circular de definições: de fato, pode-se estipular convencionalmente chamar de «autoritário» o processo no qual o juiz tenha poderes instrutórios e de «liberal» o processo no qual o juiz seja privado de tais poderes.[9] Esse segundo uso linguístico é bastante comum, ainda que possa soar incongruente definir de uma maneira simplista como «liberal» um processo caracterizado pelo monopólio dos meios de prova pelas partes, dado que um processo com essas características poderia ser «antiliberal» sob outros pontos de vista, ao não assegurar, por exemplo, a independência do juiz.[10] O primeiro uso linguístico é ainda mais incongruente, pois um processo no qual o juiz dispõe de poderes instrutórios não implica qualquer «autoritarismo» processual, sendo possível configurar tais poderes como puramente suplementares ou complementares aos das partes, podendo o juiz desempenhar um papel secundário, ou marginal, na coleta das provas.[11] Por outro lado, como frequentemente ocorre, o juiz pode deixar de exercer esses poderes, de modo a não ter, na realidade, qualquer gestão autoritária na instrução probatória. De qualquer forma, esse modo de usar a linguagem não é de todo neutro, em virtude da valoração negativa que o emprego retórico do termo «autoritário» concentra em relação ao processo no qual o juiz é dotado de poderes instrutórios e da valoração positiva que o termo «liberal» retoricamente concentra em relação ao processo no qual esse é privado de tais poderes.[12] Tratar-se-ia, portanto, de um jogo de definições convencionais que não é particularmente útil, porém tampouco inócuo: de qualquer forma é oportuno não utilizar definições desse tipo, uma vez que são fonte de confusão e mal-entendidos.

A segunda das hipóteses mencionadas anteriormente, aquela segundo a qual haveria uma conexão direta entre a presença de poderes instrutórios do juiz e a natureza autoritária do sistema político em que tais poderes estejam previstos, parece ter um conteúdo mais sério e exigente, razão pela qual merece algumas considerações adicionais. Nas suas versões mais populares, essa orientação gera perplexidade por várias razões, relativa especialmente à falta de uma teoria política crível e suficientemente articulada. Por exemplo, geralmente não se faz distinção entre os diversos tipos de regimes políticos

---

9 A circularidade do argumento é evidente: partindo da premissa de que é autoritário o processo no qual o juiz dispõe de poderes instrutórios, dispondo o juiz de tais poderes, então o processo em questão é autoritário.

10 É o caso do ordenamento italiano do ano de 1865, no qual, junto a um código processual «liberal», existe um ordenamento judiciário que submete à magistratura à influência do poder político (cfr., também para informações adicionais, Taruffo, 1980: 138 ss.).

11 Nesse sentido, cfr. Comoglio, 1996: 57 ss.

12 Em sentido análogo, cfr. Guzmán, 2004: 149 ss.

que, dependendo das circunstâncias, são qualificados como autoritários, tratando-se conjuntamente coisas diferentes, como o fascismo, o comunismo, o socialismo,[13] o Estado assistencial e intervencionista, o Estado social, e assim por diante. Desse modo, a qualificação de «autoritário» torna-se tão vaga e genérica que resulta substancialmente carente de sentido.[14] De resto, não se faz distinção tampouco entre os vários tipos de liberalismo, de modo que não se compreende se se fala da concepção de Nozick, de Rawls,[15] de Mill, de Hayek, de Croce ou de qualquer outro expoente da teoria política liberal. Na realidade, aqueles que sustentam essa posição não se interessam pela teoria política e muito menos se preocupam em definir os conceitos políticos que empregam.[16] Resta claro, todavia, qual é o tipo de sistema liberal da sua preferência: esse é – genericamente – aquele dos sistemas do século XIX, nos quais vigiam as concepções do processo civil típicas do individualismo proprietário,[17] com a exaltação da autonomia das partes como valor absoluto

---

13 Cfr., por exemplo, Montero Aroca (2001b: 54), que coloca no mesmo plano a *Zivilprozessordung* austríaca de 1895, definida como «antiliberal e autoritária» devido a sua inspiração genericamente socialista, os códigos processuais dos países comunistas e o código italiano de 1940, definido de maneira apodítica como «*tipicamente fascista, imerso nessa concepção política*». No que concerne ao código austríaco, com efeito, é certo que atribuiu ao juiz relevantes poderes de direção formal e material do processo (ver, por todos, Rechsberger e Kodek, 2004: XXVIII ss.), todavia, falta determinar se a concepção da função social do processo típica de Klein foi verdadeiramente autoritária, como considera Cipriani (1995: 977 ss.), ou se esteve simplesmente orientada à criação de um instrumento processual rápido e eficiente (sobre as orientações políticas e culturais de Klein, ver, de qualquer forma, Consolo, 2004: XLVI ss.). Quanto à origem do código austríaco de 1895, Cipriani (1995: 975 ss.), considera que esse deriva diretamente de um modelo de processo «claramente antiliberal e autoritário» como o previsto no regulamento de Giuseppe II no ano de 1781. Não parece, todavia, que essa valoração tenha fundamento. Na realidade, o regulamento «giuseppino», assim como o regulamento «galiziano» que o sucede, não seguiam de forma alguma um modelo centrado nos poderes do juiz: pelo contrário, todas as iniciativas processuais se deixavam às partes, enquanto o juiz tinha um papel indiscutivelmente passivo (ver mais amplamente Taruffo, 1980: 38, e, com respeito ao regulamento «galiziano» que entrou em vigor na Itália do norte em 1815, ver , *idem*, 2003b: XIV, XXVI). Em sentido análogo, cfr. Sprung, 1979: 31, o qual define como «liberal» o processo em questão. Portanto, se fosse verdadeiro, como Cipriani afirma, que o código de 1895 deriva diretamente desses precedentes, então seria necessário concluir que esse é um código substancialmente liberal. A verdade, pelo contrário, é a de que esse não deriva em absoluto dos regulamentos citados, precisamente porque atribui ao juiz um papel ativo na condução do processo e na produção das provas (Cipriani, 1995: 977 ss.).
Quanto à pretensa natureza fascista do Código Processual italiano, v. *infra*, § 2.

14 No mesmo sentido, cfr. Verde, 2002: 679 ss.

15 Parar confirmar a impossibilidade de falar genericamente de liberalismo, sem maiores especificações, podem se recordar as críticas que um hiperliberal como Nozick dirige a um liberal como Rawls: cfr., a respeito, também para maiores referências, Gargarella, 1999: 45 ss.

16 Para uma crítica análoga, cfr. Oteiza, 2002: 220.

17 Não é por acaso que um dos defensores da orientação que se discute no texto considere que o processo civil está relacionado principalmente com a propriedade: cfr. Montero Aroca, 2001a: 262.

e prioritário, a ser realizado a qualquer custo e privilegiado em detrimento de qualquer exigência de funcionalidade e eficiência do procedimento.[18]

Além disso, passa despercebido que a contraposição fundamental, como se depreende da já clássica obra de Neumann, não é entre liberalismo e autoritarismo, mas sim entre Estado democrático e Estado autoritário.[19] A diferença é importante porque existiram sistemas políticos inspirados em determinados aspectos da ideologia liberal, que, porém, certamente não podiam definir-se como democráticos. A Itália da segunda metade do século XIX – a que fazem referência alguns defensores do *revival* – era, em certos aspectos, «liberal», especialmente no âmbito da justiça civil, uma vez que o juiz representado no Código Processual de 1865 era substancialmente passivo, não dispondo de poderes instrutórios autônomos.[20] Todavia, o regime da época certamente não era democrático, dado que – para mencionar apenas um aspecto – o direito de voto correspondia apenas a um percentual reduzido de cidadãos homens. De resto, existiram vários regimes autoritários nos quais o processo civil baseava-se no monopólio das partes acerca da condução do processo e da disponibilidade dos meios de prova: basta pensar no Código napoleônico de 1806,[21] que serviria, posteriormente, como modelo a numerosas codificações oitocentistas; ao Regulamento processual austríaco de 1815,[22] à Itália fascista, onde até o ano de 1942 permaneceu em vigor o código «liberal» de 1865, ou à Espanha franquista, na qual permaneceu em vigor a «liberal» *Ley de Enjuiciamiento Civil* de 1881. Pelo contrário, existem numerosos sistemas democráticos nos quais o juiz dispõe de amplos poderes instrutórios, como ocorre, por exemplo, na França, na Suíça e na Alemanha.[23] Em síntese: é certo que alguns sistemas inspirados na ideologia liberal clássica produziram ideologias processuais baseadas na presença de um juiz passivo e na reserva para as partes do monopólio de todos os poderes processuais e probatórios: é o que ocorreu, por exemplo, nos Estados Unidos, com a configuração do *adversarial system of litigation*;[24] na Itália, com a codificação processual de 1865,[25] e em praticamente todas as codificações processuais do século XIX. Não é correto, por outro lado, que *somente* os regimes *soi-disant* liberais tenham ou

---

18 No que se refere à Espanha, cfr., por exemplo, MONTERO AROCA, 2001b: 29 ss., com relação às codificações espanholas do século XIX. A propósito da Itália, ver *infra* no texto.

19 Cfr. NEUMANN, 1973. Neumann não faz qualquer referência, ao delinear e caracterizar o estado democrático e o estado autoritário, ao tema dos poderes do juiz, tampouco quando discute a função da magistratura em Montesquieu e nas experiências políticas sucessivas (p.240 ss.).

20 Cfr. TARUFFO, 1980: 114 ss., 117, 119; 2005a: 91.

21 Observa corretamente OTEIZA, (2002: 218) que Napoleão tinha uma concepção imperial do poder que, não obstante, não lhe impediu de idealizar uma legislação de inspiração liberal.

22 Cfr. TARUFFO, 2003b: XIII ss.

23 Ver *infra* § 2.

24 Cfr. TARUFFO, 1979: 259 ss.

25 Ver *supra* n. 19.

tenham tido sistemas processuais com um juiz privado de poderes instrutórios. Pelo contrário, é verdade que alguns regimes autoritários, como o soviético,[26] estenderam de forma considerável os poderes instrutórios do juiz, mas é igualmente verdadeiro que *nem todos* os regimes autoritários o fizeram, como demonstram os exemplos mencionados da Itália fascista, da Alemanha nazista e da Espanha franquista. Também é verdade, de resto, que muitos regimes não autoritários – como se verá – introduziram relevantes poderes de iniciativa instrutória de ofício. O fato é que se introduziram poderes instrutórios do juiz em *alguns* regimes autoritários e em *muitos* regimes democráticos, quando os últimos abandonaram a ideologia liberal clássica para seguir ideologias mais evoluídas, nas quais se configura um papel ativo do Estado no governo da sociedade. Se essas ideologias são ou não autoritárias é – uma vez mais – um problema de definições ou – se considerado seriamente – um problema de teoria política que não pode ser enfrentado adequadamente nesta sede: de qualquer forma, segue sendo paradoxal a tese segundo a qual existiriam sistemas democráticos que admitem modelos autoritários de processo civil.

Considerações gerais desse gênero seriam provavelmente suficientes para se demonstrar que equações do tipo «poderes instrutórios do juiz = regime autoritário» e «juiz passivo = regime liberal» são vagas e genéricas, reduzindo-se a *slogans* polêmicos carentes de valor científico.[27] Não obstante, visto que essas equações correspondem a concepções doutrinárias bastante difundidas, vale a pena verificar se possuem algum fundamento sob o ponto de vista comparado e histórico.

2. TIPOLOGIA DOS PODERES INSTRUTÓRIOS DO JUIZ

Limitando a análise aos principais ordenamentos europeus, convém distinguir ao menos três tipos de enfoques legislativos a respeito do problema dos poderes instrutórios do juiz:

a) Um primeiro modelo está representado pelos ordenamentos nos quais o juiz é dotado de um *poder geral* para dispor de ofício a produção das provas não deduzidas pelas partes que considere úteis para a determinação dos fatos. Nesse ponto, todavia, é necessário introduzir uma distinção adicional, indispensável, seja do ponto de vista sistemático, seja de uma perspectiva ideológica. Com efeito, é necessário precisar se o juiz possui o *dever* de produzir de ofício todas as provas relevantes ou se tem simplesmente o *poder* de proceder nesse sentido.

---

[26] Ver *infra* § 2.

[27] São substancialmente neste sentido algumas das reações críticas suscitadas pela orientação de que se fala no texto. Cfr., em particular, Barbosa Moreira, 2005: 13 ss.; Parra Quijano, 2004: 9 ss., 51 ss.; Simons Pino, 2005: 815 ss.; Oteiza, 2002: 216 ss.

a.1) A primeira situação era típica dos ordenamentos de tipo soviético, nos quais – em homenagem a uma peculiar concepção filosófica da verdade derivada da doutrina do materialismo dialético e a uma teoria do processo na qual a decisão judicial devia fundar-se na verdade «material» dos fatos – se impunha ao juiz o *dever* de investigar de ofício tal verdade. Inclusive se previa a nulidade da sentença na qual não se tivesse determinado a verdade material.[28]

a.2) A segunda situação, ou seja, aquela na qual o juiz possui um *poder discricionário geral* para dispor de ofício a produção de provas não deduzidas pelas partes, é presente em vários ordenamentos de tipo não soviético. Um caso particularmente interessante é aquele da França, onde o art. 10 do *Code de procédure civile*, inserido na parte do código que se refere aos *principes directeurs du procès*, estabelece que «*a le pouvoir d'ordonner d'office toutes lês mesures d'instruction légalement admissibles*». Trata-se, evidentemente, de um poder discricionário e não de um dever; todavia, o juiz francês tem a possibilidade de dispor a produção de todos os meios de prova admissíveis que considere úteis para estabelecer a verdade dos fatos, indo além daquelas deduzidas pelas partes.[29] De acordo com a tese anteriormente exposta, estaríamos na presença de um sistema claramente – e, inclusive, fortemente – autoritário, dada a extensão geral dos poderes instrutórios atribuídos ao juiz; contudo, uma tese desse gênero parece evidentemente absurda. No âmbito do processo, de fato, o legislador francês não só cumpre rigorosamente com o princípio dispositivo (cfr., por exemplo, os arts. 1.º, 4.º e 5.º do Código),[30] como realiza de maneira particularmente intensa o princípio do contraditório (cfr. os arts. 14 e 16),[31] com uma tutela dos direitos das partes mais ampla do que aquela que existe em muitos outros ordenamentos, inclusive no italiano. Por outro lado, o poder atribuído ao juiz francês de dispor de ofício a produção de todas as provas admissíveis forma parte de uma tendência mais geral, historicamente recorrente na França, no sentido de acentuar o papel do juiz no processo civil;[32] todavia, essa não parece haver conduzido a resul-

---

28 Sobre essa concepção e suas implicações filosóficas, cfr. Denti, 1989: 66; Taruffo, 1970: 139 ss. (também para indicações bibliográficas adicionais). Cfr., também, Gurvič, 1976: 11, 19.

29 Cfr., por exemplo, Ferrand, 2005: 27 ss.; Cadiet e Jeuland, 2004: 437 ss.; Vincent e Guinchard, 2003: 541; Cornu e Foyer, 1996: 450.

30 Cfr., por exemplo, Ferrand, 2005: 9; Cadiet e Jeuland, 2004: 397 ss.; Vincent e Guinchard, 2003: 514 ss.; Cornu e Foyer, 1996: 438 ss.

31 Cfr., por exemplo, Ferrand, 2005: 9; Cadiet e Jeuland, 2004: 374 ss. Vincent e Guinchard, 2003: 543 ss.; Cornu e Foyer, 1996: 466 ss.

32 Cfr., por exemplo, Vincent e Guinchard, 1991: 306 ss. (as edições mais recentes omitem a abordagem ao tema), e, em particular, a obra clássica de Normand, 1965: 385 ss.

tados autoritários,[33] parecendo, inclusive, ser indispensável à gestão eficiente do processo civil.[34] Trata-se, por outra parte, de um poder *discricionário*, que o juiz é indiscutivelmente livre para não exercitar se não vislumbrar a necessidade ou a oportunidade para fazê-lo. Parece, inclusive, que os juízes franceses raramente o utilizam,[35] provavelmente porque – como de resto é óbvio em todos os sistemas processuais – as partes são ativas na dedução de todas as provas de que necessitam para a apuração dos fatos, tornando, assim, supérflua a intervenção do juiz. Não é por acaso que os manuais franceses – insuspeitos de simpatias autoritárias – dedicam escassa atenção ao tema dos poderes instrutórios do juiz.[36] De qualquer forma, frente a uma norma como a do art. 10, inserida no contexto global da justiça civil francesa, parece difícil pensar que nos últimos trinta anos – ou seja, a partir da entrada em vigor do *Code de procédure civile* – a França tenha sido um regime autoritário.[37]

Do mesmo modo, é difícil pensar que nos últimos sessenta anos o tenha sido a Suíça, onde o art. 37 da lei processual federal de 1947 prevê que o juiz possa produzir provas não deduzidas pelas partes.[38]

Surge, pois, outra complicação, derivada do fato de que em vários ordenamentos processuais o juiz possui escassos poderes instrutórios, ou não possui qualquer poder, no rito ordinário, dispondo, porém, de amplos poderes de iniciativa instrutória em alguns processos especiais. É naturalmente o caso do processo do trabalho na Itália e também de vários outros processos especiais na Espanha.[39] Nesses casos, seria preciso pensar que o ordenamento processual – e também o correspondente sistema político – estariam afetados por alguma forma de esquizofrenia, sendo liberais e autoritários ao mesmo tempo em setores diversos da justiça civil.

b) Um segundo modelo, no qual se inspiram a maior parte dos ordenamentos atuais – dentre os quais se pode citar como exemplo a Itália e a Alemanha –, prevê que o juiz dispõe de *alguns* poderes de iniciativa instrutória. Naturalmente esses poderes podem ser mais ou menos numerosos e mais ou menos amplos dependendo do caso. Todavia, há uma clara tendência ao

---

33 No *Code de procédure civile*, aliás, reconhece-se uma solução de compromisso que atenua a tradição radicalmente liberal, combinando os poderes das partes com a função do juiz, que é aquela de promover a justiça com a obtenção da solução mais correta da controvérsia. Nesse sentido, cfr. Cadiet, 1999: 316.

34 Cfr., por exemplo, Ferrand, 2005: 30 ss.

35 Cfr. Beardsley, 1986: 489 ss.

36 Na edição de 2003 de um dos principais manuais franceses (ou seja, Vincent e Guinchard, 2003) ao argumento são dedicadas 7 linhas na p. 541 e uma linha e meia na p. 809.

37 No mesmo sentido, cfr. Barbosa Moreira, 2005: 18.

38 Cfr. Barbosa Moreira, 2005: 18.

39 Cfr., a propósito, Lluch e Picó i Junoy, 2003: 67 ss. Também no processo do trabalho espanhol o juiz dispõe de amplos poderes instrutórios na forma das *diligencias para mejor proveer*, previstas no art. 88 da *Ley de procedimento laboral* de 1990.

incremento dos poderes instrutórios do juiz que se manifesta também na Itália, por exemplo, com a recente introdução do art. 281 *ter*.[40]

Esta não é a sede própria para uma longa digressão acerca da natureza autoritária ou não do processo civil italiano. Gostaria somente de reafirmar a ideia que expressei anos atrás,[41] e que ainda hoje me parece adequada, segundo a qual o código de processo civil não era em absoluto um código «fascista», salvo algumas figuras retóricas – talvez inevitavelmente, dado que se tratava do ano de 1940 – que estavam presentes na *Relazione*.[42] Frente ao princípio de disponibilidade das provas previsto no art. 115 e ao reconhecimento do princípio dispositivo por parte de normas como as dos arts. 99, 101 e 112, a atribuição de alguns poderes instrutórios foi modesta, limitada e certamente não chegou ao extremo de fazer do juiz o *dominus* absoluto e autoritário da determinação dos fatos, como a experiência prática das décadas seguintes claramente demonstrou. Quanto às reformas mais recentes, como aquela que em 1998 introduziu o art. 281 *ter*, não se pode dizer que tenham transformado o sistema processual, vulnerando os direitos das partes e os deixando à mercê de um juiz inquisidor.

O juiz alemão é tradicionalmente dotado de uma gama bastante ampla de poderes relativos à prova dos fatos. Em primeiro lugar, deve discutir e esclarecer com as partes – que, por sua vez, devem fornecer informações completas e verídicas – todos os fatos relevantes da causa, dando-lhes, se necessário, indicações pertinentes.[43] Além disso, pode dispor de ofício de todos os meios de prova, com a única exceção da prova testemunhal.[44] Com efeito, no caso de as partes não deduzirem uma prova testemunhal que o juiz considere relevante, esse pode indagar-lhes se consideraram tal possibilidade

---

40 Na realidade, na Itália, esta tendência manifesta-se de maneira muito esporádica e com efeitos pouco relevantes. Como observa corretamente COMOGLIO (2004b: 189; 1996: 62), as reformas de 1990-91 e de 1995 não seguiram essa tendência, ainda que tivesse sido confirmada com a reforma do processo do trabalho.

41 Cfr. TARUFFO, 1980: 255 ss., 286 ss.; analogamente VERDE (2002: 680, 683), o qual considera que o código é moderadamente autoritário, mas que certamente não é totalitário.

42 Com acerto destacava SATTA (1947: 47) que fascista podia ser a *Relazione Grandi*, mas não o código. Para uma recente e acurada análise da *Relazione Grandi*, orientada a demonstrar que nela haviam afirmações de cunho fascista que, porém, não repercutiram no código, cfr. PARRA QUIJANO, 2004: 51 ss. No mesmo sentido, cfr. também OTEIZA, 2002: 217 ss. Igualmente CIPRIANI (1997: 57 ss.) põe em evidência o caráter fascista da linguagem usada na *Relazione*, porém com o objetivo – já sabido – de mostrar a influência do regime da época. Isso não demonstra, todavia, que tal influência tenha se manifestado, para além da *Relazione*, nos conteúdos da codificação processual.

43 Cfr. os §§ 138 e 139 (este último reformado em 2001) da *Zivilprozessordnung*. Cfr., para o último, PRÜTTING, 2004: 397 ss.; MURRAY E STÜRNER, 2004: 166 ss.

44 Cfr., por exemplo, MURRAY E STÜRNER, 2004: 264. Para uma ampla, porém não tão recente, exposição, cfr. BRÜGGEMANN, 1968: 350 ss., 373 ss.

e por que não o fizeram,[45] o que pode facilmente induzir as partes a deduzir a prova testemunhal que outrora haviam deixado de indicar. Os poderes instrutórios do juiz alemão foram incrementados significativamente em 2001 com a introdução no § 142 da *Zivilprozessordnung* do poder de ordenar de ofício às partes e aos terceiros a exibição dos documentos aos quais uma das partes tenha feito referência e no § 144 do poder de ordenar a inspeção de coisas.[46] O juiz alemão conta, portanto, com um poder de iniciativa instrutória *quase geral*. Trata-se, pois, de um juiz que desempenha um papel muito ativo, seja na direção do processo, seja na gestão da fase de instrução. Essa função do juiz alemão foi progressivamente estendendo-se e reforçando-se em virtude de diversas reformas que foram introduzidas ao longo de todo o século XX. Tais reformas foram dirigidas a reduzir progressivamente o monopólio do processo e das provas pelas partes, que era previsto na formulação originária da *Zivilprozessordnung* de 1877, e a confiar ao juiz a tarefa de conduzir o processo de maneira eficiente, atribuindo-lhe os poderes necessários.[47] Não é possível revisitar aqui a complexa história das reformas processuais alemãs. Cumpre ressaltar, porém, que foram realizadas sem a influência da ideologia nacional-socialista. É certo que o nazismo atribuiu ao juiz um papel central na ideologia do Estado, mas é igualmente verdade que isso não afetou de maneira direta e específica o tema dos poderes instrutórios do juiz no processo civil. Tampouco a reforma de 1933, que incidiu consideravelmente na estrutura do processo civil, incorporou novidades relevantes nesse âmbito; foi, de qualquer forma, fruto de linhas de política legislativa formuladas com antecedência, e não um reflexo da ideologia nazista.[48] Não se pode dizer, portanto, que o nazismo tenha determinado a passagem de uma concepção «passiva» (ou seja, «liberal») a uma concepção «ativa» (e, portanto, «autoritária») da função do juiz, uma vez que essa transformação tinha se dado em grande medida com as reformas do período liberal, anterior à instauração do regime nazista. Tampouco se pode falar, mais especificamente, que o nazismo tenha produzido uma ampliação dos poderes instrutórios do juiz no processo civil.[49] Por outro lado, situando-nos em tempos mais recentes, poder-se-ia questionar sobre se a Alemanha do ano 2001, na qual se realizou uma reforma que ampliou significativamente tais poderes, era um regime autoritário que aspira a converter

---

45 Cfr. os §§ 273(2)(4) e 373 da *Zivilprozessordnung*. A respeito, cfr., por exemplo, BAUMBACH, LAUTERBACH, ALBERS E HARTMANN, 2005: 1075 ss., 1477 ss.

46 Cfr. MURRAY E STÜRNER, 2004: 242 ss., 244 ss.; BAUMBACH, LAUTERBACH, ALBERS E HARTMANN, 2005: 724 ss., 730 ss.; WALTER, 2005: 75 ss.; HANNICH, MEYER E ENGERS, 2002: 190 ss. Sobre a história da reforma de 2001, cfr. *ibidem*: 37 ss.

47 Para exposições sintéticas desta evolução histórica, que teve seus primeiros passos importantes nas reformas de 1902 e 1903, cfr. GOTTWALD, 1999: 226 ss.; WALTER, 2005: 67 ss. Cfr., também, BRÜGGEMANN, 1968: 53 ss., 61 ss.

48 Sobre estes aspectos das relações entre nacional-socialismo e processo civil, ver BÖHM, 2004: 623 ss., 627 ss., 639.

49 Em sentido análogo, cfr. BARBOSA MOREIRA, 2005: 15.

o juiz civil na *longa manus* de um poder ditatorial no processo, como se o *Führerprinzip* nunca tivesse tido fim.[50]

A propósito dos ordenamentos democráticos que atribuem ao juiz alguns poderes de iniciativa instrutória, é oportuno também andar por um momento além das fronteiras europeias[51] para fazer alusão a um ordenamento bastante importante (também sob a perspectiva da sua ideologia política subjacente), que é o estadunidense. Com efeito, vale a pena recordar que a *Rule 614(a)* das *Federal Rules of Evidence* atribui ao juiz o poder para dispor de ofício as provas testemunhais não deduzidas pelas partes, enquanto a *Rule 614(b)* lhe atribui o poder de interrogar as testemunhas, deduzidas pelas partes ou chamadas de ofício pelo próprio juiz. Ademais, a *Rule 706* lhe atribui o poder para requerer de ofício a consulta técnica, nomeando os peritos.[52] O primeiro desses poderes é raramente exercido,[53] mesmo que utilizado quando uma testemunha dispõe de informações relevantes e nenhuma das partes a chama a testemunhar; ou, ainda, quando o juiz não deseja limitar-se à forma com que as partes definiram a controvérsia.[54] O poder para dispor da consulta técnica é mais utilizado, sobretudo com o objetivo de corrigir as distorções que podem ser provocadas pela utilização dos peritos das partes.[55] De qualquer forma, trata-se de poderes instrutórios de notável importância. Todavia, não há dúvida de que o processo estadunidense tenha mantido seu intrínseco caráter *adversarial*,[56] da mesma maneira que não parece que no ano de 1975 – ano da introdução das *Federal Rules of Evidence* – ou nas décadas posteriores, os Estados Unidos tenham se transformado em um sistema político autoritário.

---

50 Poderia-se levantar a mesma dúvida a propósito das reformas que tiveram lugar nos anos de 1902, 1909 e 1924 (sobre as quais, ver Gottwald, 1999: 227 ss.; Walter, 2005: 68 ss.), ou seja, em época anterior à instauração do regime nazista.

51 Vale a pena assinalar, de qualquer forma, que em vários ordenamentos processuais fora da Europa emerge a tendência a uma extensão dos poderes instrutórios do juiz, totalmente à margem de qualquer opção ideológica em sentido autoritário. É, por exemplo, o caso do Brasil (sobre o qual ver Barbosa Moreira, 2005: 19) e de outros sistemas da América Latina (sobre os quais cfr. Parra Quijano, 2004: 67 ss., 93 ss.).

52 Sobre estas normas, cfr., por exemplo, Graham, 2003: 302 ss., 363 ss.; Saltzburg, Martin e Capra, 2002: vol. 3, 614-2, 706-3 ss.

53 Afirma-se, aliás, que os juízes deveriam exercê-lo somente em casos excepcionais, para não interferir com as atividades probatórias das partes: cfr., por exemplo, Graham, 2003: 302; Saltzburg, Martin e Capra, 2002, vol.3, 614-3.

54 Cfr. Saltzburg, Martin e Capra, 2002, vol.3, 614-2 ss.

55 Cfr. Graham, 2003: 364 ss.; Saltzburg, Martin e Capra, 2002, vol.3, 706-3.

56 Na realidade, o caráter *adversarial* do processo estadunidense depende de atitudes profundamente radicadas na cultura jurídica e social norte-americana, que permeiam todos os setores do direito. A propósito, cfr., em particular, Kagan, 2001: 3 ss., 9 ss., 14 ss., 34 ss., 44 ss. Sobre o caráter *adversarial* da justiça civil estadunidense e sobre os inconvenientes que dele derivam, ver, em particular, *ibidem*: 99 ss.

c) Finalmente – e com este chegamos ao terceiro modelo –, existem ordenamentos nos quais não estão previstos de maneira expressa verdadeiros e próprios poderes de iniciativa instrutória do juiz, porém nos quais o juiz desempenha um papel ativo na produção das provas. Os exemplos relevantes nesse sentido são especialmente dois: o inglês e o espanhol.

Na Inglaterra, a tradição de muitos séculos dispunha que o juiz nunca ordenasse a produção probatória por iniciativa própria, mas que indicasse às partes as provas que considerasse oportunas para que elas as deduzissem[57]. As *Civil Procedure Rules* de 1998 transformaram radicalmente o sistema processual inglês, atribuindo ao juiz amplos e intensos poderes de direção do processo;[58] porém, no que se refere à produção das provas, não se afastaram da tradição. Paradoxalmente, pois, podia-se falar de um sistema processual que se converteu em «autoritário», porém que não atribuiu ao juiz poderes autônomos de iniciativa instrutória. Com efeito, nas *Rules* não há qualquer norma que permita ao juiz a produção de provas de ofício. Todavia, segundo a *Rule 32.1*, o juiz pode «*control the evidence*» indicando às partes as questões de fato sobre as quais requer que se deduzam provas, especificando o tipo de prova que devem propor e a maneira pela qual essas devem ser produzidas em juízo.[59] Além disso, segundo a *Rule 32.4*, o juiz pode estabelecer se, e de que maneira, podem ser produzidas declarações testemunhais por escrito;[60] conforme a *Rule 32.5* pode, da mesma forma, autorizar a testemunha a ampliar o objeto do seu depoimento. Outras normas, ainda, destacam-se no sentido de definir a função do juiz: nesse sentido, por exemplo, a *Rule 18.1(1)* admite que o juiz possa ordenar às partes que forneçam esclarecimentos e informações adicionais, inclusive sobre aspectos não contidos no *statement of case*;[61] a *Rule 35.9* autoriza o juiz a ordenar a uma parte que forneça informações das quais a outra parte não dispõe; e a *Rule 35.15* permite ao juiz a nomeação de *assessors* peritos, quando se trata de decidir sobre questões que requerem conhecimentos específicos.[62]

O juiz inglês dispõe, portanto, de diversos poderes que poderiam se definir como «de direção e controle» sobre a produção das provas, cuja intensidade não é substancialmente menor do que a dos poderes de que dispõe a maior parte dos juízes continentais. Além disso, tais poderes lhe foram conferidos na

---

[57] Cfr. Varano, 1973: 255, o qual recorda, porém (*ibidem*: 252), que o juiz inglês dispõe do poder para dispor de ofício a aquisição da prova testemunhal, ainda que o utilize com pouca frequência. Diz-se, em geral, que o juiz pode convocar uma testemunha por iniciativa própria, porém somente com o consentimento das partes: cfr. Cross e Tapper, 2004: 308.

[58] Cfr. Passanante, 2000: 1363 ss.; Zuckerman, 2003: 34 ss.; Andrews, 2000: 19 ss.; 2003: 333 ss.

[59] Cfr. Zuckerman, 2003: 375 ss., 604, 663 ss.; Andrews, 2003: 778.

[60] *Idem, ibidem*: 603.

[61] *Idem, ibidem*: 219; Andrews, 2003: 41.

[62] *Idem, ibidem*: 640.

linha da tradição inglesa, porém no âmbito de um verdadeiro código de procedimento civil que situou o juiz no centro do funcionamento do processo,[63] garantindo ao mesmo tempo de maneira rigorosa a tutela dos direitos das partes.[64] Por conseguinte, deveríamos questionar se repentinamente – e sem que ninguém tenha percebido – a Inglaterra converteu-se, no ano de 1998, em um regime político autoritário, sob a direção de um ideólogo perigoso como Lord Harry Woolf.

A Espanha representa também, em muitos aspectos, um «caso» interessante. Por um lado, um código tipicamente «liberal» como a *Ley de Enjuiciamiento Civil* de 1881 previa no art. 240 as *diligencias para mejor proveer*, ou seja, um poder de iniciativa instrutória que o juiz podia utilizar antes da sentença, sempre que julgasse necessário complementar as provas oferecidas pelas partes.[65] A *Ley de Enjuiciamiento Civil* atual, promulgada em 2000, elimina esse poder – reduzindo, portanto, o âmbito de iniciativa do juiz – e prevê no art. 435 somente uma *diligencia final* na qual o juiz pode dispor de ofício que se renovem as provas já produzidas no processo se o seu resultado não tiver sido satisfatório.[66] Todavia, isso não implica que o juiz espanhol tenha sido reduzido a um estado de total passividade no que se refere à produção das provas. Com efeito, o art. 429 da *Ley de Enjuiciamiento Civil* lhe atribui o poder de indicar às partes as provas cuja prática considera *conveniente*, quando estime que as provas deduzidas pelas partes possam resultar insuficientes para a apuração dos fatos.[67] Em tal caso, o juiz indica às partes os fatos que considera que poderiam ser afetados pela insuficiência probatória, podendo assinalar também – com base naquilo que emerge dos autos – quais provas deveriam ser produzidas. Essa norma é o fruto de um compromisso entre tendências diversas relativas à definição da função do juiz no processo civil,[68] porém é de qualquer forma interessante: é certo que prevê somente uma espécie de sugestão que o juiz dirige às partes, porém também é

---

[63] Cfr. ZUCKERMAN, 2003: 34 ss.; 2005: 148 ss.

[64] *Idem, ibidem*: 51 ss., 95 ss., 101 ss.

[65] Observa corretamente FAIRÉN GUILLÉN (2001: XXIX ss.) que se tratava de um processo de corte tipicamente liberal, no qual se atribuía um papel muito reduzido ao juiz, porém com um «trato inquisitivo final», representado precisamente pelas *diligencias para mejor proveer*.

[66] Cfr. LLUCH E PICÓ I JUNOY, 2003: 105 ss.; PICÓ I JUNOY, 2003: 418; VASQUEZ SOTELO, 2000: vol. II, 549 ss., o qual critica decididamente o corte restritivo da norma em questão; em sentido igualmente crítico, cfr. DÍAZ FUENTES (2004: 108 ss.), o qual fala de um retrocesso da legislação que culmina com a eliminação de um instrumento processual eficiente – devida a uma exacerbação do princípio dispositivo – e com a transformação do juiz em uma «esfinge inerte».

[67] Cfr. LLUCH E PICÓ I JUNOY, 2003: 43 ss.; PICÓ I JUNOY, 2003: 419 ss.; GUZMÁN, 2004: 165 ss.

[68] Cfr. LLUCH E PICÓ I JUNOY, 2003: 33. É indiscutível, todavia, que o novo processo civil espanhol cumpre plenamente com o princípio dispositivo: ver, por todos, PICÓ I JUNOY, 2003: 412 ss.

evidente que essa sugestão está dotada de uma importante força persuasiva.[69] Por conseguinte, o juiz espanhol – assim como o inglês e o alemão – tem a possibilidade de fazer com que as partes deduzam as provas que considere relevantes para a decisão. É evidente, porém, que a *Ley de Enjuiciamiento Civil* de 2000 não foi fruto de uma visão autoritária do processo civil.[70] Do mesmo modo, resulta absurda a hipótese de que na Espanha do ano 2000 vigesse um regime político autoritário.

3. IMPLICAÇÕES IDEOLÓGICAS

Tudo o que até agora se observou demonstra, além de qualquer dúvida razoável, que não existe qualquer conexão entre a atribuição ao juiz de poderes mais ou menos amplos de iniciativa instrutória e a vigência de regimes políticos autoritários e antidemocráticos. A análise comparada mostra, com efeito, que nos principais ordenamentos europeus – de cujo caráter democrático não se pode sensatamente duvidar – configura-se uma função ativa do juiz na produção das provas relevantes para a decisão sobre os fatos. Poder-se-ia dizer que esses ordenamentos não se inspiram em uma ideologia liberal clássica, ou seja, própria do século XIX, dado que em muitos deles o Estado assume um papel ativo em numerosos setores da vida social; porém, esse é um problema distinto, que se refere à função do Estado em geral, tal como vem sendo definido em todos os ordenamentos modernos. Uma vez mais, todavia, é imprescindível evitar confusões conceituais e ideológicas: é possível que um sistema não se inspire na ideologia liberal do século XIX, sem que por isso deixe de ser democrático e, sobretudo, sem que resulte autoritário ou totalitário somente por atribuir ao juiz um papel ativo na produção das provas.

Também a esse propósito é oportuno um uso preciso e rigoroso dos conceitos: uma coisa é o juiz potencialmente «ativo» quanto à complementação das iniciativas probatórias das partes, porém inserido em um contexto processual no qual são asseguradas as garantias das partes no âmbito de um sistema político democrático; outra coisa completamente diversa é o juiz inquisidor inserido em um sistema político e processual de caráter autoritário.[71] A primeira situação apresenta-se – como já visto – nos ordenamentos processuais modernos, nos quais o princípio dispositivo e as garantias de defesa e do contraditório são observados, porém nos quais o juiz dispõe de poderes mais ou menos amplos de iniciativa instrutória. A segunda situação, na realidade,

---

69 No sentido de que a norma estabelece um verdadeiro poder instrutório do juiz, cfr. Picó i Junoy (2003: 419 ss.), o qual critica a opinião predominante na doutrina espanhola, segundo a qual não se trataria de uma iniciativa instrutória em sentido estrito.

70 Pelo contrário, afirma-se que esta é a expressão de uma concepção «liberal e garantista»: cfr. Montero Aroca, 2001b: 57 ss. Em particular, nega-se que o artigo 429, mencionado no texto, seja fruto de uma visão autoritária; cfr., nesse sentido, Lluch e Picó i Junoy, 2003: 35.

71 Cfr., por exemplo, Simons Pino, 2005: 825 ss.

não se apresenta em nenhum dos ordenamentos europeus, nem na maior parte dos ordenamentos de fora da Europa. A diferença entre o juiz «ativo» e o juiz «autoritário» se constata pelo fato de que a função «ativa» do juiz referente à produção das provas configura-se claramente como complementar e suplementar à atividade probatória das partes; desse modo, quando essas exercem completamente seu direito de deduzir todas as provas disponíveis e, portanto, proporcionam ao juiz elementos suficientes para a determinação dos fatos – como frequentemente ocorre na prática – não há qualquer necessidade de que o juiz exercite os seus poderes. Absolutamente diversa seria uma função inquisitória e autoritária de um juiz que produzisse as provas de ofício, por iniciativa própria, negando às partes os direitos e garantias que lhes correspondem no âmbito do processo. Não há, todavia, qualquer indício de uma função semelhante nos ordenamentos modernos.

Todo o exposto não demonstra, contudo, que a atribuição ao juiz de poderes instrutórios seja fruto de uma opção exclusivamente «técnica» e desprovida de implicações ideológicas.[72] Pelo contrário: decidir se todos os poderes de iniciativa instrutória devem ser atribuídos exclusivamente às partes, ou se podem ou devem ser atribuídos também ao juiz, deriva de uma escolha de caráter essencialmente ideológico. Todavia, as ideologias que estão em jogo não são aquelas que inspiram as concepções políticas gerais dominantes nos sistemas nos quais o legislador, dependendo das circunstâncias, se ocupa da questão. Em particular, não se trata do contraste entre ideologias vagamente «liberais» e ideologias genericamente «autoritárias». O problema coloca-se, pelo contrário, em um contexto ideológico muito menos vago, que se refere especificamente às ideologias acerca da função do processo civil e da decisão que o conclui.

Partindo da premissa, derivada de uma determinada escolha ideológica, de que a função do processo civil é exclusivamente aquela de resolver controvérsias, pondo fim aos conflitos entre indivíduos privados,[73] diversas podem ser as consequências. Uma consequência é que parece razoável deixar exclusivamente às partes a tarefa de gerirem como quiserem a contenda processual e, em particular, a produção das provas:[74] o juiz, portanto, encontra-se na condição de um árbitro passivo que deverá julgar exclusivamente com base nos elementos de convencimento que as partes lhe tenham fornecido.[75] Outra consequência é que não há preocupação com a qualidade da decisão final: se aquilo que se deseja é que essa seja o fruto direto do enfrentamento individual das partes, que ponha, de qualquer forma, fim à controvérsia, não

72 Para um exame crítico desta opinião, cfr. Cavallone, 1991: 184 ss.

73 Acerca desta concepção de processo, cfr. amplamente Damaška, 1991: 173 ss. Cfr., também, Fiss, 2003: 21 ss., 51 ss.

74 Cfr. Damaška, 1991: 207 ss.

75 Cfr. Damaška, 1991: 211, 233 ss., 235 ss.; Fiss, 2003: 20.

importa o conteúdo da decisão, tampouco os critérios segundo os quais essa se formula.[76] Essa situação constata-se no âmbito da chamada teoria da *procedural justice*, segundo a qual o processo é justo essencialmente porque se funda no livre jogo das partes no âmbito da contenda processual, ao passo que a justiça «processual» prescinde do êxito do procedimento, ou seja, da justiça «substancial» da decisão final: ao invés disso, a justiça da decisão depende exclusivamente da correção do procedimento que a precede.[77] Visto que essas teorias colocam *no processo* o critério de justiça da solução do conflito, de modo que uma decisão é justa somente se for fruto de um processo equitativo (sendo equitativo somente o processo no qual as partes tomam todas as iniciativas e o juiz nenhuma), a consequência é a de que não existem critérios autônomos e específicos para determinar, por exemplo, se uma decisão é ou não justa em si, ou seja, em função dos critérios segundo os quais tenha se resolvido o conflito.[78] Em outros termos, não existem – ou não se reconhece a sua validade – critérios autônomos, independentes das características do procedimento, em função dos quais se possa estabelecer se a decisão contém uma solução justa ou injusta do conflito entre as partes. Por conseguinte, não existe a possibilidade de se estabelecer se essa deriva de uma correta aplicação da lei aos fatos da causa, nem se esses fatos foram corretamente definidos, ou se os interesses e os direitos das partes foram adequadamente levados em consideração. Mesmo com respeito à finalidade fundamental, que é aquela de pôr fim à controvérsia, a qualidade da decisão é irrelevante: as partes podem decidir não prosseguir o litígio não por ser a decisão justa, ou ser percebida como tal, mas por razões das mais variadas, sobretudo quando consideram – ou quando uma delas considera – haver esgotado todos seus recursos e energias na contenda. Portanto, pode-se pôr fim à controvérsia mesmo quando a decisão for injusta e equivocada, sendo percebida como tal pelas partes, se essas não tiverem a vontade ou a possibilidade de reagir frente a ela. Pode, ainda, ocorrer de a controvérsia ser concluída com um acordo essencialmente injusto para uma das partes, se essa não tiver a possibilidade concreta de prosseguir no processo para fazer valer os seus direitos.[79]

Assim, partindo-se de uma concepção para a qual não importa a qualidade da decisão que conclui o processo, uma vez que os valores e as exigências que são levados em consideração dela a prescindem completamente, pode-se concluir que a determinação da verdade dos fatos tende a ser considerada

---

[76] Cfr. DAMAŠKA, 1991: 239.

[77] Este é o fundamento principal das pesquisas de psicologia da justiça processual que se tem desenvolvido nas últimas décadas, principalmente nos Estados Unidos. Uma útil resenha dessas pesquisas encontra-se em LIND E TYLER, 1988: 30 ss., 39 ss., 110 ss. Cfr., também, os ensaios reunidos em ROHL E MACHURA, 1997.

[78] Neste sistema ocorre o mesmo que no duelo: quem vence merecia vencer (cfr. COUTURE, 1989: 310). Analogamente, cfr. GUZMÁN, 2004: 153.

[79] A propósito, conferir o já clássico artigo de FISS (2003: 90).

como uma questão prescindível, como um objetivo impossível de se alcançar ou, até mesmo, como uma eventualidade desagradável e contraproducente. «Um processo dirigido a maximizar o objetivo da resolução dos conflitos não pode (...) aspirar ao mesmo tempo a maximizar a correção da determinação dos fatos», afirma um dos maiores estudiosos desses problemas.[80] De resto, «o processo de resolução dos conflitos é indiferente a como tenham ocorrido realmente as coisas», não estando, portanto, interessado em alcançar uma apuração verdadeira dos fatos da causa.[81]

Existem inúmeros sujeitos que – de maneira mais ou menos consciente – adotam alguma variante desse posicionamento: desde o advogado cético ao absolutista desiludido e ao niilista filosófico, com manifestações diversas de acordo com a cultura jurídica ou filosófica que se toma em consideração.[82] Um aspecto importante desse posicionamento refere-se especificamente ao tema dos poderes instrutórios do juiz. Sendo notório, e historicamente confirmado,[83] que a maneira menos eficiente para se descobrir a verdade dos fatos em juízo é limitar-se exclusivamente à iniciativa probatória das partes,[84] resulta evidente que quem assume uma posição de indiferença absoluta à determinação da verdade dos fatos tenderá a adotar um sistema no qual as partes disponham exclusivamente de todas as faculdades de iniciativa instrutória, sem que se atribua ao juiz qualquer poder. Com efeito, a teoria segundo a qual o processo tem como função exclusiva a resolução de conflitos baseia-se em uma visão individualista que reflete um *«sociologically impoverished universe»*, no qual importam unicamente os interesses e os objetivos privados.[85] Por mais que seja culturalmente e sociologicamente pobre, todavia, essa visão leva a crer que somente os indivíduos privados possam e devam desempenhar um papel ativo no processo, o que vale igualmente para a iniciativa probatória.

Pelo contrário, é interessante destacar que partindo da premissa ideológica de que não se devem atribuir ao juiz poderes de iniciativa instrutória, a conclusão é a necessária renúncia à ideia de que no processo se possa alcançar – ou se deva buscar – a verdade dos fatos. Não é por acaso que um dos autores que com maior ênfase afirma a natureza autoritária dos sistemas que atribuem ao juiz esses poderes – e que, portanto, é favorável a sua eliminação – sustenta também que é necessário renunciar «humildemente» à verdade no âmbito do processo.[86] Em suma, se não importa a apuração da verdade dos fatos, não é necessário munir o juiz de poderes instrutórios autônomos para determiná-la

---

[80] Cfr. Damaška, 1991: 212.

[81] *Idem, ibidem*: 213.

[82] Para uma análise mais ampla desses posicionamentos, cfr. Taruffo, 1992a: 7 ss.

[83] Cfr. Langbein, 2003: 332 ss.

[84] O confirmam também as análises psicológicas; cfr. Lind e Tyler, 1988: 114 ss.

[85] Cfr. Fiss, 2003: 33 ss., 35, 51 ss.

[86] Cfr. Montero Aroca, 2001b: 109; 2002: 244, 248.

quando a iniciativa das partes não se mostrar suficiente. Da mesma forma, compartilhando-se das razões ideológicas pelas quais se considera que não se deve conferir ao juiz tais poderes, é coerente sustentar que a verdade dos fatos não pode e não deve ser apurada em juízo.

Esses posicionamentos podem ser objeto de numerosas críticas que não podem ser discutidas analiticamente.[87] De qualquer forma, correm o risco – como se diz – de provar demasiadamente. Se a determinação da verdade não interessa – e, portanto, o processo não deve estar orientado a esse objetivo – e se tampouco importa a qualidade da decisão, é difícil compreender, então, por que as partes e o juiz devam perder tempo propondo e produzindo as provas. Se a verdadeira e exclusiva finalidade do processo e da decisão é pôr fim à controvérsia, existem modos mais rápidos e eficazes de se atingir esse objetivo: assim eram os ordálios, que punham fim ao processo simplesmente eliminando uma das partes, e o seria também o sorteio, como alguém já sugeriu ao menos para os casos mais difíceis,[88] bem como o lançamento de uma moeda.[89] Nessa perspectiva, a instrução probatória – assim como, de resto, o processo inteiro – desempenharia unicamente uma função marginal e simbólica: não seria mais do que uma espécie de representação ritual,[90] que se celebra não por se tratar de um instrumento institucional dirigido a administrar a justiça, mas por servir para *fazer crer* às partes e à sociedade em geral que se fez justiça na esperança de que, desse modo, as partes decidam terminar a controvérsia, reconstituindo-se a paz social. Em suma, o ritual processual serviria simplesmente para legitimar a decisão,[91] fazendo-a *parecer* aceitável, sem que sua a natureza ou o seu conteúdo tivesse qualquer importância: o processo e, em particular, a produção das provas teriam como única finalidade fazer com que qualquer decisão, independentemente de sua justiça intrínseca ou de sua relação com os fatos da causa, fosse aceita por seus destinatários.

---

[87] São particularmente eficazes as críticas feitas por Owen Fiss, o qual destaca como a teoria do processo como resolução de conflitos baseia-se em um individualismo radical inaceitável na sociedade moderna e na «provatização» dos valores em jogo na administração da justiça. Cfr. Fiss, 2003: 34 ss., 51 ss., 55 ss.. Igualmente eficaz é a crítica de Oteiza (2002: 222, 223), segundo o qual o modelo de processo liberal no qual todos os poderes são conferidos às partes desatende completamente ao valor da igualdade.

[88] Cfr Duxbury, 1999.

[89] Cfr. Fiss, 2003: 52.

[90] O processo apresenta evidentes aspectos rituais que têm sido postos em destaque em diversas ocasiões (cfr., entre os mais recentes, Chase, 2005: 114 ss., 122 ss.; conferir, também, Ball, 1975: 100 ss.; Taruffo, 1979: 294 ss.). O problema não é, todavia, o da existência de tais aspectos, mas o de estabelecer se a função ritual é a *única* função que pode cumprir tanto o processo, quanto a admissão das provas. A respeito, parece fundada a opinião de Chase (2005: 122 ss.), segundo o qual o processo desenvolve uma dupla função: a de resolver controvérsias e a simbólica.

[91] Neste sentido, cfr., em particular, Luhmann, 1969: 57 ss. Cfr., também, Peters, 1997: 312 ss.

O panorama modifica-se completamente se se partir de uma opção ideológica diversa, adotando-se aquela que Jerzy Wroblewski definiu como «ideologia legal-racional» da decisão judicial.[92] Essa ideologia põe no centro do problema da administração da justiça a qualidade da decisão, destacando que essa deve fundar-se na aplicação correta e racionalmente justificada do direito. Na mesma direção colocam-se outras concepções, segundo as quais a administração da justiça não se resolve no confronto entre indivíduos privados, mas deve orientar-se ao cumprimento de *public values*[93] e à obtenção de decisões justas.[94] Nessa ordem de ideias, uma das condições para que o processo conduza a decisões juridicamente e racionalmente corretas – e, portanto, justas – é que seja orientado a estabelecer a verdade dos fatos relevantes da causa. Com esse propósito, várias justificativas podem ser invocadas, porém duas dessas parecem particularmente relevantes. A primeira é que especialmente no âmbito da administração da justiça, mas também no da justiça civil, há a «necessidade da verdade», que um importante filósofo indica como um aspecto essencial das sociedades democráticas.[95] A segunda justificativa, em qualquer medida mais específica, é que nenhuma decisão judicial pode considerar-se legal e racionalmente correta – e, portanto, justa – se apoiada em uma determinação errônea e inverídica dos fatos a que se refere.[96]

A afirmação de que a justiça da decisão depende também da veracidade da determinação dos fatos pode soar óbvia, e não é por acaso que está presente historicamente em várias culturas jurídicas, inclusive na Itália.[97] Todavia, existem algumas razões pelas quais não se pode considerar trivial. Por um lado, com efeito, ressurge a já gasta, porém nunca abandonada, objeção cética, segundo a qual a verdade nunca poderia ser alcançada,[98] muito menos no processo, não sendo possível falar-se sensatamente de uma apuração verdadeira dos fatos.[99] Por outro lado, não se pode ignorar os argumentos – já

---

92 Cfr. Wroblewski, 1987: 284; 1983c: 127 ss.; 2001: 67 ss.

93 Cfr., em particular, Fiss, 2003: 30. Sobre as características do processo orientado à realização de *policies*, cfr., em geral, Damaška, 1991: 249 ss.

94 Em particular, sobre as diversas condições de justiça da decisão judicial, cfr. Taruffo, 2002: 219 ss.

95 Cfr. Williams, 2002: 1. Particularmente interessante é a análise que Williams dedica ao papel que a verdade desenvolver na sociedade liberal; cfr. *ibidem*: 206 ss. (sobre esse aspecto do pensamento de Williams, cfr. Lukes, 2005: 159 ss.; Carter, ivi, 177 ss.

96 Cfr. mais amplamente Taruffo, 2002: 225 ss.; 1992a: 43 ss.; Atiyah e Summers, 1987: 157 ss.; Frank, 1950: 95 ss.; Picó i Junoy, 2003: 416.

97 Cfr., com efeito, por exemplo, Calamandrei, 1965: 25.

98 Não é o caso de afrontar aqui os problemas de ordem filosófica que dizem respeito aos vários conceitos de verdade. Indicações muitos úteis para um panorama atualizado desses problemas encontram-se nos ensaios de Castellani, Massimi, Parrini e Borutti, publicados em *La verità*, cit.: 13 ss., 35 ss., 63 ss., 121 ss.

99 Sobre esta objeção, bastante recorrente nos discursos que se realizam em torno da prova e da decisão judicial, ver mais amplamente Taruffo, 1992a: 8 ss., 24 ss. Para um exemplo recente desta posição, cfr. Montero Aroca, 2001b: 109; 2002: 244, 248.

assinalados – daqueles que consideram inútil a busca da verdade no processo, ou até mesmo contraproducente, uma vez que a finalidade fundamental do processo se identificaria com a solução das controvérsias. Parece útil desenvolver, ainda que em termos sintéticos, portanto, algumas implicações da corrente segundo a qual a apuração verdadeira dos fatos é um objetivo que também é perseguido no processo civil.

Antes de qualquer coisa, vale a pena destacar que sob essa perspectiva o processo não deixa de ser o instrumento institucional para a resolução das controvérsias, porém adquire importância a qualidade da decisão com a qual se soluciona a controvérsia.[100] Em outras palavras, a decisão não é «boa» somente porque põe fim ao conflito; a decisão é «boa» se põe fim ao conflito estando justificada em critérios jurídicos e racionais, entre os quais assume importância particular a veracidade da apuração dos fatos.[101] Por outro lado, a ideologia segundo a qual o processo deve tender a concluir-se com decisões *justas* é coerente com uma interpretação não formalista e não meramente repetitiva da cláusula constitucional do «justo processo»: com efeito, essa deveria fazer referência a um processo que possa ser «justo» na medida em que orientado à obtenção de decisões justas.[102] Além disso, poder-se-ia valorar as qualidades e os defeitos dos vários sistemas processuais em função da sua capacidade para conduzir a decisões justas, ou seja – ao que aqui interessa –, a decisões baseadas em uma apuração verdadeira dos fatos: por exemplo, um processo no qual existem distintas regras de prova legal e muitas regras de exclusão de provas relevantes será especialmente inadequado para permitir a adoção de decisões justas, enquanto que para essa finalidade será mais funcional um processo no qual se admitem todas as provas relevantes, sendo essas valoradas pelo juiz de acordo com critérios racionalmente válidos.

---

[100] Cfr., por exemplo, Fiss, 2003: 25.

[101] É oportuno evitar nesta sede as velhas, e por vezes úteis, discussões em torno do conceito de verdade, e em particular acerca da distinção entre verdade absoluta e verdade relativa. Basta recordar que, atualmente, somente se fala de verdade absoluta no âmbito de certas religiões ou da metafísica, enquanto todas as demais verdades não podem ser mais que relativas. Por conseguinte, também a verdade que se alcança no processo não pode ser mais que relativa, dependente do contexto processual e dos dados probatórios nos quais se funda. Isso não impede, todavia, que se possa e se deva falar de verdade no processo, no qual a verdade constitui um *ideal regulativo* que orienta a atividade probatória e a determinação dos fatos. Para um desenvolvimento mais amplo desses problemas, cfr. Taruffo, 1992a: 58 s., 143 ss. Em particular, sobre a verdade como conceito dotado de valor regulativo, cfr. Parrini, *op. cit.*: 92 ss.. Sobre o problema da verdade no processo, e em particular para a crítica à já tão tradicional quanto infundada distinção entre verdade formal e verdade material, cfr. Ferrer Beltrán, 2002: 41 ss., 68 ss.

[102] Para uma indicação nesse sentido, cfr. Chiarloni, 2004: 471. Entre a ampla literatura sobre o «justo processo», cfr., em particular, Comoglio (2004b) também para indicações bibliográficas adicionais.

A orientação favorável à atribuição de poderes instrutórios ao juiz, que se manifesta – como já visto – em numerosos ordenamentos, funda-se, evidentemente, em opções ideológicas em função das quais a qualidade da decisão que conclui o processo não é de modo algum indiferente ou irrelevante, devendo, pelo contrário, basear-se em uma apuração verdadeira dos fatos da causa.[103] Para que se alcance esse objetivo é necessário que se cumpram várias condições: uma delas é que o juiz possa complementar as iniciativas probatórias das partes quando essas forem insuficientes ou inadequadas para a produção de todas as provas necessárias para a formulação de uma decisão que apure a verdade dos fatos. Parece, de resto, insustentável a opinião – por vezes recorrente, em particular na doutrina norte-americana[104] – segundo a qual um processo pode estar orientado à busca da verdade dos fatos e, apesar disso, basear-se no monopólio da iniciativa probatória das partes. A própria história do processo de *common law*, com efeito, mostra que um processo completamente *adversarial* nunca esteve orientado à busca da verdade,[105] e que o livre enfrentamento das partes não é um bom método para se alcançar uma apuração verdadeira dos fatos.[106] Em todos os processos há ao menos uma parte – aquela que sabe estar equivocada – que não tem qualquer interesse em que se descubra a verdade; por sua vez, os advogados não são cientistas que perseguem uma busca imparcial e desinteressada da verdade, pois têm interesse em que prevaleça a versão dos fatos que mais convém a seu cliente, independentemente da verdade.[107]

É com base em considerações desse gênero que todos os maiores ordenamentos europeus orientaram-se no sentido de atribuir ao juiz um papel ativo na aquisição das provas. Um caso particularmente interessante, sob esse ponto de vista, é aquele da Inglaterra, onde a tendência a fazer com que o processo civil possa alcançar resultados de *substantive justice*, baseando-se na máxima aproximação possível à verdade dos fatos, conduziu a que se reforçassem decisivamente os poderes do juiz, invertendo-se a orientação tradicional daquele sistema processual.[108] Como já se viu anteriormente, os vários ordenamentos processuais utilizaram técnicas normativas diversas e se inclinaram, em maior ou menor medida, à extensão dos poderes instrutórios do juiz; de qualquer

---

103 Nesse sentido, cfr., por exemplo, Parra Quijano, 2004: 9 ss.; Oteiza, 2002: 227.

104 Cfr., por exemplo, Landsman, 1984: 5, 36; Walpin, 2003: 175 ss.

105 Cfr. Langbein, 1985: 332 ss.

106 Cfr. Jolowicz, 2003: 2 ss.

107 Sobre o evidente «envolvimento» do advogado, que determina sua parcialidade com relação ao emprego das provas e à reconstrução dos fatos, ver mais amplamente Taruffo, 1994: 267 ss.

108 Cfr., por exemplo, Jolowicz, 1996: 199 ss. Em sentido análogo, cfr. Zuckerman (2003: 6), o qual destaca que a finalidade de permitir a determinação da verdade esteve entre as razões fundamentais da reforma processual inglesa, recordando que a concepção da verdade como condição da justiça da decisão é recorrente na cultura jurídica inglesa.

forma, um dado constante que emerge a partir de uma investigação do direito comparado é que nenhum ordenamento processual moderno abdica da busca da verdade dos fatos e tampouco confia exclusivamente na iniciativa das partes para conseguir esse objetivo. Do mesmo modo, é importante destacar que sobre nenhum desses ordenamentos paira a sombra de Torquemada, e em nenhum desses aflora o fantasma do juiz como *longa manus* de Hitler, de Mussolini ou de Stalin. Pelo contrário, surge a figura, muito mais modesta e racional, de um juiz que assiste ao «jogo das partes» e que intervém quando percebe que o jogo corre o risco de levar a decisões injustas, pois fundado em uma apuração inadequada dos fatos.

A experiência dos ordenamentos processuais europeus mostra também a inconsistência de uma premissa da qual se parte frequentemente – implícita ou explicitamente – quando se discute acerca dos poderes instrutórios do juiz. Chamarei essa premissa de «teoria da torta», porque consiste em conceber o conjunto de poderes de iniciativa instrutória como uma torta que o legislador divide, conforme o caso, entre as partes e o juiz, com a consequência de que a atribuição de poderes instrutórios ao juiz suporia uma redução proporcional dos poderes das partes.[109] Se assim fosse, seria necessário concluir que no processo francês as partes não têm qualquer poder de iniciativa instrutória, visto que o art. 10 atribui a «torta» inteira ao juiz, conferindo-lhe – como já se viu anteriormente – um poder geral para dispor das provas de ofício. Analogamente, seria necessário concluir que no processo alemão às partes não resta mais que uma «fatia» reduzida e incerta, constituída do poder de propor provas testemunhais: essa «fatia» não seria sequer reservada à completa disponibilidade das partes, dado que o juiz pode induzi-las a produzir testemunhos não propostos por iniciativa própria. Tudo isso é evidentemente absurdo, tratando-se de ordenamentos nos quais não há dúvida de que se garante o direito à defesa e que se reconhece e assegura o direito à prova que corresponde às partes.[110] A «teoria da torta» é, portanto, inconsistente e infundada.

Portanto, não é possível continuar considerando a atribuição de poderes instrutórios ao juiz, assim como seu exercício, uma espécie de *deminutio* proporcional das posições processuais das partes e uma violação de suas garantias fundamentais. Pelo contrário, a experiência dos ordenamentos europeus, e em particular a do ordenamento francês, mostra que é possível maximizar *ao mesmo tempo* o direto à prova que corresponde às partes, a garantia do contraditório e a atribuição ao juiz de amplos poderes instrutórios. De resto, é evidente que quando o juiz exercita um dos seus poderes de instrução não usurpa qualquer poder das partes, nem invade um território a essas reservado. Isso só poderia se verificar em um sistema no qual as partes

---

109 Para um exemplo desta concepção, cfr. Montero Aroca, 2001b: 55.

110 Para um panorama comparado a respeito, cfr. Perrot, 1983: 91 ss.

não gozassem de qualquer garantia, porém – ainda que isso não ocorra em qualquer ordenamento processual evoluído – essa é uma questão que diz respeito diretamente à configuração dos direitos e das garantias das partes, mais que aos poderes do juiz. Por outro lado, como também já se viu, os distintos ordenamentos não estabelecem que o juiz se lance *a priori* e por si à busca das provas, mas que somente exerça poderes de controle e de iniciativa claramente configurados como acessórios e substancialmente residuais aos poderes de iniciativa instrutória que correspondem às partes. Além disso, nos sistemas que observam verdadeiramente as garantias de defesa, esses poderes devem ser exercidos com o cumprimento do princípio do contraditório das partes, com o direito dessas de objetar as iniciativas do juiz e de deduzir as provas que a partir dessas iniciativas foram consideradas necessárias. Basta observar, de resto, que o juiz italiano – que com fulcro no art. 281-*ter* chama de ofício uma testemunha a quem uma parte tenha feito referência – ou o juiz inglês, espanhol ou alemão – que sugerem às partes a proposição de um prova – não invadem o campo das partes privando-as de suas prerrogativas; esses juízes estão simplesmente desempenhando uma de suas funções específicas, que é fazer com que a decisão final funde-se em todas as provas disponíveis, aproximando-se, portanto, o máximo possível à verdade dos fatos.

4. CONSIDERAÇÕES FINAIS

A análise dos principais ordenamentos europeus anteriormente esboçada sugere tecer, a título de conclusão, algumas considerações relativas ao argumento que frequentemente se utiliza para criticar a atribuição ao juiz de poderes autônomos de iniciativa instrutória. Esse argumento é bastante difundido[111] e consiste em se sustentar, substancialmente, que no momento em que o juiz exerce esses poderes perde sua imparcialidade, porque acaba por favorecer uma ou outra das partes, perdendo também sua independência no juízo, já que acaba por valorar parcialmente as provas por ele incorporadas de ofício.[112]

A propósito é possível observar – à margem da duvidosa admissibilidade das ingênuas noções psicológicas nas quais se funda esse argumento – que se esse fosse válido, deveríamos concluir que todos os legisladores processuais europeus – cada qual a seu modo – atravessaram um momento de loucura que

---

[111] Na doutrina italiana, cfr., em particular, LIEBMAN, (1962: 12), o qual afirma que «é necessário, a fim de que o juízo desenvolva-se corretamente, assegurar a imparcialidade, também sob o ponto de vista psicológico, da pessoa física a quem se confia o juízo». Trata-se, de resto, de uma opinião recorrente na doutrina italiana: cfr., por exemplo, FAZZALARI, 1972: 193 ss.; MONTESANO, 1978: 189 ss. Também na doutrina norte-americana essa tese representa uma espécie de lugar comum: cfr., por exemplo, LANDSMAN, 2003: 2ss., 37; SALTZBURG, 1978: 17; FULLER, 1961: 39 ss.

[112] Cfr., em particular, LIEBMAN (1962: 13), o qual considera que não se pode duvidar «que a imparcialidade do juiz corre o risco de restar comprometida quando deve julgar uma prova que ele mesmo tenha indicado e que tenha se incorporado por sua iniciativa ao processo».

os induziu a atribuir ao juiz um papel ativo na produção das provas, sem se dar conta de que dessa maneira estariam pondo em risco os valores fundamentais da imparcialidade e da independência de juízo do próprio juiz. Todavia, visto que não há provas críveis dessa loucura coletiva, deveríamos concluir que a experiência comparada mostra que é infundado o temor de que o juiz, ao desempenhar um papel ativo, converta-se em um juiz parcial e incapaz de valorar corretamente o material probatório produzido em juízo, inclusive a partir da sua iniciativa.[113]

Pode-se observar que, na realidade, o juiz «se posiciona» a favor de uma parte e contra a outra em qualquer momento do processo, ou seja, em todas as ocasiões em que dispõe ou decide alguma questão relativa ao procedimento ou resolve questões preliminares ou prejudiciais; porém, ninguém há de pensar que por essa razão, e em cada um desses momentos, o juiz perca a sua imparcialidade. Uma vez que o juiz *tabula rasa* e absolutamente passivo não existe, e tampouco pode existir no curso do processo, deveríamos concluir que o juiz nunca é imparcial: com isso, todavia, qualquer discurso sobre o processo resultaria desprovido de sentido. Não se compreende, por outro lado, porque o juiz torna-se parcial quando dispõe de uma prova de ofício ou sugere às partes que a proponham, e não se torne, por exemplo, quando admite ou exclui uma prova proposta por uma parte ou, ainda, quando reduz as listas de testemunhas ou encerra a instrução probatória com fulcro no art. 209 do Código Processual Civil italiano.

Além disso, seria oportuno fazer alguns esclarecimentos de caráter geral acerca da imagem do juiz a que se faz referência. Se se pensa em um «bom» juiz, capaz de exercer correta e racionalmente seus poderes, então não há qualquer razão para temer que se torne parcial e incapaz de valorar as provas, pelo simples fato de ter ordenado ou sugerido a sua produção. Somente se se pensa em um juiz incapaz e psicologicamente fraco pode-se temer que perca sua imparcialidade no momento em que decide sobre a conveniência de que seja produzida uma prova adicional, ou que não seja capaz de valorar de maneira equilibrada uma prova somente por ter sido ele o responsável por produzi-la. Um juiz «normal» é capaz de determinar se uma testemunha por ele chamada a depor é confiável ou não, da mesma maneira em que valora a credibilidade de uma testemunha proposta por uma das partes: supor que o juiz considere

---

[113] A «*incompatibilidade psicológica entre investigação e decisão*» de que fala, por exemplo, Liebman (1962: 13), não só não é demonstrada, porém – se fosse verdadeira – poria em crise todos os setores da investigação científica, na qual é normal que aquele que realiza as pesquisas apresente posteriormente o resultado das mesmas como válidos enquanto confirmados por sua própria investigação. Não parece, em verdade, que o êxito de uma investigação, ou de um experimento, possa ser infirmado pelo mero fato de ter sido formulado pela mesma pessoa que realizou a investigação. Não são claras as razões pelas quais aquilo que vale para qualquer sujeito que extrai conclusões de informações que ele mesmo investigou ou descobriu não podem valer, da mesma maneira, para o juiz que valora uma prova disposta de ofício.

confiável uma testemunha que não o é, somente pelo fato de que tenha requisitado de ofício o seu depoimento, pressupõe que dito juiz seja considerado «anormal». Naturalmente, existe o risco de o juiz estar condicionado pela chamada *early bias* (ou *confirmation bias*), ou seja, pela inclinação a considerar críveis as suas primeiras impressões sobre os fatos da causa e a buscar nas provas as confirmações do seu próprio juízo preliminar, subestimando as provas que o contradigam. Todavia, a maneira para afrontar essa eventualidade certamente não é a eliminação dos poderes instrutórios do juiz, visto que essa pode se verificar inclusive quando o juiz não dispõe de tais poderes ou, ainda, quando não os exerce: com efeito, também pode ocorrer de um juiz «passivo» afeiçoar-se excessivamente a uma determinada versão dos fatos da causa e, portanto, orientar suas decisões posteriores, incluindo a decisão final, sob a hipótese de que tal versão dos fatos seja digna de ser considerada verdadeira. De resto, não são necessárias argumentações extensas para demonstrar que os remédios contra o juízo precipitado do juiz são outros: consistem na plena observância do princípio do contraditório entre as partes, inclusive por parte do próprio juiz, e na necessidade de ele oferecer uma motivação analítica e completa, bem como racionalmente estruturada, da decisão sobre os fatos.[114]

Evidentemente, os ordenamentos que atribuíram ao juiz um papel ativo na produção das provas supõem que tais poderes sejam atribuídos a juízes capazes de realizar de maneira correta e racional sua função de estímulo, de controle e de iniciativa probatória, sem que se ponham em perigo os valores fundamentais do processo civil. A partir da experiência desses ordenamentos não parece que essa hipótese tenha sido refutada na prática; dessa forma, dever-se-ia reconduzir o problema dos poderes do juiz aos limites de uma correta discussão científica, evitando-se cair em polêmicas ideológicas tão nebulosas quanto inúteis.

---

[114] Sobre o princípio do contraditório e a motivação dos fatos como método para um controle racional na valoração das provas, ver, mais amplamente, Taruffo, 1992a: 401 ss., 408 ss.

APÊNDICE II

NARRATIVAS PROCESSUAIS

1. CREDULIDADE OU INCREDULIDADE

Na primeira de suas *Siete noches* – um comentário fascinante da *Divina Comédia* – Jorge Luis Borges cita Coleridge quando esse diz ser condição preliminar para ler poesia uma «suspensão da incredulidade».[1] Essa perspicaz observação funda-se claramente em duas premissas implícitas (mas evidentes): a) que a incredulidade deveria caracterizar nossa abordagem à experiência cotidiana, como uma posição crítica destinada a impedir-nos de formular ou compartilhar falsas convicções; b) que não deveríamos ser incrédulos se quiséssemos ser capazes de colher, entender e usufruir de fantasias, metáforas, ambiguidades, imagens, sentimentos, emoções e todas as outras qualidades particulares tidas como típicas da poesia.

A amplitude da afirmação de Coleridge poderia ser facilmente aumentada (ainda que não propriamente generalizada) visto que – de certa forma – todo tipo de experiência estética pode ser compreendida como fundada em um «estado de credulidade». Por exemplo, ver um quadro normalmente pressupõe uma abordagem de credulidade: apreciar um Vermeer não implica uma abordagem cética quanto ao fato de saber se a luz em Delft, na metade do século XVII, era efetivamente conforme o que Vermeer pintou – não obstante o fato de ele ser famoso por sua tentativa de obter uma reprodução fiel da realidade. Mais: para apreciar um quadro de Jackson Pollock, ou uma escultura de David Smith, não se deve perguntar se tais obras representam qualquer coisa: é muito melhor suspender a incredulidade e aproveitar as formas ali expostas. Abordagem análoga (e inclusive mais profunda) deve ser adotada ao se ouvir

[1] Cfr. Borges, 2005: 16.

música, visto que essa é – como escreveu Schopenhauer[2] – a forma de arte suprema, a «catarse estética». Efetivamente, para apreciar Wyton Marsalis, ou Astor Piazzola (sem falar em Chopin ou Brahms), uma condição de espírito de não-incredulidade é bastante oportuna.

Voltando a textos escritos, poder-se-ia dizer que uma suspensão da incredulidade é oportuna também para a leitura de textos em prosa, e não somente para a de poesias.[3] Por exemplo, lendo um romance de ficção científica é mais oportuno não ser incrédulo, pelo menos com a finalidade de colocar-se no contexto da narração pelo tempo necessário para a leitura. Ser sistematicamente incrédulo – ou seja, cético – sobre a invasão da Terra por grandes e malvadas criaturas de outros mundos poderia ser uma abordagem racional, mas não seria o melhor modo para ler G. H. Wells. Generalizando, o mesmo argumento vale para qualquer tipo de romance, dos policiais às grandes obras-primas da literatura de todos os tempos e lugares. De certa forma, pois, a distinção entre uma abordagem de credulidade e uma de incredulidade corresponde à distinção entre fantasia e convicção: quando a imaginação está (ou deveria estar) em jogo, a suspensão da incredulidade é uma condição necessária da experiência humana; quando se trata de convicções e, em particular, de convicções verdadeiras sobre eventos do mundo humano e material, uma abordagem cética e incrédula é provavelmente mais racional, não obstante seja talvez muito menos fascinante.[4]

Se (conforme parece, pelo menos à primeira vista) essa distinção tiver algum sentido, pode ser usada como premissa de fundo para considerar o campo (em certa medida mais limitado) das narrativas e, em particular, o campo (ainda mais limitado) das «narrativas processuais».

2. NARRATIVAS

Um dos termos mais em voga e mais alargados dos últimos trinta anos é o termos *narratives*; tornou-se uma espécie de ícone da assim chamada visão pós-moderna de muitas coisas (talvez demasiadas), como da literatura, da crítica literária, da filosofia e até da teoria do direito.[5] Em razão de seu emprego extremamente amplo e variável, bem como da diversidade dos campos em que o termo é usado, é impossível (no presente contexto e, provavelmente, em geral) examinar todas as questões que concernem às «narrativas». De qualquer modo, visto que o *narrative turn* tornou-se uma espécie de clichê mesmo nos

---

2 Cfr. SCHOPENHAUER, 1988: 338.

3 Em sua quinta noite, falando da poesia, Borges diz que pensar que a prosa esteja mais próxima da poesia do que da realidade é um erro (BORGES, 2005: 116).

4 Com efeito, a realidade – apesar de misteriosa – é muito mais simples do que sua descrição literária: cfr. BORGES, 2005: 114, 117.

5 Cfr., p. ex., BROOKS e GEWIRTZ, 1996.

discursos relativos às provas e ao processo,[6] pelo menos algumas observações esparsas (não sistemáticas e certamente incompletas) podem ser feitas a propósito das narrativas nos contextos processual e probatório. Nessa perspectiva pode-se assumir como certa uma conexão – e talvez uma equivalência – entre os assuntos concernentes às *narratives* e aqueles relativos à assim chamada *story-telling*. Em alguma medida os contextos e implicações culturais dos dois conceitos podem divergir, mas na perspectiva processual pode-se tranquilamente considerar que as «histórias» que são contadas em juízo são – ou pelo menos podem ser tratadas como se fossem – «narrativas».[7]

Concentrar a atenção sobre as narrativas processuais significa deixar de lado um grande número de opiniões genéricas relativas às narrativas. Por exemplo, os ataques pós-modernos contra as assim chamadas *Grand Narratives* (como a História, o Progresso, a Razão, a Verdade, e assim por diante) não podem ser aqui discutidas como mereceriam;[8] o mesmo vale para o conflito entre «fundacionistas» e «antifundacionistas».[9] Basta dizer que nesse momento essas discussões parecem bastante banais e superadas: pelo menos a partir da metade do século XIX e início do XX[10] (e especialmente após a segunda Guerra Mundial) ninguém dotado de um mínimo de cultura acreditava mais nas *Grand Narratives.* Na realidade, muito tempo antes de Baudrillard,[11] a cultura europeia conhecia Jean Paul Sartre e Albert Camus, sem falar de Nietzche e dos irracionalistas discutidos na *Zerstörung des Vernunft* de Lukács. Os intelectuais europeus estavam bem cientes do fim das certezas oitocentistas. De qualquer modo, Baudrillard não foi o único exemplo de filósofo pós-moderno que descobriu banalidades anacrônicas de sentido comum e as reformulou em um estilo *flamboyant*, como se os esforços teóricos e os exageros apocalípticos fossem o sinal de um pensamento novo e profundo.

Por outro lado, mesmo a limitação do campo à área do direito pode não ser suficiente para definir um âmbito temático adequado ao escopo de analisar as narrativas processuais. O movimento de *Law and literature*[12] produziu uma série de análises interessantes sobre assuntos jurídicos, mas também uma quantidade de falácias próprias de *cocktail party* acadêmico. Encontram-se não raramente concepções especialmente vagas e variáveis de *legal narratives;* nessas, a distinção entre fato e direito é com frequência perdida de

---

6 Cfr., em particular, Twining, 2006: 280, 286, 332. Cfr., também, Burns, 2005: art.4.1, também para ulteriores referências. O exemplo mais interessante nessa perspectiva é provavelmente Jackson, 1988a.

7 Em sentido análogo, cfr. Twining, 2006: 291.

8 Sobre a «morte das *Grand Narratives*» na filosofia pós-moderna cfr. Litowitz, 1997: 10.

9 A propósito, cfr. Minda, 1995: 161, 164.

10 Cfr. a complexa análise desenvolvida por Burrow, 2000.

11 Para uma ampla análise crítica do pensamento de Baudrillard cfr. Norris, 1990: 164 ss.

12 Para uma sintética descrição desse movimento cfr. Minda, 1995: 149 ss.

vista,[13] e os fatos do processo perdem-se em uma indistinta falácia «literária» sobre o direito.

Não se quer dizer com isso que a teoria das narrativas, especialmente no âmbito da psicologia social, não tenha algo significativo a dizer sobre o *story-telling* processual. Exatamente o contrário: como se verá, essa teoria fornece uma série de pontos de partida muito úteis para a análise aprofundada das narrativas processuais. Os *caveats* mencionados servem para frisar que o *distingue frequenter* característico dos juristas medievais é ainda válido: em realidade são necessárias várias distinções para compreender adequadamente o problema das narrativas processuais.

Falando de *story-telling* jurídico e processual, Twining, com razão, coloca repetidamente em evidência o fato de que as *stories* são, ao mesmo tempo, necessárias e perigosas.[14] Histórias e narrativas são necessárias, tanto no contexto do processo como fora dele: são o instrumento principal através do qual fragmentos de informação esparsos e «pedaços» de acontecimentos podem ser combinados e compostos em um complexo de fatos coerente e dotado de sentido. As histórias dão forma à nossa experiência e nos fornecem modelos do mundo;[15] podem ser compreendidas como «construções interpretativas de eventos», que dão uma forma possível, um modelo, a um conjunto disforme de dados.[16] Fornecem uma *eurística*, ou seja, um método para descobrir aquilo que verdadeiramente ocorreu.[17] De resto, sua característica principal é que propõem somente *possibilidades*, não importando quão distantes estejam da realidade.[18] Por assim dizer, são o desenho que, de um punhado de pedaços de vidro colorido, faz um mosaico.[19]

Por outro lado, as histórias são perigosas e «abertas à suspeição»:[20] abrem caminhos para a imprecisão, para a variabilidade, bem como para manipulações na reconstrução dos fatos;[21] isso varia de acordo com o ponto de vista, os interesses e os escopos dos sujeitos, que as contam em um certo momento e em um determinado contexto. Isso geralmente é verdadeiro,[22] sendo particularmente verdadeiro no contexto processual. Como se verá mais além, um processo não inclui somente uma narrativa ou um *story-telling*: é, ao invés disso, uma situação complexa, em que várias histórias são construídas e contadas por

---

[13] V. *infra*, § 2.2.

[14] Cfr. Twining, 2006: 283, 336, 445.

[15] Cfr. em particular Bruner, 2002: 9, 25.

[16] Cfr. Borutti, 2006: 31.

[17] Cfr. Burns, 2005.

[18] Cfr. Borutti, 2006: 31.

[19] Como se verá mais além, de resto, as relações entre as partes e o todo não são muito simples: v. *infra*, § 4.

[20] Cfr. Bruner, 2002: 43.

[21] Cfr. Menashe e Shamash, 2005: art. 3.8.

[22] Cfr. Bruner, 2002: 23.

sujeitos diferentes, de pontos de vista e em modos diferentes. Perigos de erro, de incompletude, de manipulações e de reconstruções incorretas dos fatos são particularmente frequentes e sérios, podendo levar a equívocos dramáticos e a erros substanciais na decisão final da controvérsia.

2.1 Um experimento mental

Existe uma grande variedade de narrativas relativas a fatos. O tipo mais comum é o romance, e, em particular, aquele gênero de romances escritos na forma de narrações de histórias. Um inteiro setor da crítica literária, a *narratologia*, ocupa-se dos problemas que dizem respeito à estrutura, às características e às técnicas da narração. Não é, contudo, necessário considerar questões tão sofisticadas.[23] Ao invés disso, vale à pena analisar um exemplo muito simples e ver o que se pode dizer – em uma espécie de experimento mental – sobre as narrativas e seus perfis *epistêmicos*, com o escopo de frisar alguns aspectos que parecem característicos das narrativas processuais.

O exemplo (escolhido entre milhares de outros que poderiam funcionar tão bem quanto) é o conhecido romance policial de John Grisham intitulado *The Broker*. As razões dessa escolha são basicamente estas: a) centenas de milhares ou milhões de pessoas leram o romance; b) a maior parte da história passa-se em Bolonha, cidade que muitos conhecem.

Quando um Leitor Não Informado (LNI), que não sabe coisa alguma de Bolonha, lê o romance, encontra descrições de lugares, praças, ruas, restaurantes, igrejas e outros lugares em que se passam os acontecimentos da história. Essas descrições são geralmente detalhadas e realistas, descrevendo muito bem a atmosfera da cidade, dos lugares e do estilo de vida dos bolonheses. Em realidade, Grisham viveu em Bolonha por alguns meses justamente para colher informações e impressões dos lugares que pretendia descrever. Isso dá ao romance um sabor de autenticidade, de coerência e de realismo que pode ser apreciado por si só, e não somente porque acrescenta um forte sentimento de credibilidade às aventuras do *Broker*. Quando um Leitor Informado (LI), que conhece Bolonha bastante bem, lê o romance, sua abordagem torna-se instintivamente diferente; não somente por causa de um sentimento de «familiaridade» que um LNI não pode experimentar. O LI pode ser levado a distinguir, nas descrições de Grisham, enunciados que são epistemicamente diversos um do outro.

a) Alguns (aliás, muitos) desses enunciados são *verdadeiros*. Por exemplo, quando Grisham escreve que no centro de Bolonha há duas torres medievais chamadas *Asinelli* e *Garisenda*, escreve um enunciado verdadeiro, visto que na Bolonha que existe no mundo da realidade empírica tais torres de

---

23 Cfr. TWINING, 2006: 318 ss.

fato existem e têm aqueles nomes. Analogamente, a afirmação de que na *Via Zamboni*, n. 22, existe um prédio em que se encontra a faculdade de direito da Universidade de Bolonha é também verdadeira. Até aqui, nenhum problema. Essas afirmações, como muitas outras, soam verdadeiras para o LI porque refletem a realidade material dos lugares que descrevem. Para o LNI soam verossímeis, o que para ele é suficiente.

b) Quando Grisham escreve que no prédio da faculdade de direito há salas dos professores, faz uma afirmação que soa *verossímil*, pois em muitos casos (ou na maior parte dos casos) as salas dos professores encontram-se nos edifícios principais das faculdades. Por conseguinte, essa afirmação é verossímil porque corresponde àquilo que ocorre «normalmente».[24] O problema é que no caso particular o enunciado é verossímil, mas falso, pois as salas dos professores da faculdade jurídica de Bolonha não se encontram naquele edifício. Nada de surpreendente nisso: muitas coisas que parecem verossímeis somente porque correspondem ao *id quod plerumque accidit* em realidade não existem. De qualquer modo, nada disso é relevante para o LNI: para ele a verossimilhança da assertiva relativa às salas dos professores é suficiente para assegurar a coerência da narrativa. A situação do LI é diversa: ele compreende que a coerência da narração é mantida porque a assertiva é verossímil, mas percebe o afastamento da descrição da realidade no âmbito da invenção e da fantasia, visto que ele sabe que a realidade é diversa da descrição feita por Grisham.

c) Quando Grisham escreve que no prédio da faculdade de direito encontra-se também a sala do professor Rudolph Viscovitch, faz uma afirmação que é descritivamente falsa; entretanto, essa não pretende ser verdadeira nem verossímil, não podendo ser assim tomada. De fato todo leitor (informado ou não informado) já sabe que o professor Rudolph Viscovitch não existe e é somente um personagem criado pelo autor: isso resulta claro da descrição do primeiro encontro do *Broker* com o professor em um café, poucas páginas antes. De fato a coerência narrativa da história é assegurada, visto que o professor Viscovitch é descrito como um homem de meia idade e com barba, muito «normal», que corresponde a um tipo humano particularmente comum que pode muito bem corresponder à imagem de um professor; não como uma criatura verde vinda de Marte.

Do ponto de vista da coerência narrativa, não há qualquer diferença entre as posições do LNI e do LI: ambos podem apreciar a ordem e a conexão dos eventos descritos. Todavia, o LNI percebe *somente* a coerência da narrativa

---

[24] Sobre o conceito epistêmico de verossimilhança e suas relações com o conceito de verdade cfr. principalmente NIINILUOTO, 1987. A ideia da verossimilhança de um enunciado de fato como correspondência desse com aquilo que acontece normalmente é aprofundada em TARUFFO, 1992a: 158. A respeito da ambiguidade do «normal», ver HACKING, 2004: 161.

e a uniforme verossimilhança dos eventos, enquanto o LI sabe que algumas partes da narração são verdadeiras (não somente verossímeis), enquanto outras partes são falsas (se bem que verossímeis). Ele pode apreciar o esforço feito por Grisham para inserir sua história em um contexto verossímil, mas não pode deixar de perceber um afastamento contínuo e repetido da realidade à ficção e, posteriormente, de novo da ficção à realidade. Substancialmente: o LNI e o LI leem a mesma narrativa de duas posições epistêmicas diversas. O LNI não sabe o que há de verdadeiro e o que há de falso na história narrada por Grisham, mas não está tampouco interessado em sabê-lo: aquilo que está lendo, afinal, é um romance, e ninguém espera que um romance seja uma descrição verídica de coisa alguma. Também o LI está lendo um romance e não espera que a narrativa seja verdadeira (justamente porque se trata de um romance); todavia, ele sabe o que há de verdadeiro e o que tem de falso na narrativa de Grisham.

Deixando o *Broker* de lado, imaginemos, agora, que o *New York Times* anuncie que «um certo professor Rudolph Viscovitch tenha sido assassinado em sua sala na faculdade de direito de Bolonha, na Via Zamboni, n. 22, por um estudante enfurecido, por ter sido reprovado»; ainda, que acrescente que essa afirmação constasse na acusação feita pelo Procurador da República de Bolonha, na declaração de uma testemunha e ainda na sentença que condenava o estudante à pena mais grave (visto que matar professores de direito é o pior dos crimes, mesmo para estudantes reprovados). Tanto o LNI como o LI, ao lerem essa notícia, não poderiam evitar uma forte sensação de confusão e, principalmente, de incredulidade. Eles sabem que, salvo uma improvável homonímia, o professor Rudolph Viscovitch não existia fora do romance de Grisham. Excluindo erros na notícia dada pelo *New York Times*, ambos devem chegar à conclusão de que as narrativas relativas ao assassinato do professor Viscovitch são falsas, ainda que pareçam coerentes, plausíveis e, portanto, confiáveis. Por conseguinte, ambos deveriam concluir que se verificara um clamoroso erro judiciário, fundado numa falsa acusação, num falso testemunho e numa decisão equivocada.

As razões pelas quais o LNI e o LI reagem diversamente quando leem Grisham e o *New York Times* são muito claras: lendo o primeiro suspendem sua incredulidade por estarem cientes de lerem um romance, sendo que ninguém espera que os romances sejam descritivamente verdadeiros. Mesmo quando se sabe, como no caso do LI, que alguns enunciados incluídos no romance são verdadeiros (pois correspondem à realidade de lugares efetivamente existentes em Bolonha) isso acrescenta um tom realista à narrativa. Mesmo o LNI, que não pode perceber o mesmo tom realista, pode apreciar de maneira completa a plausibilidade e o «realismo verossímil» da história. Entretanto, quando o leitor sabe que não está lendo um romance, mas sim a narração de fatos que dizem respeito a um caso judiciário real, sua abordagem é completamente diferente: ele parte da premissa de que as narrativas desses fatos deveriam ser verdadeiras (não somente verossímeis) e, portanto, não pode deixar de ser incrédulo quando lê uma narrativa processual que sabe ser falsa. O ponto fundamental é que quando não se espera que uma narrativa seja verdadeira (mesmo se o é pelo menos em parte) o fato de que essa seja descritivamente falsa (no todo ou em parte) não é relevante: uma história pode ser narrativamente boa quando é coerente, confiável, normal, familiar, verossímil e, portanto, persuasiva. Uma boa narrativa não precisa ser verdadeira.[25] Por outro lado, às vezes se espera que uma narrativa seja verdadeira e, portanto, o leitor continua incrédulo até que se convença de que essa corresponde à realidade material dos fatos. Trata-se de contextos e de narrativas diferentes. Afinal, o LNI e o LI não devem jamais esquecer que o direito não é literatura,[26] bem como que uma boa narrativa para a literatura pode ser ruim para o direito. À base dessa questão está um problema fundamental que concerne ao conceito de verdade: a definição da verdade depende do contexto em que é formulada. Portanto, contextos diferentes podem implicar conceitos diferentes de verdade, e é a diferença dos contextos que determina a diferença nas definições da verdade. É, por conseguinte, com base no contexto que decidimos se um enunciado descreve o mundo em sua realidade empírica – e, portanto, pretende ser verdadeiro – ou se a história visa a criar um mundo imaginário, em que não há qualquer questão sobre a verdade empírica (e se pode somente pensar em uma verdade «interna» nesse universo fictício).[27] O contexto processual é um contexto em que se requer a verdade empírica; um romance é um contexto em que a «verdade narrativa» é compreendida somente como algo que concerne ao mundo fictício criado pelo escritor. Grisham, como muitos autores de romances, mescla os contextos, empregando também enunciados que não são empiricamente verdadeiros; isso é, entretanto, somente um artifício literário. Em todo caso, trata-se de um conceito diferente de verdade, ou seja, da verdade «interna» à história do romance do *Broker*.

2.2 Narrativas e fatos

O discurso habitual sobre narrativas e *story-telling* aborda todos os aspectos do caso (mesmo quando concerne especificamente a contextos processuais), juntando em um todo indistinto tanto os aspectos jurídicos como os aspectos fáticos da situação em questão.[28] Isso pode depender de várias razões. Uma delas pode ser que os juristas tendem a falar muito mais do direito do que dos fatos. Outra razão pode ser que a prática da narrativa jurídica

---

[25] Cfr. Twining: 2006: 283, 293, 337. Sobre a relação entre veracidade/falsidade e qualidade narrativa das histórias v. também *infra*, § 5.

[26] Cfr. Gewirtz, 1996: 5.

[27] Cfr. Prandi, 1994: 165.

[28] Cfr., por exemplo, Twining, 2006: 290, 296.

(e também da narrativa processual) tende a negligenciar diversas distinções, como aquelas entre fato e direito e entre fato e valor.[29] Uma terceira razão pode ser que a distinção fato/direito é um problema tradicional e sem resposta, não somente nos ordenamentos de *common law* (nos quais isso concerne sobretudo à separação de funções entre juiz e júri).[30] A distinção entre fato e direito é, de qualquer modo, incerta e problemática; possui diferentes significados em diferentes contextos, mesmo nos sistemas de *civil law*, onde é usada em particular para definir os limites dos poderes das cortes supremas.[31] Uma quarta (e importante) razão é que definir um «fato» pode fazer com que surja uma série de questões filosóficas, de modo que se pode tender a não falar especificamente de «fatos». Nenhuma surpresa, por conseguinte, se a teoria corrente do *story-telling* não leva em consideração a distinção entre fato e direito.

Seria necessário levar devidamente em conta todas essas dificuldades quando se fala em narrativas processuais. De qualquer forma, é claro que as narrativas processuais ligam-se aos aspectos jurídicos da controvérsia, mas isso não significa que não seja possível pensar em narrativas que se refiram a *fatos*. Não há dúvidas (ainda citando Willian Twining) de que os fatos devam ser «levados a sério».[32] Muitas causas são vencidas ou perdidas «nos fatos», dependendo de se o autor conseguiu ou não provar os fatos postos como fundamento de sua demanda; muitos *hard cases* são *hard* porque os fatos são complexos em demasia e difíceis de subsumir em uma clara regra de direito. Além disso, no processo os fatos são o ponto de referência de todo o mecanismo que concerne às provas e à sua produção. Portanto, excluir a possibilidade de se falar especificamente em «narrações de fatos» não teria sentido para qualquer pessoa com um mínimo de experiência na prática dos procedimentos judiciários. Pode-se, por conseguinte, presumir razoavelmente que os fatos do caso possam ser separados dos aspectos jurídicos da controvérsia, ainda que reste claro que as duas dimensões estão estreitamente conexas. De resto, fato e direito, por serem conexos, devem ser concebidos como diferentes, ou, pelo menos, como diferenciáveis. Em realidade, os fatos do caso *podem* ser determinados como tais, ou seja, separando-os da dimensão jurídica da controvérsia.[33] Obviamente, aqui não se faz referência aos fatos em sua existência material e empírica: as narrativas podem incluir somente «enunciados de fato». Um enunciado de fato é qualquer enunciado em que um evento é descrito como ocorrido «assim e assim» no mundo real (que,

---

29 Cfr. TWINING, 2006: 336.

30 Cfr., p. ex., TILLERS, 1983: 2, n. 2; WEINER, 1966: 1867; 1968: 1020. Sobre a regra tradicional «*ad quaestionem facti non respondent judices; ad quaestionem juris non respondent juratores*» cfr. THAYER, [1898] (repr. New York 1969): 183.

31 Cfr., p. ex., MARTY, 1929. Ver também os ensaios de FORIERS, ASCARELLI, RIVERO, BUCH e ROLAND, em CENTRE NATIONAL DE RECHERCHES DE LOGIQUE, 1961: 51, 113, 149, 175.

32 Para essa clara alusão a Dworkin cfr. TWINING, 2006: 14, 417.

33 Para uma análise mais aprofundada desse problema cfr. TARUFFO, 1992a: 24, 67, 71.

obviamente, é pressuposto como existente e não somente como imaginado ou sonhado).[34] Por ser descritivo de algo que se diz haver ocorrido na realidade, esse enunciado é *apofântico*: pode ser verdadeiro ou falso.[35]

Há, ainda, pelo menos um sentido em que a distinção entre fato e direito é *necessária* e, portanto, também possível. Essa distinção é inevitável quando se trata de estabelecer o que pode e deve ser provado em um processo. O princípio geral comumente aceito é que o direito não pode ser «provado» no sentido próprio e específico do termo: *jura novit curia*, e diz respeito ao juiz conhecer o direito que deve aplicar para decidir uma controvérsia. Portanto, somente os fatos (ou seja, os enunciados sobre os fatos) são objetos de prova. Os enunciados relativos aos aspectos jurídicos da controvérsia podem ser objeto de escolha, de interpretação, de argumentação e de justificação, mas não podem ser *provados*. Também os enunciados relativos aos fatos são objetos de escolha, de interpretação, de argumentação e de justificação, mas, sobretudo, *pode-se provar* que esses são verdadeiros ou falsos. A relevância das provas (ou seja, a condição fundamental para sua admissão no processo) é controlada fazendo referência aos enunciados que concernem aos fatos principais da controvérsia, e não às argumentações jurídicas propostas pelas partes para definir seus aspectos jurídicos. Essa distinção entre fato e direito não necessita de análises adicionais: os princípios que regulam a admissão e a valoração das provas fornecem uma base suficiente para estabelecer o que é considerado como «fato» de uma controvérsia.

Pensando nos fatos tratados em um processo, não há qualquer necessidade de que se mergulhe profundamente em questões filosóficas e epistemológicas.[36] Em realidade, os fatos relevantes à administração da justiça são *tranches de vie*, ou seja, eventos ou conjuntos de eventos que concernem à vida das pessoas. Isso significa que geralmente esses são determinados em uma perspectiva macro: mesmo quando estão envolvidas a microfísica ou a genética, o escopo final continua sendo o de provar um «fato da vida»; normalmente esses fatos são definidos de modo bastante específico, referindo-se às situações jurídicas dos sujeitos interessados.

Há, todavia, na definição dos «fatos da causa» alguns aspectos que merecem ser levados em consideração. Primeiramente, os fatos são selecionados e definidos com base em sua relevância na controvérsia. As circunstâncias irrelevantes não são levadas em conta, quando se trata de estabelecer quais fatos devem ser provados. O critério para valorar a relevância tem dois aspectos. Um fato é *juridicamente relevante* (no jargão estadunidense: *mate-*

---

[34] Esse pressuposto funda-se em uma série de condições filosóficas, epistêmicas e até mesmo éticas, que não podem ser aqui discutidas. Em linhas gerais cfr. GOLDMAN, 1999: 3, 41, 69.

[35] Sobre essa característica dos enunciados fáticos v. também *infra*, § 5.

[36] Sobre algumas dessas questões cfr. TARUFFO, 1992a: 67, 71.

rial) quando corresponde ao tipo de fato definido pela regra jurídica (escrita ou fundada em precedentes) considerada como possível base jurídica para a decisão. As normas definem «tipos de fatos», e os fatos específicos são relevantes (como *fact-tokens)* quando correspondem a esses tipos.[37] Portanto, os fatos relevantes são definidos com referência à norma cuja aplicação é vislumbrada como critério para a decisão final: esses fatos são os *facts probanda* fundamentais (ou seja, o principal objeto de prova) e representam o conteúdo dos enunciados fáticos mais importantes. Portanto, um fato é *logicamente relevante* se, ainda que não seja principal, pode ser usado como uma premissa, um ponto de partida para inferências que podem levar a conclusões sobre a veracidade ou falsidade de um enunciado relativo a um fato principal.[38]

Os fatos podem ser simples (como quando um evento singular envolve uma ou duas pessoas em um momento específico), podem ter diversos graus de complexidade (como quando vários eventos relacionados entre si envolvem muitas pessoas), e podem ser extremamente complexos (como quando uma série de eventos distribui-se no tempo e envolve centenas, milhares, ou milhões de pessoas).[39] Consequentemente, às vezes esses podem ser descritos por um ou poucos enunciados simples, enquanto outras vezes podem ser descritos somente por narrativas longas e complicadas. Todavia, assim como eventos complexos podem estar intimamente ligados e ser analisados como compostos por grupos de circunstâncias específicas, as narrativas complexas são compostas por séries de enunciados específicos. Do ponto de vista da prova, cada enunciado específico deve ser provado. Por exemplo, se o fato é uma sequência causal complexa como «A→B→C→D», deve-se fornecer provas para A, B, C e D, bem como para todas as conexões causais que os conectam.[40] Os fatos podem se referir não somente a eventos que se tenham verificado na realidade material (como os acidentes de trânsito), mas também a atitudes ou condições psicológicas (como a intenção ou o dolo); podem, ainda, ser compostos por fatores materiais e psicológicos. Fatos desse gênero suscitam uma série de problemas, mas devem ser provados: isso significa que

---

[37] Essa conexão representa um ponto bem conhecido e largamente analisado na teoria do direito, de modo que referências bibliográficas seriam impossíveis, além de supérfluas. Veja-se, de qualquer modo, pelo menos o texto clássico sobre a matéria, ou seja, Engisch, 1960: 19, 37, 83. Para ulteriores indicações v. também Taruffo, 1992a: 74.

[38] A relevância lógica é o critério fundamental para decidir se um meio de prova deve ser admitido ou excluído, com base na regra segundo a qual *frustra probatur quod probatum non relevat.* Sobre esse princípio geral cfr., inclusive para ulteriores referências, Taruffo, 1992a: 338; 1970. O princípio é reconhecido em todos os sistemas processuais e contido em um conjunto de normas específicas. Ver, por exemplo, a regra 410 das *Federal Rules of Evidence* estadunidenses.

[39] Em realidade, a «complexidade fática» é um dos fatores principais da *complex litigation*, como nos casos dos *mass torts* e das *class actions.* Cfr. Federal Judicial Center, 2004: 242, 341.

[40] Para uma análise mais ampla da prova nas conexões causais cfr. Taruffo, 2006a: 101.

os enunciados que os descrevem devem ser demonstrados como verdadeiros ou falsos.[41]

2.3 Narradores de histórias

Um aspecto frequentemente subvalorizado no tema das narrativas processuais é que o contexto do processo não compreende somente *uma* narrativa homogênea. Um olhar mais atento ao processo na perspectiva da narrativa mostra que, em realidade, esse é composto por um número variável de histórias contadas por sujeitos diferentes, de modos diferentes e com escopos diferentes.[42] Não se trata somente da diferença entre sujeitos que falam de diferentes pontos de vista[43] e em perspectivas particulares.[44] No processo as histórias são narradas por advogados com um espírito *adversarial,* estando em contraposição entre si:[45] o contexto processual tem a estrutura de uma controvérsia, e os advogados apresentam esquemas alternativos e contraditórios[46] de organização dos fatos. Portanto, supõe-se que o juiz escolha uma das histórias possíveis sobre os fatos da causa. As peculiaridades das histórias narradas no processo requerem algumas observações adicionais, especialmente do ponto de vista dos principais e típicos «narradores» processuais.

a) Os advogados: Concentrando sua atenção nas histórias narradas pelos advogados, Twining frisa que a técnica da defesa eficaz implica a não utilização de argumentações racionais e a inclusão de técnicas para excluir informações relevantes, a fim de depurar os fatos e usufruir de instrumentos de persuasão irracionais;[47] tudo isso é feito porque a tarefa essencial do advogado é persuadir o juiz a decidir a favor de seu cliente.[48] Consequentemente, as histórias narradas pelos advogados tendem a incluir manipulações dos fatos, orientadas ao escopo de vencer a causa.[49] Outros autores concordam com essa concepção crítica e cética do modo com que os advogados constroem e apresentam suas narrativas, frisando o fato de que essas são frequentemente enganadoras e desorientadoras:[50] a *story* construída pelo advogado é confeccionada com o intuito de ter o máximo efeito persuasivo sobre a plateia, jogando com preconceitos dessa; contém uma narrativa que é vantajosa para a posição do cliente, não uma versão verdadeira dos fatos. Não é por acaso que no plano

---

41 Sobre a prova desses tipos particulares de fatos cfr. Taruffo, 1992a: 121.
42 Para uma observação análoga cfr. Jackson, 1988a: 85.
43 Cfr. Twining, 2006: 130, 132; Gewirtz, 1996: 8.
44 Cfr. Bruner, 2002: 23.
45 *Idem, ibidem*: 43; Gewirtz, 1996: 7; Burns, 2005: 2.
46 Cfr. Amsterdam e Bruner, 2002: 173.
47 Cfr. Twining, 2006: 24.
48 *Idem, ibidem*: 288. Analogamente cfr. Gewirtz, 1996: 5.
49 *Idem, ibidem*: 2006, 289, 297, 305.
50 Cfr., p. ex., Gewirtz, 1996: 9; Dershowitz, 1996: 99. Sobre o baixo nível de veracidade das narrativas dos advogados cfr.também Coloma Correa, 2006: 41.

epistemológico reconduziu-se a atividade do advogado à *advocacy*, frisando que, portanto, a argumentação visa a demonstrar uma tese, podendo comportar a exclusão de provas relevantes e a sobrevalorização das provas favoráveis à tese que o advogado pretende sustentar. Distingue-se dessa função a *inquiry*, que não interessa ao advogado e tem como fim a descoberta da verdade objetiva. Portanto, vale em particular para as narrativas dos advogados a afirmação de que as *stories* são «*excellent vehicles for cheating*». Se, como parece, essas são imagens realistas da prática advocatícia nas narrações dos fatos, surgem algumas questões sobre as quais é oportuno versar.

Uma primeira questão concerne à ética profissional dos advogados e a se – e em que medida – a omissão voluntária, ou a distorção dos fatos relevantes por parte de um advogado, seja legítima e justificada pela finalidade de vencer a causa. Poder-se-ia questionar sobre a necessidade da existência de uma «ética da narrativa», que impeça o advogado de apresentar uma narrativa que ele julgue falsa.[51] De qualquer modo, a questão sobre se o advogado é ou não obrigado a dizer a verdade quando narra os fatos é muito complicada: o estudo mais recente e influente sobre a ética profissional do advogado somente versa brevemente sobre essa, dizendo que o advogado tem esse dever no processo civil, mas com limitações relevantes.[52] O aludido estudo frisa, de resto, que os princípios da ética profissional algumas vezes contrastam com os princípios comumente aceitos pela moral cívica.[53] Provavelmente isso seja particularmente verdadeiro para a obrigação de dizer a verdade: a moral cívica é talvez a favor de que as pessoas digam a verdade, mas não parece concebível que os advogados tenham uma obrigação geral de dizer a verdade, ou muito menos um dever de dizer «toda» a verdade. Ademais, eles podem ser obrigados a não usar provas ou declarações de outras pessoas que saibam ser falsas; entretanto, isso não equivale a dizer que tenham um dever moral de dizer a verdade. Conforme já se frisou de maneira realista, ninguém presume que o autor em um processo pense qualquer coisa sobre sua demanda, e menos ainda que creia que essa seja verdadeira.[54] Isso é confirmado, por exemplo, na *Rule* 11 das *Federal Rules of Civil Procedures* estadunidenses: essa norma foi emendada com o escopo de reforçar a responsabilidade dos advogados, mas não prevê qualquer obrigação clara e explícita sobre a veracidade daquilo que o advogado diz. Ele deve somente atestar que, com base em seu conhecimento e informação (e em seu convencimento formado após uma perquirição razoável segundo as circunstâncias), as alegações e as outras afirmações fáticas tenham um suporte probatório (ou que é provável que venham a tê-lo após

---

51 O problema é posto, p. ex., por Gewirtz, 1996: 9.

52 Cfr. Hazard e Dondi, 2004: 114, 327, n. 2. Não são, todavia, especificadas as limitações que teria o dever da verdade do advogado no processo civil.

53 Cfr. Hazard e Dondi, 2004: 114.

54 Cfr. Amsterdam e Bruner, 2002: 174.

uma razoável oportunidade de ulteriores perquirições).[55] A finalidade de uma norma desse gênero é claramente de sugerir que as alegações dos fatos devam ser feitas seriamente e segundo a boa-fé; não se requer, entretanto, que sejam verdadeiras.

Em alguns ordenamentos impõe-se aos advogados um *duty of candor*, e tudo indica que esse dever inclua também a obrigação de fazer afirmações verdadeiras.[56] Um exemplo significativo é oferecido pelo sistema inglês, visto que a *Rule* 22.1 das *Civil Procedure Rules* introduzidas em 1999 requer que o conteúdo fático dos atos do processo seja confirmado por uma «declaração de verdade» jurada pela parte e pelo seu defensor, sob pena de condenação por *contempt of court* nas hipóteses em que o juramento for falso.[57] Uma norma de certa forma similar está presente no §138 n.1 da *Zivilprozessordnung* alemã, com base na qual as partes têm a obrigação de dizer a verdade em suas assertivas sobre os fatos da causa.[58]

Na Itália, o art. 14 do código deontológico forense prevê para o advogado um dever de veracidade, afirmando que «*as declarações prestadas em juízo relativas à existência de fatos objetivos, que sejam pressuposto específico para uma medida do magistrado, e das quais o advogado tenha total conhecimento, devem ser verdadeiras*». Como é fácil perceber, trata-se de uma formulação fortemente restritiva, que não inclui os fatos alegados dos quais o advogado *não tenha* (como geralmente ocorre) conhecimento *direto*, pela óbvia razão de que ele fica sabendo da existência desses fatos por outras pessoas, em particular, por seu cliente. Além disso, o dever em questão não é sancionado, não encontrando tampouco correspondência no *Codice di Procedura Civile* italiano.

De qualquer modo, normas desse gênero não existem em toda parte; pelo contrário: diversos ordenamentos não preveem qualquer obrigação de veracidade para as partes e seus advogados. Por outro lado, geralmente é muito duvidosa a efetividade da aplicação concreta do *duty of candor* do advogado.[59] É, por conseguinte, razoável pensar que em linhas gerais – e com poucas limitações – os advogados não sejam obrigados a dizer a verdade. Eles têm menos ainda a obrigação de evitar distorções, manipulações ou lacunas em suas alegações fáticas. Se, por outro lado, existissem verdadeiramente obrigações desse gênero, em linha de princípio, a consequência seria que toda vez que uma versão de um fato relevante fosse desmentida pelas provas (ou mesmo que fosse considerada indigna de credibilidade pelo juiz) o advogado que a

---

55 Para referências às emendas da regra 11 e alguns comentários, cfr. *Federal Rules of Civil Procedure. Abridged Edition as Amended to May 13,* 2005: 50.

56 Cfr. Hazard e Dondi, 2004: 234.

57 Cfr. Miller, 2000: 630.

58 Cfr. Murray e Stürner, 2004: 159.

59 Cfr. Hazard e Dondi, 2004: 237.

houvesse alegado em juízo deveria sofrer sanções por ter deduzido enunciados fáticos inverídicos. Isso é visivelmente absurdo, pelo menos no estado atual das coisas em todos os ordenamentos, o que confirma que, em realidade, o advogado é livre – com escassas e secundárias limitações – para contar aquilo que julga mais vantajoso para os interesses de seu cliente.

Uma segunda questão pode ser posta nestes termos: se as histórias narradas pelos advogados são parciais, manipuladas e desorientadoras, fundadas em omissões e instrumentos não racionais de persuasão (e, portanto, não verdadeiras), tudo isso não está de acordo com a ideia tradicional – amplamente aceita nos sistemas de *common law* e bastante popular também nos sistemas de *civil law* – de que o juiz deve formular sua decisão somente fazendo uma escolha entre as duas histórias alternativamente apresentadas pelas partes em um contexto *adversarial*.[60] Se, como parece, ambas as histórias narradas pelas partes forem «histórias ruins», com o fim de enganar e desorientar o juiz para que uma parte prevaleça sobre o adversário, a situação em que se encontra o juiz (de, de qualquer modo, ter que escolher uma das duas histórias, ou seja, por assim dizer, a «menos pior») não é certamente agradável ou feliz. Desse ponto de vista, a posição do juiz nos processos civis de *civil law* é um pouco menos infeliz, visto que normalmente se admite e se exige que ele formule uma reconstrução autônoma dos fatos da causa quando as narrativas das partes forem ambas indignas de credibilidade.

A terceira questão concerne a algumas modalidades com as quais os advogados narram suas histórias sobre os fatos da causa.

Antes de mais nada, é preciso considerar que essas histórias assumem estrutura diferente, de acordo com a disciplina dos atos introdutivos do processo. Os sistemas de *civil law* caracterizam-se por aquilo que na terminologia anglo-americana chamar-se-ia *fact pleading*,ou seja, pela regra segundo a qual a demanda deve conter uma alegação específica, detalhada e possivelmente completa dos fatos da causa.[61] Além disso, com o intuito de fornecer um quadro completo da situação fática que está à base da controvérsia, bem como com o de fornecer ao juiz o quadro de referência para a admissão das provas relevantes, normalmente são indicadas também as circunstâncias que «circundam» os fatos principais (ou seja, os assim chamados fatos secundários logicamente relevantes). Nesses sistemas, por conseguinte, o processo tem início com uma narrativa proposta pelo autor, na qual se presume que os fatos sejam descritos de modo detalhado e completo. Há ainda regras substancialmente similares para o demandado: ele pode contestar no todo ou em parte

---

[60] Sobre essa afirmação, tradicional na concepção do processo inglês, cfr. Jolowicz, 1975: 188. Cfr. também Gewirtz, 1996: 6; Twining, 2006: 295.

[61] Cfr., por exemplo, além do art.163.4 do CPC italiano, o § 130.3 da *Zivilprozessordnung* alemã, os arts. 6 e 62 do *Code de procédure civile* francês e o art. 399.3 da *Ley de enjuiciamiento civil* espanhola.

a narrativa do autor, mas de qualquer maneira deve apresentar a sua narrativa dos fatos relevantes, que pode ser uma versão negativa da narrativa do autor, ou uma versão dos fatos completamente diversa. De qualquer modo, mesmo a narrativa do demandado deve ser fundada em uma alegação detalhada e completa dos fatos.

A situação é diferente no aspecto processual, mas equivalente substancialmente, quando se tem um sistema fundado nos assim chamados *notice pleading*, como ocorre com as *Federal Rules of Civil Procedure* estadunidenses. Nesse sistema a formulação inicial da demanda não inclui necessariamente uma narração completa dos fatos da causa. Esses podem ser descobertos um passo por vez, através da *discovery*: portanto, somente na conclusão da fase *pre-trial* é que ambas as partes estarão em condições de traçar um quadro completo da situação fática em que se funda a controvérsia[62]. Disso resulta que a construção e a redação das narrativas das partes são mais longas, fragmentadas e complexas do que aquelas que aparecem geralmente nos sistemas de *civil law*. Todavia, mesmo nos sistemas fundados no *notice pleading,* chega o momento em que as partes devem apresentar histórias que compreendam os fatos da causa.

Além das diferenças ora referidas, essas histórias apresentam algumas características que merecem atenção.

Antes de mais nada, possuem uma *pretensão de veracidade*. Não são falatórios entre os advogados e o juiz: quando um advogado alega fatos, implicitamente ou explicitamente afirma que tais fatos são verdadeiros. Na realidade, não teria sentido, para um advogado, alegar um fato que fundamenta sua demanda e, concomitantemente, dizer ou sugerir que o enunciado que concerne àquele fato é falso. Se ligo para minha esposa e digo a ela que meu voo de Nova Iorque está com cinco horas de atraso, mas ao mesmo tempo digo que aquilo que estou dizendo é falso, ela pode se perguntar sobre quantos gins-tônicas eu bebi. Brincadeiras à parte, pode-se recordar que um dos princípios fundamentais da correção da conversação implica a convicção de dizer o verdadeiro.

Portanto, a pretensão de veracidade é típica da narrativa dos advogados (como de muitas outras narrativas), independentemente do fato de que em realidade sejam verdadeiras ou falsas. Entretanto, visto que uma pretensão de veracidade não é equivalente à veracidade de um enunciado, a história que o advogado narra em relação a um fato da causa não é outra coisa senão uma história *hipotética* sobre aquele fato. Essa hipótese é apresentada «como verdadeira», mas isso não é nada mais do que uma hipótese: a veracidade ou falsidade será estabelecida posteriormente, no curso do processo e na decisão

---

62 Sobre esse famoso aspecto do sistema processual estadunidense cfr., p. ex., James, Hazard e Leubsdorf, 1992: 145 ss.; Friedenthal, Kane e Miller, 1985: 252 ss.

final. Nos termos da teoria dos atos linguísticos essas histórias pertencem à categoria dos *atos ilocutórios*, caracterizados por uma função *assertiva ilocutória*. Com efeito, são constituídas por *assertivas*, ou seja, por enunciados que pretendem afirmar proposições verdadeiras que descrevem fatos com uma *word-to-world direction or fit.*[63]

No caso das histórias provenientes das partes, há ainda dois aspectos da função que essas desempenham. Um deles está ligado à circunstância de que o intuito do advogado é vencer a causa; portanto, a história por ele narrada é construída para persuadir o juiz de que seu cliente merece vencer.[64] Nessa perspectiva a narrativa do advogado tem também outra função ilocutória de caráter *diretivo*, visto que tem o fim de justificar um pedido que pode ser acolhido ou não.[65] O outro aspecto – não levado em consideração pela teoria do *story-telling*, mas relevante do ponto de vista jurídico – está ligado ao ônus da prova. Na realidade, o advogado não conta sua versão hipotética dos fatos com o escopo de informar o juiz e as outras partes. Quando apresenta sua narrativa, o advogado assume para si o ônus da prova referente aos fatos que relata. A menos que no caso particular operem presunções legais – e salvo que o juiz distribua diversamente entre as partes o ônus probatório – o princípio fundamental é que *onus probandi incumbit ei qui dicit*. Quem afirma que um fato é verdadeiro tem o ônus de demonstrar a veracidade de sua afirmação. Essa regra vale, em geral, em muitas áreas da experiência: no âmbito do processo significa que satisfazer o ônus da prova assumido alegando os fatos é uma condição para vencer a causa.[66]

No curso do processo podem-se verificar mudanças nas narrativas fáticas das partes, nos limites admitidos pelas diversas disciplinas processuais e em função do andamento da causa. Exaurida a produção de provas, e antes da decisão, normalmente os advogados apresentam a versão final de suas narrativas relativas aos fatos. Essa versão pode ser no todo ou em parte diferente da versão inicial, ou pode coincidir com essa, dependendo do que ocorreu no curso do procedimento e, em particular, em função dos resultados produzidos pelas provas. Todavia, a versão final apresenta substancialmente as mesmas características da versão inicial. Essa, de fato, é *parcial*, já que, de qualquer modo, tem a finalidade de sustentar as razões da parte que o advogado representa. Além disso, essa tem também *pretensão de veracidade*. Tal pretensão

---

63 Sobre o conceito de função *ilocutória* dos atos linguísticos cfr. Searle, 1998: 137, 140, 148; 1980: 23, 29, 65.

64 Cfr. Amsterdam e Bruner, 2002: 46, 174, 175.

65 Sobre o conceito de função *ilocutória diretiva* cfr. Searle, 1998: 148.

66 O tema do ônus da prova não pode ser discutido adequadamente nessa sede. Em linhas gerais, cfr. Gaskins, 1992. O problema é particularmente complexo porque em muitos casos a lei ou o tribunal transferem a carga probatória de um fato da parte que originariamente o alegou à outra parte. Ver, p. ex., *ibidem*: 103; Conway e Jones, 2002: 875; Hay, 1997. Para uma análise crítica dessa prática muito comum, ver García Grande, 2005: 1.

pode ser em alguma medida reforçada, se o advogado tiver condições de extrair das provas elementos que confirmem a veridicidade da sua versão dos fatos e, portanto, possa afirmar ter atendido ao ônus probatório que assumira inicialmente; pode, por outro lado, ser enfraquecida, caso o êxito das provas não tenha sido favorável. De qualquer modo, as versões finais dos fatos que ambos os advogados propõem têm ainda natureza hipotética, visto que não compete a eles estabelecer definitivamente se tais hipóteses são verdadeiras ou falsas. O que eles fazem, na realidade, é propor ao juiz hipóteses de decisão, indicando quais são – do seu ponto de vista – os elementos que o juiz deveria levar em consideração com o fim de estabelecer qual narrativa apresenta-se como verdadeira.

b) *As testemunhas*. De certo modo, a testemunha é o típico narrador. Supõe-se que ela tenha conhecimento sobre alguns fatos da causa e se espera que ela «narre» os fatos que conhece. A testemunha pode desempenhar sua tarefa de narrador de diversos modos: às vezes se pede que conte o que sabe em um discurso contínuo e outras vezes, mais frequentemente, ela é inquirida. Tal inquirição, que pode ser feita pelo juiz, pelos advogados das partes ou por ambos (de acordo com o sistema probatório) dá-se através de uma série de perguntas específicas. Nesse caso, a narrativa da testemunha emerge das respostas que fornece, não havendo um texto espontâneo e contínuo: a história é fragmentada, e geralmente a testemunha fornece peças diferentes e separadas de um mosaico[67] que devem, pois, ser combinadas em um desenho que as compreenda. Frequentemente o fato é descrito na pergunta feita, e a testemunha limita-se a responder «sim» ou «não». Essa espécie de diálogo, ainda, pode ter estruturas diversas: na maior parte dos sistemas processuais de *civil law* quem inquire é o juiz, que, via regra, dirige à testemunha perguntas relativas a fatos previamente indicados pelas partes. Nos sistemas que adotam o método da *direct* e *cross-examination* quem inquire são os advogados; a inquirição pode ser articulada em duas ou mais fases, nas quais eles formulam suas perguntas na ordem que julgam mais eficaz para a finalidade de obter o testemunho. Não obstante essa forma essencialmente dialogada e interativa de inquirição, ou a variedade dos modos em que essa pode se desenvolver, pode-se dizer que a testemunha narra uma história e que, de qualquer modo, uma história pode ser reconstruída com base nos registros da inquirição.

As histórias contadas pelas testemunhas têm dois aspectos que merecem ser frisados. Essas têm uma *forte pretensão de veracidade*, muito mais forte do que a pretensão que (conforme visto) é típica da narrativa dos advogados. Enquanto o advogado não tem uma obrigação de dizer a verdade, a testemunha tem: ela jura dizer a verdade, e o falso testemunho é punido pela lei penal. Isso não significa, obviamente, que as testemunhas não mintam jamais,

---

[67] Cfr. GEWIRTZ, 1996: 7; BURNS, 2005: 2.

mas implica que se tenha ao menos uma presunção *prima facie* a favor da veracidade daquilo que a testemunha relata. Há, todavia, um aspecto que pode ser considerado problemático, pelo menos em alguns sistemas processuais. Nos ordenamentos de *civil law* as testemunhas são frequentemente indicadas pelas partes; algumas vezes o juiz tem o poder de determinar de ofício a inquirição de testemunhas.[68] Em ambos os casos, de qualquer modo, espera-se que a testemunha seja imparcial, visto que sua função é de relatar *ao juiz* uma história confiável sobre os fatos que conhece. A testemunha não é *party-centered* ou *party-oriented*, e a história que ela conta é considerada uma «verdadeira» narração dos fatos. Mesmo no sistema estadunidense as testemunhas são indicadas pelas partes (já que as cortes fazem raramente uso do poder a elas conferido pela *Rule* 614 (a) das *Federal Rules of Evidence*); nesse sistema, entretanto, elas são substancialmente *party-centered*, já que são escolhidas e previamente instruídas e treinadas pela «sua» parte. Supõe-se que digam a verdade (e elas juram nesse sentido), mas espera-se também que digam uma verdade que sustente a posição processual da «sua» parte. Caso contrário, tornam-se testemunhas «adversas», sendo interrogadas como tais; mesmo nesse caso, todavia, não se espera que sejam neutras e imparciais, visto que são, de qualquer modo, *party-oriented*, de modo favorável ou desfavorável. Pode, por conseguinte, existir uma forte tensão entre a obrigação de dizer a verdade e a inclinação da testemunha a contar a história mais favorável à parte que a chamou a depor.

Por outro lado, geralmente a inquirição da testemunha inclui perguntas que têm o fim específico de verificar sua credibilidade. Isso acontece nos sistemas de *civil law*, nos quais o juiz (e em certa medida também as partes) pode dirigir à testemunha perguntas relativas à sua credibilidade pessoal e à confiabilidade da sua reconstrução e narração dos fatos. Isso ocorre também – provavelmente de maneira mais eficaz – nos sistemas de *common law*, nos quais a *cross-examination* tem tipicamente o fim de atacar (e possivelmente destruir) a credibilidade da testemunha e a confiabilidade das respostas por ela dadas no curso da *direct-examination*. Desse modo pode-se entender bem o significado do famoso *dictum* de Wigmore, segundo o qual a *cross-examination* «*is beyond any doubt the greatest legal engine ever invented for the discovery of the truth*».[69] Naturalmente aqui se faz referência àquele que pode ser considerado o funcionamento fisiológico da *cross-examination*. Um problema completamente diferente surge quando os advogados abusam desse instrumento, com o fim de esconder ou distorcer a verdade; visam a destruir a testemunha, independentemente do fato de ela ter dito ou não a verdade.[70]

---

[68] Cfr. Taruffo, 2006b: 451, inclusive para ulteriores referências.

[69] Cfr. Wigmore, 1974: vol. 5, 32.

[70] Cfr. p. ex. Freedman, 1966: 1474, onde se diz que o bom advogado deve usar a *cross-examination* para destruir a testemunha adversa, especialmente quando sabe que ela disse a

Ao que tudo indica, todavia, os abusos são bastante frequentes, a ponto de alguns ordenamentos de *common law* terem introduzido normas que visam a proteger as testemunhas das agressões dos advogados no curso da *cross-examination*. Não por acaso diz-se que em muitos casos a vitória de quem conduziu o «contrainterrogatório» é a vitória de um «*trained curial assassin ambushing an easy target*».

O ponto essencial é, de qualquer modo, este: a inquirição de uma testemunha é – ou deveria ser – conduzida justamente com o escopo de buscar a verdade daquilo que a testemunha conhece sobre os fatos da causa. Não se espera que ela conte uma história qualquer para entreter a corte, os advogados, ou o público. Espera-se – e ela é obrigada a isso – que ela narre uma história verdadeira. Também essa narrativa pertence à categoria dos atos *ilocutórios assertivos*, sendo constituída por assertivas relativas à descrição dos fatos e tendo a função de fornecer ao juiz informações verídicas e confiáveis.

c) *O juiz*. O juiz que decide sobre os fatos é o último, definitivo e, portanto, mais importante narrador no âmbito do processo. Ao final do procedimento, ele se vê diante de diferentes histórias narradas pelas testemunhas e pelos advogados: geralmente essas histórias são em larga escala divergentes ou contrastantes. A função principal do juiz é estabelecer qual das diversas narrativas dos fatos é relativamente «melhor»; para tanto, ele pode escolher uma entre as histórias já narradas, ou construir uma original – se autorizado a fazê-lo e se insatisfeito com as histórias narradas pelas partes. A narrativa apresentada pelo juiz em sua decisão final tem pelo menos três características relevantes: 1) é também um ato *ilocutório assertivo*, sendo constituída por uma série de enunciados que descrevem fatos; 2) é *neutra* e *não de parte* (e *não competitiva*): o juiz não tem qualquer escopo a atingir, salvo aquele de pronunciar uma decisão justa e precisa. Ele não tem qualquer interesse pessoal a realizar, nem sujeitos que deva particularmente proteger ou tutelar. Sua posição típica é, nos termos de Norbert Elias, de *destaque*: sua narrativa dos fatos é e deveria ser «destacada» da competição das partes sobre os fatos da causa.[71] A função dessa narrativa é somente afirmar que alguns fatos resultam confirmados de modo objetivo. 3) Finalmente, mas não menos importante, essa narrativa é *verdadeira*, não somente no sentido de ter uma pretensão de veracidade, mas também porque o juiz afirma ser essa verdadeira com base na confirmação resultante das provas produzidas e valoradas. No contexto do processo um enunciado fático é considerado verdadeiro quando confirmado pelas provas: «verdadeiro» equivale a «provado».[72] Portanto, a narrativa do

---

verdade. Cfr. também Ehrlich, 1970: 18; Appleman, 1965: 6.

[71] Para uma análise mais aprofundada da posição de destaque do juiz, em contraposição ao envolvimento dos advogados no âmbito das provas, cfr. Taruffo, 1993: 267 ss.

[72] Cfr., em linhas gerais, Ferrer Beltrán, 2002: 61; Coloma Correa, 2006: 35, 50, 143.

juiz é definitivamente verdadeira, pois vai no sentido demonstrado pelas provas.

É oportuno, todavia, fazer uma distinção entre a decisão sobre os fatos feita por um júri daquela feita por um juiz (ou por uma turma de juízes), como ocorre via de regra nos sistemas de *civil law* e no processo civil na Inglaterra.[73] Muitas argumentações sobre o *story-telling* foram feitos com referência ao júri, mas (paradoxalmente) os júris na verdade não narram história alguma: o veredicto jamais é acompanhado de uma motivação ou de qualquer texto oral ou escrito que explique ou até mesmo justifique a decisão tomada sobre os fatos da causa. Consequentemente, na melhor das hipóteses, pode-se tentar adivinhar quais narrativas dos fatos os jurados construíram em suas mentes e discutiram no sigilo da *jury room*; entretanto, concretamente não se pode descobrir coisa alguma sobre essas histórias. Em realidade, trabalha-se com a imaginação, ou um pouco mais. Essa imaginação pode encontrar algum apoio direto ou indireto, mas ninguém pode ler ou escutar as narrativas dos membros do júri; jamais se sabe diretamente como um determinado jurado (ou o júri como um todo) elaborou uma ou mais narrativas dos fatos da causa. Portanto, jamais é possível estabelecer se o júri escolheu uma das narrativas apresentadas pelas partes, ou se elaborou uma reconstrução autônoma e original de tais fatos.

A situação é completamente diferente para o juiz de *civil law*. Ele tem a obrigação, frequentemente reforçada por normas constitucionais, de redigir uma motivação, na qual a decisão das questões de direito deve ser justificada com argumentações jurídicas adequadas; a decisão sobre os fatos deve fundar-se logicamente nas provas produzidas em juízo. Existe, portanto, uma narrativa dos fatos, do modo em que foram apurados pelo juiz. Essa narrativa pode corresponder no todo ou em parte à narrativa apresentada por uma das partes, na medida em que essa parte tenha conseguido provar os «seus» fatos. Todavia, quando o juiz entende que nenhuma das narrativas propostas pelas partes foi confirmada por provas adequadas, constrói uma história diferente, fundada numa reconstrução autônoma dos fatos da causa; justificá-la-á com base nas provas que levou em consideração. Se as provas produzidas não atingem o *standard* que a lei requer para uma apuração «positiva» dos fatos, o juiz redige uma narrativa «negativa», dizendo que os fatos relevantes não foram apurados e que – portanto – os enunciados relativos a tais fatos não podem ser considerados verdadeiros. De qualquer modo, nesses sistemas há, na verdade, uma narrativa dos fatos que é enunciada pelo juiz. Essa narrativa pode ser analisada, criticada e confrontada com as outras histórias contadas no curso do processo.

---

[73] Sobre essa distinção e sobre algumas de suas consequências, v. mais amplamente *infra* § 4.

3. CONSTRUINDO NARRATIVAS

Uma narrativa dos fatos jamais pode ser (especialmente em um processo) algo já pronto e acabado que cai do céu na mesa de um advogado ou de um juiz. Pelo contrário: as narrativas são *construídas* por seus autores, frequentemente através de atividades criativas, complexas e sofisticadas. Essa construção não é uma descrição passiva, abstrata ou neutra dos fatos: como já dito, as narrativas *constroem os fatos* que são contados.[74] De certa maneira, portanto, a construção de uma narrativa por parte de seu autor é também a construção dos fatos que o autor conta. Em outros termos: o autor constrói a *sua versão* dos fatos. Construindo a sua narrativa, o autor «dá forma à realidade».[75] Por essas razões, pode ser interessante considerar pelo menos alguns dos aspectos mais importantes da construção das narrativas, derivando alguns conceitos gerais da teoria da narração, mas tentando concentrar a atenção nas narrativas processuais. Nessa perspectiva podem-se distinguir alguns «tipos de construção», não obstante esses se combinem e se interliguem na formulação de qualquer narração fática.

a) Construção de categorias: Como evidenciam Amsterdam e Bruner, as categorias estão por todas as partes, sendo inevitáveis no emprego do pensamento;[76] isso porque são o instrumento principal que usamos para interpretar e organizar a realidade, conferindo significados e colocando eventos em um contexto específico;[77] portanto, construindo narrativas. As categorias são numerosas: mudam no tempo e espaço e jamais têm forma e conteúdo estáveis;[78] além disso, cada um tem as suas categorias, que integram sua cultura individual.[79] Visto que a construção das narrativas funda-se na atividade de *categorização*, a óbvia consequência é que se constroem narrativas diferentes quando se usam categorias diferentes (ou quando uma categoria é usada em versões ou com significados diferentes). Não é o caso de se desenvolver aqui uma análise aprofundada do emprego das categorias;[80] alguns exemplos podem ser suficientes para mostrar como as narrativas podem variar quando são empregadas categorias diversas.

Mesmo que se faça referência à ideia mais comum de *tempo* – sem entrar nas complicações filosóficas que concernem a seu conceito, ou em conceitos ainda mais complicados (como o de tempo e espaço) – resta claro que categorizações temporais diferentes implicam diferenças relevantes na construção

---

74 Cfr. AMSTERDAM e BRUNER, 2002: 111.

75 *Idem, ibidem*: 135.

76 *Idem, ibidem*: 19.

77 *Idem, ibidem*: 28.

78 *Idem, ibidem*: 37.

79 *Idem, ibidem*: 27.

80 Para essa análise cfr. sobretudo AMSTERDAM e BRUNER, 2002: 19, além dos exemplos amplamente analisados *ibid.*: 55.

das narrativas. Uma coisa é dizer, por exemplo, que o fato F2 ocorreu um segundo ou cinco minutos depois do fato F1; outra, completamente diferente, é dizer que F2 ocorreu seis meses, um ano ou dez anos depois de F1. Tratar-se-ia de narrativas completamente diferentes sobre a ocorrência dos dois fatos. Analogamente, uma coisa é dizer que F1 e F2 ocorreram no mesmo *lugar*, e outra, completamente diversa, é dizer que F2 ocorreu a um metro, um quilômetro ou dez mil quilômetros de F1. A variação das distâncias leva a que se narrem histórias completamente diferentes.

Outro exemplo interessante, que se verifica frequentemente no contexto processual, concerne à causalidade. A causa é um dos conceitos de uso mais frequente (no direito[81] e em todos os outros campos de experiência), sendo há muitos séculos objeto de discussões filosóficas e científicas (que naturalmente não podem ser aqui repercutidas). Na perspectiva da construção de narrativas é provavelmente mais interessante considerar a causalidade como um modelo mental,[82] ou como um «modelo cognitivo idealizado»,[83] ou seja, como um esquema psicológico utilizado comumente com o fim de dar forma à conexão entre eventos. Todavia, se dizemos que o comportamento de A provocou dano físico a B, estamos falando de uma causalidade direta e específica, visto que descrevemos dois acontecimentos particulares e individuais e afirmamos que um desses é a causa efetiva, concreta e imediata do outro.[84] Se, ao invés disso, dizemos que o fato F1 pode fazer com que aumente em certa medida a probabilidade de acontecimentos do tipo F2 em uma dada população, estamos falando da assim chamada causalidade geral, que é um conceito de causalidade completamente diferente e que – na melhor das hipóteses – pode ser expresso somente em termos de probabilidade de ocorrência de F2 em presença de F1.[85] Essas são narrativas completamente diferentes: a primeira funda-se corretamente na categoria de causa (entendida como uma conexão direta entre dois eventos), enquanto a segunda deveria ser mais corretamente expressa em termos de probabilidade estatística. Formular a primeira narrativa em termos de probabilidade seria errado e desorientador, visto que sugeriria a impressão de uma forte conexão entre fatos específicos que em realidade não existe. Formular a primeira narrativa em termos de probabilidade seria também desorientador, visto que sugeriria a existência de somente uma conexão provável entre os dois eventos, ao invés de uma causação direta. Se, além disso, eventos do tipo F1 e do tipo F2 verificam-se em uma dada população, mas não se descobre qualquer ligação particular entre esses, isso significa que sua mera

---

81 Cfr., p. ex., o clássico estudo de HART e HONORÉ, 1959, e, em particular, STELLA, 1990.

82 Cfr. JOHNSON e LAIRD, 1999: 67.

83 Cfr. WINTER, 2001: 88, 93, 105.

84 Sobre o conceito de causalidade específica ou individual cfr. TARUFFO, 2006a: 107; STELLA, 2003: 339; GREEN, FREEDMAN e GORDIS, 2000: 381.

85 Sobre o conceito de causalidade geral cfr. TARUFFO, 2006a: 107; STELLA, *op. ult. cit.*: 291; GREEN, FREEDMAN e GORDIS, 2000: 374, 383.

conexão não pode ser propriamente descrita nem em termos de probabilidade nem – muito menos – em termos de causalidade:[86] descrições feitas assim distorceriam o significado dos dados fornecidos pela ciência, sendo, portanto, falsas.

Se se combinam todas as possíveis variações de conexões temporais, espaciais, causais e não causais, o que disso resulta claramente é a existência de um grande número de narrativas possíveis, relativas à ocorrência conjunta de F1 e F2. Muitas dessas narrativas podem ser mais coerentes e plausíveis do que outras; algumas podem ser verdadeiras e algumas podem ser falsas. De qualquer modo, empregos diversos das categorias não podem produzir outra coisa senão narrativas diferentes.

b) *Construção linguística, semântica e lógica.* Naturalmente a qualidade de uma narrativa funda-se no emprego correto da linguagem em que essa é formulada: uma história mal contada, cheia de erros de gramática e de sintaxe, pode ser realmente impossível de se entender. Igualmente óbvio é o requisito da correção semântica: há regras elementares (que não requerem ulteriores análises) que impõem, por exemplo, que as palavras sejam utilizadas em seu significado apropriado e que sejam evitadas modificações do significado do termo durante a narrativa. A mesma coisa pode ser dita a propósito das regras de coerência lógica, como aquelas que pregam que devem ser evitadas contradições, lacunas na argumentação e na descrição de eventos conexos, bem como o emprego de inferências não justificadas. Se pensarmos em um texto de literatura experimental podemos admitir que algumas dessas regras (ou todas) sejam colocadas à parte; essas, entretanto, devem ser seguidas em um texto que pretende ser uma narrativa descritiva de um fato ou de um conjunto de fatos.

Há, todavia, um aspecto da construção linguística e semântica que requer algumas observações adicionais. Twining frisa que as narrativas geralmente descuidam da distinção entre fato e valor.[87] Essa, entretanto, é uma das questões mais importantes que concernem à construção das narrativas processuais: segundo a Grande Distinção, devida a Hume, os enunciados que descrevem fatos devem ser rigorosamente diferentes dos juízos de valor: um não pode ser derivado do outro. Essa distinção é inevitável (e não somente por razões de caráter filosófico), não obstante sua difícil aplicação prática – seja porque o direito frequentemente define os fatos em termos valorativos,[88] seja porque frequentemente as pessoas não entendem a diferença entre fato e valor. Todavia, seria preciso ter sempre presente que os enunciados descritivos são

---

[86] Sobre o conceito de mera conexão cfr. Kaye e Freedman, 2000: 91, 94; Rubinfeld, 2000: 183,185; Green, Freedman e Gordis, 2000: 336.

[87] Cfr. Twining, 2006: 312, 335, 336.

[88] Sobre esse problema v. mais amplamente Taruffo, 1992: 105; 1985: 45. Cfr. também Wroblewski, 1983: 108.

apofânticos (ou seja, verdadeiros ou falsos) e, portanto, pode-se provar sua veracidade ou falsidade. Os enunciados que exprimem juízos de valor são *não apofânticos*: podem ser compartilhados e justificados, ou criticados e rejeitados, mas não se pode provar sua veracidade ou falsidade. Em termos jurídicos e processuais isso significa que somente os enunciados que descrevem fatos (ou seja, somente as partes fáticas de uma narrativa) podem ser objeto de prova, enquanto os enunciados valorativos (ou seja, os aspectos valorativos de uma narrativa) não podem ser objeto de prova. Por exemplo: uma coisa é dizer que a velocidade de um veículo era «excessiva», e outra coisa é dizer que essa «superava o limite de 50 quilômetros por hora». Esse segundo enunciado é «fático», podendo ser objetivamente verificado por um medidor de velocidade; o primeiro, por sua vez, exprime uma valoração puramente subjetiva, que pode também ser compartilhada por diversas pessoas, mas não pode ser objetivamente verificada. O segundo enunciado é objeto de prova, enquanto o primeiro é objeto de valoração.[89] Na medida em que uma narrativa pretende ser verdadeira (merece ser tomada como verdadeira ou deve ser considerada verdadeira porque confirmada por provas suficientes) a diferença entre enunciados descritivos e enunciados valorativos está claramente pressuposta. Essa diferença é importante no contexto processual de muitos pontos de vista. Por exemplo: geralmente a testemunha ordinária (que não é especialista) não pode exprimir as suas valorações pessoais sobre os fatos que está narrando. Em termos mais genéricos, a relevância das provas é estabelecida com base na possibilidade de que essas forneçam informações relativas à veracidade ou à falsidade de um enunciado, o que implica que as provas devem ter relação com fatos, não com valorações. Consequentemente, narrar um acontecimento em termos valorativos, ao invés de fazê-lo em termos descritivos, significa narrar um acontecimento diferente, que não pode constituir objeto de prova.

c) *Construção social ou institucional*. Mesmo não sendo necessário concordar totalmente com o ataque de Ian Hacking à «construção social» de qualquer coisa,[90] é necessário reconhecer que em inúmeras situações, tanto na vida cotidiana como no âmbito do processo, deparamo-nos com fatos materiais. Um acidente de trânsito, um ferimento ou a morte de uma pessoa são acontecimentos materiais «brutos», antes de serem o fundamento jurídico de uma demanda de ressarcimento de danos, e antes de serem «construídos» de qualquer outro modo.[91] Ocorre com frequência, todavia, que os fatos da experiência cotidiana (e em particular os fatos de que se trata em um processo)

---

89 Uma velocidade de 30 quilômetros por hora pode ser considerada por alguém excessiva em circunstâncias particulares, ainda que o limite seja de 50 quilômetros.

90 Cfr. Hacking, 1999.

91 Para uma discussão crítica das teorias que afirmam que os fatos não são outra coisa senão construções sociais, cfr. Hacking, 1999: 23, 80.

sejam *institucionais*, ou *socialmente construídos*,[92] não obstante frequentemente fundados em acontecimentos «brutos» que se colocam logicamente antes da sua qualificação institucional.[93] No conhecido exemplo de Searle, o pedaço de papel verde é uma nota de 100 dólares não em função da sua realidade empírica, mas em função das convenções sociais, jurídicas, institucionais e organizativas em virtude das quais é «considerado» uma nota de 100 dólares.[94] Considerações análogas podem ser feitas a propósito de muitos fatos relevantes em um processo: por exemplo, se pensamos na transferência dos assim chamados derivativos financeiros, ou nas transações estipuladas via internet, estaremos pensando em fatos que podem ter relevância jurídica – e, portanto, devem ser apurados em juízo – mas que têm uma base empírica muito reduzida (partindo do pressuposto de que tenham uma). Nessas situações, descrever e narrar um fato requer necessariamente que sejam determinadas também as dimensões sociais e institucionais desse, mesmo se isso significar ir muito além da sua realidade empírica.

d) *Construções culturais*. Em um sentido muito genérico, a construção de uma narrativa é em si mesma *cultural*: categorias, linguagem e construções sociais são parte da cultura de cada narrador. Há, todavia, um sentido mais específico, no qual a construção de uma narrativa é cultural: qualquer narrativa funda-se em uma cultura e é construída através de uma cultura (compreendida como conhecimento do mundo). Portanto, a coerência de uma narrativa pode ser definida em termos de sua correspondência aos modelos narrativos existentes no *stock of knowledge* que constitui o conteúdo daquela cultura.[95] Como frisa Twining, as narrativas fazem continuamente referência ao *stock of knowledge* que representa o pano de fundo cultural de cada narrador.[96] De certo modo esse *stock of knowledge* pode ser compreendido como equivalente ao senso comum ou à cultura média,[97] ou àquela que Umberto Eco definiu como a Enciclopédia Média (aludindo a todos os conteúdos que pertencem a uma determinada cultura). Trata-se, de qualquer modo, de um «conjunto de coisas» extremamente vago, indeterminado, variável e incerto. É evidentemente impossível defini-lo, sobretudo por causa da vagueza e variabilidade dos seus conteúdos. Todavia, alguns aspectos dos «conhecimentos» contidos no *stock* merecem algumas observações adicionais.

---

92 Para uma visão geral sobre a distinção entre fatos «brutos» e fatos «institucionais» cfr. SEARLE, 1996: 36; MACCORMICK e WEINBERGER, 1986. Para uma teoria geral dos fatos institucionais cfr. SEARLE, 1996: 130.

93 Sobre a prioridade lógica dos fatos «brutos» cfr. SEARLE, 1996: 67, 138.

94 Cfr. SEARLE, 1996: 38, 41, 47, 93.

95 Para essa definição cfr. JACKSON, 1998: 59.

96 Cfr. TWINING, 2006: 310, 335, 338, 443.

97 Sobre essas noções v. mais amplamente TARUFFO, 2002: 121.

Antes de mais nada, é necessário frisar que no meio desse conjunto desordenado de «conhecimentos» há muitas coisas que são de fato conhecimentos em sentido próprio. Segundo Twining trata-se de um conjunto de «*ill-filled agglomerations of belief*», que consistem tipicamente em uma «*complex soup of more or less well-grounded information, sophisticated models, anecdotal memories, impressions, stories, myths, proverbs, wishes, stereotypes, speculations and prejudices*».[98] Esse não é composto por proposições particulares, empiricamente verificadas e bem articuladas.[99] Essa *soup* inclui alguns ingredientes que requerem consideração mais aprofundada. Primeiramente: os *preconceitos*. O senso comum é cheio de preconceitos sexuais, raciais, religiosos, étnicos e até mesmo profissionais, que – segundo Schauer – são convicções não justificadas sobre as pessoas; fundam-se, geralmente, em generalizações estatísticas, carentes de fundamento.[100] Esses podem incidir acentuadamente na construção das narrativas, sendo especialmente perigosos sobretudo porque podem ser eficazes no sentido de tornar as narrativas particularmente coerentes e confiáveis para aqueles que compartilham dos mesmos preconceitos. Desse modo, os fatos podem ser substancialmente distorcidos e manipulados, mas a narrativa pode parecer muito persuasiva a um público igualmente *biased*.[101]

A *soup* é composta também por «tramas» (*scripts*). Essas incorporam as expectativas e as práticas consideradas normais em uma determinada cultura; exprimem os modos normais nos quais as pessoas comportam-se (e nos quais se espera que se comportem) na vida cotidiana ordinária.[102] Muitos aspectos do conhecimento de base de uma cultura são organizados em tramas, que frequentemente estão escondidas no interior da narrativa e estão implícitas, ao invés de explícitas.[103] Por conseguinte, as tramas exprimem a ideia de «normalidade» existente em determinada cultura: são usadas para organizar os fatos segundo esquemas normais de eventos ou de comportamentos. Trata-se também aqui de instrumentos que podem ser muito eficazes para manipular os fatos: esses não são narrados do modo como efetivamente ocorreram, mas são «reconduzidos à normalidade», porque desse modo podem parecer mais familiares a um público que compartilha da mesma concepção daquilo que é normal e daquilo que é anormal. Isso não implica somente que os acontecimentos sejam organizados em uma sequência predefinida; são também interpretados segundo um modelo predeterminado e – visto que a referência à normalidade é mais prescritiva do que descritiva[104] – têm também o efeito de

---

98 Cfr. Twining, 2006: 338.

99 *Idem, ibidem.*

100 Cfr. Schauer, 2003: 15.

101 Cfr. Menashe e Shamash, 2005: 11.

102 Cfr. Amsterdam e Bruner, 2002: 121; Menashe e Shamash, 2005: 13.

103 Cfr. Amsterdam e Bruner, *ibidem.*

104 Cfr. em particular Hacking, 2004: 160, 163.

induzir a uma espécie de juízo moral: aquilo que é apresentado como normal é bom, enquanto aquilo que é apresentado como anormal é ruim. Não se trata, portanto, de um meio para informar um destinatário sobre a verdade de algo: trata-se de um instrumento para condicionar as razões do destinatário.

Outros ingredientes importantes da *soup* são os *estereótipos* e os *perfis*.[105] Segundo Schauer, esses concernem sobretudo a pessoas, como «a mulher fiel», «o marido infiel», «o policial corrupto», «o motorista negro»,[106] «o estuprador negro», «o contrabandista de drogas sul-americano»,[107] «o terrorista islâmico»,[108] e assim por diante. Estereótipos e perfis são normalmente fundados em generalizações grosseiras, e, portanto, têm uma quantidade de defeitos. Às vezes as generalizações que estão à base dos estereótipos e perfis são justificadas e, portanto, podem ser úteis – pelo menos em alguma medida – para orientar decisões e valorações.[109] Esses estereótipos ou perfis poderiam ser, então, corretamente usados para construir narrativas. Em muitos casos, entretanto – e talvez na maior parte desses (em particular naqueles que têm a ver com a raça, o gênero e as tendências sexuais) – os estereótipos são tipicamente fundados em generalizações estatísticas incorretas;[110] não correspondem, portanto, a qualquer realidade concreta. De fato esses não têm como finalidade fornecer um retrato preciso de uma pessoa específica; são, ao invés disso, usados como um meio para reconduzir pessoas ou comportamentos específicos a «tipos» bem conhecidos, ou seja, como instrumentos que reduzem a especificidade das pessoas e dos comportamentos com a finalidade de simplificar a compreensão e a descrição da realidade. Utilizar estereótipos, com efeito, equivale a usar uma espécie de leito de Procusto, ou seja, esticar as pernas das pessoas de pequena estatura e cortar as das pessoas altas, com o fim de fazer com que elas correspondam a uma estatura preestabelecida.[111] Quando isso acontece, aquele que conta os fatos cai na *falácia narrativa*, visto que distorce os fatos para colocá-los à força em uma estrutura narrativa culturalmente familiar.[112] Nenhuma surpresa, então, se o termo «estereótipo» tem uma conotação negativa.[113] Por conseguinte, na medida em que uma narrativa é fundada em estereótipos, provavelmente não pode ser considerada como uma descrição fiel de acontecimentos reais: tende, pelo contrário, a tornar-

---

105 Esses dois ingredientes podem ser considerados um conjunto, pois constituem dois aspectos do mesmo fenômeno: na realidade, a atividade chamada *profiling* pode produzir tanto perfis como estereótipos. Sobre esses temas cfr. em particular Schauer, 2003: 138, 155.

106 Cfr. Schauer, 2003: 191.

107 *Idem, ibidem:* 167.

108 *Idem, ibidem:* 181.

109 *Idem, ibidem:* 76.

110 *Idem, ibidem:* 22, 138, 144, 151.

111 *Idem, ibidem:* 199.

112 Cfr. Menashe e Shamash, 2005: 17, 19, 20, 27.

113 Cfr. Schauer, 2003: 17.

se uma espécie de idealização de personagens típicos que se comportam em modos típicos, como na *commedia dell'arte*.

Talvez os ingredientes mais importantes e problemáticos da *soup* sejam as generalizações de senso comum, ou de *background*. Essas são necessárias em cada passo da argumentação sobre as provas e os fatos, visto que em muitos casos constituem a premissa das inferências que ligam informações e fatos. Como diz David Schum, essas são a «cola» que mantém unida a argumentação inferencial.[114] O problema é que o *status* epistêmico dessas generalizações é geralmente vago e indeterminado: em realidade, essas podem ser racionais ou irracionais, boas ou ruins, dependendo de terem ou não um suporte cognoscitivo adequado.[115] Em alguns raros casos essas são vulgarizações de leis científicas ou de generalizações válidas produzidas pela ciência. Nesses casos – imaginando que a tradução da ciência ao senso comum não tenha alterado ou distorcido o conhecimento científico original – essas são gerais[116] e podem ter um grau elevado de confiabilidade. O caso normal, todavia, é aquele de generalizações que não têm, na realidade, caráter geral.[117] Essas generalizações podem ter uma base estatística válida, e, nesse caso, podem ter um grau considerável de confiabilidade. Na maior parte dos casos, entretanto, não têm um fundamento estatístico confiável, sendo fundadas somente no senso comum. Em outros termos, são generalizações *espúrias*,[118] já que fundadas nas corretamente definidas como «*fireside inductions*» – a fim de frisar que essas não têm fundamento empírico algum, nascendo de «conversas fiadas». Isso significa que essas não são justificadas, que seu significado é vago, que sua generalidade é duvidosa e que podem ser contrariadas por outras generalizações de senso comum ou por diversos casos particulares.[119]

Em algumas áreas da cultura jurídica europeia existe há tempos a tendência a conceituar a noção de generalizações de senso comum, com o escopo de lhes atribuir um *status* epistêmico menos vago, referindo-se à «experiência» em que essas deveriam se fundar. O conceito fundamental em questão é o de «máxima de experiência», originalmente formulado por Friedrich Stein no âmbito de uma concepção silogista do juízo de fato.[120] Esse conceito difundiu-se em algumas áreas da cultura processualista, como na Itália, na Alemanha e, em alguma medida, na Espanha. Parece, entretanto, mais desorientador do que útil: tende, de fato, a dar a impressão de que as máximas exprimem generalizações universais (ou pelo menos fundadas no *id quod plerumque accidit*),

---

[114] Cfr. Schum, 1994: 82, 109.

[115] Sobre essas distinções cfr. por exemplo Schauer, 2003: 7, 132.

[116] Cfr. *Ibidem*: 7.

[117] Cfr. *Ibidem*: 9.

[118] Sobre esse conceito cfr. Schauer, 2003: 11.

[119] Cfr. Twining, 2006: 335.

[120] Cfr. Stein, 1893: 16 ss.

podendo, portanto, embasar inferências capazes de produzir conclusões dedutivamente certas (ou pelo menos próximas à certeza). Essa impressão é, entretanto, falaciosa, pois em muitos casos as noções formuladas nas máximas de experiência não exprimem qualquer generalização fundada em alguma base cognoscitiva; ao invés disso, exprimem nada mais do que clichês, preconceitos e estereótipos, consolidados em alguma medida no senso comum (que não correspondem, contudo, a qualquer conhecimento efetivo de algo).[121] O conceito de máxima de experiência nasce da confusão entre generalidade e generalização, tendendo a atribuir um caráter de generalidade – e, às vezes, de universalidade – a meras generalizações, que na maior parte dos casos são carentes de fundamento.[122]

Por fim, outro ingrediente importante e frequentemente usado é constituído pelas *quantificações estatísticas* ou *probabilísticas* não justificadas e não verificadas. Quando os dados estatísticos são usados corretamente e as possibilidades (bayesianas ou não bayesianas) são calculadas de modo apropriado, não surgem problemas particulares, e os fatos podem ser apurados através de inferências válidas.[123] As dificuldades surgem quando – talvez na tentativa de parecer «científico» – alguém se exprime em termos de frequência e de probabilidade, atribuindo valores numéricos e percentuais a qualquer coisa, em uma série de situações em que, em realidade, não se dispõe de quantificações numéricas ou frequências estatísticas confiáveis. Sabe-se bem (sobretudo depois da fundamental análise de Nisbett e Ross[124]) que os seres humanos são normalmente incapazes de quantificar corretamente sua experiência: probabilidades erradas e frequências estatísticas inventadas estão entre as fontes mais importantes e frequentes de falácias heurísticas no discurso comum. O mesmo erro verifica-se quando uma máxima de experiência é formulada em termos estatísticos ou probabilísticos[125] (talvez em formas vagas, do tipo «a maior parte das pessoas faz assim»), sem que haja fundamento algum para uma quantificação similar.

Por conseguinte, as generalizações de senso comum são necessárias, mas perigosas.[126] Todavia, essas podem ser mais ou menos perigosas, ou não ser nada perigosas, dependendo do tipo de narrativa e do modo em que são usadas.

---

[121] Sobre o conceito de máxima de experiência v. mais amplamente (e para posteriores referências) TARUFFO, 2002a: 140.

[122] Ver VAN ZANDT, 1991: 795; TARUFFO, 2002: 132.

[123] O emprego de provas estatísticas e de inferências probabilísticas constitui tema complexo que não pode ser aqui discutido. Cfr., por exemplo, SCHUM, 1994; FAIGMAN, KAYE, SAKS, SANDERS e CHENGS, 2002a: vol. 2; FEDERAL JUDICIAL CENTER, 2004: 341, 435; GREEN, FREEDMAN e GORDIS, 2000: 183, 333; TILLERS E GREEN, 1988; FROSINI, 2002; TARUFFO, 1992a: 166.

[124] Cfr. NISBETT e ROSS, 1989: 91, 123.

[125] Cfr. p. ex. KOCH e RÜSSMANN, 1982: 285, 308, 332.

[126] Cfr.TWINING, 2006: 334. A inevitabilidade do recurso a generalizações em qualquer tipo de decisão e, em particular, nas decisões judiciais, é a tese fundamental de SCHAUER, 2003.

É possível que em um romance histórico faça-se referência à experiência, executada por sujeitos que vivem em outra época, do Sol que gira ao redor da Terra, mas seria muito estranho que tal referência constasse em uma narrativa processual atual. Os indícios de bruxaria podem ser descritos em um romance medieval, mas seria muito inusitado falar desses em uma narrativa processual moderna – o adjetivo «moderna» é necessário, pois, por muitos séculos, e nos Estados Unidos até o ano de 1693, como no processo das bruxas de Salem, as narrativas processuais eram cheias de bruxas, ou seja, de personagens criados pela cultura da época.[127]

Em contextos judiciais o perigo inerente ao uso de generalizações de senso comum deve ser evitado na maior medida possível. Por exemplo, não devem ser invocadas quando são negadas pela ciência, por evidência empírica específica ou por provas disponíveis no caso concreto. Adicionalmente, uma máxima de experiência tampouco deve ser invocada quando – como normalmente ocorre – se contradiz com outras máximas, ou quando não seja adequada aos fatos particulares a que se refere. Em geral, ademais, as narrativas baseadas em generalizações de senso comum devem estar fundadas no terreno relativamente sólido do melhor conhecimento disponível na cultura social a que se faz referência.[128]

Em suma, o *stock of knowledge* que constitui a base inevitável para a construção cultural das narrativas apresenta diversos aspectos que sugerem extremo cuidado e cautela na sua construção e valoração. Naturalmente essa cautela é necessária quando se levam em consideração as narrativas processuais, partindo do princípio de que essas deveriam ser orientadas à descrição de acontecimentos reais; obviamente não é necessária cautela alguma quando se fala de narrativas literárias.

O primeiro desses aspectos deriva do fato de que – conforme já dito – muitos dos conhecimentos incluídos no *stock* não são de fato conhecimentos, a não ser que mitos, preconceitos e generalizações infundadas sejam assim considerados. A utilização de qualquer coisa tirada do senso comum para a construção de narrativas pode ser vantajosa para construir um romance plausível, mas não é um método confiável para construir narrativas processuais. A credibilidade dessas narrativas depende de que essas se fundem em conhecimentos válidos. Naturalmente um relativista poderia dizer que um conhecimento é válido somente dentro de um contexto cultural específico, mas em resposta poder-se-ia dizer que o problema, então, está em escolher o contexto social apropriado. Se escolhermos um contexto cultural em que a bruxaria existe, poderemos nos encontrar facilmente fora da cultura ocidental

---

127 Cfr. p. ex. os casos minuciosamente analisados por Hoffer (1997) e por Merlo (2006).

128 Ver Wagenaar, van Koppen e Crombag, 1993: 61, 73, 237.

moderna; isso criaria alguns problemas se voltássemos a queimar bruxas com base em decisões judiciais.

Outro aspecto relevante é que o *stock* está bem longe de ser um conjunto claro, ordenado e coerente de conhecimentos. É justamente o contrário: na *soup* existe um número infinito de coisas que se contradizem reciprocamente. Provérbios, mitos e outros jamais formam uma composição coerente: no imenso estoque do conhecimento comum cada um pode achar aquilo que quiser. Isso significa que do mesmo *stock* podem-se obter muitos materiais diferentes, que servem para construir um número indeterminado de histórias diferentes e mesmo contraditórias sobre os mesmos fatos. Muito da indeterminação do *stock* deriva do fato de que esse muda com o tempo, frequentemente, de modo substancial e, às vezes, muito rapidamente. Provavelmente poucas pessoas compartilham hoje em dia daquela, que era a convicção geral, de que a Terra é plana ou da existência e dos hábitos das bruxas. Felizmente o estereótipo do italiano que come somente massa e pizza enquanto toca bandolim está desaparecendo, assim como aquele do chinês pequeno de estatura que vende gravatas na rua. Mesmo estereótipos que tiveram grande influência, como «Bush, o Grande Governante», estão desaparecendo rapidamente do panorama político. Por outro lado, novos ingredientes da *soup* emergiram e se difundiram em escala global: basta pensar na internet, na cozinha chinesa e, mais recentemente, no *sushi*, nos celulares, na oximórica *new age*, na moda étnica, e assim por diante[129].

Outro aspecto interessante é que se se pensasse, mesmo que somente por um momento, na existência de um só *stock* de conhecimentos, isso seria uma abstração. Desde sempre existem diferentes contextos culturais, e cada cultura teve e ainda tem o seu próprio *stock* de conhecimentos. É, ainda, verdade que na «sociedade horizontal»[130] de que fala Friedman existem forças muito potentes que criam estratos de uma cultura globalizada bastante uniforme; entretanto, é também verdade que muitas sociedades atuais são multiétnicas e multiculturais. Diversas culturas existem no mesmo lugar e ao mesmo tempo; cada uma dessas tem os seus valores, as suas regras, os seus estereótipos, os seus mitos e as suas formas de conhecimento. Em cidades como Londres ou Nova Iorque, como em muitas cidades europeias, nenhum sociólogo sério seria capaz de apontar e descrever um específico *stock* de conhecimentos, nem poderia identificar uma só cultura. Em realidade, para imaginar a imensa riqueza e variedade daquilo que uma sociedade moderna conhece, seria necessário, talvez, pensar em um *stock* composto por vários *stocks* de conhecimentos.[131]

---

129 Em termos gerais sobre esses fenômenos, cfr. Friedman, 1999.

130 Ver, novamente, Friedman, 1999.

131 Para considerações análogas cfr. Twining, 2006: 444.

Há, enfim, outro aspecto que merece ser frisado, sobre os riscos que o emprego descuidado do *stock of knowledge* comporta. Esse deriva do fato de que nele existem esquemas narrativos, como estereótipos, *scripts*, máximas de experiência, e assim por diante, que são «hegemônicos»; isso por serem produzidos e impostos, no âmbito do senso comum e da opinião pública, dos grupos de poder cultural, econômico, político ou religioso – que, para que conste, são hegemônicos em um determinado contexto social. Os esquemas narrativos hegemônicos têm o efeito de impor como «normais» as situações, os comportamentos e os critérios de valoração configurados como positivos e dignos de aprovação por grupos sociais que compartilham deles e os impõem, valorando, pois, negativamente todas as situações ou comportamentos que não correspondam a esses esquemas. Deriva disso que uma aplicação acrítica desses pode determinar uma falácia narrativa consistente em adotar critérios e modalidades de reconstrução e de interpretação dos fatos que implicam manipulações mesmo substanciais da realidade: o êxito dessa manipulação pode consistir ou em excluir a consideração de fatos relevantes (pois esses não correspondem aos esquemas hegemônicos), ou em levar em consideração fatos inexistentes (mas impostos pela referência a esses esquemas) – ou mesmo em uma mistura de ambas as coisas. Parece, por conseguinte, evidente que a incidência dos esquemas hegemônicos traduz-se em uma distorção também relevante dos fatos narrados.

4. AS PARTES E O TODO

A conexão necessária entre as partes (palavras, frases, parágrafos) e o todo de um texto é assunto clássico no âmbito da hermenêutica. A passagem dialética contínua das partes ao texto inteiro, e do texto inteiro às suas partes (o assim chamado círculo hermenêutico), é a dinâmica fundamental de toda interpretação, como já esclarecera Schleiermacher, e como posteriormente analisou Gadamer no clássico *Wahrnheit um Methode.*[132] Os princípios gerais da hermenêutica podem ser obviamente aplicados também na interpretação das narrativas jurídicas e, em particular, das narrativas processuais. Portanto, o significado das partes singulares de uma história pode ser determinado somente com referência à totalidade do texto, e o significado geral da história pode ser interpretado somente com referência a todas as suas partes. Usando ainda a metáfora do mosaico, pode-se dizer que o significado de cada peça de vidro é determinado por sua posição no desenho final, mas o significado do mosaico em sua totalidade é determinado pelas cores e pela posição de cada peça.

Com algumas adaptações secundárias, o que é dito sobre a interpretação de um texto pode ser dito também sobre sua redação. Um escritor sabe que o

---

[132] Cfr. Gadamer, 1972: 188, 194, 296.

significado de cada parte daquilo que escreve depende do conjunto do texto, e que o significado geral do texto é determinado pelas suas partes.[133] Essas observações um tanto banais podem dizer respeito também às narrativas processuais: o sujeito que constrói uma narrativa dos fatos da causa está compondo as diversas partes do acontecimento, em um texto em que cada parte (enunciado relativo aos acontecimentos, ações e circunstâncias específicas) assume um significado; esse é determinado também pelo contexto da narrativa em seu todo, que – por sua vez – é uma combinação ordenada e coerente de enunciados particulares. Conforme anteriormente dito, constrói-se uma narrativa justamente para atribuir significado a um conjunto fragmentário de pedaços de discurso.

O tema da «história completa» está na base da concepção holística das narrativas processuais; proposta, em contraste com os ordenamentos analíticos ou atomistas em matéria de provas, sobretudo no âmbito da psicologia social, refere-se especificamente ao modo com que se supõe que os júris formulem suas decisões sobre fatos. As pesquisas empíricas realizadas em particular por Bennet e Feldman[134] e por Pennington e Hastie[135] parecem confirmar a conclusão de que os júris não se empenham em análises detalhadas dos fatos e das provas que lhes competem, mas usam tipicamente «histórias», com o escopo de organizar os elementos de prova apresentados na audiência.[136] Portanto, os jurados chegam às suas conclusões sobre os fatos valorando a plausibilidade de «histórias completas» relativas aos próprios fatos,[137] sem desenvolver qualquer raciocínio analítico sobre circunstâncias específicas ou sobre elementos singulares de prova. Em outras palavras, os júris norte-americanos estabelecem essencialmente a «verdade» dos fatos,[138] mais que valorando criticamente as informações oferecidas pelas provas, construindo e confrontando narrativas. Há, ainda, quem diga que não só isso ocorre, como – aliás – é um método positivo e recomendável para a formulação das decisões sobre fatos.[139]

O valor descritivo da teoria holística não está aqui em discussão e pode ser reconhecido:[140] ao fim e ao cabo, pode muito bem acontecer de os jurados

---

[133] De qualquer modo, a vontade do autor, e sua interpretação do texto, não é relevante para o significado do texto, que é determinado somente pela interpretação. O autor não é um intérprete privilegiado, e sua interpretação não é vinculante. A propósito cfr. por todos GADAMER, 1972: 196.

[134] Cfr. BENNETT e FELDMAN, 1981. Cfr. também JACKSON, 1988a: 61.

[135] Cfr. PENNINGTON e HASTIE, 1991: 519; PENNINGTON, 1993; HASTIE, PENROD e PENNINGTON, 1983.

[136] Cfr. TWINING, 2006: 368; PARDO, 2000: 399.

[137] Cfr. TWINING, 2006: 334; MENASHE e SHAMASH, 2005: 5.

[138] Cfr. TWINING, 2006: 336.

[139] Cfr. HAREIRA, 1986: 79.

[140] Para uma apreciação crítica cfr., de qualquer modo, JACKSON, 1988a: 65, 71.

comportarem-se justamente do modo que a teoria fala. Isso não significa, todavia, que essa teoria mereça ser tomada como um modelo prescritivo para a formulação das decisões sobre os fatos, e muito menos que possa ser considerada como uma teoria geral da decisão judicial.[141]

Por um lado, conforme já dito, as narrativas são meios necessários e inevitáveis para compor fatos fragmentados e elementos de prova em um contexto ordenado e plausível. Em síntese: as histórias são necessárias para interpretar as informações disponíveis e para reconstruir a realidade à qual se referem. Se a teoria holística for compreendida nesse sentido «fraco», é aceitável, mas não acrescenta nada de relevante às concepções correntes da decisão judicial: que o juiz do fato deva compor fatos e provas em um todo possivelmente coerente de enunciados que se referem aos fatos da causa é óbvio.[142] Todavia, os defensores da teoria holística propõem-na como modelo em um sentido muito mais «forte», segundo o qual a decisão sobre os fatos deve ser concebida e formulada somente como uma escolha entre narrativas concorrentes consideradas como «totalidades», ou seja, evitando qualquer consideração atomista ou analítica dos fatos e qualquer valoração dos elementos de prova.[143] Nessa versão a teoria holística é, sem dúvida, discutível, sobretudo quando frisa que as narrativas são insuscetíveis de verificação no que tange à realidade das situações que descrevem,[144] pois os júris decidem com base em sua plausibilidade, não em sua veracidade. Uma abordagem crítica resulta ainda justificada se se considerar que uma narrativa pode incluir fatos inventados ou carentes de fundamento,[145] sobretudo quando se lê que a função das histórias consiste em *preencher as lacunas* deixadas por provas incompletas ou insuficientes sobre os fatos relevantes.[146] Algo similar é afirmado também por Neil MacCormick, quando diz que a coerência da narrativa é útil para estabelecer a verdade, ou a probabilidade, de um fato do qual não se tem demonstração probatória direta.[147]

É claro que, nessa perspectiva, as provas empíricas e a análise lógica têm um papel secundário no controle sobre a completude e a coerência da narrativa,[148] sendo o valor das provas difícil de determinar.[149] Os perigos do

---

[141] Para críticas articuladas a propósito cfr. em particular DAMAŠKA, 1990: 91; TARUFFO, 1992a: 281.

[142] De maneira mais ampla a propósito cfr. TARUFFO, *op. ult. cit.*: 282.

[143] Sobre essa versão da teoria em exame, e para ulteriores referências, cfr. TARUFFO, *op. ult. cit.*: 283.

[144] Nesse sentido cfr. BENNETT e FELDMAN, 1981: 33; e em sentido crítico cfr. TWINING, 2006: 308.

[145] Cfr. TWINING, 2006: 336.

[146] Cfr. TWINING, 2006: 308, 336, 337.

[147] Ver MACCORMICK, 1984b: 48. Cfr. também JACKSON, 1988a: 18.

[148] Cfr. ainda TWINING, 2006: 308.

[149] Cfr. MENASHE e SHAMASH, 2005: 26.

story-telling no âmbito do processo incluem ainda outros aspectos negativos, como, por exemplo, a referência a preconceitos e estereótipos escondidos e o emprego de linguagem indevidamente emotiva e analogias impróprias.[150] Vale à pena, todavia, frisar aqui os fatores que podem levar à construção de narrativas que têm pouco ou nada a ver com a verdade dos fatos da causa. Essas narrativas podem se fundar em fatos irrelevantes,[151] ou em fatos inventados pelo narrador (sem qualquer fundamento racional ou probatório); podem ser usadas, ainda, para afirmar a existência de fatos que não foram provados justamente porque a falta de provas determinara uma lacuna na sequência de eventos narrada. Preencher as lacunas com o escopo de construir uma narrativa «completa» significa, em realidade, que fatos que não são verdadeiros (pois não há qualquer prova que demonstre sua existência) são apresentados como se verdadeiros fossem, simplesmente porque se inserem coerentemente no acontecimento narrado. Em síntese: se «falta» (por não ter sido provado) um fato que seria necessário para o desenvolvimento organizado do acontecimento, esse é simplesmente obtido no *stock of knowledge* de que o narrador dispõe e inserido na posição apropriada no interior do mosaico. Consequentemente, o mosaico do acontecimento parece coerente e completo, independentemente de quantas «peças» falsas tenham sido inseridas. Tudo isso significa, substancialmente, que não se pode esperar que essas narrativas em alguma medida sejam respeitosas à verdade dos fatos. A circunstância de serem holisticamente coerentes não acrescenta nada à sua falta de veracidade.

O problema sobre se esse é um argumento favorável ou contrário ao sistema do júri não pode ser discutido nessa sede. Todavia, é lícito duvidar da existência real de boas razões para sustentar ou preferir um sistema em que alguns sujeitos, no papel de juízes do fato, constroem narrativas que *a priori* não refletem a realidade dos fatos da causa. A teoria holística tem o mérito de jogar um pouco de luz nesses aspectos da narrativa, mas levanta o problema sobre se a plausibilidade geral de uma narrativa deve ser o único elemento que pode ou deve determinar a sua aceitação no âmbito da decisão.

5. NARRATIVAS BOAS E NARRATIVAS VERDADEIRAS

Como Susan Haack frisou recentemente, o mesmo fato pode ser objeto de muitas descrições verdadeiras.[152] Pode-se acrescentar, então, que do mesmo fato podem-se também fazer muitas – e talvez mais numerosas – descrições falsas, assim como sobre o mesmo personagem podem-se escrever muitas – e mais numerosas – biografias fantasiosas. Em certo sentido, isso constitui uma importante confirmação do fato de que o mesmo conjunto de acontecimentos

---

[150] Cfr. Twining, 2006: 336, e, analogamente, Menashe e Shamash, 2005: 5.
[151] Cfr. Twining, *ibidem*.
[152] Cfr. Haack, 1998: 157.

pode ser descrito em uma grande variedade de modos, verdadeiros e falsos. A observação de Haack é feita em termos epistemológicos gerais, e a de Borges coloca-se em um contexto literário; entretanto, ambas podem valer inclusive no contexto mais específico do processo: conforme visto mais acima, no processo há diversos narradores, podendo-se supor que todos narram histórias diferentes sobre o mesmo fato, o mesmo conjunto de fatos ou o mesmo sujeito. Entretanto, essa observação implica também que, quando há descrições diferentes do mesmo fato ou conjunto de fatos – não importando quantas sejam essas descrições – haja sempre razão para se questionar sobre quais descrições são verdadeiras (naturalmente partindo do pressuposto de que algumas possam sê-lo). Se isso vale no plano epistemológico geral, não há razões para julgar que não valha no contexto do processo, em que, todavia – conforme já acenado – é necessário utilizar um conceito particular de verdade: um enunciado que descreve um fato pode ser considerado verdadeiro se racionalmente confirmado pelas provas produzidas no processo.[153]

Por outro lado, entretanto, a teoria do *story-telling* geral e processual não fala de narrativas verdadeiras, mas somente de narrativas *boas.*[154] Em geral, a ideia de uma narrativa «boa» é obscura e ambígua, visto que uma narrativa pode ser boa em função de escopos diferentes.[155] De qualquer modo, é bastante fácil estabelecer quais são os requisitos de uma boa narrativa processual: ela deve ser plausível, coerente com o *stock of knowledge* típico da plateia a que se destina (e, portanto, «familiar» para essa), narrativamente coerente[156] – e, pois, *persuasiva.*[157] Todavia, uma objeção decisiva a essa teoria – assim como a qualquer teoria da verdade fundada na coerência do texto – é que narrativas coerentes e persuasivas podem ser completamente falsas.[158] Para se dar conta disso, basta pensar em um testemunho, que pode ser narrativamente coerente, mas falso, ou em uma sentença, que pode ser justificada de modo coerente, mas não corresponder às provas e, portanto, à realidade dos fatos: trata-se de claros exemplos da distinção fundamental entre a coerência (ou a persuasão) das narrativas e sua veracidade.

---

153 Cfr. Ferrer Beltrán, 2002: 61; Coloma Correa, 2006: 35, 50, 143.

154 Em uma perspectiva diferente cfr. Burns, 2005: 2, segundo o qual no processo é possível obter uma verdade que se coloque *para além* das narrativas.

155 Cfr. Twining, 2006: 340, n. 37.

156 O conceito de coerência, seja no sentido de *consistency* seja no sentido de *coherence* (que não são exatamente equivalentes, mas são frequentemente usados como se fossem) foi amplamente discutido no âmbito da teoria da argumentação jurídica. Cfr. sobretudo MacCormick, 1984b; Lenoble, 1990. Para uma ampla análise do tema cfr. Pino, 1998: 84.

157 Esses termos são uma síntese aproximada das qualificações que em geral são usadas para definir as características de uma narrativa processual eficaz. Cfr. em particular Twining, 2006: 283, 288, 308, 310, 445.

158 Cfr. em particular Peczenik, 1989: 161.

Portanto, deparamo-nos com duas distinções que concernem às narrativas dos fatos da causa: a entre narrativas verdadeiras e falsas, e a entre narrativas boas e ruins. Essas distinções não se equivalem; podem, pelo contrário, estar cruzadas, obtendo um conjunto de quatro situações diferentes. Ao levar essas situações em consideração podemos partir (para não complicar excessivamente a argumentação) do pressuposto de que uma narrativa é verdadeira quando todos os enunciados relativos aos fatos são verdadeiros, enquanto é falsa quando pelo menos um dos enunciados que a compõem não resulta provado (e, portanto, não corresponde à realidade dos acontecimentos descritos). Portanto, «falso» significa totalmente ou parcialmente falso.

a) Primeira situação: Uma narrativa pode ser *boa* e *falsa*. O romance de Grisham, assim como milhares de outros romances, é um exemplo desse gênero de narrativa: é narrativamente bom, mas – pertencendo ao mundo da imaginação e da invenção – não pretende nem mesmo ser verdadeiro. Por definição, um romance – sobretudo se considerado holisticamente – é descritivamente falso, mesmo se (como no caso do *Broker*) inclui alguns ou muitos enunciados verdadeiros.

b) *Segunda situação*: Uma narrativa pode ser *ruim* e *falsa*. Esse é, infelizmente, o caso de muitos romances mal escritos: pretendem narrar um acontecimento, mas faltam-lhes alguns requisitos das boas narrativas. De qualquer modo, trata-se de romances que não pretendem ser verdadeiros, mesmo podendo incluir enunciados que o sejam.

c) *Terceira situação*: Uma narrativa pode ser *boa* e *verdadeira*. É o caso, por exemplo, de reconstruções históricas escritas de modo coerente, plausível e persuasivo, mas também descritivamente verdadeiras, visto que representam fielmente o evento ou o conjunto de eventos a que se referem. Esse pode ser também o caso de uma narrativa processual, se narrativamente bem construída e, ao mesmo tempo, fundada, de modo apropriado, nas provas disponíveis, correspondendo, assim, à realidade dos fatos da causa.

d) *Quarta situação*: Uma narrativa pode ser *ruim* e *verdadeira*.[159] Esse é o caso de uma reconstrução histórica mal escrita, por exemplo, porque não fornece uma descrição completa de um conjunto ou de uma concatenação de eventos, ou porque fala de circunstâncias incoerentes ou fragmentadas, mas que é descritivamente verdadeira porque reflete a realidade dos fatos de que se ocupa, na medida em que os enunciados relativos resultam confirmados pelas fontes de prova adequadamente verificadas. Esse pode ser também o caso de uma narrativa processual, que pode não ter os requisitos de uma boa narrativa (por exemplo, porque as provas disponíveis não fornecem um fundamento suficiente para uma reconstrução completa e coerente da concatenação dos

[159] Em perspectiva diferente cfr. COLOMA CORREA, 2006: 33, segundo o qual narrativas boas são aquelas que se fundam nas provas e, portanto, são verdadeiras.

fatos relevantes), enquanto somente algumas circunstâncias específicas são confirmadas pelas provas. Essa narrativa ruim pode ser, todavia, verdadeira, na medida em que se funda nos elementos de prova que concernem aos fatos em questão.

A relevância e a função desses quatro tipos de narrativas são obviamente diferentes, de acordo com o tipo de contexto em que são construídas e usadas. Por exemplo, as narrativas do tipo «a» e «b» são relevantes no contexto de um concurso literário: se o escopo é vencer o prêmio de melhor romance policial do ano, a falsidade da narrativa não é significativa, e a qualidade narrativa do romance é o único critério decisivo de valoração. Nesse contexto uma narrativa do tipo «c» pode ser relevante, mas somente porque é narrativamente bem escrita, não porque verdadeira. Em um concurso literário a veracidade da narrativa não tem qualquer importância; pode até mesmo ser contraproducente, se a demonstração da veracidade da história requer, por exemplo, referências excessivas às provas que confirmam que a narrativa é verdadeira. No mesmo concurso, naturalmente, as narrativas do tipo «d» seriam descartadas imediatamente: um acontecimento mal contado é sem dúvida uma narrativa ruim, que não pode vencer prêmio algum simplesmente pelo fato de ser verdadeira.

A perspectiva é diferente se se trata de valorar a qualidade de uma reconstrução histórica, porque nesse caso a veracidade da narrativa torna-se um dos *standards* principais de valoração. Portanto, narrativas do tipo «c» seriam certamente as mais apreciadas, mas também as narrativas do tipo «d» poderiam ser levadas em consideração (ainda que não sejam boas do ponto de vista literário), na medida em que são verdadeiras.

Se se observa o contexto do processo, parece claro que as narrativas do tipo «a» são importantes, sobretudo para os advogados. Conforme visto anteriormente, o advogado não tem qualquer obrigação de buscar a verdade, e a história que ele narra tem somente o fim de fazê-lo vencer a causa. Portanto, uma história narrativamente boa pode ser útil (mesmo se descritivamente falsa), se seu objetivo final for aquele de persuadir um juiz «holístico» que se supõe não estar interessado em apurar a verdade dos fatos, como no caso dos júris norte-americanos. Mesmo para um juiz desse tipo, narrativas do tipo «a» são significativas, pela mesma razão: para o jurado é necessário que uma narrativa seja boa para ser persuasiva e, portanto, para ser aceita como uma reconstrução apropriada dos fatos da causa. Não importa se essa é ou não efetivamente verdadeira com base nas provas: uma narrativa boa e falsa pode muito bem ser objeto de um veredicto holístico.

Se, por outro lado, pensa-se em um juiz do fato interessado em formular uma decisão precisa sobre os fatos da causa e em fundar sua apuração em uma valoração racional das provas produzidas no processo, então o tipo ideal de narrativa é evidentemente o tipo «c». Uma narrativa que corresponde descritivamente à realidade dos fatos (assim como essa emerge das provas) e que é, também, coerente, plausível e completa, é a melhor narrativa passível ser construída por um juiz. Nessa situação, o que pensar de histórias do tipo «d»? À primeira vista, dir-se-ia que para o advogado não são interessantes: as narrativas podem até ser verdadeiras, mas se forem narrativamente infelizes não servirão ao escopo de vencer a causa. Se, ao invés disso, considerar-se o ponto de vista do juiz, uma narrativa desse gênero requer algumas observações adicionais.

Imaginemos que os fatos relevantes que embasam a demanda sejam descritos por enunciados como estes:

1) No tempo T e no lugar L o sujeito A teve o comportamento X;

2) O comportamento X envolveu o sujeito B;

3) O sujeito B sofreu danos «assim e assim».

Se as provas produzidas em juízo demonstram que os enunciados 1, 2 e 3 são verdadeiros, esses podem ser combinados em uma narrativa coerente, plausível e possivelmente completa pela sequência dos fatos que se verificaram. Temos, portanto, uma narrativa do tipo «c»: boa e verdadeira. Entretanto, se as provas não forneceram uma demonstração suficiente – por exemplo – do enunciado 2, surge, então, um problema. Que gênero de história pode ser narrada nesse caso? Um defensor da concepção holística diria que o juiz do fato pode preencher a lacuna provocada pela falta de provas do enunciado 2 fazendo referência a alguns conhecimentos de senso comum – segundo os quais, em situações similares, «normalmente» se verifica uma conexão causal entre fatos do tipo descrito no enunciado 1 e os fatos descritos no enunciado 3. Portanto, esse juiz poderia construir a partir do acontecimento em questão uma narrativa boa, plausível, coerente e completa. Essa narrativa seria, entretanto, do tipo «b» descrito acima: seria falsa no que diz respeito ao enunciado 2, visto que na realidade ninguém sabe se, verdadeiramente, o comportamento de A envolveu B, causando-lhe danos; portanto, um enunciado afirmativo não pode ser tomado como verdadeiro com base nas provas disponíveis. Uma situação ainda mais clara verificar-se-ia se resultasse provado que o comportamento X *não* atingiu o sujeito B. Nesse caso o jurado holístico poderia narrar a mesma história, simplesmente não levando em consideração as provas que contrastam com uma boa, completa e «normal» narração dos fatos.

Um defensor da orientação analítica ou atomista diria, pelo contrário, que se o enunciado 2 não foi provado falta uma parte importante do acontecimento hipotético, visto que não é plausível apontar um nexo causal entre os enunciados 1 e 3. Consequentemente um juiz analítico do fato não poderia construir uma narrativa coerente e completa do acontecimento: poderia somente dizer que, com base nas provas disponíveis, resulta verdadeiro que A teve o comportamento X e que B sofreu danos, mas não há nenhuma correlação causal entre os dois fatos. Do ponto de vista narrativo, essa não seria uma história boa:

fragmentada, incoerente e incompleta. Todavia, essa história seria verdadeira, porque reflete precisamente aquilo que resulta das provas: tratar-se-ia, por conseguinte, de uma narrativa do tipo «d» acima descrito. A diferença óbvia entre as duas narrativas que podem ser construídas na mesma situação é que o jurado holístico construiria uma narrativa do tipo «b» e, portanto, concluiria que A é responsável pelos danos sofridos por B; o juiz analítico, por sua vez, concluiria, com base em uma narrativa do tipo «d», que A não é responsável por esses danos.

Essa sintética análise de uma das situações que podem ocorrer em um processo mostra que as boas narrativas podem ser falsas, bem como as narrativas verdadeiras podem ser ruins. Não é simples estabelecer se na prática – e em todos os sistemas processuais – as boas narrativas eliminem as narrativas verdadeiras do mesmo modo que a moeda ruim elimina a boa, como sustenta Twining.[160] Provavelmente existe uma preferência pelas narrativas boas, ainda quando falsas, em detrimento das verdadeiras, especialmente quando essas não são narrativamente boas. Todavia, podem existir variações nessa preferência, dependendo do tipo de juiz do fato (jurado ou juiz profissional), bem como do tipo de contexto processual em que a narrativa é criada. Um jornalista pode preferir uma boa narrativa sem se preocupar muito com sua veracidade, enquanto um juiz pode preferir uma narrativa verdadeira, mesmo se narrativamente infeliz. De qualquer modo, o problema é a qual tipo de narrativa deve-se dar preferência como fundamento de uma decisão judicial. Se se compartilhar da premissa de que existe uma diferença entre um processo e um prêmio literário, estar-se-á inclinado a crer que somente narrativas verdadeiras podem fornecer reconstruções precisas dos fatos. Narrativas boas que incluem enunciados falsos e fatos carentes de fundamento levam provavelmente a decisões viciadas, errôneas e não confiáveis. Essa é a razão principal pela qual a afirmação de que «*narrative thought, altough necessary, is inherently flawed*»[161] é muito radical, mas pode ser substancialmente compartilhada, pelo menos se se referir às orientações narrativas mais extremas concernentes ao problema da formulação da decisão sobre os fatos.

---

160 Cfr. Twining, 2006: 336.

161 Cfr. Menashe e Shamash, 2005: 14.

APÊNDICE III

VERDADE NEGOCIADA?[1]

1. ALGUMAS HIPÓTESES

O ponto de interrogação posto ao título destas breves considerações deve-se à circunstância de se querer submeter à verificação aqui um lugar-comum bastante difundido, particularmente no âmbito da jurisprudência italiana, segundo o qual seria possível firmar acordos processuais entre as partes relativos à veracidade ou à falsidade dos fatos alegados.

Os limites de espaço sugerem adotar uma forma muito sintética, com a esperança de que o conteúdo do discurso resulte claro: explicitarei, desse modo, algumas premissas que me parecem indispensáveis, porém justificando-as de maneira muito esquemática e certamente insuficiente, para depois formular algumas observações e quaisquer conclusões em torno da eventualidade de que – no processo – a verdade dos fatos possa ser negociada. Digo, desde já, que quem não aceita algumas dessas premissas, ou não aceita qualquer delas, estará obviamente em radical desacordo acerca de suas conclusões; pelo contrário, quem aceita todas as premissas deverá provavelmente aceitar também as conclusões que delas derivam.

1.1.

Havendo passado quase indene através da embriaguez pós-modernista[2] e do *deconstrutive vortex*[3] das últimas décadas, tendo a evitar a *«personal alienation of a fantastic philosophical scepticism which claims to doubt that*

---

[1] Texto correspondente à conferência apresentada em Bolonha em 1.º de dezembro de 2007 no seminário sobre *Acordos de parte e processo*.

[2] Tomo a expressão, que me parece bastante eficaz, de CUSUMANO (2007: 220).

[3] A definição é de WILLIAMS (2002: 3).

there is an external world, or past time, or other minds».[4] Nessa perspectiva, então, formulo uma primeira premissa:

P1 *O mundo externo existe na sua materialidade empírica.*

Esse enunciado é bem menos óbvio do que pode parecer à primeira vista. Esse corresponde, em verdade, a uma concepção realista que parece justificada pelo sentido comum e é acolhida pela maior parte dos filósofos e epistemólogos que sobre o ponto escreveram nos últimos anos,[5] porém que é rejeitada por muitos filósofos de orientação cética, subjetivista ou construtivista,[6] e por aqueles que ainda acreditam na existência do *diabinho* de Descartes.[7] Quem cultiva uma verdadeira dúvida sistemática em torno da real existência de uma realidade colocada mais além das percepções individuais, não estando em condições de distinguir entre o conhecimento do real e a imaginação fantástica – permanecendo definitivamente preso ao dilema «sonho ou estou desperto?»[8] –, dificilmente poderá concordar com aquilo que direi daqui para frente.

1.2.

A segunda premissa concerne à possibilidade de se falar da veracidade ou da falsidade dos enunciados que se referem a eventos do mundo externo, podendo ser assim formulada:

P2 *Um enunciado no qual se diz que um evento do mundo externo verificou-se assim e assim é verdadeiro se aquele evento verificou-se assim e assim, sendo falso em caso contrário.*

Aceito aqui uma teoria ontologicamente muito complicada, porém quase inevitável, segundo a qual é a realidade de que se fala que faz verdadeiro ou falso aquilo que dela se diz;[9] isso vale também na hipótese na qual não seja possível verificar, aqui e agora, se aquilo que se diz de um evento real é verdadeiro ou falso. Em síntese, um enunciado é verdadeiro ainda que a sua veracidade não seja por ora verificável, ou é falso ainda que não tenha atestada sua falsidade. Existem, por conseguinte, verdades que vão além do conhecimento existente, em dado momento e em dado local, na mente de um sujeito

---

4 Para esta definição cfr. Williams (2002: 10).

5 Na literatura italiana recente, cfr., por exemplo, Marconi, 2007: 3 ss.

6 Para uma síntese destas orientações em perspectiva epistemológica, cfr. Goldman, 1999: 19 ss., 48 ss.

7 Sobre o *diabinho* de Descartes, cfr, por exemplo, Lynch, 2007: 21 ss.

8 A respeito vale a pena retornar ao argumento de Williams (2002: 131) que diz aproximadamente assim: se quando estou sonhando não sei se estou sonhando, quando estou desperto não posso dizer se estou desperto; analogamente, porque se estou morto não posso dizer que estou morto, não posso nem sequer dizer que estou vivo.

9 Em sentido análogo, cfr., por exemplo, Marconi, 2007: 3 ss., 57; Lynch, 2007: 6 ss.; Goldman, 1999: 60 ss.; Norris, 2005: 6 ss., 56 ss., 61 ss.

determinado. Em outros termos, a veracidade de um enunciado não depende do fato de que aqui e agora essa possa ser demonstrada.[10] Apesar disso, sobre o plano semântico vale – com o acordo quase unânime de filósofos e teóricos da linguagem – a clássica definição de Tarski, para quem o enunciado «a neve é branca» é verdade se, e somente se, a neve é branca.[11]

No âmbito do discurso que aqui se vai empreendendo seria suficiente aceitar-se uma tese ontológica e epistemicamente mais fraca fundada sobre a ideia enunciada por Dewey e retomada por Michael Dummett, segundo a qual a veracidade de um enunciado equivale à sua *warranted assertibility*.[12] Nessa perspectiva, a veracidade de um enunciado não vem reconduzida diretamente da sua correspondência com os eventos do mundo real, mas da existência de justificativas adequadas que podem ser invocadas para apoiar e confirmar a veracidade do enunciado em questão. A justificação não coincide, portanto, com a veracidade do enunciado, mas é conexa à verdade deste na medida em que a pressupõe: em pelo menos um dos significados de «justificação», de fato, pode-se dizer que a justificação implica a veracidade da proposição justificada.[13] Quem seguir essa concepção «epistêmica» ou «verificadora» da verdade[14] poderá aceitar outra premissa, segundo a qual:

P2 bis *Um enunciado referente a um evento do mundo externo é considerado verdadeiro se existem razões suficientes a justificar aquilo que o enunciado diz em relação aquele evento.*

Também esses enunciados (em maior medida *P2,* mas também *P2 bis*) são bem menos óbvios do que podem parecer à primeira vista. Nos últimos tempos, alguns filósofos têm negado que faça sentido falar-se em verdade. Não é por acaso que se tem falado, por exemplo, de *veriphobia* para indicar o conjunto de correntes de pensamento que, de várias formas, compartilham «*a deep skepticism or utter repudiation of truth*», destacando-se que «*purveyors of anti-truth hostility are legion*».[15] Valha, por todos, o exemplo de um filósofo famoso como Richard Rorty, para o qual a verdade reduz-se ao consenso prestado a qualquer afirmação por um grupo de amigos racionais, de maneira que dela não valeria a pena ocupar-se. A concepção de Rorty foi objeto de críticas duríssimas: por exemplo, Goldman a refere como uma tese «*strikingly*

---

10 Cfr., por exemplo, LYNCH, 2007: 5 ss.; MARCONI, 2007: 4 ss.

11 Na amplíssima literatura acerca do critério de Tarski, cfr. WILLIAMS, 2002: 63 ss.; MARCONI, 2007: 6; GOLDMAN, 1999: 65.

12 Sobre a concepção de Dewey e de Dummett, cfr., por exemplo, a análise crítica de NORRIS, 2005: 25 ss.; cfr. também GOLDMAN, 1999: 44 ss.

13 Cfr., em particular, MARCONI, 2007: 12 ss.

14 Para estas qualificações, cfr. GOLDMAN, 1999: 4 ss.

15 Cfr. GOLDMAN, 1999: 7, 9. Na mesma ordem de ideias, e a propósito das mesmas orientações, Bernard Williams fala de *deniers* para indicar a todos aqueles que negam que seja sensato falar de verdade: cfr. WILLIAMS, 2002: 5 ss.

abortive», fundada sobre um «*palpable error*» e sobre a ignorância de teorias mais sérias,[16] enquanto Williams diz que Rorty fornece «*striking examples*» daquilo que pode ser definido como «*running on empty*»[17]. Também Susan Haack dirigiu a Rorty críticas mordazes precisamente acerca da inconsistência epistemológica das suas teses.[18] Não obstante, Rorty foi bastante reconhecido e influente, entre outras razões, por ter sustentado reiteradamente que todo e qualquer discurso que guarde relação com a verdade é carente de sentido.

No âmbito jurídico, de resto, são bastante difundidos, por um lado, o ceticismo dos desiludidos absolutos, para os quais não existe qualquer verdade, dado que no mundo das coisas humanas – e, em particular, das jurídicas – não se verificam Verdades Absolutas; e, por outro, o ceticismo atenuado daqueles que William Twining chamou *hard nose practitioners*, ou seja, práticos do direito – sobretudo advogados –, para os quais no processo pode-se falar de tudo, à exceção da verdade.[19] São numerosas, de fato, as orientações que de várias formas compartilham da tese segundo a qual no processo civil não se poderia ou não se deveria falar da verdade dos fatos.[20] Os enunciados formulados em *P2* e *P2 bis,* não obstante sua diversidade, convergem na medida em que negam todas essas orientações, sobre o plano filosófico e epistemológico em geral, bem como sobre o jurídico e o processual em particular. A posição que tais premissas expressam, e que aqui integralmente se adota, foi formulada recentemente de um modo bastante claro e eficaz por Michael Lynch, o qual afirma que a verdade é objetiva, é boa, é um objeto digno de indagações e merece ser perseguida.[21]

1.3.

Com base nas considerações expostas anteriormente, parece oportuno explicitar uma terceira premissa, que pode ser assim formulada:

P3 *Existe a possibilidade de se descobrir, com métodos adequados e confiáveis, a verdade referente a eventos do mundo externo.*

Não só, portanto, existe uma verdade *alética* que reflete objetivamente os acontecimentos do mundo real,[22] como também pode ser aceita uma noção *epistêmica* de verdade como justificação – por sua vez verídica – dos enunciados que se referem a esses acontecimentos.[23] A consequência ulterior

---

16 Cfr. Goldman, 1999: 11, 27.

17 Cfr. Williams, 2002: 59.

18 Cfr. Haack, 1998: 18 ss.

19 Sobre estas figuras cfr.Twining, 2006: 103 ss.

20 Sobre este tema ver mais amplamente Taruffo, 1992a: 7 ss.

21 Cfr. Lynch, 2007: 4 ss.

22 Sobre a noção de verdade *alética* cfr., em particular, Norris, 2005: 4, 61.

23 Sobre a noção de verdade *epistêmica* cfr. também Norris, 2005: 4, 25 ss.; em sentido crítico, Goldman, 1999: 44 ss.

consiste em admitir que dessa verdade possa-se ter um conhecimento válido e objetivo. A verdade, por conseguinte, não é somente um pressuposto abstrato ou um valor regulador que orienta o conhecimento – porém que jamais pode ser alcançado – como se poderia dizer de uma verdade considerada de maneira absoluta.[24] Nos contextos de procedimentos cognoscitivos, pelo contrário, a verdade torna-se objeto de descoberta e elucidação. Conforme o que já se disse, isso implica afirmar que os acontecimentos do mundo real podem ser objeto de conhecimento objetivo e confiável. Isso não significa que se deva aderir às teorias «ingênuas» da correspondência entre mente e mundo, ou entre mundo e linguagem. Existem, na realidade, concepções de «realismo crítico» que são tudo menos ingênuas sob o prisma filosófico e epistemológico, compartilhando a posição de que a realidade externa pode ser conhecida de modo objetivo e racional.[25] Pode-se admitir, portanto, que existem procedimentos epistêmicos capazes de fornecer conhecimentos confiáveis a respeito da veracidade de alguns acontecimentos empíricos, não tendo por objeto o conhecimento somente as construções mentais do sujeito que pretende compreender a realidade. Isso implica refutarem-se as teses do construtivismo radical, segundo o qual o conhecimento jamais entra em contato com os fatos que pretende conhecer, esgotando-se no âmbito das construções mentais do sujeito; a consequência disso é que a verdade não seria outra coisa senão uma espécie de consenso em relação às construções mentais de alguma pessoa.[26] Trata-se também de refutar a tese segundo a qual não existiria nada fora da linguagem, não sendo conhecimento, realidade e verdade, portanto, outra coisa senão produtos da própria linguagem.[27] Pelo contrário, não parece haver qualquer problema particular em reconhecer-se que embora seja verdade que a linguagem não é o espelho fiel da realidade, assim como não o é o pensamento, é possível reconhecer-se, com base em conhecimentos empíricos e em justificativas lógicas adequadas, quando um enunciado é verdadeiro ou falso com base na realidade que pretende descrever.[28]

No contexto do processo isso implica que se admita a possibilidade de se conseguir uma elucidação verídica dos fatos relevantes para a decisão através do emprego de instrumentos probatórios adequados. Em particular, isso inclui que se refute a também difundida opinião segundo a qual no processo se descobriria somente uma verdade «formal» (ou uma mera «fixação formal»

---

[24] Sobre a verdade como ideal regulativo, ao menos no âmbito do processo, cfr. mais amplamente Taruffo, 1992a: 155 ss.

[25] Sobre estas concepções cfr., por exemplo, Goldman, 1999: 41 ss., 59 ss.; Norris, 2005: 6, 10, 14, 42 ss., 57, 67 ss.

[26] Para uma enunciação sintética desta tese, cfr. Goldman, 1999: 10 ss., segundo o qual (*ibidem:* 17) se trataria, na realidade, de uma espécie de *half-baked metaphysics.*

[27] Para uma aguda análise crítica desta tese, cfr. Goldman, 1999: 17 ss. A propósito destas concepções Williams fala eficazmente de um «*tissue of mistakes*»: cfr. Id., *op.cit.:* 6.

[28] Neste sentido cfr., em particular, Lynch, 2007: 28 ss. Cfr., também, Marconi, 2007: 34 ss.

dos fatos), reconhecendo-se, pelo contrário, que – dispondo de um sistema probatório eficiente – seria possível elucidar a verdade real («histórica», «empírica», «material») dos fatos que estão à base da controvérsia.[29] Naturalmente não se fala aqui de Verdade Absoluta, dado que as verdades com as iniciais maiúsculas tornaram-se patrimônio exclusivo de algumas metafísicas e de várias religiões integralistas, mas simplesmente da verdade que pode ser descoberta no mundo incerto e frágil das coisas humanas.

1.4.

A quarta premissa diz respeito à função do processo, e do processo civil em particular, referindo-se ao significado da já conhecidíssima – e de vários modos abusada – cláusula do «justo processo», recentemente inserida no art. 111 da Constituição italiana.[30] Sendo muito restritiva a tese até agora sustentada pela doutrina – segundo a qual essa cláusula limitar-se-ia a reenviar às garantias fundamentais do processo já previstas por outras normas constitucionais – e na tentativa de dar-lhe um significado específico, pode-se formular a premissa em questão nos seguintes termos:

P4 *O processo é justo se sistematicamente orientado à produção de decisões justas.*

Não questiono, portanto, que o processo tenha por finalidade a resolução de controvérsias, e tampouco questiono que o processo, para ser justo, deva incluir a atuação de todas as garantias fundamentais impostas pelos princípios constitucionais: destaco, no entanto, que a qualidade da decisão, e em particular a sua justiça, não pode deixar de entrar na definição das condições que concorrem para que um processo seja definido como justo. Por um lado, de fato, pareceria difícil considerar justo um processo sistematicamente orientado à produção de decisões injustas, ou sistematicamente indiferente à qualidade das decisões que dele resultam. Por outro lado, deve-se evitar cair no círculo vicioso consistente em considerar justa *a priori* qualquer decisão derivada de um processo considerado «procedimentalmente justo» (no sentido da *procedural justice*[31]) somente porque nesse se aplicam as garantias processuais das

---

[29] A propósito, cfr., em particular, Ferrer Beltrán, 2002: 68 ss., assim como Taruffo, 1992a: 35 ss.

[30] Acerca desta cláusula vem se formando nos últimos anos uma literatura bastante ampla, na qual cfr., em particular, os ensaios contidos em Guarneri e Zannotti, 2006; Comoglio, 2004b; Capponi e Verde, 2002; bem como os escritos de Bove, 2002: 482 ss.; Monteleone, 2001: 523 ss., e Chiarloni, 2000: 453 ss.

[31] Como é sabido, com esta expressão se indicam numerosos estudos, essencialmente de caráter psicológico, porém orientados a propor modelos de «justiça procedimental», concentrados na análise das condições na presença das quais um processo é percebido como «justo», mas caracterizados pela sistemática desatenção ao que se refere ao conteúdo e à qualidade das decisões que o processo gera. Com referência a este tema cfr. os ensaios agrupados nos volumes: Lind-Tyler, 1988; Röhl e Machura, 1997.

partes. Na realidade, um processo «garantista», no qual, portanto, as partes têm a oportunidade de exercer adequadamente todas as suas defesas, pode muito bem produzir decisões substancialmente injustas – como a experiência mostra cotidianamente – já que o juiz pode se equivocar ao interpretar ou aplicar a lei, ou porque podem se verificar erros na determinação dos fatos, ou por várias outras razões.

Por acreditar que os processos não se fazem com a mera finalidade de serem processos, mas com a finalidade de resolverem controvérsias com decisões justas, disso deriva que a justiça da decisão é um fator determinante da justiça do processo. Nesse sentido, vale a pena recordar o que escreveu recentemente Luigi Ferrajoli na sua monumental obra dedicada aos *Principia iuris*: destaca, com grande clareza, que o exercício da função jurisdicional, que é uma fundamental função de garantia, explica-se através da aplicação da lei substancial, sendo essa uma característica essencial da jurisdição nos sistemas inspirados no princípio da estrita legalidade.[32] Na ótica de Ferrajoli, não se trata somente de afirmações teóricas abstratas: essa concepção da jurisdição como garantia é, de fato, por ele posta sistematicamente no contexto de uma articulada teoria da democracia,[33] na qual a resolução das controvérsias não pode não implicar a aplicação da lei como critério de decisão. Nessa perspectiva, parece claro que a qualidade da decisão que conclui o processo não é uma espécie de *optional* que se possa negligenciar. Pelo contrário: essa é uma característica fundamental do correto exercício da jurisdição em um sistema democrático que, como tal, funda-se sobre o princípio da legalidade. Por conseguinte, a decisão não pode prescindir da correta interpretação e aplicação das normas: a legalidade da decisão é uma condição essencial da sua justiça, porém isso pressupõe – precisamente – que a justiça da decisão venha configurada como uma finalidade fundamental de qualquer processo que se possa definir como justo.

1.5.

As considerações há pouco expostas exigem que se defina, ao menos em termos sintéticos, o que se pode entender por justiça da decisão. Elaborei em outra oportunidade uma definição articulada dessa noção e, portanto, permito-me reenviar o leitor interessado no argumento a um escrito recente no qual dele me ocupei com maior amplitude.[34] Faço alusão somente ao fato de que a justiça da decisão pode ser definida através de três condições, separadamente necessárias e conjuntamente suficientes, quais sejam: a correção do procedimento, a justa interpretação e aplicação da lei substantiva e a veracidade

[32] Cfr. FERRAJOLI, 2007: vol. 1, 880 ss.; vol. 2, 213 ss.
[33] *Idem, ibidem*: vol. 2, 203 ss., 212 ss.
[34] Cfr. TARUFFO, 2002, p.219 ss.

da apuração dos fatos. Naquilo que aqui interessa, pode-se então formular a quinta e última premissa nos seguintes termos:

P5 *Uma decisão é justa se fundada sobre uma apuração verídica dos fatos relevantes.*

Como já assinalei, a veracidade da apuração dos fatos não é única condição de justiça da decisão (posto que não menos importante é a correta aplicação das normas empregadas como critério de juízo), porém vale a pena ressaltar que se trata de uma condição *necessária*, com base na tradicional e difundida constatação de que nenhuma decisão pode ser considerada justa e legítima se fundada «sobre fatos equivocados», ou seja, sobre uma reconstrução errônea do suporte fático concreto objeto de decisão.[35] Essa tese encontra uma recente e muito significativa confirmação na obra já citada de Ferrajoli, o qual põe em evidência que o correto exercício da função fundamental de garantia desenvolvida pela jurisdição encontra seu fundamento em uma atividade *cognitiva* que concerne também à elucidação dos fatos sobre os quais se funda a aplicação da lei.[36]

As premissas que até agora foram sinteticamente formuladas sugerem um modelo ideal de decisão que parece fundado sobre dois fatores fundamentais. Por um lado, as premissas *P1, P2* (ou *P2 bis)* e *P3* demonstram a *possibilidade* de que se consiga um conhecimento verídico, a partir dos sujeitos que os conhecem, de acontecimentos que se dão no mundo externo. Em termos processuais, isso significa que existe a possibilidade de se determinar – com métodos adequados que se referem à admissão, à produção e à valoração das provas – a verdade «real» (não uma verdade «processual» ou «formal») dos fatos relevantes para a decisão. De tal modo, são fornecidas razões para se justificar o rechaço a todas as teses céticas, irracionalistas ou subjetivistas, que de várias maneiras tendem a excluir que no processo se possa determinar a verdade «real» dos fatos.

Por outro lado, as premissas *P4* e *P5* mostram que, em linhas gerais, e em particular no contexto determinado pela cláusula do «justo processo», deve-se reconhecer que a elucidação da verdade dos fatos não só é possível, como também é *necessária* para que o justo processo expresse efetivamente a função que lhe é própria. Em outros termos, o processo é justo se sistematicamente orientado a apurar a veracidade dos fatos relevantes para a decisão, e é injusto na medida em que se obstaculiza ou se limita essa elucidação, dado que nesse caso aquilo que se obstaculiza ou se limita é a justiça da decisão com a qual se conclui o processo. A esse propósito é útil repetir que

---

35 A propósito ver, mais amplamente, Taruffo, 2002: 225, 228, 231 ss.; 1992a: 43 ss., também para outras considerações.

36 Cfr., em particular, Ferrajoli, 2007: vol. 2, 213 ss.

a correção do procedimento – ou seja, a circunstância de que nele se exerçam as garantias fundamentais e, em particular, a garantia do contraditório – é uma condição necessária para que se possa falar de justiça da decisão, porém não é certamente uma condição suficiente nesse sentido. A razão fundamental disso consiste no fato de que inclusive quando as partes tiverem a plena possibilidade de articular e de desenvolver todas as suas defesas, isso não implica de modo algum que o processo logre estabelecer automaticamente a verdade dos fatos relevantes para a decisão. Por um lado, é bem possível que as defesas das partes não tenham sido adequadas para que se atinja essa finalidade;[37] por outro lado, é notório, e não faltam a respeito confirmações históricas,[38] que as partes não têm *a priori* qualquer interesse na determinação da verdade. Tem-se observado, aliás, que os advogados das partes recorrem à sua habilidade profissional precisamente para evitar que se descubra a verdade,[39] não sendo inteiramente correto que o embate entre as partes conduza à verdade.[40] Não é por acaso que se diz que no processo que se deixa inteiramente à iniciativa das partes, a verdade transforma-se em um objetivo impossível de se alcançar,[41] ou irrelevante à finalidade preeminente que é aquela de resolver *de qualquer modo* a controvérsia.[42]

2. A DETERMINAÇÃO DOS FATOS

Com o que traçamos até aqui se pode abordar o problema da possibilidade de configurar acordos entre as partes que tenham por objeto a verdade dos fatos da causa. O problema nasce essencialmente em razão de se afirmar – no ordenamento italiano e em muitos outros[43] – a tendência a fazer com que os fatos que devem ser apurados em juízo sejam determinados em função do comportamento das partes, ou seja, mediante a combinação entre a *alegação* dos fatos feita por uma parte e a *contestação* desses feita pela outra. Se, portanto, um fato alegado não é (tempestivamente) contestado, é considerado *incontroverso*, o que significa aproximadamente – pelo menos segundo a

---

37 Sobre este argumento cfr., mais amplamente, TARUFFO, 2006b: 451.

38 Cfr., em particular, LANGBEIN, 2003: 332 ss.

39 Cfr. LANGBEIN, 2003: 334.

40 Cfr., novamente, LANGBEIN, 2003: 338.

41 Cfr., por exemplo, MONTERO AROCA, 2001b: 109; 2002: 244, 248.

42 Sobre este ponto cfr., por todos, DAMAŠKA, 1991: 212 ss.

43 Cfr., por exemplo, o §138 da *Zivilprozessordnung* alemã, o art. 405.2 da *Ley de enjuiciamiento civil* espanhola. Cfr. Também as *Rules* 8(b) e 8(d) das *Federal Rules of Civil Procedure* estadunidenses. Essas normas são substancialmente equivalentes aos arts. 167 *c.* 1 e 416 *c.* 3 do Código de Processo Civil italiano, já que preveem o ônus do demandado de contestar tempestivamente os fatos alegados pelo autor; na ausência disso, tais fatos serão considerados como admitidos. Para uma perspectiva comparatista sobre o tema cfr. DAMAŠKA, 2003: 155, 168.

opinião dominante na jurisprudência italiana – dizer que esse não é objeto de prova e nem mesmo de decisão.[44]

À base desse fenômeno estão principalmente fatores de duas ordens: um de caráter funcional e um de caráter ideológico.

O primeiro é determinado por considerações de que se pode em alguma medida compartilhar, podendo ser definidas como de *economia processual*. Tende-se, em outros termos, a fazer com que o objeto da eventual atividade instrutória seja reduzido e simplificado o máximo possível no início do processo: um fato não contestado é excluído do *thema probandum*, o que implica uma redução e uma simplificação do trabalho do juiz, bem como do procedimento, no que concerne à admissão e à produção de provas.[45] Se, aliás, nenhum dos fatos alegados fosse contestado, ter-se-iam muitas vantagens, visto que não haveria necessidade de provar coisa alguma, podendo a decisão limitar-se às questões de direito da controvérsia. Não por acaso a jurisprudência não hesitou em criar e em aplicar intensamente a categoria do «fato incontroverso», ou seja, o fato a propósito do qual o juiz não tem nada a fazer, e sobre o qual não corre risco algum de decidir de modo equivocado.

As exigências ligadas à economia processual são encaradas com seriedade, sobretudo em sistemas caracterizados pela ineficiência da justiça civil como o italiano, entretanto é lícito que se questione sobre se essas devem ser consideradas como absolutamente prioritárias e invasivas a ponto de anularem e reduzirem a nada qualquer outra exigência processual. Aqueles que pensam no funcionamento do processo somente em termos de eficiência na resolução de controvérsias, de fato, poderiam cair na tentação de – em uma época *new age* – ressuscitar os ordálios medievais, que, com efeito, eram muito rápidos e eficazes; ou, poder-se-ia recorrer ao lançamento de dados praticado pelo juiz Bridoye, ou à *random justice* de que falou recentemente um filósofo inglês.[46] Talvez, entretanto, a eficiência do procedimento e a economia das atividades processuais devessem ser transformadas em algo compatível com a atuação de outros valores inerentes ao processo e à administração da justiça que não são menos importantes, não podendo, por conseguinte, ser sacrificados *a priori*, como é o caso da justiça das decisões judiciárias.

Por outro lado, partindo-se da premissa enunciada acima, segundo a qual a apuração da verdade dos fatos configura-se como uma condição necessária

---

44 Na Itália a alegação e a contestação/não-contestação dos fatos foram objeto de amplos desenvolvimentos jurisprudenciais e de extensas e minuciosas análises doutrinárias. Sobre o tema cfr. em particular Buoncristiani, 2001; Comoglio, 1987: 274; Comoglio, 2004: 73; Carratta, 1995; Ciaccia Cavallari, 1992; Ciaccia Cavallari, 1993; Del Core, 2004: 112; Proto Pisani, 2003: 606.

45 Argumentos desse gênero são encontrados de maneira esparsa na literatura sobre o tema, citada na nota anterior.

46 Cfr. Duxbury, 1999.

de justiça da decisão, tem-se que qualquer derrogação ou limitação que se faça a tal apuração determina inevitavelmente – mesmo quando isso acontece por razões dignas de consideração – um déficit na descoberta da verdade e, portanto, um déficit correspondente na legalidade e na justiça da decisão. Na verdade, se supusermos que A, B, C e D sejam os fatos alegados, mas que C e D sejam considerados incontroversos por não terem sido contestados, sendo, portanto, apurados com provas somente os fatos A e B, a consequência é que se acabará por se satisfazer com uma verdade *incompleta*: nada será determinado, de fato, sobre a veracidade ou sobre a falsidade dos enunciados relativos aos fatos C e D.

O fator de caráter ideológico, que está evidentemente radicado na concepção negocial da verdade processual, deriva da conhecida e já recordada concepção do processo civil segundo a qual esse seria somente uma «coisa privada das partes», com a consequência de que no processo deveria ocorrer tudo aquilo que as partes quisessem e nada mais ou de diferente em relação a isso. Essa ideologia é largamente difundida, tendo inúmeras implicações que não podem ser aqui abordadas nem mesmo sumariamente; essas, por outro lado, são há muito tempo discutidas em ampla e variada literatura.[47] Evidencia-se, entretanto, aquilo que essa comporta no que diz respeito à determinação dos fatos que devem ser provados.

Trata-se, substancialmente, de uma concepção negocial segundo a qual caberia exclusivamente às partes, através da alegação e da contestação ou da não contestação dos fatos, o poder de estabelecer o que deve ou não ser provado, bem como o poder de determinar o que deve ou não ser tido como verdadeiro para fins decisórios.

A ideia de que as partes possam estipular um acordo sobre os fatos que fazem parte do *thema probandum,* bem como sobre a verdade dos fatos não contestados, tem algumas consequências acolhidas pela jurisprudência dominante: por exemplo, pode-se citar aquela segundo a qual o juiz não poderia admitir provas produzidas pelas partes nem dispor de ofício provas sobre fato não contestado, ou aquela segundo a qual ele deveria ter por verdadeiro o fato sem fazer qualquer valoração sobre ele.[48] Em alguns casos trata-se de consequências paradoxais, como, por exemplo, aquela que se verifica quando se chega a dizer que o juiz não deve levar em consideração prova alguma, nem mesmo, portanto, provas que demonstrem a falsidade do fato «incontroverso», nem mesmo quando tal falsidade fosse realmente demonstrada por uma prova vinculante (resultando essa, por exemplo, de um ato público). Em outros casos

---

47 Cfr. Taruffo, 2006a: 452; Buoncristiani, *op. cit.*: 16, inclusive para referências ulteriores.

48 Cfr., em particular, os casos jurisprudenciais comentados por Cea, 2002: 2030 e Fabiani, 2003: 1335. Sobre a jurisprudência em questão ver, ainda, o resumo de Del Core, *op. cit.*: 125; para ulteriores referências cfr. Carpi e Taruffo, 2006: 553, 1192.

trata-se de consequências pouco claras, como aquela segundo a qual as partes poderiam determinar negocialmente a verdade de um fato somente quando a controvérsia dissesse respeito a direitos disponíveis, ao passo que um negócio assim seria excluído quando se tratasse de direitos indisponíveis, com a consequência de que somente nessa segunda hipótese o juiz deveria apurar a verdade dos fatos.[49] Desse modo, introduz-se uma bifurcação dificilmente justificável: em função dela o processo estaria ou não orientado a apurar a verdade dos fatos dependendo de se a controvérsia disser respeito a direitos indisponíveis (caso em que a verdade deverá ser apurada), ou sobre direitos disponíveis (caso em que a verdade dos fatos poderá ser apurada somente se as partes acordarem nesse sentido, ou seja, somente no caso de o demandado exprimir a vontade «negocial» de não concordar com o autor sobre a «verdade» dos fatos alegada por esse último).

3. NATUREZA DAS ALEGAÇÕES

A concepção negocial da determinação dos fatos é discutível por várias razões,[50] porém a mais importante é que essa parece fundada sobre um equívoco que se refere à natureza e à função das alegações dos fatos e da sua contestação ou não-contestação. Resulta oportuno, portanto, esclarecer o que se entende quando se fala da natureza e dos efeitos dessas condutas das partes. Por razões de simplicidade do discurso será oportuno desenvolver, também aqui, definições sintéticas.

Def. 1 *A alegação de um fato consiste na formulação de um enunciado descritivo daquele fato, realizado por uma parte em um de seus atos.*

Esse enunciado caracteriza-se por uma pretensão de veracidade, porque a parte que alega o fato indica-o como verdadeiro. Isso corresponde às condições de conversação de Grice, segundo o qual seria incorreto afirmar um fato e contextualmente negar-lhe a veracidade.[51] Todavia, isso não implica que aquele fato seja verdadeiro: o enunciado que o descreve pode ser verdadeiro ou falso, segundo a premissa formulada em *P2,* porém o *status* epistêmico do enunciado que é objeto de alegação é aquele da incerteza. Essa incerteza somente poderá ser resolvida pelo juiz na decisão final com base no êxito das provas.

A alegação de um fato não tem por si só qualquer efeito dispositivo ou normativo: somente no momento em que a parte o reconduz a um suporte fático legal, atribuindo a esse uma qualificação jurídica, o fato alegado

---

[49] Cfr. a jurisprudência citada na nota anterior e Buoncristiani, *op. cit.*: 19 ss.

[50] Para as diversas críticas a esta concepção cfr., em particular, Ciaccia Cavallari, 1993: 6 ss.; Carratta, 1995: 264 ss.

[51] Cfr. Grice, 1989: 27 ss.

torna-se «constitutivo» de uma situação jurídica, integrando, por exemplo, a *causa petendi* da demanda.[52] Um fato alegado sem que a ele se dê qualquer qualificação jurídica não tem qualquer eficácia constitutiva, como ocorre quando são alegados fatos secundários, que justamente por essa sua natureza não «constituem» qualquer situação jurídica.[53] Isso equivale a dizer que se o fato alegado é levado em consideração em sua formulação própria, ou seja, em um momento logicamente (e talvez discursiva e cronologicamente) diferente daquele em que é reconduzido a um suporte fático legal, isso não tem qualquer efeito jurídico: simplesmente, a enunciação desse fato representa a formulação da premissa de um efeito jurídico que se poderá retirar (ou não) desse, na eventualidade de que tal enunciado tenha sua veracidade confirmada pelas provas. Essa consideração induz a que se exclua a confiabilidade de uma opinião muito difundida, segundo a qual a alegação dos fatos estaria intimamente ligada ao princípio dispositivo; tratar-se-ia, aliás, de um instrumento com o fim de atuá-lo, visto que as partes – alegando os fatos – determinariam justamente com isso o objeto de suas demandas, vinculando, portanto, o juiz a decidir somente sobre aquilo que fora alegado.[54] Essa tese funda-se na confusão de dois fenômenos, cuja distinção seria útil que se mantivesse:[55] de um lado a alegação em sentido próprio, que consiste *somente* na formulação de enunciados sobre a existência de determinados fatos (ao fazer a alegação afirmo que «*o fato F verificou-se assim e assim no momento T e no lugar L*»), e de outro suas qualificações jurídicas no contexto da formulação da demanda (formulando a demanda, qualifico «*o fato F como ilícito, de acordo com o art. 2043 do Código Civil e, portanto, requeiro...*»). O princípio dispositivo relaciona-se certamente com a formulação da demanda, ou seja, com os efeitos jurídicos que se pretende retirar dos fatos alegados, mas não se relaciona com a pura e simples formulação de enunciados que descrevem esses fatos.[56]

Na realidade, a alegação não é outra coisa senão um ato linguístico através do qual uma parte aduz que um fato verificou-se de certo modo. Trata-se, por conseguinte, na terminologia de Searle, de uma assertiva com função meramente ilocutória, já que o autor *afirma* algo.[57] Sob o prisma epistêmico, o

---

[52] Diz-se corretamente, na verdade, que a alegação do fato está funcionalmente relacionada à individualização da *causa petendi* (cfr., p. ex., Comoglio, 1987: 274), o que pressupõe que por si só a alegação do fato não tenha eficácia de determinar diretamente o fundamento da demanda.

[53] Em particular sobre a alegação dos fatos secundários cfr. Buoncristiani, *op. cit.*: 105.

[54] Sobre essa opinião cfr., inclusive para ulteriores referências, Buoncristiani, *op. cit.*: 11, 31; Comoglio, 1987: 277; 2004: 73, 75.

[55] Em sentido diferente cfr. Buoncristiani, *op. cit.*: 42, que não faz essa distinção e julga, aliás, que a alegação dos fatos seja uma declaração de vontade que equivale à propositura da demanda.

[56] No sentido de que a alegação dos fatos, e, assim, a contestação desses, não tenha nada a ver com o princípio dispositivo, cfr. em particular Carratta, 1995: 248 e ss.

[57] A propósito cfr. em particular Searle, 1998: 140, 148; 1980: 23, 29, 65.

que é afirmado é um enunciado hipotético: pode ser verdadeiro ou falso em si, mas, no momento em que é expresso – e até que não seja formulada a decisão final –, esse não é nem verdadeiro nem falso.

4. CONTESTAÇÃO E NÃO-CONTESTAÇÃO DOS FATOS ALEGADOS

Tendo esclarecido um aspecto relevante do ato em que ocorre a alegação dos fatos, devem-se agora evidenciar alguns aspectos do comportamento que pode ser definido como recíproco sobre as alegações, que pode consistir seja na contestação dos fatos alegados, seja na não-contestação desses. A contestação pode ser definida assim:

Def. 2 *A contestação consiste na negação explícita da veracidade de um enunciado objeto de alegação.*

Vale a pena frisar que nessa definição fala-se da contestação como negação *explícita* da verdade dos fatos alegados. Por um lado, isso significa que ocorre uma expressa tomada de posição do demandado sobre o fato alegado pelo autor, tanto que normas como os arts. 167 e 416, *comma* 3 do Código Processual Civil italiano requerem – mesmo que com formulações textuais diferentes, sendo a segunda mais rigorosa que a primeira[58] – que a contestação seja *específica*. Parece óbvio que uma contestação que deve ser específica não pode estar implícita. Ainda, a negação explícita da veracidade do fato alegado pode ser colocada no mesmo patamar da declaração de desconhecimento daquele fato,[59] visto que também nesse caso trata-se de uma declaração explícita que deixa no campo da incerteza a existência daquele fato. É dúbio, por outro lado, que se possa falar de contestação *implícita*, como aquela que derivaria da alegação, por parte do demandado, de um fato incompatível com aquele alegado pelo autor, ou de fato diferente daquele, ou, ainda, da produção de uma prova contrária à sua existência.[60] Trata-se, na verdade, de comportamentos que por si só não implicam tomadas de posição *precisas* sobre os fatos alegados, dos quais não se pode deduzir com certeza a negação específica dos enunciados que descrevem esses fatos.

A contestação consiste, por sua vez, em um ato linguístico cujo autor afirma que o enunciado alegado pela outra parte não é verdadeiro. O objeto desse ato linguístico, ou seja, o enunciado que afirma algo a propósito de um fato, não muda: trata-se do mesmo enunciado que foi objeto de alegação e que concerne a um fato principal ou secundário da causa. Muda, por outro lado, a

---

58 Sobre as duas normas cfr., inclusive para ulteriores referências de doutrina e jurisprudência, CARPI e TARUFFO, 2006: 513, 1191 e, ainda, CARRATTA, 1995: 284.

59 Cfr. em propósito FRUS, 1991: 72, 76.

60 Para algumas orientações jurisprudenciais nesse sentido cfr. CARPI e TARUFFO, 2006: 1193.

função ilocutória do novo ato linguístico, visto que seu escopo é o de afirmar que aquele enunciado é falso.

Portanto, a não-contestação pode agora ser definida assim:

Def. 3 *A não-contestação consiste na ausência de negação explícita a respeito da veracidade de um enunciado objeto de alegação.*

A não-contestação não consiste em um ato linguístico em sentido próprio, mas sim em um mero comportamento omissivo: a parte que não contesta o enunciado alegado, de fato, nada diz. A propósito, é útil precisar que o silêncio da parte que poderia contestar o fato alegado é suficiente a determinar sua não-contestação. Contrariamente ao que se sustenta frequentemente,[61] não parece que o silêncio sobre o fato alegado possa equivaler à não-contestação somente quando a parte contestar outros fatos alegados, visto que há não-contestação também quando o demandado não contesta qualquer fato alegados pelo autor. Nem mesmo se pode afirmar que se tenha uma não-contestação *tácita* quando o demandado desenvolve defesas incompatíveis com a negação do fato em questão.[62] A não-contestação, na verdade, é sempre tácita, consistindo em um comportamento omissivo, ou seja – conforme dito – na ausência de negação explícita da verdade do enunciado objeto de alegação. Se o demandado silencia a respeito de um fato alegado, isso significa que não o contesta: o que diz ou não diz sobre outros fatos alegados não importa para a contestação ou não-contestação *daquele* fato. Por outro lado, se o demandado admitisse explicitamente a veracidade de um enunciado objeto de alegação, não se teria uma não-contestação, mas se verificaria um fenômeno diferente, qual seja, o da *admissão* do fato alegado;[63] tal fenômeno equivale, em realidade, a uma alegação do mesmo fato também por parte do demandado.[64] Consequentemente, é de se sustentar que o enunciado objeto de admissão explícita, ou seja, de uma nova alegação, tenha o mesmo *status* daquele originariamente alegado pela outra parte, consistindo, por conseguinte, em uma hipótese incerta a respeito do fato de que se trata.

Levando-se em conta o que foi expresso em *P2,* ou seja, que um enunciado é verdadeiro ou é falso dependendo da correspondência ou não de seu conteúdo aos acontecimentos do mundo real, podem-se, agora, identificar algumas consequências, apontando quais podem ser os efeitos da contestação ou da não-contestação de um enunciado fático objeto de alegação.

---

61 Cfr., p. ex., Del Core, 2004: 119; Cea, 2002: 2018; Fabiani, 2003: 1343; Ciaccia Cavallari, 1993: 43, e a jurisprudência citada por esses autores.

62 Nesse sentido cfr. Comoglio, 2004: 85; Del Core, 2004: 119; Carratta, 1995: 200.

63 Sobre o tema cfr. em particular Carratta, 1995: 125, 490; Ciaccia Cavallari, 1993: 52.

64 Cfr. Carratta, 1995: 126.

Cons. 1 *Se o enunciado alegado é falso, a não-contestação não faz com que ele se torne verdadeiro.*

Cons. 2 *Se o enunciado alegado é verdadeiro, a não-contestação não faz com que ele se torne verdadeiro, porque já o é.*

Cons. 3 *Se o enunciado alegado é verdadeiro, a contestação não faz com que ele se torne falso.*

Cons. 4 *Se o enunciado é falso, a contestação não faz com que ele se torne falso, pois já o é.*

Resta claro, por conseguinte, que no que diz respeito à veracidade ou à falsidade do enunciado objeto de alegação, tanto sua contestação, quanto sua não-contestação, são *absolutamente irrelevantes*. Conforme dito, a hipótese objeto de alegação é verdadeira ou falsa em si (ou seja, em relação aos acontecimentos do mundo real), mas *no processo* é incerta, permanecendo incerta – ou seja, possivelmente verdadeira ou falsa – independentemente de como se comporta a parte a contesta ou não. *No processo*, de fato, a incerteza poderá ser resolvida somente em sede de decisão final, e com base no êxito das provas.

Em geral, de qualquer forma, exclui-se o fato de que o acordo entre dois ou mais sujeitos esteja em condição de mudar o *status* epistêmico de um enunciado, mormente determinando sua veracidade. Não faltam, em realidade, na filosofia e na epistemologia recentes, orientações segundo as quais a verdade de qualquer assertiva dependeria exclusivamente do *consenso* a que se chega sobre essa em um determinado contexto. Segundo essas orientações, por conseguinte, não seria a realidade que determinaria a veracidade ou a falsidade dos enunciados que a descrevem, mas sim a convergência de opiniões a respeito da veracidade ou da falsidade desses enunciados.[65] Todavia, filósofos e epistemólogos de cunho «realista» (como aquele que se segue) vêm refutando decididamente toda e qualquer concepção consensualista da verdade: por exemplo, Alvin Goldman escreve que «*A consensus theory of truth seems wrong from the start*» e que «*The conviction that convergence concides with truth is the faith of optimists, not part of a proper definition of truth*».[66] Em realidade, se se aderisse a uma concepção consensualista da verdade, seria necessário admitir que houve uma época em que *era verdadeiro* que a Terra era plana, com a consequência de que somente a mudança do acordo entre os sujeitos interessados teria determinado a falsidade dessa teoria e, portanto,

---

65 Sobre as diferentes concepções consensualistas da verdade cfr., p. ex., GOLDMAN, 1999: 69; LYNCH, 2007: 35.

66 Cfr. GOLDMAN, *op. cit.*: 12. Em sentido decididamente crítico cfr. também LYNCH, 2007: 46.

a transformação da Terra em um corpo celeste de forma quase que esférica. Seria necessário reconhecer que pelo fato de Bellarmino ter consigo um amplo e robusto consenso, que durou até recentemente, então por muito tempo foi verdade que o Sol girava ao redor da Terra, e falso que Júpiter tivesse quatro luas.[67] Os exemplos paradoxais poderiam multiplicar-se, mas não é necessário citar outros: parece já assentado que a verdade de um enunciado jamais depende do consenso de um auditório, e muito menos do acordo de duas pessoas, mas sim do modo como é conformado na realidade o acontecimento que é objeto do enunciado.

Voltando à alegação e à contestação ou não-contestação dos fatos, pode-se observar que com base na definição indicada anteriormente, segundo a qual se trata de atividades ligadas à sua natureza própria de atos linguísticos, parece inútil e supérfluo imaginar que as partes estipulem, através de atividades como essa, um acordo negocial que tenha por objeto a veracidade dos fatos alegados. Seria oportuno, de fato, imaginar que a alegação do autor consista em uma espécie de proposta ou de oferta contratual, como se alegando um fato ele dissesse ao demandado: «*te proponho um acordo sobre a veracidade do fato que alego*». Por outro lado, a contestação equivaleria a uma espécie de recusa a tal oferta ou proposta, ao passo que a não-contestação seria uma espécie de aceitação tácita.[68] Nessa perspectiva a jurisprudência italiana[69] chegou a dizer que «o fato não contestado não tem necessidade de prova, *pois as partes dispuseram dele, vinculando o juiz a levá-lo em conta sem qualquer necessidade de se convencer de sua existência*». Parece, todavia, evidente, com base nas considerações feitas anteriormente, que essa opinião funda-se em um equívoco grosseiro, não levando em consideração a real natureza e os efeitos da atividade de alegação e de contestação ou não-contestação dos fatos. Em particular, parece cristalina a ideia de que as partes «disponham» do fato alegado, como se se pudesse «dispor» sobre a verdade dos fatos, com um negócio tão eficaz que pudesse vincular o juiz a considerar verdadeiro aquele fato sem nem mesmo «convencer-se de sua existência». Trata-se, como é fácil constatar, de uma construção imaginária que nada tem a ver com a realidade daquilo que as partes fazem quando alegam, contestam ou não contestam um enunciado de fato. Tal construção encontra explicação na ideologia do processo como «coisa privada das partes» de que se falou anteriormente, mas se justificando, entretanto, no contexto do processo e não respondendo a qual-

---

[67] Cfr., neste ponto, MARCONI, 2007: 14 ss., o qual observa que as teses que se expressam no texto não estavam, quiçá, historicamente privadas de alguma justificação, porém «*que as justificações sejam filhas do tempo não implica que sejam verdadeiras*».

[68] No sentido de que a não-contestação *não* é uma atividade de natureza negocial cfr. em particular CARRATTA, 1995: 264.

[69] Cfr. em particular o *leading case* da *Cass. S. U.*, em CEA, 2002. No mesmo sentido cfr. também a jurisprudência sucessiva, sobre a qual ver referências em CARPI e TARUFFO, 2006: 1193.

quer exigência particular. Merece, portanto, cair sob a navalha de Ockham, para quem, como sabido, *entia non sunt multiplicanda praeter necessitatem.*

5. EFEITOS DA NÃO-CONTESTAÇÃO

Com base nas considerações precedentes, a questão formulada no título desse artigo é resolvida em sentido negativo: visto que a verdade dos enunciados sobre os fatos da causa existe ou não existe em função de como ocorreram os acontecimentos correspondentes no mundo real, e que não é objeto de negociação ou de acordo entre as partes, então a não-contestação não torna verdadeiro aquilo que é falso, e tampouco torna verdadeiro aquilo que já é verdadeiro por si só.

De resto, a orientação recordada anteriormente, que visa a retirar da não-contestação dos fatos algumas vantagens práticas em termos de simplificação e de eficiência do processo, não se torna por isso ilegítima: pelo contrário, trata-se de uma finalidade que em alguma medida deve ser considerada positivamente. Vale a pena, inclusive, especificar-se como funciona um mecanismo como esse, também com o fim de se estabelecer se e em quais condições esse é aceitável.

A propósito, frisa-se sobretudo que a teoria do fato «incontroverso» funda-se em uma espécie de *als ob* que lembra o pensamento de Vaihinger: com efeito, não se sabe se o enunciado de um fato «incontroverso», alegado e não contestado, é verdadeiro ou falso. Todavia, admite-se – ou se pretende admitir – que o juiz comporte-se *como se* o enunciado fosse verdadeiro, ou seja, *como se* o fato imaginado e afirmado em sede de alegação tivesse realmente se verificado no mundo dos acontecimentos reais. Como já se disse, de fato, a não-contestação não determina a veracidade do enunciado alegado: o *status* desse enunciado continua epistemicamente incerto, visto que a não-contestação não acrescenta qualquer informação que faça com que a afirmação de sua veracidade possa parecer justificada.

Por outro lado, não é possível fazerem-se inferências desse gênero a partir do puro e simples comportamento omissivo da parte que não contesta: se a sabedoria popular diz que «quem cala consente», não diz, entretanto, que o silêncio demonstre a veracidade daquilo sobre o que se cala. Em realidade, as razões pelas quais a parte não contesta um fato alegado podem ser muito diversas, mas nenhuma dessas parece idônea a determinar a veracidade do enunciado que descreve o fato. Pelo contrário: o demandado poderia evitar contestar um enunciado relativo a um fato que sabe não ser verdadeiro justamente com o escopo de ocultar a verdade, colaborando com o autor na violação da lei. Não se pode nem mesmo excluir, por outro lado, a possibilidade de que o demandado não conteste um enunciado de fato que na verdade é falso, pois crê equivocadamente que esse seja verdadeiro. Parece evidente, portanto, que da ausência de contestação não se possam retirar elementos de convencimento (e nem mesmo «argumentos de prova»)[70] a propósito da veracidade do enunciado em questão, tampouco a propósito da vontade da parte que não contesta de fechar um acordo sobre essa veracidade.

Em uma situação desse gênero, afirmar que o enunciado de fato não contestado deva ser tomado como verdadeiro para fins da decisão implica um elevado risco de erro. Fundar a decisão em um enunciado de fato formulado em um momento do processo em que não se sabe coisa alguma sobre a veracidade ou falsidade desse (enquanto não tiverem sido ainda obtidos elementos de prova a propósito) implica o risco de que se assuma como verdadeiro um enunciado que, ao invés disso, é falso. Esse risco é quantificável exatamente em 50%, visto que há uma possibilidade em duas de que a decisão fundada naquele enunciado esteja equivocada. Essa proporção aponta em termos de risco a medida do déficit de justiça que se verifica no momento em que se decide uma controvérsia com base em um enunciado de cuja veracidade ou falsidade não se sabe coisa alguma: o risco é de que uma decisão em duas seja injusta porque se funda em um enunciado falso.

Põe-se, então, o problema de se estabelecer se a vantagem prática obtida com a exclusão do fato não contestado do *thema probandum*, em termos de simplificação do processo, compensa a perda em termos da justiça da decisão, que deriva do fato de se assumir como verdadeiro um enunciado que tem 50% de chance de ser falso.

A propósito, uma solução que atentasse exclusivamente para a justiça da decisão imporia a exclusão de toda e qualquer relevância processual à não-contestação das alegações de fato, bem como a necessidade de que todos os enunciados relativos fossem demonstrados como verdadeiros ou falsos com base nas provas, nada diferindo do que acontece com os enunciados de fato contestados. Essa solução poderia, de resto, ser criticada, argumentando-se que essa desconhece as exigências de economia processual e acaba com qualquer possível simplificação da apuração dos fatos. Esse argumento não é de todo irrelevante e induz, pois, que nos questionemos sobre a possibilidade de que exista uma solução racional, que pelo menos reduza em alguma medida os piores riscos de erro na decisão, mesmo que permitindo algumas significativas simplificações do procedimento.

Essa solução pode ser encontrada quando se reflete sobre a circunstância de que, quando uma parte alega um fato imaginando a veracidade do enunciado relativo, na realidade assume para si o ônus de demonstrar em juízo, com

70 Parece, por conseguinte, carente de fundamento a orientação difundida na jurisprudência italiana, segundo a qual a não-contestação seria um comportamento idôneo a fornecer ao juiz argumentos de prova sobre a verdade do fato não contestado (cfr., inclusive para ulteriores referências, Carratta, 1995: 175 ss.; Ciaccia Cavallari, 1993: 39 ss.; Fabiani, 2003: 1347).

provas, que aquele enunciado é verdadeiro por ter efetivamente se verificado o fato no mundo real. Em outros termos, o efeito principal da alegação consiste na assunção do ônus da prova relativamente ao fato alegado: *onus probandi incumbit ei qui dicit*, diz o brocardo; portanto, aquele que alega um enunciado de fato assume para si o ônus de demonstrar sua veracidade.[71] Paralelamente, a contestação da veracidade daquele enunciado tem o efeito – por assim dizer – de *consolidar* para a parte que alegou o fato o ônus de demonstrar que esse realmente se verificou: a contestação *confirma* (atenção: não cria) o *status* epistêmico de incerteza do enunciado objeto de alegação, podendo ser resolvida tal incerteza – conforme já dito – somente com a apuração probatória do fato em questão.

É nesse contexto, então, que se pode encontrar uma solução razoável para o problema prático formulado anteriormente. Isso é, pode-se admitir que a ausência de contestação de um fato opere no sentido de atenuar ou eliminar, para a parte que o alegou, o ônus de demonstrar sua existência, já que o demandado, com seu comportamento, não desafiou o autor a fornecer tais demonstrações. Pode-se, por conseguinte, admitir que, em virtude da não-contestação, verifique-se uma espécie de *relevatio ab onere probandi* em favor daquele que alegou o fato que se tornou «incontroverso»: visto que sobre aquele fato não se estabelece a dialética contraditória das partes, pode-se simplificar o procedimento no sentido de se julgar desnecessária a prova do fato não contestado.[72]

Observe-se, todavia, que isso não acarreta consequência alguma quanto à veracidade ou não veracidade do enunciado relativo àquele fato: o *status* desse permanece incerto, mas se admite que essa incerteza torne-se irrelevante em sede de decisão, em função da circunstância de que *entre as partes* essa não tenha sido objeto de controvérsia, pois a parte demandada não colocou a parte que fez as alegações na condição de dever demonstrar que suas assertivas eram fundadas. É claro, de resto, que de tal modo não se elimina o risco de erro de que se falou acima: se se retira o ônus de provar a veracidade do fato alegado (e, portanto, esse fato permanece não demonstrado), o enunciado relativo permanece incerto, permanecendo, portanto, a possibilidade de que uma das duas decisões possíveis seja fundada em um enunciado faticamente falso. Trata-se, então, de se estabelecer se uma consequência desse gênero justifica-se com base na inércia da parte que teria podido contestar o fato e não o fez. Em sentido positivo poder-se-ia dizer, talvez, que é a própria

---

[71] Não se trata, em realidade, somente de uma regra de técnica processual, mas sim de um princípio fundamental que encontra aplicação em todo e qualquer campo do conhecimento: cfr. Gaskins, 1992: 2 ss.

[72] Em sentido análogo cfr. Carratta, 1995: 282, que frisa justamente que uma coisa é provocar uma *relevatio ab onere probandi* com vantagem para a parte contrária, e outra é vincular o juiz a ter por verdadeiro o fato não contestado.

parte que assume – com seu comportamento – o risco de sucumbir, devido a uma decisão fundada em um enunciado falso.[73] Por outro lado, visto que a lei italiana admite, no art. 2.698 do Código Civil, que as partes pactuem uma modificação ou uma inversão dos respectivos ônus probatórios, pode-se também admitir que com seu comportamento uma parte provoque uma *relevatio ab onere probandi*, com vantagem para a outra parte.[74]

Isso não implica, entretanto, que se dê lugar a todas as consequências que a jurisprudência italiana habitualmente retira da ausência de contestação sobre um fato alegado, que maximizam a gravidade e a frequência do perigo do erro consistente em se fundar uma decisão sobre a verdade não demonstrada de um enunciado de fato. Trata-se, portanto, de prever a possibilidade de que se chegue, de qualquer modo, a apurar diretamente a veracidade ou a falsidade do enunciado alegado – e não contestado – todas as vezes que isso resultar possível e oportuno. Assim, é necessário, por um lado, que se consinta que as partes contestem as alegações da parte contrária a qualquer momento do processo,[75] liberando-se a parte que alegou o fato do ônus de prová-lo, sem que haja, em propósito, qualquer preclusão. Nesse caso, de resto, é necessário, de qualquer modo, que se preserve o direito da parte contrária (que alegou o fato posteriormente contestado), no sentido de requerer e de fazer com que se produzam as provas de que dispõe sobre aquele fato. Por outro lado, não se pode excluir a utilização de meios de prova admissíveis e relevantes sobre a veracidade ou a falsidade do fato não contestado, quer tenham as partes produzido tais provas, quer, de ofício, o juiz. Em todo caso, pois, o fato não contestado deve ser efetivamente objeto de decisão, no sentido de que o juiz pode sempre retirar elementos de convencimento sobre a veracidade ou falsidade desse a partir de qualquer fonte de informação que lhe seja franqueada no curso do processo. Além disso, o juiz poderá desconhecer sua existência, por exemplo, quando a veracidade daquele fato lhe parecer inverossímil, ou

---

[73] O demandado é livre para escolher a estratégia defensiva que prefere (assim CARRATTA, 1995: 275) e, portanto, é também livre para assumir o risco de que se fala no texto.

[74] É útil recordar, de resto, que a norma admite os pactos relativos aos ônus probatórios somente se a causa verter sobre direitos disponíveis. Pode-se, por conseguinte, admitir que a *relevatio* opere, em caso de ausência de contestação, somente nessa hipótese, e que o ônus originário da prova que incumbe ao autor não seja eliminado se a causa verter sobre direitos disponíveis. Deve restar claro, todavia, que assim não se aceita de modo algum a teoria negocial da não-contestação.

[75] Em sentido contrário a jurisprudência italiana mais recente, que – ao contrário do que acontecia no passado – exclui a possibilidade de contestações «tardias»: cfr. indicações em CARPI e TARUFFO, 2006: 1192. A doutrina, pelo contrário, está orientada, a propósito do art. 167 do Código Processual Civil italiano, no sentido de uma interpretação relativamente mais elástica, já que admite que a contestação possa ocorrer mesmo depois da primeira defesa do demandado, pelo menos até a audiência de *trattazione* prevista no art. 183 (ver referências, *ibidem*: 153). Depois da recente reforma dessa norma, pode-se facilmente admitir que a contestação possa ocorrer mesmo nas memórias depositadas fora da audiência, nos termos concedidos ao juiz pelo *comma* 5 da aludida norma.

resultar estar em contraste com outros fatos provados. Em substância, o fato não contestado poderá ser considerado verdadeiro (e, portanto, colocado à base da decisão) somente quando o juiz tiver amadurecido o convencimento da veracidade do enunciado que o descreve.[76]

Tudo isso equivale a dizer que a não-contestação da alegação de um fato não tem, por si só, qualquer efeito vinculante, nem para as partes nem para o juiz: não se trata de um negócio estipulado entre as partes, mas sim de uma situação em que não se elimina o valor da verdade como condição de justiça da decisão; resulta, de qualquer modo, oportuno minimizar a eventualidade de que uma decisão seja tomada sem uma apuração efetiva da verdade dos fatos relevantes.

---

76 Em sentido análogo cfr., em particular, CARRATTA, 1995: 266.

APÊNDICE IV
A PROVA DO NEXO CAUSAL

1. O OBJETO DA PROVA

A análise dos problemas relativos à prova do nexo causal requer algumas considerações de caráter preliminar que parecem indispensáveis para a exata delimitação e definição do tema.

Antes de mais nada, é necessário definir de forma apropriada e não genérica aquilo que representa o objeto da prova e as modalidades com as quais esse objeto se identifica. O objeto da prova, na linguagem corrente, é constituído pelos «fatos da causa»; porém está claro que não se trata de acontecimentos empíricos, dado que, na grande maioria dos casos, são acontecimentos produzidos em momento anterior e externo ao processo, e, como tais, que não podem ser percebidos diretamente pelo juiz. Somente no caso excepcional da inspeção de coisas e pessoas pode o juiz perceber diretamente uma circunstância que deve ser provada; em todas as outras hipóteses o juiz não entra em contato direto com o fato a provar, de forma que acaba deparando-se somente com enunciados que contêm proposições que se referem aos fatos com os quais deve se ocupar. Em outros termos, o juiz normalmente depara-se com entidades linguísticas representadas por enunciados que descrevem os fatos relevantes da causa. Tudo isso é bastante óbvio, porém daí derivam consequências que não podem ser consideradas banais.

Uma dessas consequências é que os enunciados de fato, não sendo eventos dotados de uma realidade empírica independente, existem na medida em que são formulados por alguém. Esse «alguém», por vezes, pode ser a parte que alega o fato como constitutivo da sua demanda, a testemunha que declara aquilo que sabe acerca daquele fato, ou ainda o juiz no momento no qual afirma na sentença que um determinado enunciado de fato resulta provado ou não provado. O sujeito que formula um enunciado de fato em realidade o *constrói*, determinando sua forma e conteúdo. Essa atividade desenvolve-se através do emprego de vários critérios, que tanto podem ter natureza jurídica (como a referência às normas cuja aplicação se postula e que determinam a relevância jurídica do fato em questão – que, por exemplo, vem qualificado como ilícito à luz do art. 2.043 do Código Civil italiano), quanto natureza linguística, semântica, cultural, institucional, e assim por diante.[1] Dentre os critérios com os quais se constroem os enunciados, adquirem particular importância as *categorias*, que são *«ubiquitous and inescapable in the use of mind»*.[2] Ainda que nem todos usem as mesmas categorias, que são histórica e culturalmente variáveis,[3] essas são essenciais para a determinação do significado daquilo que se enuncia.[4] Essas considerações têm relevo no presente contexto na medida em que um enunciado que se refere a um fato descrito com base em um nexo causal é construído, evidentemente, fazendo-se referência à categoria da causa. Também nesse caso estamos ante uma aparente banalidade que, todavia, dá azo a uma série de questões. Não somente destaca o fato de que nos últimos dois mil e quinhentos anos o conceito de causa tem sido discutido sob os pontos de vista filosófico e epistemológico, de maneira que se pode dizer tudo, menos que se trata de um conceito simples e elementar.[5] É relevante também a perspectiva a partir da qual se define a categoria da causalidade.

Assim, por exemplo, ao invés de se recorrer ao conceito filosófico de causa, pode-se pensar – na perspectiva da cognição – que a causa seja um *idealized cognitive model*, ou seja, uma modalidade tipificada com a qual a mente humana organiza o conhecimento de eventos, pessoas e objetos, assim

---

1 Sobre alguns aspectos da construção dos enunciados de fato, v. Taruffo, 2002: 280 ss.

2 Cfr. Amsterdam e Bruner, 2000: 19.

3 Cfr. Amsterdam e Bruner, 2000: 18, 23, 27.

4 Ver, novamente, Amsterdam e Bruner, 2000: 28 ss.

5 Para uma síntese breve, porém eficaz, cfr. Agazzi, 1999: 393 ss.; ver também Pizzi, 1997: 1 ss.; para uma interessante história do conceito de causa, cfr. Laudisa, 1999. Diferentemente das reconstruções históricas das concepções da causalidade feitas pelos filósofos, as elaboradas pelos juristas (cfr., entre os mais recentes, Romano, 2005: 9 ss., 35 ss.; Capecchi, 2002: 211 ss.) são muito menos claras e se fundam na muito discutível pretensão de derivar diretamente das evoluções da física teórica consequências significativas acerca do nexo causal que se apura em juízo. Para uma comparação entre as diversas perspectivas, ver, por exemplo, Agazzi (1999: 397), que fala, na condição de epistemólogo, fala de uma recuperação da noção de causalidade, e Capecchi (2005: 211 ss.), que fala, na condição de jurista, do declínio do princípio de causalidade na filosofia e na física. Cabe sugerir a respeito: *ne sutor ultra crepidam.*

Um exemplo notável em muitos aspectos de como os juristas têm escassa habilidade com os conceitos gerais encontra-se na motivação da sentença da Corte de Cassação italiana (*Cass. 18 aprile 2005 n. 7997*), na qual o relator define a categoria jurídica do nexo causal como «*um dos mais antigos oximoros de todo o ordenamento penal e civil*». É verdade que o conceito de causalidade foi sempre problemático e que os juristas filosoficamente desprovidos têm feito muito para confundi-lo ainda mais, porém é difícil nele encontrar a *contradictio in adjecto* que caracteriza a figura retórica do oxímoro.

como de suas relações características, em estruturas que resultam significativas em seu conjunto.[6] Do mesmo modo que os outros modelos cognitivos idealizados, a causalidade funda-se em um conhecimento direto dos eventos ou em uma elaboração cultural, possuindo alto grau de generalidade e não sendo uma representação objetiva da realidade, mas sim uma idealização que caracteriza algumas situações que se encontram na experiência.[7] Em uma perspectiva até certo ponto análoga, porém com desenvolvimentos distintos, pode-se pensar a causalidade como *modelo mental* do qual nos servimos para interpretar os dados da experiência.[8] Obviamente, não é possível aprofundar aqui adequadamente todas as perspectivas desde as quais se poderia analisar o conceito de causalidade. Não obstante, há algumas implicações específicas que derivam do emprego da categoria da causa na formulação de enunciados destinados a ser objeto de prova em juízo que requerem alguns comentários adicionais.

1.1 Causa e probabilidade

Antes de mais nada, deve-se ressaltar que a correlação entre eventos não precisa ser expressa, necessariamente, segundo a categoria da causa. Por um lado, com efeito, tal correlação poderia ser construída como uma simples *associação*, ou seja, afirmando que os dois eventos verificam-se juntos em certo número de casos no âmbito de determinada amostra.[9] Por outro lado, tal correlação poderia ser expressa em termos de *probabilidade*, ou seja, empregando um conceito que – segundo o que se sustenta comumente – não mantém qualquer vínculo com a categoria da causa.[10] Tratando-se de categorias distintas e não redutíveis uma à outra, um enunciado que vincula dois fatos em termos de probabilidade, afirmando que a existência de um faz provável a existência do outro, não é equivalente a um enunciado que vincula dois fatos afirmando que um é a causa do outro. Tais enunciados, na realidade, têm significados distintos e descrevem realidades distintas, na medida em que oferecem interpretações diferentes da realidade a que se referem. Acerca da linguagem da probabilidade, de qualquer sorte, retornaremos mais adiante.

---

6 Nessa perspectiva cfr. em particular, Winter, 2001: 88 ss., 93, 105 ss.

7 Cfr. Winter, 2001: 89.

8 Em essência, seguindo a Hume – para o qual, como se sabe, o nexo causal não é outra coisa que o fruto do hábito psicológico de ver uma conexão regular entre eventos – a causalidade poderia não ser mais que um fenômeno psicológico: a respeito cfr. Johnson e Laird, 1999: 67 ss.

9 É o que ocorre geralmente acerca dos dados epidemiológicos: cfr. Green, Freedman e Gordis, 2000: 336, 348.

10 Sobre o de que o conceito de causa é absoluto, ou seja, que implica uma conexão certa e não provável entre eventos, ver, por exemplo, Agazzi, 1999: 394, 398. Cfr., também, Stella, 2005: 19 ss., 144 ss.

Se a linguagem da probabilidade, ao invés daquela da causalidade, é ou não apropriada para descrever o fato que se trata de provar é circunstância que depende da natureza do suporte fático no qual esse se funda. Se, por exemplo, faz-se referência a suportes fáticos nos quais aquilo que é juridicamente relevante é o denominado *aumento do risco*, o enunciado fático correspondente pode ser corretamente formulado em termos de probabilidade. Com efeito, o aumento de risco configura-se normalmente como uma situação na qual a ocorrência de um evento faz mais provável a ocorrência de outro, de modo que o risco de que se produza esse segundo evento aumenta quando se verifica o primeiro.[11] Situações desse gênero são relevantes quando se trata de evitar a ocorrência de um prejuízo, que se faz mais provável com a ocorrência de um fato danoso, ou ainda quando a lei sanciona comportamentos perigosos em si mesmos, configurando o risco ou o perigo produzidos por um determinado comportamento como juridicamente relevante de forma autônoma. Todavia, se o suporte fático é construído pela norma que o prevê, de maneira que o que se considera relevante para a produção de um determinado efeito é a verificação de uma conexão causal entre dois eventos – como ocorre, por exemplo, no caso do art. 2.043 do Código Civil italiano ou do art. 40 do Código Penal italiano –, então não é possível descrever-se o suporte fático concreto nos termos de um nexo de probabilidade entre esses dois eventos. Tratar-se-ia, com efeito, da descrição de uma realidade que não é aquela pressuposta pela norma a que se pretende fazer referência. Não por acaso a melhor doutrina penalista critica ferrenhamente a transformação sub-reptícia dos delitos de resultado em delitos de perigo, que se verifica precisamente quando se identifica um nexo de probabilidade quando a lei requer, ao revés, um nexo de causalidade entre dois fatos.[12] Críticas análogas podem ser dirigidas, pelas mesmas razões, à doutrina e à jurisprudência em matéria de responsabilidade civil, quando consideram suficiente um vínculo meramente probabilístico entre fatos em situações nas quais a lei exige, ao revés, a subsistência de um verdadeiro e próprio nexo causal. Um exemplo, entre os muitos possíveis, dá-se no caso da chamada perda de uma chance, na qual se reconhece que o prejuízo vincula-se de modo incerto, não mais que provável, ao evento danoso.[13] Toda a ampla literatura sobre a perda de uma chance salienta a natureza probabilística da conexão entre o evento danoso e o prejuízo, pela óbvia razão de que se trata de um prejuízo hipotético que vem configurado com base em um argumento não fático e que, portanto, não pode ser demonstrado diretamente.[14] Outro exemplo interessante encontra-se nas várias hipóteses de responsabilidade

---

[11] O aumento de risco é aquilo que se verifica quando entre dois eventos se instaura um nexo de causalidade geral (a respeito ver *infra* § 1.2).

[12] Cfr., em particular, Stella, 2003: 224 ss., 291 ss.

[13] Cfr., por exemplo, Visintini, 1999: 513.

[14] Não por acaso se duvida não só se tal prejuízo deva ser classificado como lucro cessante ou como dano emergente, mas também da própria configuração de um prejuízo como tal. Na

que Guido Alpa definiu como «estocástica», para ressaltar que está fundada somente na probabilidade de que o sujeito que se considera responsável possa ter provocado o dano.[15] Nesses casos é evidente que a responsabilidade não é atribuída em função da apuração de um nexo causal, precisamente porque não é possível determinar a responsabilidade específica de diversos sujeitos que poderiam ter provocado o dano.[16] Surge assim o critério da denominada *market share liability*, utilizado por alguns tribunais estadunidenses, segundo o qual a responsabilidade não é atribuída com base na prova de um nexo causal entre o uso de um produto e o prejuízo sofrido por alguém, mas em função da presença da empresa e a fatia do mercado que ela ocupa na comercialização do produto que se considera danoso.[17]

Não é possível discutir nesta sede se suportes fáticos como esses entram realmente no campo da responsabilidade civil,[18] e tampouco se as escolhas de política legislativa que inspiram sua construção justificam-se pelas normas de referência e são dignas de aprovação no plano dos valores que se pretendem realizar. O que parece claro é que diversos conceitos de causalidade são frequentemente utilizados de maneira superficial e instrumental para justificar critérios de alocação da responsabilidade que correspondem a finalidades de política legislativa – perseguidas mais ou menos conscientemente – em detrimento de critérios conceituais claros e rigorosos.[19] O que deveria estar claro, todavia, é que existe uma nítida diferença *qualitativa*, não reduzível a questões de grau ou de flexibilização dos conceitos, entre a configuração de um nexo causal em sentido estrito e as hipóteses probabilísticas da conexão entre eventos. Em síntese: se o suporte fático constrói-se sobre um nexo causal, esse não pode ser descrito adequadamente por um enunciado que exprime uma correlação probabilística. Ainda que esse enunciado fosse provado, a prova seria – de qualquer forma – inútil e irrelevante, porque não se teria provado o fato que a norma substancial pressupõe. Analogamente, se o fato constitutivo de um direito (por exemplo, do direito ao ressarcimento do dano) é constituído por um nexo causal entre dois eventos, e é corretamente descrito em termos de causalidade pelo enunciado a esse referido, a demonstração de uma conexão probabilística não constituirá prova do enunciado e será igualmente inútil e irrelevante pela mesma razão.

---

doutrina mais recente cfr., também para referências doutrinárias e jurisprudenciais adicionais sobre o tema, Monticelli, 2003: 873 ss.; Severi, 2003: 296; Pacces, 2000: 659 ss.

15 Cfr. Alpa, 1999: 328 ss.

16 Cfr. Alpa, 1999: 328 ss.; Giussani, 1988: 348 ss.

17 Cfr. Hensler, Pace, Dombey, Moore, Giddens, Gross e Moller, 2000: 306 ss.; Giussani, 1988: 347.

18 O questiona, acertadamente, Monateri (2003, p.13 ss.), o qual expressa fundada perplexidade acerca de se a responsabilidade civil é a instituição adequada para resolver os problemas que se referem aos danos de massa (*mass torts*).

19 Cfr., por exemplo, Izzo, 2004: 213 ss.

1.2 Causalidade genérica e causalidade específica

As considerações feitas até o momento nos levam a abordar outro ponto extremamente importante na individualização do nexo causal como objeto de prova. Trata-se da distinção, já convertida em lugar-comum para aqueles que se ocupam seriamente desses problemas, entre *causalidade genérica* e *causalidade específica* ou *individual*. A causalidade genérica é aquela que permite estabelecer um vínculo entre dois tipos de eventos segundo os quais, em uma amostra que vem tomada em consideração, a produção de um evento de certo tipo torna mais provável a produção de um evento de outro tipo.[20] Por exemplo, em certa amostra é mais provável que aqueles que fumam (evento 1) contraiam câncer de pulmão (evento 2). Em resumo, o nexo de causalidade genérico permite afirmar que um tipo de fato *pode* determinar a ocorrência de outro tipo de fato no âmbito de determinada amostra[21] e estabelece o nível de *risco relativo* de um evento em conexão com outro evento. Um nexo de causalidade genérico pode ser adequadamente expresso – como geralmente ocorre – em termos de probabilidade,[22] porque versa sobre a frequência na qual se produz um evento na presença de outro evento, sempre no âmbito de uma determinada amostra que se toma em consideração.

O nexo de causalidade individual, ou específico, estabelece que em uma específica e concreta situação um específico e determinado fato foi causado pela ocorrência de outro fato específico e determinado. Trata-se de um conceito de causalidade que há pouco em comum com o da causalidade genérica recentemente examinado.[23] Na realidade, aqui se faz referência a um evento particular que se refere a um sujeito específico, e não a classes de eventos que se verificam no âmbito de uma amostra. Além disso, não se conjetura uma mera correlação entre tipos de eventos, e tampouco a capacidade de um evento de incrementar a probabilidade de outro evento, mas se afirma que um fato específico *x* causou a ocorrência de um fato específico *y*. Se retomarmos o exemplo anterior, trata-se de estabelecer que Tício contraiu câncer de pulmão *porque* era fumante.[24]

---

20 Sobre o conceito de causalidade geral ver, especialmente, também para referências bibliográficas adicionais, STELLA, 2003: 291 ss.

21 O conceito de causalidade geral é amplamente estudado no âmbito da epidemiologia e da estatística. Sobre a causalidade geral na epidemiologia cfr., em particular, GREEN, FREEDMAN e GORDIS, 2000: 374 ss.; STELLA, 2003: 294 ss.

22 Cfr. FROSINI, 2002: 38 ss.

23 Uma útil operação de terapia linguística aconselharia reservar o uso da linguagem causal somente para as hipóteses de causalidade individual; a causalidade geral – que não estabelece verdadeiros e próprios nexos causais – poderia ser melhor denominada de outro modo, como «aumento de risco» ou como «risco relativo», por exemplo.

24 Sobre o conceito de causalidade específica ou individual ver, em particular, também para referências bibliográficas adicionais, STELLA, 2003: 339 ss.

Ainda que a distinção entre as duas noções de causalidade pareça bastante clara, a doutrina e a jurisprudência a essa não se atêm, viciando o discurso com uma confusão conceitual bastante grave. O problema é que da existência de uma correlação de causalidade genérica *não se pode derivar a demonstração* da existência de um nexo de causalidade individual. Os estudiosos desses problemas afirmam correntemente que de uma correlação (como aquela da causalidade genérica) não se pode derivar qualquer nexo causal específico;[25] a causa individual, assim, sempre se demonstra de modo autônomo, e não simplesmente com base em uma correlação estatística.[26] Em outros termos, para que possa existir um nexo de causalidade específica é necessário que exista o correspondente nexo de causalidade genérica, porém desse não é possível derivar a demonstração da existência do nexo de causalidade específica.[27] Por outro lado, é de conhecimento geral (ou deveria sê-lo) que uma frequência estatística, ainda que elevada, nada pode dizer de significativo acerca da ocorrência de um evento específico: como é usual dizer, as estatísticas servem para fazer previsões sobre a probabilidade de que certo tipo de evento se verifique, porém não servem para estabelecer se um evento particular ocorreu ou não. Servem menos ainda para estabelecer se determinado evento produziu-se como efeito de outro evento. Por conseguinte, se o fato que se trata de provar é constituído por um nexo de causalidade específica entre dois eventos particulares, provar que existe uma correlação de causalidade genérica entre eventos desse tipo em uma determinada amostra de nada serve: a causalidade genérica não demonstra a causalidade específica.

Ocorre que, por vezes, esses aspectos essenciais do problema não são enfrentados com a devida consideração ou, simplesmente, são ignorados ou confundidos. Assim, por exemplo, uma tendência da jurisprudência americana – por sua vez claramente minoritária – considera que se uma correlação de causalidade genérica é estatisticamente muito forte, ou seja, capaz de fazer aumentar ao menos duas vezes o risco de que na presença de um evento se verifique também o outro evento, então o juiz estará autorizado a supor que no caso individual se tenha produzido um nexo causal entre os dois eventos específicos (por exemplo, entre o fumo e o câncer de pulmão).[28] Além disso, na discussão que há algum tempo se desenvolve acerca do valor probatório das estatísticas existe uma linha de pensamento – igualmente minoritária, porém compartilhada por um notável filósofo[29] – segundo a qual se se dispõe de uma

---

[25] Cfr., por exemplo, Kaye e Freedman, 2000: 94 ss.; Rubinfeld, 2000: 182 ss.; e também Stella, 2003: 296 ss., 303 ss.

[26] Cfr., por exemplo, Rubinfeld, 2000: 185, e amplamente Stella, 2003: 398 ss.

[27] Cfr. Frosini, 2002: 39; Green, Freedman e Gordis, 2000: 383 ss.

[28] Cfr., por exemplo, Green, Freedman e Gordis, 2000: 383 ss.; Stella, 2003: 318 ss.

[29] A referência é a Frederick Schauer, do qual se pode ver, mais recentemente, Schauer, 2003: 79 ss. Sobre o problema de se os dados estatísticos são suficientes por si só para fundamentar conclusões probatórias ver Frosini, 2002: 11 ss., 65 ss.

frequência estatística particularmente elevada relativa à conexão entre dois tipos de eventos, isso pode ser suficiente para que se estabeleça que no caso concreto realmente tenha se verificado um nexo causal entre os dois eventos específicos. Nesta sede não é possível analisar com profundidade as razões pelas quais essas tendências – que não por acaso são minoritárias no contexto de uma literatura muito ampla – possuem fundamento duvidoso. Resta, de qualquer maneira, a perplexidade de fundo, baseada naquilo que sustentam os especialistas em estatística quando refletem sobre os limites da sua ciência e sobre as condições de uso justificado dos dados estatísticos: esses dados referem-se a classes de eventos e não a eventos singulares, servindo para fazerem-se previsões, porém não para apurar fatos singulares que já ocorreram. É válido, a propósito, o argumento clássico: saber que ao se lançar um dado perfeito tem-se uma probabilidade de um sexto de obter um seis (ou qualquer outro resultado) pode me auxiliar a fazer uma aposta, porém a mesma informação nada me dirá acerca do resultado de um lançamento específico já efetuado e por mim desconhecido. Se devo estabelecer que nesse lançamento o resultado tenha sido seis, devo fazê-lo de outras formas, não com base na frequência de um resultado no conjunto de todos os resultados possíveis.

1.3 Causalidade material e causalidade jurídica

Outro problema relevante que se deve enfrentar antes de entrar no tema da prova do nexo causal refere-se novamente à determinação daquilo que se entende por nexo causal: ou seja, trata-se de estabelecer se estamos ante uma *causalidade natural*, *material* ou *empírica*, ou se se trata de uma *causalidade jurídica*. Essa distinção é corrente na doutrina e na jurisprudência,[30] porém requer alguns esclarecimentos do ponto de vista daquilo que constitui objeto de prova. De maneira muito genérica pode-se falar de «causalidade jurídica» sempre que uma norma toma em consideração um nexo de causalidade qualificando-o juridicamente e atribuindo-lhe consequências jurídicas: assim, por exemplo, o art. 2.043 do Código Civil italiano qualifica juridicamente a causa ao falar de «fato ilícito», qualifica juridicamente o efeito ao falar de «dano injusto» e se refere ao nexo causal com o termo «ocasiona», vinculando o fato indicado como causa ao fato indicado como efeito. Nesse sentido, a causalidade jurídica é simplesmente a roupagem jurídica que uma norma atribui a um nexo causal. Todavia, o problema da causalidade jurídica não é tão simples, dando ensejo, inclusive, a elaborações conceituais um tanto complexas, ao ponto de que as distintas teorias são comumente agrupadas em não menos do que cinco orientações diversas.[31] Não é necessário, porém,

---

[30] No âmbito da doutrina civilista mais recente, cfr., também para referências bibliográficas adicionais, Visintini, 1999: 589 ss.; Alpa, 1999: 317 ss., 322 ss.; Monateri, 1998: 144 ss.; Capecchi, 2005: 5 ss.

[31] Cfr., por exemplo, Alpa, 1999: 320 ss.; Monateri, 1998: 147 ss.

discutir-se o mérito específico dessas teorias. Na realidade, assim como as normas do Código Civil às quais se referem, essas teorias nada dizem acerca do nexo de causalidade material: esse não é definido, mas apenas pressuposto como premissa a qual as normas fazem referência implícita.[32] Por outro lado, as regras – frequentemente de origem doutrinária e jurisprudencial, ao invés de normativa – às quais se alude com a expressão «causalidade jurídica» são tipicamente «artificiais», exprimindo escolhas de oportunidade jurídica[33] que se referem principalmente à seleção dos danos ressarcíveis e à atribuição da correspondente responsabilidade a determinados sujeitos.[34] As noções de causalidade material e de causalidade jurídica são, portanto, conexas, na medida em que a causalidade jurídica implica e pressupõe a causalidade material; porém são também diferentes, dado que a causalidade material refere-se aos acontecimentos empíricos, vinculados por um nexo causal da mesma forma que na realidade material um fato vem indicado como causa de outro fato; a causalidade jurídica, por sua vez, refere-se às modalidades com as quais o direito toma em consideração esses acontecimentos e os «modela» de acordo com categorias jurídicas. Do ponto de vista da prova, o que é particularmente relevante é o nexo de causalidade material, visto que o que se prova em juízo são os fatos empíricos aos quais as normas atribuem qualificações e consequências jurídicas.[35] Em síntese, não se prova a causalidade jurídica, mas o nexo de causalidade material: os enunciados de fato que são objeto de prova descrevem o nexo causal que se supõe existente entre acontecimentos empíricos. Naturalmente a causalidade jurídica pode incidir na determinação dos eventos que constituem o objeto desses enunciados e que, portanto, devem ser provados, do mesmo modo que o suporte fático legal ao qual se faz referência serve para estabelecer quais fatos devem ser provados para que as respectivas normas possam ser aplicadas.[36] Assim, por exemplo, será necessário provar também as consequências mediatas e indiretas do fato ilícito se, além das consequências imediatas e diretas de que fala o art. 1.223[37] do Código Civil italiano, parte-se da premissa que também esses danos são ressarcíveis; ou, ainda, será necessário provar todas as circunstâncias que integram os suportes fáticos da responsabilidade objetiva, por exemplo, demonstrando a respon-

---

[32] Cfr. Visintini, 1999: 619 ss.; Alpa, 1999: 317; Monateri, 1998: 145.

[33] Cfr. in particolare Monateri, 1998: 146.

[34] Cfr., em particular, Visintini, 1999: 589 ss., 598 ss.; Alpa, 1999: 317, 326 ss.; Monateri, 1998: 147. O próprio Monateri (1998: 151) identifica adequadamente a *ratio* da causalidade jurídica na limitação «para trás» da busca dos responsáveis pelo fato ilícito e na limitação «para frente» da busca das eventuais consequências do mesmo.

[35] Por vezes, este aspecto da causalidade vem especificado expressamente: é, por exemplo, o caso do § 28 do *Restatement of the Law Third on Torts,* aprovado pelo *American Law Institute* em 2005, no qual se indica como *factual cause* aquilo que o demandante deve provar em face do demandado nos juízos de ressarcimento por *physical harms.*

[36] A propósito, ver mais amplamente Taruffo, 1992a: 74 ss.

[37] Ver, em particular, Visintini, 1999: 589 ss., 598 ss.

sabilidade material do autor efetivo do fato ilícito nas hipóteses reguladas pelos arts. 2.047, 2.048 e 2.049 do Código Civil italiano. Do mesmo modo, será necessário provar o estado de incapacidade previsto no art. 2.046, ou a legítima defesa prevista no art. 2.044, ou, ainda, o estado de necessidade previsto no art. 2.054 (todos do Código Civil italiano) se se trata de excluir a responsabilidade nas hipóteses previstas nessas normas. De qualquer forma, o conteúdo dos enunciados que conformam o objeto de prova do nexo causal é constituído por eventos empíricos que se incluem no conceito de causalidade material, ao passo que a dimensão da causalidade jurídica não entra diretamente no contexto da prova.

2. O ENUNCIADO RELATIVO AO NEXO CAUSAL

O problema da prova do nexo causal refere-se, por conseguinte, à demonstração probatória da veracidade de um enunciado que descreve um nexo de causalidade natural e específica. A propósito, convém esclarecer que tal nexo pode ser construído de várias maneiras, podendo ser expresso em termos diversos: pode-se dizer que «*x* causou *y*», ou que «*y* pressupõe *x* como sua causa», e assim por diante. Além disso, podem existir nexos causais simples e imediatos, como quando se diz que «*x* foi a causa direta de *y*», supondo-se que entre os dois eventos haja um contato direto no espaço e muito próximo no tempo; na ausência dessa relação direta, ainda, trata-se de especificar a cadeia causal que, através de várias etapas causais, envolvendo diversos eventos intermediários, vincula *x* a *y* (com uma forma do tipo «*x* causou *k*; *k* causou *z*; *z* causou *w*; *w* causou *y*»). Ademais, pode acontecer de se configurar a presença de várias concausas (de modo que «*x*, *z*, *k* e *w* causaram *y*») como no caso em que um evento tenha sido produzido pela conduta de diversos sujeitos. Não interessa aqui examinar detalhadamente essas situações e outras que se podem verificar, por se tratarem todas de variações e combinações de um esquema básico representado pelo enunciado típico «*x* causou *y*». Não obstante, vale a pena ressaltar que em qualquer caso é necessário que o enunciado em questão seja *completo* (ou seja, que se refira a todos os eventos que entram em jogo no esquema de relações causais) e *preciso* (ou seja, que defina e descreva claramente todos os eventos que integram o esquema causal, determinando sua função dentro desse). Todavia, o nível de completude e de precisão que se deve alcançar na construção desses enunciados não pode ser absoluto, a depender do contexto no qual se inserem e da função que desempenham:[38]

---

38 Acerca da necessidade de se omitir uma quantidade de pressupostos que se assumem tacitamente quando se formular um enunciado causal cfr. Stella, 1990: 283 ss., 292 ss. Trata-se, de resto, de um caso particular da situação que se verifica sempre que se toma a descrição de um fato como objeto de prova: dado que existem infinitas formas de se descrever o mesmo fato (cfr. Taruffo, 1992a: 71 ss.; Haack, 1998: 157 ss.), uma descrição que pretendesse ser absolutamente completa daquele fato deveria ser, por sua vez, infinita, sendo a soma das infinitas

assim, por exemplo, se o enunciado causal refere-se a um fato principal, o critério de referência é constituído pela norma cuja aplicação se almeja com base naquele enunciado;[39] se, ao invés disso, o enunciado causal refere-se a um fato secundário, o critério de referência é constituído pela relevância lógica que esse enunciado possui dentro de uma cadeia inferencial complexa.[40]

O enunciado causal elementar que, por simplicidade, usa-se como objeto de análise ostenta a forma «*x* causou *y*» e é constituído por três elementos: o evento que se identifica como causa, o evento que se identifica como efeito ou consequência e o nexo causal que vincula os dois eventos e que permite que se aponte qual deles é a causa e qual é o efeito. No que diz respeito à prova do enunciado, pode-se dizer, antes de tudo, que a causa e o efeito são dois eventos empíricos particulares, os quais precisam ser demonstrados. Na realidade, cada um deles é objeto de um enunciado mais específico (do tipo «é verdadeiro que *x* verificou-se assim e assim») que deve ser provado. Com efeito, *x* e *y* são acontecimentos empíricos individuais e específicos (o desrespeito ao sinal vermelho, a queda do vaso de flores, a ingestão de um remédio; os ferimentos, a morte, a destruição de uma coisa) que podem ser percebidos, verificados, reproduzidos e documentados. Desses acontecimentos se pode e se deve fazer a prova em juízo segundo as regras ordinárias: na responsabilidade civil, por exemplo, tanto o fato ilícito quanto o prejuízo devem ser provados. Do ponto de vista das modalidades da prova desses fatos não surgem problemas particulares: é necessário que a veracidade dos respectivos enunciados seja demonstrada através das modalidades habituais.

A situação é muito distinta com relação ao terceiro elemento do enunciado, ou seja, o nexo causal que vincula *x* e *y*. É claro que esse elemento também deve ser demonstrado: se a ocorrência de *x* e *y* é demonstrada, porém não se determina que entre os dois eventos haja alguma conexão, é evidente que o enunciado «*x* causou *y*» não restará provado. O problema é que, diferentemente dos acontecimentos empíricos *x* e *y*, o nexo causal não é – ao menos a partir da famosa crítica de Hume e de Kant – um evento empírico observável ou perceptível como qualquer outro acontecimento material. Aliás, a relação de causalidade não é de forma alguma um acontecimento empírico semelhante aos outros acontecimentos que constituem a causa e o efeito: o que se percebe no contato com o mundo dos acontecimentos empíricos são os

---

descrições possíveis e, talvez, algo mais. Necessariamente, portanto, qualquer descrição de um fato é incompleta, fruto da escolha do sujeito que a constrói.

[39] Com efeito, a norma cuja aplicação se pretende é o principal critério de determinação dos aspectos do fato que devem integrar sua descrição: ver, mais amplamente, TARUFFO, 1992a: 74 ss.

[40] A relevância lógica do fato secundário, ou seja, a sua capacidade de constituir a premissa de uma inferência relativa a outro fato, determina a descrição do fato secundário: ver, mais amplamente, TARUFFO, 1992a: 100 ss.

fatos *x* e *y*, ao passo que o nexo causal que os vincula nunca é visto ou percebido. Não obstante, como se disse anteriormente, é necessário demonstrar-se adequadamente o nexo causal em juízo, já que de outro modo a construção causal do suporte fático concreto não teria sentido e não poderia ser provada. Há uma forma de sair deste *impasse* aparente: a existência do nexo causal não pode ser provada de forma direta, porém pode ser provada pela via inferencial, ou seja, demonstrando que existe uma lei «de cobertura» na qual se pode subsumir o caso específico. Trata-se de demonstrar que em geral fatos do tipo X causam fatos do tipo Y: com base nisso se pode afirmar que «*x* causou *y*», porque, por regra, fatos do primeiro tipo dão causa a fatos do segundo tipo. Nesse caso, estamos diante do gênero de explicação que pertence ao modelo *nomológico-dedutivo*, que foi estudado particularmente por Hempel e que hoje é considerado pela melhor doutrina penalista como o esquema idôneo para ocupar-se da explicação causal.[41] A inferência é «nomológica» porque se funda em uma lei de cobertura e é «dedutiva» porque essa lei de cobertura é – ao menos em princípio – geral, incluindo, portanto, o caso particular objeto de demonstração: se em todos os casos ocorre que X causa Y, então também no caso particular *x* causou *y*.

3. A PROVA DA LEI DE COBERTURA

Se a existência do nexo causal particular entre *x* e *y* demonstra-se por via inferencial com base na lei de cobertura – segundo a qual em todos os casos os eventos do tipo X causam eventos do tipo Y – o problema da prova desloca-se para a lei de cobertura, cuja existência deve ser demonstrada em juízo para que se possa considerar provada a premissa da qual deriva o enunciado referente à relação causal entre *x* e *y*. A lei de cobertura não pode ser simplesmente afirmada, conjeturada ou pressuposta: a sua existência deve ser demonstrada.[42] Como já se mencionou, com efeito, se não se prova o nexo causal, tal enunciado permanece carente de prova; por sua vez, se não se demonstra a existência da lei de cobertura, o nexo causal tampouco resta demonstrado. Nesses termos, trata-se de uma afirmação bastante óbvia que, não obstante, suscitou problemas relevantes.

A tese segundo a qual a lei de cobertura deve ser demonstrada em juízo foi apropriadamente expressa por Federico Stella quando escreveu que o juiz

---

[41] Cfr., em particular, Stella, 2003: 339 ss.; 1990: 278 ss.; 2005: 5 ss.; Agazzi, 1999: 397 ss.; cfr. também Romano, 2005: 48 ss.

[42] Pode ocorrer de a lei de cobertura ser óbvia e banal, como sucede em vários casos da vida cotidiana. Nesse caso, pode não ser necessária a demonstração específica da sua existência. De qualquer forma, essa ausência de demonstração somente pode ser admitida nos casos em que a lei de cobertura seja *notória*, ou seja, seja avalizada pela opinião pública sem qualquer dúvida ou incerteza. Em todos os outros casos, a existência da lei de cobertura deve ser demonstrada especificamente.

deve ser um «consumidor» e não um «produtor» de leis causais, não podendo substituir o cientista na descoberta e na formulação das leis científicas. Existe para o juiz, portanto, a proibição de utilizar como fundamento da sua decisão leis que a ciência não reconhece como tais, bem como de formular leis «próprias», em contraste com as leis aceitas e consideradas válidas pela comunidade científica.[43] Se não é o juiz, mas a ciência, que «formula» as leis de cobertura sobre as quais se funda a inferência do nexo causal, então são as denominadas provas científicas que devem fornecer ao juiz o conhecimento que lhe é necessário para apontar as leis causais sobre as quais se funda a prova do nexo causal específico. Sob essa perspectiva, o problema da prova do nexo causal configura-se como um caso particular – ainda que importantíssimo – de uma problemática muito mais ampla que envolve o uso probatório do conhecimento científico, acerca da qual nos últimos anos tem-se desenvolvido uma literatura bastante ampla.[44] Sem aprofundar aqui o tema geral da prova científica, vale a pena ressaltar, porém, que o recurso ao conhecimento científico é cada vez mais frequente, e o incremento das áreas do saber que são «cobertas» pela ciência (seja pelo desenvolvimento das ciências clássicas, seja pelo surgimento de novas ciências da natureza e da sociedade) vai reduzindo rapidamente a necessidade de se recorrer ao senso comum ou à chamada cultura média para se caracterizarem as noções indispensáveis à decisão.[45] Isso não significa que não se apresentem problemas, uma vez que o recurso cada vez mais frequente à ciência implica o risco de que nos sirvamos da má ciência ou da pseudociência (a *junk science* da literatura norte-americana)[46] e faz premente a necessidade de controles – também em sede judicial – sobre a validade dos conhecimentos científicos que se incorporam ao processo.[47] Não obstante, isso não impede que seja a ciência que forneça as leis de cobertura necessárias a justificar as decisões acerca da veracidade do enunciado que descreve um nexo causal particular e que, portanto, sejam as provas cientí-

---

[43] Cfr. STELLA, 1990: 153 ss.

[44] Na Itália cfr., por exemplo, TARUFFO, 2005d; 1996: 230 ss.; DONDI, 1996: 261 ss. Entre os mais recentes, cfr. DOMINIONI, 2005. Na literatura norte-americana a *scientific evidence* constitui há muito tempo uma matéria autônoma, sobre a qual existem manuais e tratados. Cfr., por exemplo, FAIGMAN, KAYE, SAKS e SANDERS, 2002b, e o *Reference Manual on Scientific Evidence* do Federal Judicial Center.

[45] Sobre ciência e sentido comum, mais amplamente, cfr. TARUFFO, 2002: 145 ss.

[46] É impressionante o «museu dos erros» derivado do uso equivocado da ciência descrito por HUBER, 1991. Sobre este ponto ver também FAIGMAN, 1999.

[47] A este propósito já é de praxe a referência à sentença pronunciada em 1993 pela Corte Suprema dos Estados Unidos no caso *Daubert*, que deu ensejo a uma rica – ainda que nem sempre coerente – jurisprudência e a uma imensa literatura. A respeito cfr., em particular, também para referências bibliográficas adicionais, TARUFFO, 1996: 219 ss.; DONDI, 1996; DOMINIONI, 2005: 137 ss. A sentença do caso *Daubert* foi publicada em tradução ao italiano de DONDI na *Riv. Trim. Dir. Proc. Civ.* 1996: 277. Sobre a jurisprudência sucessiva ao caso *Daubert* cfr. BERGER, 2000: 9 ss.; DOMINIONI, 2005: 179 ss.

ficas que constituam o instrumento processual para a demonstração da sua existência.

Sobre esse ponto, entretanto, não há consenso. É significativa a respeito a opinião expressada recentemente por Antonio Pagliaro em um trabalho que se ocupa de *causalidade e direito penal.*[48] Pagliaro compartilha da opinião de que o nexo causal específico deve ser demonstrado mediante o recurso à lei de cobertura, não compartilhando, entretanto, da tese segundo a qual é a ciência que deve oferecer a prova da existência dessas leis. Ele sustenta, ao invés disso, que «é necessário – e suficiente – o *convencimento moral passível de motivação, motivado e, por isso, "objetivo"* de que existem leis de cobertura» (grifos no original).[49] Frente a uma formulação desse tipo nada nos resta além da perplexidade. Se essa possui algum sentido, esse é discutível. Por um lado, não está claro o significado do adjetivo «moral», referido ao convencimento do juiz acerca da existência de uma lei causal, que evoca a natureza «moral» da certeza fundada na *intime conviction* anteriormente mencionada. Se se faz referência aos problemas de prova – e, portanto, de caráter cognoscitivo – não é fácil compreender qual pode ser a «moralidade» do convencimento do juiz, salvo se com isso se queira indicar – sem tornar em absoluto o discurso mais claro – que o convencimento deve ser particularmente «forte», isto é, que o juiz deve estar profundamente convencido da existência da lei de cobertura que elege como fundamento da inferência causal. Permanece a dúvida, porém, acerca da base sobre a qual o juiz deveria fundar esse profundo convencimento. Talvez se aluda – mais uma vez – à *intime conviction* tão cara aos penalistas; nesse caso, porém, emerge uma evidente contradição com a outra parte da afirmação, na qual se diz que o convencimento do juiz deve ser «objetivo», já que «passível de motivação e motivado». Deixando de lado que o convencimento do juiz deve ser efetivamente motivado, mais do que passível de motivação, segue indeterminado o fundamento da justificação que o juiz deveria oferecer: a dúvida reside no fato de não haver qualquer justificação realmente «objetiva», induzindo-se ao erro ao utilizar esses termos, como se uma opção subjetiva do juiz pudesse se converter em objetiva desde que ele afirme estar realmente convencido da existência de uma lei de cobertura, ainda que não compreenda de onde essa tenha surgido. Para além da retórica forçada, dessa forma não se faz outra coisa senão legitimar o juiz a criar ou a inventar ele mesmo as leis de cobertura que lhe sejam úteis; e para fazê-lo de forma arbitrária e subjetiva, requerendo-lhe apenas que explique que não o faz levianamente, mas que disso está realmente convencido.

Essa tese é inaceitável especialmente porque tende, substancialmente, a legitimar, com o emprego de uma terminologia enganosa, o arbítrio do juiz.

---

[48] Pagliaro: 2005: 1037 ss.

[49] Pagliaro: 2005: 1042. A mesma fórmula é repetida na p. 1043.

Todavia, aborda um problema que merece algumas considerações adicionais. O problema reside na determinação da fonte da qual o juiz pode extrair o conhecimento das leis de cobertura necessárias para dar fundamento à demonstração do nexo causal. Quando se dispõe de conhecimentos científicos que demonstram a existência de uma lei de cobertura de caráter geral não surgem maiores problemas: o juiz adquire esses conhecimentos através dos devidos instrumentos processuais, isto é, através dos mecanismos de consulta técnica. Isso requer que o juiz seja capaz de escolher adequadamente o perito, de utilizá-lo de maneira correta e de controlar o êxito da perícia; porém, em linha de princípio, a modalidade processual de aquisição da lei científica de cobertura não faz surgir particular dificuldade.[50]

Uma hipótese de certo modo aquém do ideal, ainda que não particularmente complicada, é aquela na qual a regra de cobertura não é uma lei efetivamente geral, mas uma lei quase-geral, ou seja, dotada de uma altíssima probabilidade estatística ao ponto de cobrir praticamente a totalidade dos casos particulares. Nessa hipótese, permanece-se – ainda que com alguma adaptação – no âmbito do modelo nomológico-dedutivo, de modo que a estrutura lógica fundamental da inferência causal segue sendo substancialmente a mesma, com a única diferença de que a conclusão relativa ao caso particular não estará dotada da absoluta certeza dedutiva que caracteriza as inferências fundadas em premissas gerais, porém terá, de qualquer forma, um grau considerável de certeza prática garantido pela quase-generalidade da lei de cobertura.[51] Em relação às modalidades de demonstração da existência dessas leis de cobertura não há o que acrescentar ao que se disse a respeito das leis gerais: é a ciência – e, portanto, a prova científica – que deve determinar se existe uma regra dotada de uma probabilidade estatística suficientemente elevada para justificar a equiparação prática a uma lei geral em sentido estrito.

Problemas muito mais complexos surgem quando o que se pretende utilizar como regra de cobertura – para, a partir dela, fundamentar a existência do nexo causal em um caso particular – não possui caráter geral nem quase-geral. Essa situação é bastante frequente, sendo, pois, válido que se analise ao menos suas duas hipóteses mais importantes.

3.1 As frequências estatísticas

Uma primeira hipótese se dá quando os conhecimentos científicos disponíveis acerca da conexão entre dois tipos de eventos podem ser expressos em frequências estatísticas de grau médio, médio-baixo ou mesmo baixo, como frequentemente ocorre com os dados oferecidos pela epidemiologia. Como já foi dito, dados desse gênero podem ser úteis para demonstrar uma correlação

---

[50] Mais amplamente, sobre esse ponto, cfr. TARUFFO, 2004: 485 ss., 492 ss.; 2005b: 6 ss.

[51] Cfr. STELLA, 2003: 346 ss.; 1990: 314 ss.

de causalidade genérica ou um incremento do risco, porém aqui o problema é outro: trata-se de determinar se frequências desse tipo podem constituir regras de cobertura capazes de fundamentar a demonstração de um nexo causal específico. Fazendo referência ao que já se disse a propósito da distinção entre causalidade genérica e causalidade específica,[52] a solução desse problema não pode deixar de ser negativa. A presença de uma frequência estatística segundo a qual X e Y se verificam juntos em uma mesma amostra com uma probabilidade de 30%, ou de 50% – ou inclusive com uma probabilidade superior, porém não próxima a 100% – não permite estabelecer uma inferência de tipo quase-dedutivo que justifique a conclusão de que, *portanto*, «*x* causou *y*».[53] Não se deve esquecer, na realidade, que o nexo de causalidade existe ou não existe em absoluto[54] e que, portanto, não há sentido algum dizer que «*x* causou *y* com 30% de probabilidade, uma vez que existem dados estatísticos que fundamentam uma regra de cobertura segundo a qual em 30% dos casos X causa Y». Ainda que se dispusesse de estatísticas com frequências de 60% ou 70%, todavia, a situação não se modificaria. Portanto, sempre que se faz referência a uma frequência estatística que não pode ser assumida como regra de cobertura, é necessário que se conclua que o enunciado relativo ao nexo causal específico não foi provado.

Naturalmente, isso pressupõe que se compartilhe da tese, já mencionada anteriormente,[55] segundo a qual uma frequência estatística, ainda que relativamente alta, nunca fornece a prova de que um evento singular realmente ocorreu. Todavia, há quem sustente que frequências estatísticas suficientemente elevadas são aptas a fornecer a prova de um fato singular, inclinando-se, pois, a considerar que a prova estatística possa ser suficiente para essa demonstração. Parece estar orientado nesse sentido Schauer, o qual acredita que se se dispõe de frequências estatísticas suficientemente elevadas, as inferências que delas podem se derivar acerca do caso singular podem ser preferíveis – ainda que não sejam de todo seguras – ao resultado das provas judiciais ordinárias, especialmente quando essas são particularmente incertas e dúbias.[56] Sob um viés meramente prático essa tese pode parecer até certo ponto convincente. Todavia, não deixa de suscitar várias dúvidas. Por um lado, com efeito, pode-se observar que se as provas ordinárias não bastam para demonstrar um fato, isso não significa que se deva superestimar o significado das frequências estatísticas a respeito do caso particular: frente a provas insuficientes, o juiz deve considerar o fato não provado e decidir como consequência (por exemplo, rejeitando a demanda que nesse fato se funda). Por outro, Schauer não deter-

---

52 Ver *supra* §1.3.

53 Sobre o tema das frequências estatísticas médias e baixas ver, amplamente, Stella, 2003: 350 ss.; 2002: 1215 ss.

54 Cfr. Agazzi, 1999: 394, 398.

55 Ver *supra* §1.1.

56 Cfr. Schauer, 2003: 85 ss., 96.

mina – e talvez sequer pudesse fazê-lo – qual é o grau de probabilidade a partir do qual uma frequência estatística poderia ser considerada suficiente para fornecer a demonstração de um caso específico. Se se pensa em uma frequência próxima a 100%, torna-se à hipótese do modelo quase-dedutivo; porém essa hipótese normalmente não suscita problemas, como já se analisou acima. Se, pelo contrário, levam-se em consideração frequências de grau inferior, acaba-se por relegar ao juiz a decisão sobre se a frequência estatística é ou não suficiente para fazer prova de um fato, quiçá inclusive em contraste com outras provas: dessa forma, porém, não se fundamenta com base na força demonstrativa da frequência estatística, mas somente na escolha que o juiz acaba fazendo caso a caso, sem seguir critérios racionais de decisão.

3.2 Máximas de experiência e senso comum

Mais complicada, porém mais importante por sua maior frequência, é a outra situação que aqui vale a pena examinar, isto é, aquela em que não se invoca como fundamento da inferência causal uma lei científica ou uma frequência estatística,[57] mas se faz referência a uma *máxima de experiência*. O discurso a respeito deveria ser bastante extenso,[58] porém nesta sede pode limitar-se a algumas observações.

Deve-se ressaltar, antes de mais nada, que a noção de máxima de experiência apresenta ao menos dois aspectos problemáticos. O primeiro aspecto é que essa é localmente contingente: a essa se recorre na doutrina italiana, alemã e, ocasionalmente, na Espanha,[59] mas não existe na cultura jurídica de outros ordenamentos europeus ou, ainda, fora da Europa. Essa seria já uma razão suficiente para se aplicar a navalha de Ockham: se a maior parte dos ordenamentos processuais pode prescindir da noção de máxima de experiência é muito provável que essa seja uma complicação inútil, senão danosa. O segundo aspecto relevante é que essa é também histórica e culturalmente contingente. Friedrich Stein cunhou-a em 1893 em um conhecidíssimo livro sobre a ciência

---

[57] Em referência a uma situação desse tipo, pode-se encontrar uma afirmação ao menos curiosa na já citada sentença da Corte de Cassação italiana (*Cass. 18 aprile 2005 n. 7997*). Na motivação, com efeito, afirma-se que se o juiz não dispõe de exaustivos critérios de probabilidade científica deve se valer de critérios «de lógica aristotélica». Surge então a questão de que concepção da lógica aristotélica partilhava o relator, que parece crer que Aristóteles, nas suas obras sobre a lógica, disse tudo o que é necessário conhecer sobre o mundo, ou, ao menos, tudo o que não tenha sido descoberto posteriormente pelas leis científicas. É de se questionar, também, se, por ventura, não seria conveniente recorrer a conhecimentos mais confiáveis do que aqueles que o Estagirita tinha a sua disposição cerca de dois milênios e meio atrás. Fica-se com a impressão, ainda, de que a cultura metajurídica de qualquer juiz é bastante pobre, limitando-se a qualquer lembrança confusa de seus estudos escolares.

[58] Em geral, e para referências bibliográficas adicionais, cfr. Taruffo, 1992a: 194 ss.; 2002: 132 ss.

[59] Cfr. Garcimartín Montero, 1997: 88 ss.

privada do juiz,[60] no contexto de uma teoria silogística (ou melhor: plurissilogística) da decisão judicial. Para dar forma silogística também ao juízo sobre os fatos, Stein precisava de premissas fáticas gerais:[61] foi assim que definiu as *Erfahrungssätze* como regras gerais derivadas indutivamente da experiência, supondo que a cultura média da sociedade sintetiza a experiência das coisas mais diversas em máximas ou regras que tomam a forma de leis gerais. Sucessivamente a noção foi importada para a Itália especialmente através da *Prova civile* de Carnelutti,[62] permanecendo presente na cultura processualística alemã e italiana, porém perdendo a sua conotação originária, que a situava dentro da teoria do silogismo judicial. Fora dessa teoria – que hoje é, em geral, rechaçada – a noção de máxima de experiência como regra geral parece, todavia, sem uma função específica.[63]

De qualquer forma, é o ponto essencial que segue suscitando dúvidas: a aptidão da experiência comum a construir indutivamente generalizações dotadas de uma forma lógica e de um conteúdo cognoscitivo equiparável, ao menos na prática, àquele das leis científicas gerais ou quase-gerais. Para propor uma solução adequada a essa dúvida é necessário traçar algumas distinções, dado que geralmente se designa como máxima de experiência qualquer noção que se encontre no âmbito do sentido comum ou da cultura média de certo lugar em determinado momento. Por vezes, na verdade, encontram-se máximas de experiência que não são mais do que a tradução, nos termos do senso comum e da cultura, de leis científicas de caráter geral. Nesses casos, com a condição de que a vulgarização da lei científica não tenha traído seu significado original, pode-se equiparar a máxima de experiência à lei científica e utilizá-la como lei de cobertura da inferência causal.[64] Em outros casos, a máxima de experiência expressa em linguagem comum frequências estatísticas de um grau muito elevado: essa corresponde, assim, a generalizações empíricas com um alto grau de probabilidade. Se acerca desse grau de probabilidade existe um controle estatístico, então se trata de uma situação substancialmente equivalente àquela do modelo quase-dedutivo do qual já se falou anteriormente.

---

60 Cfr. Stein, 1893: 16 ss.

61 Cfr. Stein, 1893: 18 ss.; ver também, mais amplamente, Taruffo, 2002: 140 ss.

62 Cfr. Carnelutti, 1915: 64 ss.

63 Tentou-se uma recuperação propondo uma noção de máxima de experiência que inclui, além de regras gerais, generalizações fundadas sobre quantificações estatísticas (ver, por exemplo, Koch e Rüssman, 1982: 285 ss.), porém isso não resolveu o problema, dado que, como se verá mais adiante no texto, na grandíssima maioria dos casos a máxima de experiência não corresponde nem com uma lei geral, nem com uma frequência estatística determinada.

64 Nesse ponto, um problema que não se pode ignorar é o ritmo com o qual o senso comum incorpora os conhecimentos científicos: foi preciso séculos para que a revolução copernicana se convertesse em uma noção de sentido comum, e são provavelmente numerosos os conhecimentos científicos que – apesar da ampla divulgação que existe atualmente – ainda não se converteram e nunca se converterão em noções de sentido comum. Mais amplamente sobre o tema da absorção nas noções científicas no senso comum, cfr. Pastore, 1996: 158.

A situação é absolutamente distinta, e em grande medida mais incerta, porém, nos numerosos casos nos quais a máxima de experiência carece de qualquer apoio científico ou estatístico, isto é, quando se trata de uma afirmação fundada *unicamente* na experiência. A propósito podem-se formular algumas perguntas às quais, porém, dificilmente se encontrarão respostas aceitáveis.[65] A experiência *de quem* é relevante para a elaboração de uma máxima? A do juiz? Porém, então, quantos casos deve ter visto e decidido o juiz para se formar essa experiência? Entretanto, como decidiu esses casos, se no momento da decisão sua experiência ainda não havia se formado? Se o decidiu segundo critérios diversos, caso a caso, como se faz para formular a máxima? Ou, ao invés, trata-se da experiência de um ambiente social ou cultural? Qual? Qual a sua extensão? Quão homogêneo deve ser? Quanto tempo foi necessário para que a experiência de um grupo tenha sido consolidada em uma regra geral? Anos ou séculos? E, ainda: quem é legitimado a formular a máxima, condensando em uma assertiva a experiência de várias e numerosas circunstâncias específicas vividas por alguns sujeitos ou por milhões de pessoas? É o juiz quem se transforma em intérprete do sentir social e cria *ad hoc* a máxima de experiência? Ou existem outros intérpretes do senso comum legitimados a dizer no que consiste a experiência de determinados fatos? São, talvez, os que pensam tudo saber e os «comentaristas» da televisão, ou existem «peritos» da experiência social? O jogo das perguntas sem resposta, porém absolutamente pertinentes, poderia continuar. Não obstante, os questionamentos formulados parecem suficientes para pôr em dúvida o fundamento epistêmico das máximas de experiência, e, portanto, para tornar absolutamente problemático o recurso a essas como regras de cobertura para a formulação de uma inferência causal.[66]

A essas considerações poder-se-ia opor que as máximas de experiência – ou, mais em geral, as noções de senso comum – não podem ser eliminadas da argumentação decisória e justificativa do juiz, desenvolvendo um importante papel precisamente no âmbito da prova e da sua valoração. É verdade, sem dúvida, que as máximas de experiência e as noções de sentido comum têm essa relevância, porém isso não significa que sempre forneçam critérios válidos de inferência e de valoração. Pelo contrário, exatamente o fato do recurso a essas noções ser inevitável – não obstante seu uso acrítico como regra de inferência ser incerto e perigoso – implica que delas se faça um uso

---

[65] Sobre tais problemas cfr., em particular, VAN ZANDT, 1991: 777 ss. Cfr. também TARUFFO, 2002: 140 ss., 312 ss.

[66] Destes problemas não se apercebe adequadamente Pagliaro, o qual, no escrito já citado (2005: 1042), chega a incluir entre as regras de cobertura as próprias máximas de experiência «*entre as quais assumem importância particular aquelas que concernem aos comportamentos (da própria vítima ou de outros sujeitos)*». Parece que aqui se sustenta inclusive a formulação de máximas de experiência «individuais», isto é, referidas ao comportamento de sujeitos particulares: com isso o conceito de máxima de experiência estende-se ao ponto de perder qualquer resquício do seu significado.

extremamente cauteloso e prudente, bem como que sua força heurística e justificativa não seja supervalorizada. Assim, o juiz pode certamente fazer referência às noções de senso comum, porém com a condição de que as use corretamente. Isso significa, por exemplo, que se uma máxima de experiência contradiz uma lei científica, o juiz deve recorrer a esta e não àquela. Ademais, se uma máxima de experiência contradiz outra máxima de experiência – como não raro acontece – o juiz deve verificar qual das duas é mais confiável, eventualmente concluindo que nenhuma das duas o é. Em geral, o juiz deve verificar da maneira mais precisa possível o fundamento cognoscitivo da máxima de experiência, eventualmente descartando-a e verificando a possibilidade da utilização de outras máximas, até que possa «ancorar» firmemente as noções que adota sobre uma base por todos compartilhada.[67] Por outro lado, o juiz não deve superestimar o valor lógico e heurístico da noção que utiliza: em particular, não deve considerar como geral uma noção que exprime somente a possibilidade ou a eventualidade infrequente de que um evento se verifique. Finalmente: o juiz deve saber distinguir entre a formulação de generalizações fáticas e a expressão de valorações éticas, estéticas ou culturais que formam parte importante do senso comum e da cultura média, mas que não servem para fundar inferências dirigidas ao conhecimento probatório dos fatos.[68]

Ainda que se abandone a noção obsoleta de máxima de experiência, esses problemas apresentam-se de maneira substancialmente similar se se questiona como se pode obter a partir do senso comum a demonstração da existência de uma regra de cobertura que permita a demonstração inferencial do nexo causal. Ainda que – seguindo as indicações provenientes das ciências cognitivas – se conceba a ideia de causa como um modelo cognitivo idealizado,[69] resta sempre o problema de se estabelecer se tal modelo cognitivo – que indubitavelmente permite interpretar a realidade – basta para se estabelecer a base cognoscitiva para a determinação do nexo causal. Não basta, com efeito, recorrer-se à ideia geral de causalidade, sendo necessário identificar um modelo causal específico aplicável diretamente aos fatos que estão em jogo no caso particular. Somente sob essas condições, de fato, é possível determinar se existe a conexão causal entre *x* e *y*. Trata-se, portanto, de determinar caso a caso se existe um modelo cognitivo idealizado referente à específica conexão causal que se supõe existente entre *x* e *y*. Determinar se no caso concreto existe ou não um modelo cognitivo idealizado que possa desenvolver essa função é uma operação de análise das modalidades cognitivas predominantes

---

67 Wagenaar, van Koppen e Cronbag, 1993: 61 ss., 73 ss., 237 ss.

68 Mais amplamente sobre estes problemas cfr. Taruffo, 2002: 132 ss., 312 ss.

69 Cfr. Winter, 2001: 93.

no contexto cultural de referência que pode apresentar dificuldades relevantes, seja para o juiz, seja para qualquer outro intérprete do senso comum.[70]

De qualquer modo, parece difícil supor que a partir do simples senso comum seja possível derivar direta e facilmente regras ou categorias cognitivas idôneas a atuarem como regras de cobertura para a inferência causal específica (salvo se à base dessas regras ou categorias encontrarem-se leis científicas gerais ou quase-gerais). Particularmente, parece que se deve excluir a possibilidade de o juiz obter a lei de cobertura da inferência causal a partir da sua ciência privada, improvisando-se como *apprenti sorcier* e evitando ou frustrando por completo qualquer controle e validade científica das noções com as quais constrói sua argumentação. A prova científica parece, portanto, indispensável para demonstrar a existência da lei causal de cobertura ou para verificar – no caso de dúvida – a consistência científica das noções de senso comum ou dos modelos cognitivos que o juiz pretende usar como regra de cobertura. A consequência óbvia é que se não se dispõe de confirmação científica da validade da regra de cobertura, falta a premissa indispensável à formulação da inferência causal específica. Nesse caso, é inevitável concluir que o correspondente enunciado causal resta carente de demonstração probatória.

4. OS *STANDARDS* DE PROVA

Outro problema que merece ser brevemente enfrentado é o relativo aos critérios com os quais o juiz, na presença de elementos de prova acerca do enunciado relativo à existência de um nexo causal, estabelece se esse enunciado recebeu ou não adequada confirmação probatória. A propósito, é útil advertir que o que se dirá acerca dos critérios de valoração aplica-se aos três elementos do enunciado, ou seja, à afirmação da existência do fato indicado como causa, à afirmação do fato indicado como efeito e à afirmação do nexo causal entre os dois fatos. Assim, cada um desses elementos deve ser demonstrado segundo os critérios gerais de prova.

É necessário, ainda, fazer uma distinção segundo o tipo de processo que se toma em consideração e as regras probatórias nele vigentes. Com efeito, é verdade que é dominante o princípio do livre convencimento do juiz (ainda que em alguns processos civis perdurem regras de prova legal); porém – ainda que o princípio possua diversas versões e diversas formulações normativas em função dos casos – é também verdade que o princípio possui um claro

---

70 Pode ser de alguma utilidade a respeito a ideia da estrutura «radial» das categorias (sobre as quais cfr. Winter, 2001: 69 ss.). Essa permite identificar as conexões de diversos conceitos (no caso: de diversas conexões causais) com a categoria fundamental. Poder-se-ia, assim, identificar um campo de relações causais específicas e diversas, cada uma delas relativa à relação causal entre tipos de fatos especificamente individualizados, todas vinculadas à categoria geral da causalidade.

significado negativo, no sentido de desvincular o juiz das regras legais de valoração da prova,[71] mas tem, ainda hoje, um significado positivo bastante incerto. O princípio do livre convencimento, de fato, atribui ao juiz o poder de valorar discricionariamente as provas e de determinar a sua eficácia, porém não indica de qual forma o juiz deve exercitar esse poder discricionário. Essa circunstância possibilitou que se desenvolvessem diversas interpretações do princípio: por exemplo, os teóricos da *intime conviction*, aos quais se referiu anteriormente, sustentam que a discricionariedade do juiz é ilimitada e seu exercício fundamenta-se exclusivamente na persuasão interior do juiz acerca da verdade dos fatos. Orientação bastante similar, ainda que menos radical, emerge na jurisprudência todas as vezes em que a Corte de Cassação italiana protege a discricionariedade do juiz sem indicar qualquer critério ao qual esse deva ater-se na valoração das provas.[72] Existem, portanto, linhas de pensamento para as quais a livre convicção do juiz equivaleria ao arbítrio subjetivo de cada julgador, o qual disporia de liberdade para valorar as provas segundo suas preferências pessoais, com a única condição de serem «moralmente corretas» tais preferências.[73]

Existem, todavia, outras correntes doutrinárias segundo as quais a liberdade do convencimento do juiz não o exime de seguir critérios racionais e verificáveis no exercício do seu poder discricionário. Em geral, vale a consideração de que o princípio do livre convencimento desvincula o juiz das regras de prova legal, porém não o exime da observância dos critérios de racionalidade e verificabilidade lógica da argumentação probatória, sobretudo nos ordenamentos – como o italiano – nos quais o juiz se sujeita à obrigação de motivar a sua decisão com argumentos idôneos para fornecer uma justificação racional e intersubjetivamente aceitável dessa. A atenção, portanto, deve deslocar-se para os critérios de valoração que o juiz deve observar no momento em que valora os elementos de prova de que dispõe com a finalidade de estabelecer se o enunciado de fato objeto de decisão pode ou não se considerar provado. Não existem *standards* ou critérios que se refiram especificamente à demonstração probatória do nexo causal. Por conseguinte, é necessário referir – ainda que sinteticamente – os critérios que se aplicam à valoração das provas em geral.

---

[71] Cfr., mais amplamente, Taruffo, 1992a: 369 ss.

[72] A afirmação segundo a qual o juiz é livre para valorar as provas de acordo com sua apreciação discricionária – o que não é censurável, desde que devidamente motivado (ainda que a determinação de quando é adequada a motivação é outro dos pontos nos quais a jurisprudência da Corte de Cassação italiana é incerta e genérica) – é recorrente em dezenas de decisões da Suprema Corte. Trata-se de uma cláusula de estilo tão comum que qualquer citação específica seria por sua vez supérflua e escassamente significativa.

[73] Para uma interessante revisão crítica do princípio em exame cfr. Nobili, 2003: 71 ss.

4.1 A prova além de qualquer dúvida razoável

Deste ponto de vista, o processo penal merece uma análise específica, uma vez que as tendências que se baseiam em um conceito indeterminado de certeza moral do juiz se contrapõem à doutrina segundo a qual o juiz deveria considerar provada a culpabilidade do imputado somente quando a sua responsabilidade fosse demonstrada «além de qualquer dúvida razoável». Como é sabido, a fórmula da prova *beyond any reasonable doubt* é recorrente há muito tempo na jurisprudência das cortes americanas, tendo tal critério também sido proposto no ordenamento italiano por renomados doutrinadores.[74] Ainda que possam surgir problemas acerca da definição precisa e analítica desse *standard* – especialmente se se utilizam critérios quantitativos inadequados para a natureza do problema[75] – uma coisa que parece indiscutível é a razão moral fundamental – antes mesmo que jurídica[76] – que está na base da adoção do critério da «dúvida razoável»; ou seja, a opção ética pela qual é preferível que muitos culpados sejam absolvidos ao perigo de se condenar um inocente. Essa opção ética acarreta várias consequências, uma das quais, precisamente, consiste em se exigir que a condenação seja fundamentada em uma prova da culpabilidade de grau particularmente elevado.[77] De qualquer forma que venha definido, portanto, o *standard* da prova «além de qualquer dúvida razoável» exprime a exigência de que a culpabilidade do imputado seja demonstrada com um altíssimo grau de confirmação, praticamente equivalente àquele da certeza.

A aplicação desse critério à prova do nexo causal acarreta consequências relevantes, dado que – como já se disse – o *standard* probatório deve valer para todos os componentes do enunciado relativo ao nexo causal. É necessário, portanto, que se demonstre além de qualquer dúvida razoável não só a afirmação relativa ao fato indicado como causa e aquela relativa ao fato indicado como efeito, mas também a existência de uma lei de cobertura idônea para fundamentar a inferência por meio da qual se afirma a existência do nexo causal específico. Por conseguinte, além de não ser suficiente que o juiz conjeture ou invente a lei de cobertura, a sua existência deve ser demonstrada além de qualquer dúvida razoável.

4.2 A probabilidade lógica preponderante

No processo civil não existem regras como aquelas que valem no processo penal, porém isso não significa – como já se observou – que o juiz seja livre

---

[74] Cfr. amplamente Stella, 2003: 116 ss., 154 ss., 195 ss.; Frosini, 2002: 121 ss.

[75] Cfr. in particolare Laudan, 2003: 295 ss.

[76] Para a demonstração da existência da regra da prova além de qualquer dúvida razoável também no ordenamento italiano, ver, em particular Stella, 2003: 211 ss.

[77] Cfr. Stella, 2003: 189 ss.

para se deixar levar por sua intuição para estabelecer se um enunciado de fato é verdadeiro ou falso. O juiz civil, de qualquer forma, está vinculado a decidir com base nas provas produzidas no processo (art. 115 *c.* 1 do Código de Processo Civil italiano), sendo a valoração das provas quase sempre livre (art. 116 *c.* 1 do Código de Processo Civil italiano), porém isso não implica que essa possa ser arbitrária e irracional. Ao que diz respeito aos *standards* de prova, devem-se identificar critérios cuja aplicação permita ao juiz racionalizar seu próprio convencimento, ou seja, guiar a discricionariedade das suas escolhas.[78]

Um critério que se apresenta como uma válida racionalização do princípio do livre convencimento é aquele que se pode definir como *probabilidade preponderante*, que corresponde substancialmente à fórmula norte-americana da *preponderance of evidence.*[79] Antes de se explicar em que consiste esse critério, é necessário que se faça uma advertência: o termo «probabilidade» não se refere aqui – como é usual – à probabilidade como frequência estatística ou à probabilidade quantitativa em geral, mas ao grau de confirmação lógica que um enunciado obtém a partir das provas a que se refere. Esse esclarecimento é importante porque em muitos casos quem fala de probabilidade no contexto do raciocínio refere-se – mais ou menos conscientemente – à probabilidade quantitativa, ou, mais especificamente, ao teorema de Bayes para o cálculo das probabilidades. Existem, todavia, várias razões para se afirmar que os conceitos e os cálculos da probabilidade quantitativa não são aplicados ao raciocínio probatório.[80] O conceito idôneo para analisar a estrutura do raciocínio probatório, e a valoração que deve empreender o juiz, pelo contrário, é o da probabilidade «baconiana», ou «lógica», que se refere ao grau de confirmação (ou seja, ao *evidential weight*) que uma hipótese relativa a um fato recebe com base nas inferências realizadas a partir dos elementos de prova disponíveis.[81] Pode-se, portanto, falar de um critério de *probabilidade lógica preponderante* como critério ao qual o juiz deve se ater ao determinar se um enunciado de fato recebeu ou não suficiente confirmação probatória e, portanto, ao estabelecer se tal enunciado pode ou não pode ser considerado «verdadeiro» aos propósitos da decisão.[82]

---

78 Cfr. mais amplamente TARUFFO, 1992a: 373 ss.

79 Sobre o fundamento racional deste critério cfr., em particular, CLERMONT e SHERWIN, 2002: 251 ss.

80 Não é possível enfrentar detalhadamente estes aspectos do problema. A respeito, cfr. FROSINI, 2002: 45 ss.; TARUFFO, 1992a: 166 ss.

81 Acerca do conceito de probabilidade lógica ver, essencialmente, COHEN, 1977: 213 ss. Cfr., também, BENENSON, 1984. Ver, além disso, também para indicações bibliográficas adicionais, TARUFFO, 1992a: 199 ss.; e, recentemente, 2005: 1067 ss.

82 Sobre o conceito de verdade dos enunciados fáticos como confirmação lógica que esses enunciados recebem das provas disponíveis cfr, em particular, FERRER BELTRÁN, 2003: 77 ss.

O critério da lógica preponderante consiste, na realidade, na combinação de duas regras: a regra do «mais provável do que não» e a regra da «preponderância relativa» da probabilidade.

A regra do «mais provável do que não» impõe que acerca de cada enunciado se considere a eventualidade de que esse possa ser verdadeiro ou falso, ou seja, que a respeito do mesmo fato se formule uma hipótese positiva e uma hipótese negativa complementar. Entre essas duas hipóteses o juiz deve escolher aquela que, com base nas provas disponíveis, possui um grau de confirmação lógica superior à outra: de fato, seria irracional preferir a hipótese menos provável em detrimento da hipótese inversa. Se se pensa, em particular, na hipótese positiva, ou seja, na confirmação da veracidade do enunciado, isso significa que existem provas preponderantes a seu favor: isso ocorre quando existem uma ou mais provas diretas – de credibilidade ou autenticidade assegurada – que confirmam aquela hipótese; ou, ainda, quando existem uma ou mais provas indiretas a partir das quais é possível derivar validamente inferências convergentes a favor daquela hipótese. Por outro lado, haver-se-á uma confirmação fraca e, portanto, a preponderância da hipótese negativa, quando em favor da hipótese positiva existam indícios incertos, presunções fracas ou discordantes, bem como provas divergentes ou contraditórias. Em síntese: a hipótese positiva deve ser escolhida como alternativa racional quando é logicamente mais provável que a hipótese negativa, isto é, quando obtém uma confirmação «forte» das provas disponíveis; pelo contrário, deve ser descartada quando as provas disponíveis lhe atribuam uma confirmação «fraca», fazendo-se, assim, muito pouco crível. Obviamente, deve-se preferir a hipótese negativa se existem provas contrárias preponderantes, ou seja, se existem mais elementos de prova que confirmem o enunciado que nega a existência do fato.

A regra da «preponderância relativa» refere-se à hipótese na qual acerca do mesmo fato existam diversas hipóteses, ou seja, diversos enunciados que narram o fato de formas distintas e que tenham recebido alguma confirmação positiva das provas produzidas no processo (isto é, tomam-se em consideração somente aquelas hipóteses «mais prováveis do que não», de forma que as hipóteses negativas preponderantes não importam). Assim, pois, se existem vários enunciados acerca do mesmo fato que receberam confirmação probatória, a regra da preponderância relativa impõe que o juiz escolha como «verdadeiro» o enunciado que recebeu o grau relativamente maior de confirmação com base nas provas disponíveis.

O critério geral da probabilidade lógica preponderante aplica-se também ao caso em que o objeto de prova é um enunciado relativo a um nexo de causalidade específica. As duas regras ora indicadas devem, portanto, aplicar-se tanto às afirmações referidas ao fato identificado como causa e ao fato indicado como efeito, quanto à formulação da regra de cobertura da qual deriva a afirmação do nexo causal que vincula os dois fatos. Se um (ou mais de um) dos três enunciados acima referidos que compõem o enunciado complexo relativo ao nexo causal não supera o teste da probabilidade preponderante, dado que resulta preponderante a hipótese negativa, a prova do nexo causal não subsiste. Como já se disse anteriormente, com efeito, é necessário que todos os enunciados objeto de prova resultem confirmados pelas provas. Em particular, a prova fracassa quando não se obtém um grau de confirmação preponderante acerca da existência da regra de cobertura: como já se advertiu, a falta de prova da existência dessa regra faz impossível a demonstração inferencial da existência do nexo causal particular. Naturalmente, o mesmo critério aplica-se a cada passo da eventual cadeia causal que compõe a conexão entre a causa «inicial» e o efeito «final»: a propósito, é necessário ter presente que uma cadeia de inferências tem uma força conjunta que não pode ser superior à força do seu elo mais fraco. A consequência é que se um dos anéis causais não supera o teste da probabilidade lógica preponderante, a cadeia causal inteira restará carente de confirmação probatória, fracassando a demonstração do nexo causal entre o fato indicado como causa inicial e o fato indicado como efeito final.

APÊNDICE V

A PROVA CIENTÍFICA NO PROCESSO CIVIL

1. CONSIDERAÇÕES INTRODUTÓRIAS

A análise do tema do uso probatório da ciência no processo civil requer que se faça ao menos referência a algumas premissas de ordem geral, que podem se relacionar também com outros tipos de processo, porém que assumem particular relevância no âmbito da justiça civil.

Uma dessas premissas refere-se à tradicional questão de se o processo civil deve ou não deve, pode ou não pode, orientar-se à obtenção de uma decisão possivelmente verdadeira sobre os fatos da causa.[1] É intuitivo que aqueles que respondem negativamente a questões desse gênero estejam inclinados a considerar sem sentido também a questão relativa a se, e em que medida, a ciência pode ser utilizada como instrumento para a apuração judicial dos fatos. Nas considerações que seguem, fundadas na premissa oposta de que essas questões são sensatas, adota-se uma orientação diversa, segundo a qual o processo civil pode, e até deve, orientar-se à busca de decisões que – por serem justas – devem ter fundamento em uma elucidação verdadeira dos fatos controversos.[2]

Outra premissa, conexa à primeira, refere-se à natureza da prova. Quem considera que as provas são apenas instrumentos retóricos que os advogados utilizam para persuadir o juiz a aceitar a sua versão dos fatos ao invés da versão do adversário, muito provavelmente não se inclina a atribuir à ciência um papel específico no processo, salvo – eventualmente – como um instrumento

---

[1] Para uma análise mais ampla da questão, ver Taruffo, 1992a: 7 ss., 35 ss.

[2] Para a demonstração da tese segundo a qual a veracidade da apuração dos fatos é uma condição *necessária*, ainda que obviamente não suficiente, da justiça da decisão, cfr. Taruffo, 2002: 219 ss.

retórico que pode influir de maneira particularmente eficaz na persuasão do juiz. O uso retórico dos conhecimentos científicos não deve ser completamente excluído – ao menos para aqueles que pretendem servir-se do mito da ciência como símbolo de certeza e de infalibilidade – porém esse uso, exatamente por ser retórico, teria por finalidade influir sobre o estado mental do juiz, ao invés de influir na descoberta da verdade sobre os fatos da causa.[3] A situação é diversa para os que concebem a prova como um instrumento epistêmico cuja finalidade é fornecer ao juiz informações verificadas e confiáveis acerca das circunstâncias úteis a uma apuração possivelmente verdadeira dos fatos. Desse ponto de vista, é possível configurar o uso probatório racional dos conhecimentos e informações fornecidos pela ciência.

Se se acolhe a premissa de que o processo civil pode e deve orientar-se à busca de decisões verídicas sobre os fatos, e que a prova é o instrumento através do qual o juiz tende a alcançar esse resultado, então são oportunas algumas delimitações acerca do que se entende com expressões como «verdade dos fatos», «veracidade da apuração», e similares. Por um lado, é útil ressaltar que no processo não se procuram verdades absolutas de qualquer gênero, e que – obviamente no âmbito da verdade, que não pode ser mais que relativa – os fatos da causa podem ser considerados «verdadeiros» se e desde que a sua enunciação resultar confirmada pelas provas produzidas em juízo.[4] Por outro lado, é oportuno explicitar as opções que se faz acerca dos métodos que se consideram adequados para a obtenção da verdade processual. Aqueles que consideram que essa deve fundar-se exclusivamente na *intime conviction* ou no imperscrutável e inefável livre convencimento subjetivo do juiz – o qual intui a verdade apesar ou independentemente das provas que lhe são oferecidas[5] –, inclinam-se a subestimar a função da prova como meio exclusivo de conhecimento dos fatos e, por conseguinte, mostram-se pouco interessados em estabelecer como a ciência pode fornecer elementos de prova. No melhor dos casos, podem não desconhecer que a ciência pode ter qualquer utilidade no processo; porém, consideram-na, de qualquer maneira, apoiada na liberdade de convencimento do juiz, sem vinculá-lo à objetividade do dado científico. Quem, por sua vez, considera que a apuração dos fatos deve inserir-se em um contexto de racionalidade intersubjetiva – devendo, assim, basear-

---

[3] O uso retórico da prova pode ser vinculado à posição do advogado, que usa as provas movido não por um interesse neutro à busca da verdade, mas por um interesse «de parte», e, portanto, se dirige a persuadir o juiz a crer na versão dos fatos que o próprio advogado apresenta. Diversa é a posição do juiz, para o qual as provas são dados informativos utilizados para alcançar uma reconstrução o mais verdadeira possível dos fatos controversos. Sobre essa diferença entre o ponto de vista do advogado e o do juiz com relação à função da prova, ver mais amplamente Taruffo, 1994: 267 ss.

[4] Neste sentido, e para a argumentação relativa, cfr. mais recentemente Ferrer Beltràn, 2005: 37 ss., 77 ss., 90 ss.

[5] Sobre a presença e a difusão dessas orientações irracionais cfr. Taruffo, 1992a: 8 ss.

se em um conjunto de inferências logicamente controladas, fundadas em premissas cognoscitivas seguras e bem determinadas no seu valor informativo – estará inclinado a pensar que a verdade judicial dos fatos corresponde ao êxito final de complexas operações racionais,[6] tanto mais confiáveis, quanto mais fundadas em conhecimentos certos.[7] Nessa perspectiva, a ciência não só é útil no plano probatório, mas também tende a ser considerada uma espécie de modelo ideal de conhecimento, ao qual também a apuração processual dos fatos deveria se aproximar.[8]

Nesse contexto, outra delimitação oportuna refere-se à ideia de probabilidade, que frequentemente vem referida nos discursos acerca das provas e da verdade dos fatos no processo. Em alguns casos, o recurso à probabilidade é feito de maneira consciente e envolve a referência a teorias específicas da probabilidade e aos problemas da sua aplicação no contexto do processo. Nesse sentido, distingue-se, por exemplo, probabilidade estatística ou quantitativa (ou, ainda, pascaliana) de probabilidade lógica ou baconiana,[9] discutindo-se se são aplicáveis à prova processual sistemas de cálculo como o teorema de Bayes,[10] ou se se deve recorrer à ideia de probabilidade como confirmação lógica dos enunciados com base nas provas disponíveis.[11] Na maior parte dos casos, entretanto, faz-se referência à ideia de probabilidade de maneira absolutamente vaga e genérica, para indicar qualquer coisa que não coincida com uma hipotética certeza absoluta, sem envolver qualquer concepção específica das inferências probabilísticas. Dessa forma, frequentemente se confunde «probabilidade» com «possibilidade» ou «verossimilhança»[12] e não se dá atenção ao fato de que a probabilidade é essencialmente uma questão de grau, de modo que podem existir probabilidades baixas, médias ou elevadas; alternativamente, adotam-se noções simplificadas como aquela segundo a qual a probabilidade de qualquer coisa pode ser sempre expressa com números decimais compreendidos no intervalo entre 0 e 1. A referência à probabilidade é inevitável se se deseja compreender a estrutura do raciocínio probatório. Todavia, é necessário ter presente que o conceito de probabilidade é complexo e não unívoco,[13] representando um instrumento de análise que deve ser mane-

---

6 Essa orientação é coerente a adesão a uma ideologia legal-racional das decisões, que é compartilhada e pressuposta pelos autores dessas páginas. Sobre essa ideologia, cfr., em particular, Wroblewski, 1983a: 51 ss., 153 ss., 180 ss.

7 Para uma reconstrução do juízo de fato como um conjunto concatenado de inferências, cfr. Taruffo, 1992a: 232 ss.

8 Cfr. Taruffo, 2002: 145 ss.

9 Sobre esta distinção cfr., em particular, Cohen, 1977: 5 ss., 144 ss.

10 Sobre o complexo problema da versão bayesiana do cálculo da probabilidade, e da sua aplicabilidade à prova judicial, ver, mais recentemente, Frosini, 2002: 98 ss. Ver também Taruffo, 1992a: 168 ss.

11 Neste sentido, e para a relativa justificação, cfr. Taruffo, 1992a: 199 ss.

12 Sobre esta confusão cfr. Taruffo, 1992a: 158 ss.

13 Cfr., em particular, Frosini, 2002: 17 ss.

jado com extrema precisão se se deseja que seja fonte de esclarecimentos e não de confusões.

1.1 Os *standards* de prova

Outro tema que precisa ser mencionado antes de se entrar na discussão propriamente dita do uso probatório da ciência é aquele dos *standards* de prova necessários para que se possa dizer que certo enunciado de fato foi provado. Esse tema não recebeu análises doutrinárias particularmente amplas, ao menos na literatura, uma vez que a tendência preponderante aponta no sentido de considerar que o princípio do livre convencimento do juiz, ou – como denota o art. 116, *c.* 1, do Código de Processo Civil italiano – o método da «prudente apreciação» das provas por parte do juiz, seja suficiente para resolver os problemas relativos à sua valoração. Dessa orientação, porém, não se pode compartilhar.[14] Por um lado, com efeito, o princípio do livre convencimento opera no sentido de excluir (com as exceções ainda previstas no ordenamento italiano) o recurso às regras de prova legal, porém nada diz de particularmente significativo acerca daquilo que o juiz deveria fazer ao valorar as provas.[15] Por outro lado, acerca do princípio do livre convencimento existem várias interpretações: algumas se orientam no sentido de que o juiz é livre para fundamentar suas próprias decisões com base na sua *intime conviction* ou em algo como a «certeza moral»,[16] enquanto outras interpretações têm caráter bem menos subjetivo, pretendendo que o juiz sirva-se de regras e métodos racionais no exercício dos seus poderes discricionários em sede de valoração das provas e de formulação das conclusões relativas à verdade dos fatos.[17] Nessa segunda direção desenvolveram-se análises lógicas bastante complexas que fornecem esquemas racionais para a valoração probatória realizada pelo juiz;[18] ainda,

---

14 A insuficiência da mera referência ao princípio enunciado pelo art. 116 do Código de Processo Civil italiano resulta evidente se se olha ao modo genérico e, sobretudo, inconclusivo com o qual a doutrina majoritária e a jurisprudência interpretam a norma. Para um panorama sintético a respeito, cfr. Carpi e Taruffo, 2002: 116 ss.

15 Sobre o significado essencialmente «negativo» do princípio do livre convencimento ver, mais amplamente, Taruffo, 1992a: 361 ss.

16 A tradicional e recorrente cláusula da «certeza moral» como *standard* de decisão sobre os fatos pediria um artigo *ad hoc*. Aqui se pode observar apenas como essa tende a introduzir uma ideia imprópria e discutível de «certeza»: por um lado, se o juiz tivesse alcançado verdadeiramente um convencimento certo sobre os fatos, não seria necessário qualificá-lo com o adjetivo «moral», o qual, portanto, indica que na realidade o convencimento não é verdadeiramente certo; por outro lado, o adjetivo «moral» parece aludir à natureza puramente subjetiva da certeza, que deveria ser justificada mais pela ética individual do juiz do que sobre bases racionalmente verificáveis. Trata-se, essencialmente, de uma expressão evasiva, ambígua e enganosa, exatamente por aludir à certeza quando essa, na realidade, não existe.

17 Para uma recente revisitação crítica sobre o princípio do livre convencimento cfr. Nobili, 2003: 71 ss.

18 Cfr., por exemplo, Schum, 1987; 1994; Kadane e Schum, 1996.

surgiram *standards* em função dos quais o juiz deveria considerar obtida a prova da veracidade de um enunciado de fato.

Simplificando muito um tema tão complexo, pode-se dizer que, quando a doutrina e a jurisprudência desviam-se da vagueza ínsita ao reenvio à mera liberdade de convencimento subjetivo do juiz, tentando delimitar critérios que possam orientar essa liberdade, recorrem a dois *standards* de prova diversos: o primeiro, típico do processo civil, é aquele da *probabilidade preponderante*, ou seja, *do mais provável do que não* ou da *preponderance of evidence*; o outro, típico do processo penal, é aquele da *prova além de qualquer dúvida razoável*. Em essência, considera-se que o juiz civil deve escolher, entre as diversas hipóteses de fato, aquela que parecer sustentada por um grau de confirmação lógica relativamente preponderante em relação às outras, enquanto o juiz penal deve condenar somente quando a prova da culpabilidade do imputado for produzida em tal grau que não reste qualquer dúvida razoável acerca da sua eventual inocência. O *standard* da prova além de qualquer dúvida razoável não pode ser aqui objeto de análise específica, uma vez que se afasta da perspectiva da prova no processo civil.[19] Todavia, a esse se fez referência para ressaltar o fato de que também no processo penal a discricionariedade do juiz ao valorar as provas tende a ser vinculada a um *standard* de prova específico, e também para pôr em evidência o fato de que se tratam de *standards* diversos: é muito mais elevado aquele do processo penal, sendo menos elevado, porém sempre complexo e baseado em critérios de racionalidade, aquele do processo civil.

O *standard* civilista da probabilidade preponderante, ou do «mais provável do que não», requer, por sua vez, algumas especificações adicionais. Antes de mais nada, cumpre ressaltar que esse representa um critério de racionalidade[20] adoção necessária para se preencher o vazio normativo que resulta da adoção do princípio do livre convencimento: esse princípio, como já foi dito, desvincula o juiz das regras de prova legal, porém não o desvincula dos critérios da lógica, da razão e da confiabilidade intersubjetiva da valoração das provas. Portanto, aquilo que não é mais coberto por normas relativas aos valores das provas é regulado por critérios racionais, se não se deseja legitimar – mais ou menos furtivamente – decisões essencialmente arbitrárias.

O fundamento racional do critério da probabilidade preponderante, ou do «mais provável do que não», parece evidente se se considera que, frente a duas ou mais hipóteses acerca de fatos que possuem diversos graus de probabilidade lógica com base nas provas disponíveis, seria certamente irracional e inacei-

---

19 A respeito cfr. FROSINI, 2002: 121 ss.; e, em particular, a ampla análise de STELLA, 2003: 116 ss.

20 Sobre o fundamento racional do critério da *preponderance of evidence* cfr. CLERMONT e SHERWIN, 2002: 251 ss.

tável um critério de escolha que privilegiasse a hipótese menos provável, ou uma hipótese menos provável do que outra. Em essência, se o juiz dispõe de elementos de conhecimento com base nos quais resulta mais provavelmente verdadeiro um enunciado, decidirá de maneira irracional se assumir como verdadeiro outro enunciado que, com base nos mesmos elementos, resultar menos provavelmente verdadeiro, isto é, mais provavelmente falso.[21]

De resto, não é qualquer grau de probabilidade de uma hipótese fática, ainda que maior em relação ao grau de probabilidade de outras hipóteses, que é suficiente para justificar sua aceitação. É necessário que, em qualquer caso, a probabilidade relativamente preponderante seja suficiente para se considerar verdadeiro, e simultaneamente não falso, o enunciado em questão:[22] é esse o sentido da regra do «mais provável do que não». Considere-se, por exemplo, o caso no qual o grau de confirmação de um enunciado possa ser valorado em cerca de 30%:[23] a consequência é que a hipótese inversa, ou seja, aquela que sustenta a falsidade do mesmo enunciado, possui um grau de probabilidade de 70%, sendo, portanto, a que o juiz deve escolher com base no critério da probabilidade preponderante. A situação é a mesma se existirem várias hipóteses, por exemplo, com graus de probabilidade de 20% e de 40%: também nesse caso, com efeito, prepondera a probabilidade das correspondentes hipóteses negativas. Em suma, somente se o grau de provável verdade de um enunciado parece preponderante ao grau de provável falsidade do mesmo enunciado será racional escolher a hipótese positiva e considerar o enunciado «verdadeiro» para fins de decisão.

1.2 Qual ciência?

Outra ordem de considerações que vale a pena mencionar em sede preliminar é aquela relativa ao tipo de ciência que se considera relevante e admissível, sob a perspectiva probatória, no processo civil.

Em relação à delimitação da ciência relevante, surge um problema de ordem generalíssima, que aqui pode ser apenas recordado, relativo ao que se

---

21 Sobre a racionalidade da escolha das hipóteses relativamente mais prováveis ver, mais amplamente, Taruffo, 1992a: 272 ss.

22 Sobre o conceito de «limite mínimo de confiabilidade» da hipótese sobre o fato, que representa a condição de qualquer forma necessária para que uma hipótese se considere provada, ver, mais amplamente, Taruffo, 1992a: 269 ss.

23 O que se expõe aqui em termos numéricos em percentual, como segue, assim se faz apenas para comodidade expositiva, porém sem que implique a adesão a nenhuma das teorias que vinculam a probabilidade de uma hipótese de fato, ou seu relativo grau de confirmação, a quantificações de caráter estatístico. Essas teorias, com efeito, são por várias razões inaplicáveis ao fenômeno da prova (ver a justificação desse assunto em Taruffo, 1992a: 191 ss.). Trata-se, portanto, apenas de modos para exprimir intuitivamente e sinteticamente a referência a diversos graus de confirmação que as provas disponíveis podem atribuir às hipóteses acerca dos fatos.

considera «ciência». A propósito, não existem dúvidas quanto às chamadas ciências «rígidas», ou «desumanas», como a química, a física, a matemática, a engenharia, a biologia, a genética, e assim por diante.[24] Por conseguinte, nos casos em que argumentos fornecidos por essas ciências são relevantes para estabelecer, valorar e interpretar fatos que devem ser apurados em um processo civil não surgem problemas, e o juiz abastece-se *de plano* das necessárias consultas técnicas.[25] Ao revés, problemas surgem quando se trata das chamadas ciências «humanas», ou sociais, como a psicologia, a psiquiatria, a economia, a sociologia, a crítica literária, a estética ou a ciências das religiões.[26] Por um lado, acerca de vários desses campos do saber discute-se até mesmo se se trata verdadeiramente de «ciência» no sentido próprio do termo, uma vez que frequentemente lhes faltam características, como aquela da verificabilidade empírica ou da repetibilidade dos experimentos, que são consideradas típicas da ciência *tout court*. Por outro lado – e ainda que já se tenda a reconhecer que também as ciências sociais são ciências, podendo, portanto, ser utilizadas a fins probatórios[27] – registra-se ampla tendência dos juízes no sentido de considerar que os argumentos da psicologia, da economia ou da sociologia façam parte, na realidade, do senso comum, e não de específicas áreas da ciência. A consequência é que nesses casos o juiz tende a recorrer à sua «ciência privada», através de fatos notórios ou de máximas de experiência, ao invés de recorrer à competência dos consultores técnicos. Não é impossível, porém difícil, por exemplo, obter a nomeação de um consultor técnico psicólogo[28] ou psiquiatra, ou de um sociólogo, que forneçam ao juiz seus conhecimentos de especialista: é mais provável que o juiz improvise-se no papel de «aprendiz de feiticeiro» considerando não haver necessidade do perito. Isso depende de como o juiz traça a linha divisória entre a ciência, que não lhe compete, e o senso comum, que lhe compete: quanto mais restrita é a concepção que o juiz tem da ciência, tanto maior é a área dos argumentos que ele reconduz ao senso comum; para esses argumentos, o recurso aos conhecimentos científicos não é considerado relevante, tendendo o juiz a «fazer tudo sozinho». Isso faz supor uma radical subvalorização da dificuldade e da complexidade dessas avaliações, bem como a falta de reconhecimento de que os parâmetros de análise usados pelas ciências sociais podem divergir até

---

[24] Não obstante, entre os mitos e os fatos das ciências podem existir divergências notáveis: a respeito ver, por exemplo, Goodstein, 2000: 67 ss.,77 ss.

[25] Ver, contudo, *infra*, § 4.

[26] Surpreende que em um texto muito conhecido que se ocupa das relações entre ciência e direito, isto é, Jasanoff, 2001, fala-se muitíssimo de ciência porém de modo absolutamente genérico, ou seja, sem nunca definir de qual ciência se fala, mas assumindo implicitamente que se refere somente às ciências tradicionais.

[27] Cfr., em particular, Monahan e Walker, 1990: 83 ss., 108 ss., 279 ss.; bem como Taruffo, 1996: 230 ss.

[28] Em particular, sobre as dificuldades relativas à consulta psicológica, cfr. Danovi, 2000: 808 ss.

mesmo de maneira decisiva daqueles parâmetros do senso comum aos quais o juiz se apega.[29]

Quanto à admissibilidade dos conhecimentos científicos no processo civil, o problema é aquele – particularmente pouco observado na Itália – da distinção entre ciência «boa» e ciência que – parafraseando a definição de um conhecido autor estadunidense – pode-se definir como «lixo».[30] O tradicional lugar-comum segundo o qual qualquer coisa que tenha alguma origem científica é útil e válida, sendo, portanto, acolhida como elemento de prova no processo, já está em crise há algum tempo, e por várias razões. Por um lado, existem âmbitos de investigação – como, por exemplo, a grafologia – que se apresentam como ciência, ou, ainda, como áreas de conhecimento técnico, não podendo, entretanto, aspirar ao *status* de ciência.[31] O fato de os grafologistas considerarem-se cientistas da caligrafia não é probante: utilizando-se do mesmo critério, também a leitura da borra do café, ou das folhas de chá para os anglófilos, é considerada um instrumento válido de conhecimento pelos seus adeptos.[32]

Por outro lado, também no âmbito das áreas de conhecimento que justamente se consideram científicas em termos gerais, podem existir formas de *junk science* ou de uso impróprio, manipulado ou injustificado dos conhecimentos científicos.[33] O problema é tão relevante que em 1993 a Suprema Corte dos Estados Unidos foi provocada a se manifestar na já famosa sentença sobre o caso *Daubert*, seguida por outras decisões importantes, que produziram uma literatura vastíssima.[34] A motivação da maioria, de redação do juiz Blackmun, apontou vários critérios que o juiz, na condição de *gatekeeper* e de quem seleciona o que pode legitimamente ingressar em um processo, deveria aplicar para admitir somente dados e informações científicas válidas e confiáveis. Trata-se, essencialmente, de quatro critérios: a) a possibilidade de se verificar e de se comprovar falsa a teoria em que se baseia a prova científica; b) o percentual de erro relativo à técnica empregada; c) o domínio sobre a teoria ou a técnica em questão por parte de outros especialistas; d) o consenso geral da comunidade científica interessada; além disso, destaca-se que a prova científica só pode ser admitida quando diretamente relevante para a apuração de fatos específicos. Não é o caso de se discutir aqui detalhadamente esses critérios; porém, vale a pena ressaltar que essa decisão não só é muito relevante por seu conteúdo,

---

29 Sobre esse problema, ver, também para indicações bibliográficas, Taruffo, 1996: 232; 2002: 123 ss.

30 Cfr. Huber, 1991.

31 Sobre a ausência de *status* científico da grafologia cfr. Faigman, 1999: 2 ss., 62, 77 ss.

32 Cfr. Faigman, 1999: 62.

33 Cfr. Foster e Huber, 1999: 16 ss.

34 A decisão sobre o caso *Daubert* foi publicada em italiana com amplo comentário: ver Dondi, 1996: 261 ss. Em argumento ver também Taruffo, 1996: 219 ss. Sobre a jurisprudência sucessiva ao caso *Daubert* cfr. Berger, 2000: 9 ss.; Graham, 2000: 317 ss.

mas também é importante, sobretudo, porque ataca diretamente o problema de se excluir do processo uma infinidade de argumentos que pretendem ser científicos, mas que, de fato, não são confiáveis, podendo, portanto, induzir o juiz do fato em erro, ao invés de fornecer sólidas bases para a sua decisão. A ciência ruim não existe somente nos Estados Unidos, de modo que se deveriam discutir os critérios e as condições de cientificidade dos argumentos «científicos» que são adotados para apurar os fatos em juízo onde quer que se esteja, tanto no âmbito particular das ciências, quanto nos vários contextos processuais.

2. ALGUMAS HIPÓTESES

Como já se viu mais acima, o problema da prova dos fatos no processo civil pode ser posto nos termos da atribuição de graus de probabilidade às várias hipóteses relativas aos fatos relevantes da causa, e da escolha racional em favor da hipótese respaldada pelo grau preponderante de probabilidade fornecido pelos elementos de prova disponíveis. Nesse contexto, os dados científicos que possuem qualquer relevância probatória entram na conta dos elementos de prova, integrando as outras provas disponíveis ao fornecer as premissas para as inferências que o juiz formula acerca da veracidade dos enunciados relativos aos *facta probanda*. O *proprium* da prova científica, então, pode ser caracterizado pelo fato de pressupor o emprego de noções, informações, experimentos e critérios que se afastam da cultura média, mas também ao nível particular de validade e confiabilidade usualmente atribuído aos argumentos cientificamente confirmados: habitualmente se pensa, de fato, que se uma informação possui um embasamento científico, então essa é mais confiável do que uma prova «ordinária». Não é sempre verdade, todavia, que a prova científica atribui certeza dedutiva às conclusões que se referem aos fatos da causa. Isso ocorre nos casos, poucos frequentes na prática, nos quais se dispõe de leis gerais que estabelecem conexões entre classes de fatos; uma aproximação desse modelo verifica-se quando se dispõe de generalizações empíricas que apenas podem atribuir um grau de «quase certeza» ou de «certeza prática» às conclusões que se referem aos fatos suscetíveis de prova.[35] Em muitos casos, entretanto, o dado científico é formulado em termos probabilísticos que atribuem somente um grau de confirmação, que pode ser igualmente muito baixo, ao enunciado objeto de prova. É, por exemplo, o caso da epidemiologia, que geralmente produz frequências estatísticas pouco elevadas.[36] O mito da ciência que fornece sempre certezas absolutas está em crise há algum tempo; portanto, é necessário levar em conta o fato de que a ciência pode fornecer argumentos e informações úteis para a apuração dos

---

[35] A estes casos pode-se aplicar o modelo nomológico-dedutivo ao qual faz referência Stella, 2003: 342 ss.

[36] Cfr., em particular, Green, Freedman e Gordis, 2000: 333 ss.; Stella, 2003: 352 ss.

fatos, porém essas informações podem ser incompletas, variáveis, sujeitas a revisões, discutíveis e, ainda, inaptas a decidir de pronto e definitivamente o problema da decisão sobre os fatos.

Em muitos casos, de qualquer maneira, o uso das provas científicas é muito simples, quando o fato a ser provado é facilmente identificável e os dados científicos necessários para apurá-lo ou valorá-lo são obtidos sem particular dificuldade através da perícia técnica.[37] Basta pensar, a respeito, sobre a *routine* da perícia médico-legal para apurar as condições de invalidez.

Não raro, porém, as situações objeto de decisão são particularmente complexas, ou existem problemas que se referem à definição do fato objeto de prova, ou, ainda, existem problemas relativos ao grau de informação fornecido acerca dos argumentos científicos disponíveis, dificultando que se estabeleça de modo apropriado o nível de confirmação racional que um enunciado de fato recebe de uma prova «científica». Alguns exemplos, porém, podem bastar para dar uma ideia das dificuldades que surgem no processo civil acerca do tema.

2.1 O teste de DNA

Uma situação na qual já se faz comumente recurso às provas científicas – ainda que o art. 269 *c.* 2 do Código Civil italiano autorize a utilização de qualquer meio de prova, mesmo de natureza indireta ou indiciária[38] – é aquela na qual se trata de apurar a identidade de um sujeito, como nos casos de atribuição da paternidade.[39] A prova científica em questão é o teste de DNA, que apresenta muitas vantagens em termos de validade e de «certeza» em relação aos tradicionais testes hematológicos. Na realidade, o teste genético é por vezes indicado como modelo ideal de prova científica, dado que o seu êxito vem normalmente enunciado com um altíssimo grau de probabilidade, por regra superior a 95%, que se pode considerar essencialmente equivalente à certeza prática da identificação, ou da não identificação, do sujeito em questão. Cumpre ressaltar que o teste não fornece ao juiz elementos para a valoração científica do fato, mas a prova direta do fato constituído da identidade de um sujeito.[40] A propósito, deve-se ter em consideração, de qualquer forma, que a confiabilidade do resultado depende de uma série de fatores, como a correção das análises, a aplicação de métodos adequados de experimento e a consideração da amostra de referência, que no caso particular podem não

---

[37] Sobre os problemas relativos ver, porém, *infra,* § 4.

[38] Para um panorama da jurisprudência cfr. Cian e Trabucchi, 2003: 349 ss.

[39] Cfr., em particular, Ferrando, 1996: 730 ss.; Stalteri, 1993: 189 ss.; Frosini, 2002: 115 ss. Com relação à ampla elaboração que o tema teve na doutrina estadunidense, cfr., também para referências bibliográficas, Taruffo, 1996: 225 ss.; Kaye e Sensabaugh, 2000: 485 ss. Sobre os problemas relativos à correta valoração do teste cfr. Schklar, 1998: 109 ss.

[40] Cfr., em particular, *Cass. 17 giugno 1992, n.7465.*

subsistir e que, portanto, devem ser verificados com o propósito de se estabelecer se, realmente, o resultado do teste pode ser considerado altamente provável.[41] Todavia, se tais condições de validade subsistem, não há razões para duvidar do altíssimo – e quase incontestável – grau de confiabilidade do teste de DNA.[42] Essa prova, em outros termos, apresenta-se capaz de atribuir um altíssimo grau de probabilidade ao fato, e, portanto, como tal, de determinar univocamente a decisão do juiz.[43] Resulta, por conseguinte, pouco compreensível a orientação que parece consolidada na jurisprudência, segundo a qual o juiz deveria valorar o resultado do teste de DNA conjuntamente com as outras provas disponíveis:[44] é verdade que o juiz deve valorar todas as provas, porém fica difícil imaginar que o valor probatório do teste genético possa ser superado por provas ordinárias como o testemunho, presunções ou documentos. Igualmente discutível parece a orientação jurisprudencial segundo a qual o juiz poderia dispensar o teste do DNA, sempre que ponderasse sua irrelevância, considerando suficiente a prova produzida de modo diverso, ainda que contrária, com base em elementos indiciários.[45]

2.2 A incapacidade de compreender e de exprimir vontade

Outra situação que apenas aparentemente não cria problemas de cientificidade da prova é aquela na qual se trata de estabelecer se um sujeito é ou não é capaz de compreender e de exprimir vontade. A propósito, o art. 714 do Código de Processo Civil italiano e o art. 419 *c.* 1 do Código Civil italiano preveem, no contexto da apuração da incapacidade, o exame do interditando ou do inabilitando por parte do juiz[46] e o «parecer» de outras pessoas que, de acordo com os arts. 721 e 713, bem como com base no art. 419 *c.* 2 do Código Civil italiano (que se refere aos «parentes próximos»), devem ser citados, ou seja, o cônjuge, os parentes até o quarto grau, os afins até o segundo grau e, eventualmente, o tutor e o curador.[47] Com efeito, supõe-se que tais pessoas disponham de informações relevantes. De qualquer maneira, o juiz pode dispor também de ofício a obtenção de informações adicionais (art. 714 do Código de Processo Civil italiano e art. 419 *c.* 2 do Código Civil italiano).

---

41 Cfr. Kaye e Sensabaugh, 2000: 503 ss. Com relação aos problemas que podem surgir no caso de o teste não ser realizado corretamente cfr. Jasanoff, 2001: 102 ss.; Taruffo, 1996: 225 ss.

42 Sobre problemas relativos à determinação do valor probabilístico do resultado do teste cfr., em particular, Kaye e Sensabaugh, 2000: 534 ss.

43 Cfr., por exemplo, *Cass. 9 giugno 1995 n.6550.*

44 Cfr., por exemplo, *Cass. 20 febbraio 1992 n. 2098*, na qual se dispõe que à prova hematológica deve-se atribuir valor de prova, ainda que não em termos de absoluta certeza; no mesmo sentido *Cass. 23 gennaio 1993 n. 791.*

45 Cfr., por exemplo, *Cass. 18 aprile 1997 n. 3342*; *Cass. 14 gennaio 1995 n. 432*; *Cass. 25 febbraio 2002 n. 2749*; *Cass. 23 gennaio 1993 n. 791.*

46 Cfr., por todos, Vellani, 1995a: 973 ss.

47 A propósito, ver, por todos, Vellani, 1995b: 591 ss.

Essas normas evidentemente não excluem que o juiz possa obter uma valoração científica das condições mentais do interditando ou do inabilitando, requerendo a execução de uma perícia técnica ou fazendo-se assistir do perito no exame do sujeito em questão (cfr. o art. 419 *c.* 2 do Código Civil italiano), como realmente muitas vezes ocorre. É claro, todavia, que essas se inspiram em um modelo grosseiro, e não científico, de apuração das condições mentais do sujeito; confiam essencialmente na valoração do juiz, que pode limitar-se a escutar os familiares, ao fazer um juízo complexo e delicado, que comporta consequências muito graves, como aquele acerca da capacidade do indivíduo. Com efeito, considera-se que o exame, ainda que realizado sem a assistência do perito técnico, seja o meio de prova mais importante, que pode ser inclusive considerado suficiente para fundamentar a decisão.[48] Precisamente pela gravidade e delicadeza de uma valoração desse gênero, que afeta globalmente a personalidade, a conduta e o estado mental de um sujeito,[49] seria necessária a aplicação de critérios cientificamente válidos, de modo que a escolha final do juiz pudesse ser apoiada por argumentos com um maior grau de fundamentação racional. A propósito, porém, surgem problemas vinculados à natureza da «ciência» que entra em jogo: por um lado, o *status* científico da psicologia e da psicanálise é objeto de discussão; por outro, os resultados das referentes «provas» são dificilmente configuráveis com um grau de precisão e de confiabilidade unívoca como aquele geralmente requerido para um juízo sobre fatos específicos fundado em valorações objetivamente verificáveis. Nesse ponto reside a dificuldade de se definirem as condições de relevância e de significação das valorações psicológicas que deveriam confirmar ou negar a hipótese relativa à capacidade de compreender e de exprimir vontade do sujeito.

2.3 O interesse do menor

Outra situação na qual surgem problemas desse gênero é aquela na qual o juiz deve avaliar o interesse do menor, nas várias hipóteses nas quais, nos procedimentos previstos pelo art. 336 do Código Civil italiano, deve tomar as medidas dispostas nos arts. 316 e ss. do Código Civil. Sem adentrar aqui na complexa problemática relativa à identificação das diversas manifestações desse interesse e às modalidades com as quais esse é tutelado, pode-se ressaltar que se trata de um conjunto de situações nas quais cabe ao juiz concretizar a cláusula geral do «interesse do menor» com delicadas valorações de caráter psicológico. Deixar essas valorações ao improviso do juiz, que dificilmente é aparelhado para fazê-las, mostra-se uma solução arriscada e inadequada, que acaba por se apoiar em uma discricionariedade quase absoluta do próprio juiz. A assim chamada «oitiva» do menor ou de outros sujeitos, prevista por várias

---

48 Cfr., também para referências bibliográficas, Vellani, 1995a: 974.

49 Cfr. Vellani, 1995a: 990.

normas do Código Civil italiano,[50] não faz mais que jogar sobre o juiz o ônus de uma decisão difícil e delicadíssima do ponto de vista psicológico, além de muito importante para as consequências geradas ao menor e a todos os outros sujeitos envolvidos. Por outro lado, o recurso a argumentos «científicos» pode não ser de fato resolutivo, porque pode ocorrer que as incertezas e os conflitos entre diversas orientações que existem no âmbito da psicologia infantil acabem por redundar em decisões judiciais pouco confiáveis ou não adequadamente ponderadas. É, de resto, evidente que valorações dessa natureza requerem o emprego de sofisticados «saberes» extrajurídicos que o juiz médio pode não possuir, e que não podem ser derivados do senso comum.[51]

2.4 Os danos de massa

Em outras situações é a natureza específica do fato a ser provado que suscita problemas muitos complexos em relação ao uso probatório de noções científicas. Algumas dessas situações verificam-se quando se trata de provar o nexo causal entre um fato ilícito e o prejuízo pelo qual se requer o ressarcimento do dano. Em um caso comum essa prova não apresenta particular dificuldade, como quando se trata, por exemplo, de provar que um incidente rodoviário provocou danos a coisas ou a pessoas. Aqui, com efeito, a determinação do nexo causal entre o fato ilícito e o prejuízo por esse provocado[52] pode vir em termos relativamente simples, e o emprego das noções técnico-científicas disponíveis para a reconstrução do incidente geralmente é rotineiro, não criando – salvo em hipóteses particularmente complexas de tal reconstrução – dificuldades que não possam ser resolvidas através do recurso comum à perícia técnica. O mesmo discurso vale, nos casos ordinários, quanto à determinação do valor do dano a ser ressarcido. Além disso, não há dúvida de que em todos esses casos aplica-se o *standard* de prova da probabilidade preponderante, com base nas provas disponíveis – científicas ou não científicas.

---

[50] Cfr. a respeito PAZÈ, 2002: 299 ss.

[51] Cfr. SERGIO, 2002: 80 ss.

[52] Não é possível enfrentar aqui a complexa problemática da estrutura do nexo causal no âmbito da responsabilidade civil, das suas várias manifestações e das diversas teorias correspondentes. Para isso seria necessária uma aprofundada análise de direito material que extrapolaria os limites desse artigo. Na amplíssima literatura sobre o assunto, cfr., entre as obras mais recentes, CAPECCHI, 2002; ALPA, 1999: 316 ss.; MONATERI, 1998: 144 ss.; VISINTINI, 1996: 553 ss. Por último, ver também LANDINI, 2003: 417 ss.

Porque a análise da causalidade no direito civil é influenciada pelas soluções que se procuram para o mesmo problema que surge no direito penal (nesse sentido ver ALPA, 1999: 318, mas sobre as correspondentes diferenças ver, por exemplo, LANDINI, 2003: 419), deve-se remeter o leitor também à literatura penal, e sobretudo às fundamentais contribuições de Federico Stella, das quais ver, em particular, 2003: 221 ss., 263 ss., 291 ss.; 1990: 22 ss., 67 ss., 275 ss., 330 ss. A respeito, ver também DI GIOVINE, 2002: 634 ss.; CAPECCHI, 2002: 49 ss., 139 ss.

Porque a causalidade pode também ser considerada um modelo mental que é objeto de análise no âmbito da psicologia cognitiva, cfr. também JOHNSON e LAIRD, 1999: 67 ss.

Em outras situações, porém, o problema apresenta relevantes complicações, como, por exemplo, quando se trata de danos derivados do uso de remédios nocivos à saúde ou da exposição a materiais tóxicos e, em particular, quando esses fatos dão origem a *mass torts*, ou seja, a danos de massa suportados por grupos ou pluralidade de sujeitos.[53] Nesses casos pode ser difícil definir exatamente o «fato» que se considera produtor do dano, uma vez que esse fato pode ser composto por vários comportamentos, por vários sujeitos (como a produção, a venda e a aquisição de remédios nocivos à saúde), podendo perseverar ao longo do tempo (como a exposição ao amianto). Por outro lado, pode ser difícil ou impossível estabelecer exatamente quantos são ou quais são os sujeitos que suportaram o prejuízo causado por aquele fato,[54] ou quais são os sujeitos responsáveis pelo ilícito.[55] Situações desse gênero suscitam uma longa série de problemas processuais que aqui não podem ser enfrentados e que dizem respeito às técnicas de tutela dos interesses coletivos ou difusos.[56]

No plano probatório, por sua vez, surgem numerosas dificuldades, acerca das quais é necessário assinalar ao menos os aspectos mais relevantes. É necessário, antes de tudo, considerar que a definição do nexo de causalidade que se trata de provar pode variar. Além da distinção mais que óbvia entre *causalidade jurídica* e *causalidade material*,[57] que se recorda somente com o objetivo de apontar que a prova se ocupa da causalidade material e não da causalidade jurídica, o problema nasce do fato de que a causalidade material pode se apresentar de formas distintas. Pode ocorrer, a depender de como se configura a situação concreta, de aquilo que se deve provar ser apenas um nexo de *causalidade genérica*, isto é, a capacidade de um remédio ou de um material causar determinados efeitos sobre a saúde no âmbito de certa amostra.[58] Nesse caso, trata-se de provar o *aumento de risco* de se contrair uma doença, por exemplo, em razão da exposição a materiais nocivos. Se isso é aquilo que se

---

[53] A propósito de *mass torts* cfr., dentre os mais recentes, Monateri, 2003: 13 ss. Ver também Jasanoff, 2001: 199 ss. Para um recente panorama sobre o assunto, e também para referências bibliográficas adicionais, cfr. o *Manual for Complex Litigation,* p. 341 ss., editado em 2004 pelo Federal Judicial Center dos Estados Unidos.

[54] Para uma tipologia das *mass torts* cfr., por exemplo, Monateri, 1998: 900 ss.; 2003: 16.

[55] A propósito, fala-se, por exemplo, de responsabilidade «estocástica» para ressaltar a impossibilidade de indicar responsabilidade específica entre vários sujeitos que poderiam haver causado o dano: cfr. Alpa, 1999: 328 ss.

[56] Em particular acerca das *mass tort class actions* do direito norte-americano cfr. o *Manual for Complex Litigation,* cit., 413 ss.; *Class Actions Dilemmas. Pursuing Public Goals for Private Gain,* p. 140 ss., 293 ss., 319 ss.,339 ss., editado por Rand Institute for Civil Justice em 2000; Hensler, 2001: 179 ss.; Giussani, 1988: 331 ss.; 1989: 1029 ss.

[57] Sobre estas distinções cfr., por exemplo, Visintini, 1996: 553 ss., 582 ss.; Alpa, 1999: 323. Para uma análise crítica do conceito de causalidade material cfr. Capecchi, 2002: 40 ss.

[58] Sobre o conceito de causalidade geral ver, por exemplo, Frosini, 2002: 37 ss.; Stella, 2003: 291 ss.; Green, Freedman e Gordis, 2000: 336 ss., 374 ss.; Sanders, 2001: 50 ss.

deve provar, então pode ser relevante o recurso a dados de caráter epidemiológico que demonstrem, por exemplo, o incremento da frequência da doença em questão naquela população: pode ocorrer de os dados epidemiológicos não somente demonstrarem a eventualidade de uma mera conexão estatística entre a exposição àqueles materiais e a doença,[59] mas também permitirem que se determine a capacidade daquele material de provocar um aumento significativo daquela doença na amostra de referência. O «pode ocorrer» depende da eventualidade de se dispor de dados epidemiológicos em condições de estabelecer uma frequência estatística considerada cientificamente suficiente para demonstrar esse nexo de causalidade genérica. Se se trata, como no caso das *mass tort class actions* estadunidenses, de um contexto processual no qual a finalidade primária não é aquela de apurar danos específicos suportados por sujeitos particulares – mas de compensar o dano produzido a um conjunto mesmo relativamente indeterminado de sujeitos[60] – então provas científicas desse gênero podem ser relevantes.[61] Não obstante, destaca-se que em situações desse gênero acaba-se por construir suportes fáticos concretos nos quais o nexo causal é definido de modo muito genérico, ou, até mesmo, é considerado irrelevante ao escopo de definir se a responsabilidade dos sujeitos chamados a ressarcir o dano,[62] dado que se configuram hipóteses de responsabilidade objetiva com a finalidade de assegurar que os danos sejam, de qualquer modo, ressarcidos por alguém.[63] Pode-se legitimamente duvidar que situações desse gênero possam ser enfrentadas de modo adequado com os instrumentos da responsabilidade civil.[64] No plano da prova, todavia, dados epidemiológicos que mostram frequências de eventos, ainda que não particularmente elevadas, podem ser utilizados, desde que demonstrem com um grau de probabilidade preponderante o incremento do risco em decorrência da administração do remédio ou da exposição ao material nocivo.[65]

---

59 Sobre a diferença entre a mera conexão entre eventos e a causalidade geral cfr. Green, Freedman e Gordis, 2000: 336 ss.; mais em geral sobre a distinção entre correlação e causalidade cfr. Rubinfeld, 2000: 183 ss.; Foster e Huber, 1999: 142.

60 Sobre estes aspectos das *class actions* ver, em particular, Giussani, 1988: 348 ss.

61 Cfr. Giussani, 1988: 356; 1989: 1043; Jasanoff, 2001: 209 ss.

62 Cfr, também para referências bibliográficas, Giussani, 1988: 347; Jasanoff, 2001: 54 ss., 213 ss.

63 É, por exemplo, o caso da *market share liability*, em virtude das quais as indústrias de um certo ramo são condenadas a ressarcir os danos causados por certos produtos, em função da fatia de mercado respectivamente coberta, e sem que se demonstre a responsabilidade específica de qualquer uma delas: cfr. a respeito *Class Action Dilemmas*, cit., p. 306 ss.; Giussani, 1988: 347. Mais amplamente sobre o uso instrumental dos vários conceitos de causalidade, dirigido a realizar formas de alocação da responsabilidade que por vezes respondem a finalidades de política do direito, mas que prescindem, de qualquer maneira, da exata indicação do autor do ilícito, ver, mais recentemente, também para referências bibliográficas adicionais, Izzo, 2004: 213 ss.

64 Nesse sentido, ver, de fato, Monateri, 1998: 903; 2003: 14.

65 Cfr. Green, Freedman e Gordis, 2000: 383.

A situação é de todo diversa se se trata, como em geral ocorre no ordenamento italiano, de um contexto processual no qual se busca provar um nexo de *causalidade específica* ou *individual*, isto é, de demonstrar que o uso de um remédio ou a exposição a um material nocivo foi a causa direta da doença contraída por um sujeito particular.[66] Com tal finalidade deve-se, de qualquer forma, demonstrar a causalidade genérica,[67] porém é duvidoso que somente com base nos dados epidemiológicos, ou seja, nas frequências estatísticas geralmente pouco elevadas, se possa estabelecer que *naquele caso* aquele fato causou aquele prejuízo àquele sujeito. Em algumas hipóteses é reconhecida, por parte de alguns tribunais estadunidenses, essa possibilidade,[68] porém parece preponderante a opinião negativa:[69] a razão fundamental é que, por regra, não se considera que a partir de frequências estatísticas possam ser derivadas conclusões confiáveis acerca da ocorrência de um evento singular.[70] A hipótese relativa à causalidade específica ou individual, portanto, deveria ser confirmada somente por provas que demonstram diretamente a existência do nexo causal no caso particular.

O outro ponto relevante do problema refere-se à natureza das informações científicas de que se dispõe acerca da causalidade específica. Se se dispusesse de frequências estatísticas elevadíssimas, que revelassem, por exemplo, que a exposição a um material nocivo causa certa doença com uma frequência de 98% – ou de pelo menos 50%[71] – talvez se pudesse inferir que a hipótese mais provável é que também ocorra no caso particular. Geralmente, porém, a epidemiologia não fornece frequências desse gênero: comumente se trata de frequências muito baixas, da ordem de 1% ou de 2%, das quais parece que nenhuma inferência significativa possa ser realizada com relação a casos particulares. Frequências desse gênero podem ser úteis quando se trata de provar um nexo de causalidade genérica, porém são pouco relevantes quando se trata de provar um nexo de causalidade específica. Em qualquer caso, subsiste o problema de se estabelecer quando, e sob quais condições, o tipo de informação fornecido pela ciência em situações como aquelas aqui examinadas pode conferir a um nexo de causalidade específico um grau de confirmação tal que satisfaça o critério da probabilidade preponderante.[72] Esse problema, contudo, deve ser provavelmente resolvido antes no plano científico do que no

---

66 Sobre os fundamentos da causalidade específica, ou individual, cfr. Frosini, 2002: 40; Stella, 2003: 339 ss.; Sanders, 2001: 60 ss.; Green, Freedman e Gordis, 2000: 382 ss.

67 Cfr. Frosini, 2002: 39; Green, Freedman e Gordis, 2000: 383 ss.

68 Cfr. Green, Freedman e Gordis, 2000: 384.

69 Cfr., por exemplo, Faigman, 1999: 69; Jasanoff, 2001: 211 ss.; Frosini, 2002: 146 ss.

70 Em particular, não se considera que as frequências estatísticas oferecidas pela epidemiologia possam fornecer prova suficiente da causalidade individual: cfr. Green, Freedman e Gordis, 2000: 382; Stella, 2003: 296 ss., também para numerosas referências bibliográficas.

71 Neste sentido cfr. Jasanoff, 2001: 211.

72 Cfr. a respeito Green, Freedman e Gordis, 2000: 383 ss.; Frosini, 2002: 39.

jurídico, de modo que se possa fornecer ao juiz critérios de decisão confiáveis com relação à valoração das provas relativas ao nexo causal. Resta evidente, de qualquer forma, que quando os dados epidemiológicos não sustentam por si só uma conclusão relativa à probabilidade preponderante do nexo de causalidade individual, a prova relativa pode ser alcançada apenas complementando esses dados com outras provas. Se outras provas não são disponíveis, o nexo de causalidade específica não resulta demonstrado segundo o *standard* típico do processo civil.

2.5 A perda de uma chance

Uma situação na qual a prova do nexo causal apresenta problemas ainda bastante complicados é aquela na qual entra em jogo a chamada «perda de uma chance». Nos últimos vinte anos, formou-se uma corrente doutrinária e jurisprudencial segundo a qual a perda de uma possibilidade, devido a um comportamento ilícito ou à omissão de um comportamento devido, dá lugar a um dano autonomamente ressarcível.[73] Não é aqui o caso de se pôr em discussão essa corrente, que pode suscitar dúvidas que não podem ser ignoradas.[74] Deve-se, porém, apurar a estrutura lógica daquilo que constitui objeto de prova no caso da «perda de uma chance»: com efeito, não se trata de demonstrar a conexão causal entre um fato (por exemplo, o comportamento do médico) e a consequência empírica desse comportamento (por exemplo, a morte do paciente), mas sim de se provar o nexo causal entre o fato e um evento puramente hipotético, constituído pela possibilidade que o sujeito teria tido se aquele fato não tivesse ocorrido. Por um lado, portanto, trata-se de demonstrar que o fato ilícito aconteceu: a prova desse fato pode se dar evidentemente por qualquer meio, sendo considerada obtida se satisfizer o *standard* da probabilidade preponderante.

Por outro lado, trata-se de demonstrar o prejuízo consequente, ou seja, que o sujeito tinha uma possibilidade que perdeu, ou que, de qualquer maneira,

---

[73] As contribuições doutrinárias em argumento são numerosas, porém não é o caso de se fornecer aqui uma bibliografia exauriente. Entre os trabalhos mais recentes cfr., também para indicações bibliográficas adicionais, Monticelli, 2003: 873 ss.; Severi, 2003: 296; Bona, 2003: 362 ss. Também as decisões acerca da matéria são numerosas, tanto no âmbito civil, quanto no penal, não sendo possível recordá-las aqui com um mínimo de completude: entre as sentenças cíveis mais recentes cfr. *Cass. 4 marzo 2004 n. 4400*; *Cass. 18 marzo 2003 n. 3999*; *Cass. 13 dicembre 2001 n. 15759*; *Cass. 27 gennaio 1999 n. 722*; *Cass. 6 febbraio 1998 n. 1286*; para outras indicações ver Monticelli, 2003: 876 ss.

[74] Cfr., por exemplo, Severi, 2003: 308, com referências adicionais; Pacces, 2000: 659 ss.; Busnelli, 1965: IV, 47. A principal perplexidade surge, de resto, no âmbito da orientação que considera ressarcível a perda de uma chance, sendo duvidoso se essa deve ser classificada na categoria do dano emergente (cfr., por exemplo, De Cupis, 1986: I, 1, 1181), ou se, como parece segundo a orientação dominante, essa deve ser classificada na categoria do lucro cessante (ver, mais recentemente, a ampla análise de Severi, 2003: 314 ss. e Monticelli, 2003: 874 ss.).

não pôde se realizar, por causa do fato ilícito em questão. O objeto da prova assume aqui um caráter peculiar: não se trata de provar um fato que se supõe que ocorreu, mas um fato que se afirma que *não* ocorreu, em consequência do fato ilícito. O nexo causal que se trata de demonstrar é, portanto, hipotético, sendo hipotética a conexão que se configura entre a ausência do ilícito (que, ao contrário, ocorreu) e a existência da chance (que, por sua vez, foi prejudicada ou não ocorreu). Ou seja, trata-se de demonstrar que, se o ilícito não tivesse se dado, o sujeito teria tido uma possibilidade que, ao contrário, perdeu: o juiz deve, então, formular uma espécie de «prognóstico póstumo», reconstruindo a situação hipotética que teria ocorrido na ausência do ilícito.[75] Será preciso, então, provar que a chance (por exemplo, a possibilidade de sobrevivência) existia realmente, pela simples razão de que não se pode configurar a perda de qualquer coisa que, de qualquer forma, não teria ocorrido. Será necessário, em seguida, provar que essa foi prejudicada por efeito direto do comportamento ilícito. Não é suficiente, em outros termos, referir que a *chance* era talvez meramente *possível* em abstrato, mas é necessário demonstrar que essa existia efetivamente: isto é, deve-se demonstrar que, supondo que o fato ilícito não ocorresse, essa teria se realizado. À prova da existência da *chance* só se pode aplicar o critério civilista ordinário da probabilidade preponderante. Isso implica que quando – como não raro ocorre – a existência da chance resulta confirmada em um grau baixo de probabilidade e, portanto, certamente não preponderante, a conclusão obrigatória é a de que a chance não existia, não se tendo verificado, por essa razão, qualquer dano ressarcível pela perda de uma chance.[76] Em consequência, não parece aceitável a orientação, por vezes surgida na jurisprudência, segundo a qual uma probabilidade de 30% seria por si só suficiente para estabelecer a existência de uma chance que,

---

[75] O juiz frequentemente deve formular juízos «prognósticos» relativos à probabilidade de eventos futuros, utilizando esquemas inferenciais que são estruturalmente similares àqueles que emprega para a reconstrução indireta de eventos passados (cfr. TARUFFO, 2002: 329 ss.). No caso em exame a situação é em parte diversa na medida em que o juiz deve levar em consideração a ausência de um evento que ocorreu (o fato ilícito), para imaginar aquilo teria ocorrido em tal hipótese. Como observação preliminar, poder-se-ia talvez dizer, com a exceção daquilo que se observa no texto, também neste peculiar juízo prognóstico o juiz não pode não aplicar os critérios ordinários da inferência probatória, apesar da natureza inteiramente hipotética do seu raciocínio.

[76] Parece fundada sobre um equívoco conceitual a orientação segundo a qual a probabilidade – mesmo baixa e, de qualquer modo, não preponderante – da existência da chance constituiria o critério de referência para a liquidação do *quantum debeatur* a título de ressarcimento pela perda da chance (cfr. a respeito *Cass. 13 dicembre 2001 n. 15759*; *Cass. 21 giugno 2000 n. 8468*; BOCCHIOLA, 1976: 55 ss.; SEVERI, 2003: 323, 327; MONTICELLI, 2003: 876). Com efeito, a probabilidade em questão diz respeito à prova da existência da chance: se é demasiadamente baixa, não se consegue a prova da chance – e, portanto, é imperioso concluir que a chance não existia – sendo, porém, absurdo utilizar tal probabilidade como critério para ressarcir a perda (de uma chance que não existiu). Pelas mesmas razões não parece aceitável a proposta (sobre a qual ver CAPECCHI, 2002: 241 ss.) de se usar a determinação da probabilidade relativa ao nexo causal como critério para a liquidação do dano.

perdida, daria lugar a um dano ressarcível.[77] Corretamente, por conseguinte, a jurisprudência majoritária, ainda que por vezes faça uso de critérios não muito precisos, exige que o prejuízo consistente na perda de uma chance resulte provado com certeza ou com um elevado grau de probabilidade, ou ao menos com razoável probabilidade (que somente pode ser preponderante, sob pena de não ser «razoável» como base de decisão).[78] Algumas decisões até arriscam-se a formular uma quantificação, afirmando que as possibilidades perdidas em razão do ilícito deveriam ter uma probabilidade maior do que 50%.

Deve-se, em seguida, se se entende que também à «perda de uma chance» se aplicam os critérios ordinários da responsabilidade civil, prover a demonstração do nexo causal, isto é, do fato de que a perda da possibilidade foi consequência direta do ilícito.[79] Isso implica que se prove a relevância causal do ilícito, ou seja, a específica capacidade desse de provocar uma perda de possibilidade, em atenção à observação de que um ilícito casualmente irrelevante (que não tenha, portanto, produzido efeitos prejudiciais), não pode ser considerado fonte de dano ressarcível. Analogamente, e pelo contrário, se resultasse provado que o prejuízo final suportado pelo sujeito não fora direta consequência do ilícito (porque, por exemplo, o paciente teria morrido de qualquer forma, mesmo que o médico tivesse se comportado de maneira adequada), mais uma vez faltaria a demonstração do nexo causal entre o ilícito e perda de uma chance.

O problema da prova científica nessas situações refere-se, portanto, à possibilidade de que argumentos científicos disponíveis para a eventual vinculação entre certo tipo de fato ilícito e certo tipo de chance que se perdeu permitam se atribuir um grau de probabilidade preponderante ao enunciado que afirma a existência de um nexo causal entre o ilícito e a perda de uma chance. Mais uma vez: se se dispõe de dados relativos a frequências estatísticas de

---

[77] Ver indicações bibliográficas e comentários críticos em Bona, 2003: 368 ss., 379.

[78] Cfr., por exemplo, *Cass. 30 gennaio 2003 n. 1443*; *Cass. 27 luglio 2001 n. 10291*; *Cass. 27 gennaio n. 722*; *Cass. 6 febbraio 1998 n. 1286*. *Cass. 4 marzo 2004 n. 4400* fala de «considerável probabilidade», utilizando um critério que parece, porém, bastante vago e pouco rigoroso, que seria aceitável somente se por «considerável probabilidade» se entendesse «probabilidade preponderante», visto que seria inaceitável se se considerasse «uma probabilidade um pouco maior que zero».

[79] É equivocada a orientação bastante difundida (cfr., por exemplo, *Cass. 13 dicembre 2001 n. 15759*) segundo a qual a apuração do fato ilícito já conteria a prova do *an debeatur* relativo ao ressarcimento da perda de uma chance. Essa orientação funda-se sobre um equívoco conceitual, na medida em que não considera o que se aponta no texto, ou seja, que um comportamento pode ser ilícito, implicando a violação de normas obrigatórias de conduta, sem causar, todavia, qualquer dano. O ilícito pode, por conseguinte, ser sancionado com tal (por exemplo, no plano administrativo ou profissional), sem produzir, necessariamente, um dano ressarcível. Em consequência, a apuração do *an debeatur* não pode prescindir, como também se aponta no texto, da demonstração específica, segundo o critério da probabilidade preponderante, da existência de um nexo causal entre o ilícito e a ocorrência de um prejuízo ressarcível.

grau muito elevado, desses poder-se-á derivar uma hipótese «mais provável do que não» em relação à subsistência do nexo causal no caso concreto; se, ao contrário, como geralmente ocorre, a existência da chance (e, portanto, a sua perda em consequência direta do ilícito) não tiver qualquer confirmação probatória ou tiver uma confirmação «fraca», fundada em baixos valores de probabilidade, então a regra do «mais provável do que não» operará no sentido de excluir a subsistência do nexo causal. Também desse ponto de vista, como já se observou anteriormente, o problema da prova científica é aquele do nível de certeza com o qual os dados científicos disponíveis permitem considerar confirmada a hipótese relativa ao nexo causal objeto de prova.

3. PROBABILIDADE E ESTATÍSTICAS

Como se pode deduzir das considerações que precedem, o problema fundamental do uso probatório da ciência no processo civil liga-se, por um lado, à possibilidade de o «fato a provar» ter características insólitas, isto é, quando não se trata somente de um evento simples e individualizado que se supõe ter efetivamente ocorrido; liga-se, por outro, também à diversa natureza dos argumentos científicos que, vez por outra, constituem os elementos de confirmação das hipóteses sobre os fatos. Um aspecto relevante desse problema deriva da circunstância de que enquanto no contexto do processo a obtenção da prova de um fato implica que se alcance um nível de probabilidade elevado do enunciado fático (a probabilidade preponderante no processo civil, a prova além de qualquer dúvida razoável no processo penal), no âmbito de diversas áreas do conhecimento científico existem dados e informações sustentados por valores de probabilidade estatística particularmente baixos (as chamadas «baixas frequências»).[80] Isso não significa que seja baixo o nível de credibilidade ou de confiabilidade desses dados, que por si só podem ser certos e precisamente verificados: o fato é que dependendo do contexto podem-se colher e utilizar validamente informações sustentadas por graus de probabilidade que não seriam, de fato, suficientes em outros contextos. Assim, por exemplo – como se viu anteriormente – frequências estatísticas mesmo muito baixas podem indicar uma conexão significativa, ou mesmo um nexo de causalidade genérica, entre a exposição a um material nocivo e o surgimento de uma doença: essas indicações podem ser suficientes para estabelecer a necessidade de intervenções preventivas ou da instalação de sistemas de segurança, ou de ações de descontaminação, mas não são suficientes para demonstrar um dano específico à saúde de sujeitos particulares, porque não chegam a atribuir um grau de probabilidade preponderante ao enunciado relativo a um nexo de causalidade específica. Da mesma forma, mesmo informações incompletas ou dotadas de baixos níveis de confirmação podem justificar um prognóstico

---

[80] Sobre esse problema ver, amplamente, Stella, 2002: 1215 ss.

médico dirigido a estabelecer uma terapia, mas podem não ser, de fato, suficientes à prova da existência de um nexo causal individual.

Como já se observou, no plano da análise jurídica dos *standards* probatórios o discurso não pode ser muito diferente do que a caracterização de critérios gerais que o juiz deveria aplicar no momento no qual, tendo estabelecido qual é o grau de confirmação lógica que os elementos de prova disponíveis atribuem a cada enunciado relativo aos fatos da causa, escolhe a hipótese racionalmente preferível para a decisão. A determinação dos graus de significado dos argumentos científicos que são usados com finalidade probatória não se refere a fatores propriamente jurídicos, mas a critérios e condições de caráter epistemológico. Por um lado, é no âmbito da própria área do saber científico que se desenvolve a seleção dos argumentos científicos válidos, livrando-se pouco a pouco dos argumentos não confirmados ou demonstrados falsos. Aqui se recorda a distinção entre ciência «boa» e ciência «ruim» à qual se fez referência anteriormente.[81] Por outro lado, são os peritos em cada ramo do saber científico que determinam os níveis de probabilidade, as margens de erro e o grau de confiabilidade atribuídos às informações e aos dados cognoscitivos que se produzem naquele ramo do saber. O centro do problema consiste, porém, em estabelecer quando argumentos que são aceitos no seu contexto científico, também são suficientes para fundamentar inferências capazes de conferir a um enunciado particular, relativo a um fato específico e individual, um nível de probabilidade lógica tal que possa satisfazer os critérios inerentes à prova dos fatos no contexto processual no qual aquele fato é demonstrado.

Esse problema assume conotações particulares quando a prova científica é constituída pelo emprego probatório de dados estatísticos.[82] A propósito, desenvolveram-se e estão ainda em curso, principalmente no âmbito da doutrina norte-americana, discussões acerca da chamada prova estatística, que geralmente se exprime na forma de frequências probabilísticas e dados científicos que se supõe serem relevantes para a decisão, e a sua idoneidade para fundar inferências relativas à probabilidade do enunciado referente ao específico fato a provar.[83] A corrente majoritária parece apontar no sentido de que geralmente isso não é possível, em virtude do princípio – recordado mais acima – segundo o qual de uma frequência estatística não são deriváveis conclusões relativas a um único evento particular. Tende-se, na verdade, a considerar que a prova estatística é útil quando se trata de provar nexos de causalidade genérica, porém somente em casos excepcionais é suficiente para

---

[81] Ver *supra*, § 1.2.

[82] Em geral, sobre o uso probatório das estatísticas, cfr. Frosini, 2002: 37 ss.; Taruffo, 1992a: 196 ss.. Cfr. também Giussani, 1989.

[83] Ver indicações bibliográficas em Frosini, 2002: 11 ss., 65 ss., e em Taruffo, 1992a: 196; 1996: 229.

fundar inferências acerca de nexos de causalidade individual.[84] Resta ressaltar que o emprego da prova estatística é vinculado à observância rigorosa de uma série de pressupostos e de métodos da qual depende a validade das próprias inferências estatísticas: observação essa que não é banal, porque de um lado ressalta como são, ao fim e ao cabo, muito raros os casos nos quais a prova estatística pode realmente ser útil, e por outro, assume uma posição defensiva contra o emprego descarado e superficial, e, portanto, essencialmente errôneo e enganoso, das informações estatísticas.[85] Apesar desses perigos, todavia, não falta quem sugira um maior recurso às estatísticas, uma vez que esse garantiria maior precisão e objetividade às informações referentes a valorações subjetivas, e frequentemente não confiáveis, prestadas por peritos técnicos.[86]

Uma hipótese peculiar de uso probatório de dados estatísticos é aquela prevista no art. 4, *punto* 5, da Lei italiana n. 125, de 10 de abril de 1991, em matéria de ações positivas à tutela da paridade no local de trabalho.[87] Nela se prevê, na verdade, que compete ao empregador provar a ausência de discriminação no caso de o trabalhador fornecer elementos, ainda que fundados em dados estatísticos, idôneos a fundar em termos precisos e concordantes a presunção de atos e comportamentos discriminatórios. A peculiaridade dessa hipótese reside no fato de que os dados estatísticos não são usados para provar a discriminação, mas como premissa para eximir o trabalhador da prova da discriminação, atribuindo ao empregador o ônus da prova contrária. Não se trata, portanto, contrariamente àquilo que alguns consideram, de um uso probatório dos dados estatísticos como fonte de presunção simples, mas sim do uso desses dados em função de pressupostos para a verificação de um particular tipo de presunção legal em favor do trabalhador que alega a discriminação.[88]

4. CARACTERÍSTICAS PROCESSUAIS

Se se leva em conta a complexidade e a importância dos problemas que caracterizam o uso probatório da ciência, em geral e no específico contexto do processo civil, e se olha para as modalidades processuais que são adotadas para a produção de provas científicas, pode-se ficar chocado com a desproporção entre as dimensões do problema e a pobreza dos mecanismos com os

---

84 Cfr. Frosini, 2002: 37 ss.

85 Sobre os muitos perigos de erro e confusão ínsitos ao uso impróprio e incorreto dos dados estatísticos cfr., por exemplo, Vick, 2000: 575 ss. A respeito ver, também, Capecchi, 2002: 236 ss.

86 Cfr. Meadow e Sunstein, 2001: 629 ss. Sobre alguns aspectos problemáticos da consulta técnica ver *infra*, § 4.

87 Com relação ao emprego de dados estatísticos nas causas de discriminação nos Estados Unidos cfr. *Manual for Complex Litigation*, cit., p.435; Giussani, 1989: 1033, 1044 ss.; sobre casos análogos decididos pela Corte de Justiça europeia Vick, 2000: 576, 579 ss.

88 Ver mais amplamente, e para referências bibliográficas, Taruffo, 1992a: 481 ss.; 1992b: 739 ss., 745 ss.

quais o juiz deveria enfrentá-lo. Como é sabido, esses mecanismos são essencialmente constituídos pela perícia técnica e pelas variantes que essa pode ter em concreto – como, por exemplo, a perícia médico-legal ou a perícia contábil – e pelos diversos modos nos quais o juiz pode utilizar o perito técnico (ver os arts. 194 e 197 do Código de Processo Civil italiano). Não é o caso de se desenvolver aqui uma análise detalhada dos arts. 61 a 69 e 191 a 201 do Código de Processo Civil italiano, que regulamentam a matéria.[89] É interessante ressaltar, porém, alguns dos problemas gerais que surgem exatamente por ser a perícia técnica o canal típico através do qual as provas científicas são adquiridas no juízo civil.

Um primeiro problema relevante refere-se à decisão do juiz acerca da oportunidade de se recorrer à perícia técnica: em ordenamentos como o italiano,[90] essa decisão, que é plenamente discricionária, constitui o fator determinante acerca da possibilidade de o juiz se valer de dados e informações científicas com o auxílio de um perito, ao invés de se apoiar exclusivamente em sua ciência privada. Como já se disse mais acima, esse problema se resolve diversamente, dependendo de como o juiz valora a própria ciência privada: isto é, dependendo de qual concepção da ciência o juiz adota, bem como da eventualidade de que ele se conscientize ou não de não possuir uma cultura suficiente para enfrentar de modo adequado os aspectos científicos dos fatos que são objeto de decisão.[91] Esse momento de «autocrítica cultural» do juiz é essencial para se estabelecer se a ciência entrará no processo, ou se a decisão final será proferida somente com base no senso comum e na cultura pessoal do juiz.

Supondo que o juiz tenha valorado negativamente a própria capacidade de enfrentar o viés científico dos fatos acerca dos quais deverá decidir, decidindo, portanto, dispor de uma perícia técnica, põe-se o problema da escolha do perito. Esse deve possuir, como dispõe o art. 61 do Código de Processo Civil italiano, «*particular competência técnica*», mas é claro que o recurso às apropriadas listas de pessoas previstas pela própria norma não só não é vinculante – dado que uma lista pode não existir e que o juiz, de qualquer forma, pode escolher um perito não inscrito em qualquer lista[92] – como não fornece nem mesmo garantias particulares, uma vez que a inscrição nas várias listas existentes não assegura certamente o nível qualitativo dos inscritos (ver

---

89 Sobre estas normas cfr. Carpi e Taruffo, 2002: 186 ss., 628 ss., também para referências bibliográficas adicionais.

90 Sobre o sistema diverso que caracteriza o ordenamento norte-americano, no qual a *expert witness* é para todos os efeitos uma testemunha da parte, e acerca dos muitos problemas que isso acarreta, cfr., em particular, Gross, 1991: 1113 ss.; *Manual for Complex Litigation*, cit., p.469 ss.

91 Sobre este problema ver, mais amplamente, Taruffo, 2002: 145 ss.

92 Cfr. Carpi e Taruffo, 2002: 190.

o art. 13 e ss. *disp. att.* do Código de Processo Civil italiano). É indicativo que o único requisito para a inscrição seja a posse de uma «*especial competência técnica em uma particular matéria*», com o qual se inicia um evidente círculo vicioso com a análoga fórmula do art. 61; parece, todavia, que, afora a condição formal constituída pela inscrição à competente associação profissional, o único controle sobre a qualidade do consultor refere-se a sua «conduta moral e política exemplar»! (art. 15 *disp. att.* do Código de Processo Civil).

Em síntese: as normas que se referem à indicação do perito por parte do juiz não asseguram particulares níveis de competência do perito. Essas indicam que haja tal competência, porém não indicam como o juiz pode verificar sua existência efetiva, levando-se em conta a complexidade e a dificuldade das questões que o consultor será chamado a resolver. Reaparece mais uma vez, sob esse viés, a distinção entre ciência «boa» e ciência «ruim» que se recordou mais acima:[93] um perito que não esteja à altura das dificuldades poderá fornecer ao juiz somente má ciência, ao passo que somente um perito que tenha todos os conhecimentos necessários poderá fornecer boa ciência; por sua vez, se o juiz servir-se de um perito em um ramo no qual não existem conhecimentos científicos confiáveis, correrá o risco de se ver difundindo conhecimentos pseudocientíficos cuja confiabilidade não supera aquela das ilações que alguns extraem da leitura da borra de café (ou das folhas de chá). Porque, como há pouco se viu, as normas enfrentam o problema em termos absolutamente genéricos, se não equivocados, competindo ao juiz realizar escolhas precisas que lhe assegurem a obtenção de argumentos científicos confiáveis.

No desenvolvimento da perícia técnica emergem vários problemas que aqui podem ser somente recordados sumariamente, mas que condicionam de várias maneiras a possibilidade de que a boa ciência seja efetivamente introduzida e validamente empregada no processo. Por um lado, trata-se da formulação dos quesitos que o juiz leva ao perito técnico, e mais em geral das modalidades nas quais o juiz pode se valer da assistência do perito (arts. 61, 62, 194, 197 e 198 do Código de Processo Civil italiano).[94] É claro, com efeito, que a perícia técnica pode ser mais ou menos útil, e também mais ou menos confiável, dependendo de o juiz estar apto a levar ao perito as «questões corretas» – dado que qualquer resposta é condicionada à correspondente pergunta – e de verificar a correção e a validade científica das respostas que o perito lhe fornece. Um juiz que nada sabe das matérias científicas acerca das quais determina a perícia estará dificilmente apto a se servir de modo adequado da colaboração do perito.

---

[93] Cfr. § 1.2.

[94] Em geral, sobre a atividade do consultor ver, por todos, Vellani, 1988: 531 ss.

Por outro lado, deve-se ter presente que mesmo a perícia técnica deve se desenvolver no contraditório das partes. Não se trata somente de se levar em conta a garantia do contraditório na formação da prova, já presente no processo civil bem antes que o renovado art. 111 da Constituição italiana dele falasse a propósito do processo penal,[95] e nem mesmo somente de se fazer referência às normas que asseguram a participação das partes nas atividades dos peritos (arts. 194 *c.* 2, 197, 198 *c.* 2 e 201 do Código de Processo Civil italiano).[96] Vale a pena ressaltar que o contraditório é, além de uma garantia defensiva, um *método* de formação da prova que objetiva assegurar – através do confronto dialético de posições, informações e argumentações diversas fornecidas pelas partes – a completude e a confiabilidade do procedimento probatório e dos critérios de decisão sobre fatos: no caso da perícia técnica, o contraditório consente às partes – também através dos seus consultores – verificar e criticar a atividade do perito de ofício, discutindo, portanto, a validade dos resultados obtidos. É claro que esse método é essencial especialmente quando se trata de levar ao juízo argumentos científicos que podem ser complexos, incertos e de difícil interpretação e valoração.

Um problema adicional, por fim, refere-se àquilo que se poderia definir como o paradoxo da perícia técnica, ou mais especificamente da prova científica. Por um lado, na verdade, supõe-se que o juiz se decida por nomear um perito técnico quando considera que ele próprio não possui os conhecimentos científicos necessários para formular um juízo sobre os fatos; por outro lado, o juiz é *peritus peritorum* e, portanto, caberá inevitavelmente a ele valorar as conclusões às quais chegou o perito técnico, determinando inclusive o seu nível de confiabilidade e de validade científica. Seria o caso de se pensar que a consequência contradiz a premissa: se o juiz não dispõe dos conhecimentos científicos necessários para apurar e valorar os fatos, e por isso dispõe da perícia técnica, como poderá valorar criticamente o resultado do trabalho desenvolvido por um cientista? O paradoxo é, porém, somente aparente. Aquilo que se exige do juiz não é que refaça *ex novo* a consulta, com experimentos, análises, e tudo quanto possa ser necessário com o objetivo de verificar se o consultor desenvolveu bem ou mal o seu encargo: isso seria evidentemente absurdo, impossível e – de fato – paradoxal. Todavia, é necessário que o juiz esteja apto ao menos a avaliar a validade dos métodos dos quais o perito se serviu para desenvolver sua tarefa. Verdade é que a jurisprudência – com uma orientação, contudo, discutível – tende a tornar mais simples o trabalho do juiz, não exigindo que ele motive especificamente a sua avaliação da perícia técnica quando adere às conclusões do perito, salvo se as partes tiverem feito

---

95 Com especial referência à consulta técnica cfr. Denti, 1983: 307 ss. Mais em geral sobre o contraditório na formação da prova cfr. Taruffo, 1992a: 404 ss.; Comoglio, 1989: 26. Sobre o problema correspondente no âmbito do processo penal cfr. Tonini, 2003: 1459 ss.

96 Ver, por todos, Vellani, 1988: 532 ss.

críticas precisas e adequadas a aspectos essenciais da perícia; todavia, o juiz precisa motivar especificamente a sua discordância acerca das conclusões do consultor, devendo, portanto, ao menos nesse caso, saber empregar os argumentos técnico-científicos necessários.[97]

Em cada caso cabe ao juiz estabelecer «qual ciência» lhe foi fornecida pelo consultor técnico, ressurgindo, então, a utilidade da referência à decisão da Suprema Corte estadunidense sobre o caso *Daubert* indicada anteriormente.[98] Em um sentido, com efeito, o juiz desempenha a função de *gatekeeper* das provas científicas quando nomeia o consultor e define o conteúdo do encargo que lhe confere, devendo, porém, também verificar a validade científica dos argumentos e dos métodos utilizados pelo perito com o objetivo de avaliar a confiabilidade das suas conclusões. Para desenvolver de modo apropriado essas funções o juiz não precisa ser ele mesmo um perito, mas precisa seguramente conhecer quais são as condições que concorrem para que uma informação seja dotada de validade científica. Em outros termos, o juiz não precisa ser um cientista, mas lhe compete seguramente uma boa preparação epistemológica, possivelmente articulada em função das características das diversas áreas do saber científico que entram em jogo, se deseja estar apto a avaliar a confiabilidade científica das provas que lhe são submetidas. Em caso contrário, ele não será capaz de desenvolver um controle efetivo sobre a qualidade e a validade da perícia técnica, e o juízo sobre os fatos acabará por ser essencialmente determinado pelo perito, ou seja, pelo *peritus*, e não pelo *peritus peritorum*. Por conseguinte, a «ciência do juiz» pode (e, aliás, deve) ser limitada às noções de senso comum, no sentido de que ele não deve improvisar-se como psicólogo, economista, sociólogo ou perito em informática; ao revés, é oportuno que recorra o mais frequentemente possível a quem é apto a fornecer-lhe conhecimentos científicos confiáveis. É necessário, porém, que o juiz «conheça a ciência» para estar apto a valorar as provas científicas e delas se servir corretamente na decisão sobre os fatos.

À conclusão das considerações até agora desenvolvidas, parece apropriada uma citação tirada de um recente volume de Hans Magnus Enzesberger, um literato sofisticado e elegante com a paixão pela ciência: «A figura do *idiot savant,* do "cientista idiota", é impensável sem o seu *pendant*, que, seguramente, encontra-se com maior frequência: o *idiot lettré* – uma espécie que prolifera entre os cultores das ciências do espírito, os artistas e os escritores –, de cujo comodismo, limitação e imagem especular talvez até se ouça falar mais. Cada um de nós é notoriamente um estrangeiro em quase todos os lugares na Terra; do mesmo modo, cada um de nós é em quase todos os

---

97 Para as referências à jurisprudência na matéria cfr. Carpi e Taruffo, 2002: 189; cfr. também Vellani, 1988: 537 ss.

98 Ver novamente *supra,* § 1.2.

âmbitos do conhecimento um analfabeto total ou parcial. Porém, admiti-lo é uma coisa, outra é orgulhar-se do *status* de ignorante».[99]

---

[99] Cfr. Enzensberger, 2004: 232.

Colofão da Psi7